# औरत : उत्तरकथा

# औरत : उत्तरकथा

संपादन
राजेन्द्र यादव
अर्चना वर्मा

राजकमल प्रकाशन

ISBN : 978-81-267-0485-9

**मूल्य** : ₹695



**पहला संस्करण** : 2002
**पाँचवाँ संस्करण** : 2021

**प्रकाशक** : राजकमल प्रकाशन प्रा.लि.
1-बी, नेताजी सुभाष मार्ग, दरियागंज
नई दिल्ली-110 002

**शाखाएँ** : अशोक राजपथ, साइंस कॉलेज के सामने, पटना-800 006
पहली मंजिल, दरबारी बिल्डिंग, महात्मा गांधी मार्ग, प्रयागराज-211 001
1, अनमोल सोराबजी संतुक लेन, धोबी तलाव, मरीन लाइंस, मुम्बई-400 002
वेबसाइट : www.rajkamalprakashan.com
ई-मेल : info@rajkamalprakashan.com

**मुद्रक** : राजकमल प्रेस
नई दिल्ली-110 002

AURAT : UTTARKATHA
*Edited by* Rajendra Yadav & Archana Verma

# मुख्यधारा बनने की प्रक्रिया

लगभग सात-आठ वर्ष पहले (1994) *हंस* ने 'औरतः उत्तरकथा' नाम से विशेषांक का आयोजन किया था। बीसवीं सदी के अन्तिम दशक में लगने लगा था कि समाज और साहित्य में औरत की कथा अब वह नहीं रह गई है जो सौ-डेढ़ सौ सालों से कही जाती रही है, क्योंकि उसे 'हम' कहते रहे हैं—'उसकी' ओर से। हमारे सामने कुछ सवाल थे जो समस्याओं के रूप में रेखांकित किए जा रहे थे, और हम उनके हल उन्हीं बँधे हुए साँचों में थोड़ी फेर-बदल के साथ तलाश रहे थे। लोकतांत्रिक खुलावों ने अब तक अनसुनी आवाज़ों को साहित्य में 'मित्रो मरजानी' (कृष्णा सोबती), 'आपका बंटी' (मन्नू भण्डारी), 'रुकोगी नहीं राधिका' (उषा प्रियंवदा), 'बेघर' (ममता कालिया) के रूप में सबका ध्यान दूसरे पक्षों की ओर खींचना शुरू कर दिया था। लगा कि हमारे सवालों के उत्तर तो यहाँ से आ रहे हैं। पिछली सदी का अन्तिम दशक लगभग स्त्री और दलित-विमर्श के उभार का दशक रहा है। *हंस* उस पर बात न करे यह साहित्य और समय के साथ विश्वासघात होगा और यह ऋणाशोध किया गया 'औरतः उत्तरकथा' के रूप में...

इधर यह विशेषांक शुरू से ही अनुपलब्ध हो गया था. आख़िर कब तक इसकी फ़ोटो प्रतिलिपियां दी जाती रहें—इसी दबाव में तय किया गया कि अब इसे पुस्तकाकार आना चाहिए...कुछ रचनाएं छोड़कर अब यह आपके सामने है; अर्चना वर्मा की प्रस्तावना इसका खुलासा करती है।

जाहिर है अपने साधनों की सीमाओं में *हंस* का प्रकाशन आपसी सहयोग से ही होता रहा है। इस विशेषांक की प्रक्रिया भी वही है। अर्चना इस जिम्मेदारी को न लेती तो शायद यह संभव नहीं होता। अर्चना की मूल बनावट घर में आराम से बैठकर दुनिया की हर समस्या को बौद्धिक और एकेडैमिक धरातल पर हल करके आध्यात्मिक संतोष पाने की है—मुझे ही यह श्रेय है कि उसकी क्षमताओं को खींचकर बाहरी दुनिया में बार-बार ले आता हूँ—परिणाम हैं *हंस* के विशेषांक। और अगर यह रूपक है तो स्त्री और दलित-विमर्श को मुख्यधारा तक लाने का कुछ अपराध भी *हंस* को स्वीकार करना होगा...यह

स्वयं अपने लिए नई ऊर्जा अर्जित करने का उपक्रम है—शायद नई सदी में उभरती अनुपेक्षणीय नई शक्तियों के साथ जुड़ने की एक मजबूर लालसा...

'अतीत होती सदी और स्त्री का भविष्य' *हंस* के विशेषांक का पहला पुस्तक रूप है। इन दोनों विशेषांकों के लेखकों के प्रति सचमुच आभारी हूँ, बताना जरूरी है कि उन्होंने अपनी रचनाओं का मानदेय, सहयोग के रूप में देने की उदार अनुमति दी है।

**–राजेन्द्र यादव**
25-12-2001

# खुलासा

तब यह शायद पहली बार था कि स्त्री-विमर्श पर केंद्रित इतना बड़ा आयोजन हिंदी में हुआ। यानी सन 1994 के दिसंबर मास के *हंस* का औरत : उत्तरकथा नामक विशेषांक के रूप में प्रकाशन। तैयारी के दौरान सामग्री के संचयन, संकलन और उत्पादन-संपादन को लेकर बहुत-सी दिक्कतें और आशंकाएँ सामने आती रही थीं। सबसे बड़ी और पहली तो यही थी कि अंतर्राष्ट्रीय महिला-वर्ष की घोषणा के लगभग बीस वर्ष बाद भी हिंदी के पास ठीक-ठीक अपना कहने लायक कोई स्त्री-विमर्श मौजूद नहीं था। जो कुछ मौजूद था उसे केवल प्रॉक्सी द्वारा ही हिन्दी का अपना कहा जा सकता था। हिन्दी के अपने स्त्री-विमर्श का अर्थ क्या हो सकता है इसकी कोई साफ़ तस्वीर भी हमारे पास नहीं थी और इस संदर्भ में शुद्ध हिंदीनुमा किसी वैचारिक सांप्रदायिकतावाद या बौद्धिक जातीयतावाद जैसा कोई खास दुराग्रह भी नहीं था। एक धुँधली-सी रूपरेखा थी तो सही, पर उसे लेकर आहूत सामग्री पर किसी पूर्वापेक्षा या निश्चित निर्धारित विधान का चौखटा जड़ देने की ज़िद नहीं थी। सिर्फ़ एक असमंजस और आशंका थी जो अपने ही प्रत्ययों और अपेक्षाओं के साफ़ न होने के कारण स्वाभाविक ही कही जा सकती है। रचनाकारों और विचारकों के नाम हमारे पत्र के उत्तर में जब सामग्री जमा होनी शुरू हुई तो इतनी तरह की थी कि मुख्य अंक के बाद कई परिशिष्ट अंक भी स्वतः संयोजित होते चले गए। जो भी दिक्कतें और आशंकाएँ शुरू में महसूस होती रही थीं वे अंक के अप्रत्याशित स्वागत से सार्थक हो उठीं। छपने के साथ ही अंक पहले दुर्लभ हुआ, फिर अलभ्य। हमें उपलब्ध इकलौती ऑफिस-कॉपी भी दिनोंदिन जर्जर से जर्जरतर होती जा रही है। ऐसे में इसका पुस्तकाकार प्रकाशन सभी के लिए सुविधा की बात है।

आज छह वर्ष बाद फिर उस जर्जर ऑफिस-कॉपी को पुस्तकाकार के अनुकूल चयन और संकलन-संयोजन की दृष्टि से उलटते-पलटते हुए वे खाली जगहें साफ़ दिखाई दे रही हैं जो हमारी आकांक्षित रूपरेखा और अंततः प्रकाशित विशेषांक के बीच छूटी रह गई थीं। आत्मकथा खंड के लिए हिंदी की मौलिक रचनाओं का लगभग अकाल था। एकमात्र कुसुम अंसल की रचना उपलब्ध हुई थी और अनामिका द्वारा लिखित कुछ प्रत्यक्ष पर्यवेक्षणों पर आधारित जीवनचित्रों को 'एक स्त्री का जर्नल' शीर्षक देकर कामचलाऊ

तौर पर आत्मकथा खंड में ठूँस दिया गया था। उनमें से अनेक अब उनके उपन्यास 'अवान्तर कथा' में यथास्थान अनुस्यूत हो चुके हैं और कामचलाऊ तौर पर भी आत्मकथा खंड में ठूँसने के अधिकारी नहीं रहे। इस खंड की अन्य रचनाएँ पंजाबी, बंगाली वगैरह अन्य हिंदीतर भारतीय भाषाओं से लेनी पड़ी थीं। पड़ी थीं क्योंकि यह देखना ज़रूरी लगा था कि स्त्री स्वयं अपने जीवन का पाठ कैसे करती है, क्योंकि केवल इसी तरह यह तुलना संभव थी कि अब तक उपलब्ध स्त्री-जीवन के पुरुष रचित पाठों के आईने और स्त्री की आत्मछवि के बीच फासला कितना बड़ा है और पुरुष रचित पाठों को किस हद तक उसने आत्मसात् किया है कि आज दर्पण को ही छवि समझ लेने का नतीजा सामने है। मौजूदा राजनीतिक, आर्थिक वगैरह स्थितियों के नतीजे से उत्पन्न सार्वभौम के प्रति एक स्वाभाविक उदासीनता और स्थानीय के प्रति मोह ने हमें तैयारी के दौरान काफी समय तक इस स्थिति के प्रति अपर्याप्ति और असंतुष्टि के भाव से परेशान बनाए रखा था। लगता रहा था कि यह हिंदी की अपनी आत्मकथाओं के अभाव की भरपाई तो नहीं ही है। अपने संपादक राजेन्द्र जी के आग्रह से यह भी सोचा था कि आत्मकथाएँ न सही, इस विषय की पड़ताल ही हो सके कि हिंदी में स्त्रियों की आत्मकथाएँ क्यों नहीं हैं। समय और साधन की तंगी ने ऐसे किसी उपक्रम का मौका और मोहलत नहीं दी। वैसे भी यह किसी समाजशास्त्री या इतिहासविद् का ही काम हो सकता था। हम जैसे लोग सिवाय तुक्कों के और क्या लगा सकते थे! लेकिन राजेन्द्र जी को यह विषय बेहद विचारोत्तेजक लग रहा था। इतना कि विशेषांक की तैयारी के दिनों में सोच और बातचीत का विषय निरंतर यही बना रहता था कि बंगाली, पंजाबी और मराठी में जो हो सकता था वह हिंदी में क्यों नहीं? ख़याल था कि इस सोच-विचार में शायद कोई ऐसे मुद्दे हाथ आ जाएँ जिन्हें लेकर अगर पूरी पड़ताल नहीं तो पड़ताल की भूमिका ही बाँधी जा सके। कभी सोचा जाता कि इस सवाल का पहला जवाब हिंदी-भाषी प्रदेशों में स्त्री की सामाजिक, पारिवारिक स्थिति में खोजना चाहिए। सामाजिक, सार्वजनिक जीवन से औरत का ऐसा निष्कासन और अंतःपुर तक में ऐसा प्रतिबंधन क्या हिंदीतर-भाषी प्रांतों में नहीं रहा होगा? कभी सवाल को दूसरे सिरे से देखते हुए हम पूछते कि अन्य भाषाओं में आत्मकथा लिखने वाली स्त्रियाँ कौन थीं? किस सामाजिक वर्ग की? किस पारिवारिक पृष्ठभूमि की? बंगाल में लगभग सौ साल पहले की नटी विनोदनी और उसी क्रम में मराठी की अभिनेत्री हंसा वाडकर याद आतीं और यह नतीजा काफ़ी जाहिर तौर पर स्वाभाविक जान पड़ता कि सार्वजनिक जीवन से जुड़ी और निजी स्तर पर अपेक्षाकृत मुक्त और रूढ़िरहित ज़िंदगी जी पाने वाली महिलाओं ने यह पराक्रम साधा होगा तो ठीक उसी समय हमारी तर्कपद्धति का भरभंड करती हुई मराठी में शायद लगभग सौ बरस ही पहले की आत्मकथा 'स्मृतिचित्रे' की लेखिका, निम्न मध्यवर्ग की सद्गृहस्थ, सन्नारी, कुलवधू सौभाग्यवती लक्ष्मी सामने आ खड़ी होतीं जो शायद जानती भी नहीं थीं कि उस समय अपनी कहानी कहकर वे इतिहास बना रही हैं। यह सवाल भी

पूछा जाता कि आखिर हिंदीभाषी प्रदेशों में भी तो सार्वजनिक जीवन से जुड़ी स्त्रियाँ रही होंगी। तब हमारे तुक्के इस दिशा में छूटने लगते कि यहाँ चेतना का प्रसार वगैरह कब हुआ होगा, पुरुषों ने ही यहाँ कितनी आत्मकथाएँ लिख धरीं कि स्त्रियों की कथाओं के अभाव का रोना रोएँ? पुरुष के रचनात्मक लेखन में ही जब सचमुच की स्त्री का प्रवेश यहाँ इतने विलंब से हुआ तो स्त्री स्वयं कहाँ मौजूद होती, वगैरह। असली सवाल तो यह था कि सौ साल पहले का किस्सा छेड़ें ही क्यों, आज और अभी का क्यों नहीं? अमृता प्रीतम, दिलीप कौर टिवाणा, अजीत कौर के नितांत समसामयिक उदाहरणों का मुकाबला भी तो हिंदी में नहीं, जबकि आज न तो शिक्षा-दीक्षा की कमी का बहाना मौजूद है और न चेतना के अभाव जैसा कोई कारण। इसके पहले कि हम हिंदी के चरित्र, स्वभाव और संस्कृति में आत्मगोपन और मुखौटापरस्ती जैसे गुणों का दार्शनिकीकरण कर पाते, अंक विलंब की संभाव्य और अनुमतियोग्य सीमाओं के पार होने लगा और हमें अपना विचार-विमर्श अनिर्णीत ही छोड़ देना पड़ा। तब हम सीमांत प्रदेशों और अंतर्वर्ती प्रदेशों (यानी फ्रंटियर और हिंटरलैंड) की संस्कृतियों के अंतर पर सोच-विचार की दिशा में अपने तुक्के रवाना कर रहे थे लेकिन, मन में इस बात को लेकर लगभग आश्वस्त हो चुके थे कि सारा मामला इस बात का एक और उदाहरण है कि साहित्य में हर बात की व्याख्या हर दौर में सामाजिक, राजनीतिक परिस्थितियों की बखिया उधेड़कर नहीं की जा सकती। काफी कुछ यहाँ व्यक्तिगत निर्णयों और सामने मौजूद साहित्यिक नमूनों के अनुकरण, अनुसरण द्वारा भी तय होता है। जहाँ-जहाँ अंग्रेजी वहाँ-वहाँ आधुनिकता के बने बनाए फार्मूले को लागू करें तो शायद सवाल यह बने कि रूसो और उनके 'कनफेशंस' ने कब कहाँ अपना नज़ारा दिखाया और एक अनुसरणीय नमूना पेश किया। लेकिन इससे भी हर उदाहरण सुलझ जाएगा इसकी संभावना ज़रा कम ही है। छह वर्षों के इस अंतराल में स्थितियाँ बदली हैं। स्त्रियों की अनेक मौलिक और अनूदित आत्मकथाएँ आज उपलब्ध हैं। स्त्री-विमर्श की भी अनेक किताबें सामने आई हैं। इनमें स्त्रियों के अपने योगदान का अनुपात भी उल्लेखनीय है। यह दावा तो कुछ अधिक ही दंभी होगा—और अनपेक्षित भी कि *हंस* ने इसकी शुरुआत की। लेकिन ऐसा तो हम सोचना ही चाहते हैं—और सच भी— कि उस दिशा में एक महत्त्वपूर्ण इशारा सबसे पहले इस विशेषांक द्वारा *हंस* ने किया।

दलित की बात केवल दलित और स्त्री की बात केवल स्त्री कह सकती है—सैद्धांतिक रूप से स्वीकृत इस मान्यता के बावजूद इस विशेषांक के सभी खंडों में पुरुष कृतित्व भी शामिल है। व्यक्तिगत रूप से मैं इस मान्यता से सहमत नहीं हूँ, यह एक अलग बात है। मुझे यह आग्रह संप्रेषण की संभावना मात्र से ही इंकार जैसा लगता है जो रचनात्मक क्या, किसी भी प्रकार की अभिव्यक्ति का मूल आधार है। एक की बात दूसरा अगर कह नहीं सकता तो इसकी ही क्या गारंटी है कि वह दूसरे की बात सुन और समझ भी सकता है? सारा कहना-सुनाना ऐसी स्थिति में अरण्य-रोदन मात्र होने को अभिशप्त है। मेरा यह मानना

अपनी बात खुद कहने के अधिकार में हस्तक्षेप नहीं, केवल 'खुद' के दायरे में दूसरे को भी शामिल कर सकने की मानवीय संभावना और क्षमता की स्वीकृति है। पर यह मेरा अपना आग्रह है। अलग से एक स्त्री-विमर्श की आवश्यकता महसूस करने और उस पर आधारित एक विशेषांक के संयोजन-संपादन में भी पुरुष कृतित्व को शामिल करने के पीछे थोड़ा-बहुत यह व्यक्तिगत आग्रह भी है ही, लेकिन केवल इतना ही नहीं। ख़याल था कि स्त्री-विमर्श में पुरुष कृतित्व की जगह प्रथम शत्रु की तरह पुरुष सत्ता की पहचान, पूर्वपक्ष में ही प्रतिपक्ष की परिभाषा आदि कुछ मुद्दे सप्रमाण, सोदाहरण 'हाथ कंगन को आरसी क्या' शैली में साफ़ किए जा सकेंगे। लेकिन खुशी की बात है कि हमारे निमंत्रित हर लेखक ने हमें पूरी तरह से निराश किया। इतना कि उनके लेखन को हमें स्त्री के पक्ष से 'उसकी अपनी बात' शीर्षक खंड में नियोजित करना पड़ा। निश्चय ही स्त्री के संदर्भ में यह पुरुष सत्ता का प्रतिनिधि विमर्श नहीं है, लेकिन इस बात का प्रमाण तो है ही कि जब तक एक की बात को दूसरा कह, सुन और समझ सकता है तब तक सबकुछ अंधकारमय नहीं है।

उस विशेषांक का सुंदरतम, वृहत्तम और मूल्यवान अंश सृजनात्मक लेखन के रूप में सामने आया था। कुछ बेहद संवेदनशील और दृष्टि-संपन्न कहानियाँ हमें मिली थीं और कथाकारों में पुरुषों की गिनती भी खासी बड़ी थी। इस समय पुस्तकाकार प्रकाशन के लिए सुसाध्य कलेवर की दृष्टि से और स्त्री-विमर्श के विचार को रेखांकित करने के लिए चयन को पूरी तरह से वैचारिक खंडों पर केंद्रित किया जा रहा है। 'उसकी अपनी बात' शीर्षक के दो खंडों में एक पुरुष लेखकों की रचना है और दूसरा स्त्री लेखकों की। पर बात दोनों में ही स्त्री की अपनी है।

आशा है कि अरसे से अनुपलब्ध इस विशेषांक के पुस्तकाकार चयन को भी पाठकों से वैसा ही स्नेह और स्वागत मिलेगा जैसा कि विशेषांक को प्राप्त हुआ था। जनवरी, 2000 में प्रकाशित तथा स्त्री-केंद्रित हमारा दूसरा विशेषांक इसके पहले ही पुस्तकाकार प्रकाशन के लिए जा चुका है। शायद दोनों में थोड़ी-बहुत तुलनात्मक किस्म की मूल्यांकनपरक उठा-पटक भी हो, थोड़ा-बहुत सामग्री-साम्य भी। पर एक ही पत्रिका के, एक ही विषय पर केंद्रित लेकिन पाँच वर्ष के अंतराल पर आयोजित दो विशेषांकों में केवल पृष्ठभूमि की दृष्टि से भी इतना-सा दोहराव स्वाभाविक और अपेक्षित है।

**–अर्चना वर्मा**

# क्रम

# आपबीती

# मेरी कहानी

## नटी विनोदिनी

बंगला रंगमंच के आदिपर्व की प्रतिभाशालिनी और सर्वश्रेष्ठ अभिनेत्री विनोदिनी का जन्म अनुमानतः 1863 ई. में कलकत्ता में हुआ था। केवल बारह वर्ष की आयु में 1874 में उन्होंने ग्रेट नेशनल थिएटर में अपनी पहली भूमिका द्रौपदी की सखी के रूप में निभाई थी। नाटक का नाम था 'शत्रुसंहार'। उन्होंने कुल मिलाकर बारह वर्ष तक अभिनय किया। 80 नाटकों में करीब 90 भूमिकाएँ निभाईं और सिर्फ 23 या 24 वर्ष की उम्र में अपनी ख्याति और यश के चरम शिखर पर पहुँचकर हमेशा के लिए रंगमंच की दुनिया से विदा ले ली। रंगमंच से संबंध तोड़ लेने के बाद भी वे बहुत वर्ष तक जीवित तो रहीं, लेकिन उनके जीवनकाल में ही लोगों ने उन्हें भुला दिया था।

हमारे देश में पब्लिक थिएटर को बनाने में जिन लोगों की सक्रिय भूमिका रही है विनोदिनी उनमें अग्रणी थीं। एक प्रतिभाशालिनी अभिनेत्री होने के अलावा वे लेखिका भी थीं। उन्होंने कविताएँ लिखी हैं और उस समय की पत्रिकाओं में नाट्य समीक्षात्मक लेख भी लिखे हैं। उन्होंने अपने व्यक्तिगत और अभिनेत्री जीवन की कहानी लिखी है 'आमार कौथा' और 'आमार अभिनेत्री जीबोन'। में इन दो आत्मकथाओं या स्मृतिकथाओं में, उनके जीवनकाल में बंगाल के पेशेवर रंगमंच का बहुत महत्त्वपूर्ण इतिहास उपलब्ध है। 'आमार कौथा' साधु भाषा और 'आमार अभिनेत्री जीबोन' चलती भाषा में लिखा हुआ है। अभिनेत्री जीवन कई मायनों में 'आमार कौथा' की पुनरावृत्ति ही है। 'आमार कौथा' लिखने के दस-बारह साल बाद उन्होंने अपनी स्मृति कथा 'अभिनेत्री जीबोन' लिखनी शुरू की और यही उनकी आखिरी रचना है। इसके बाद भी वे और पंद्रह वर्ष जीवित रहीं। उनके जीवन के अंतिम वर्ष बहुत ही अनादर और उपेक्षा में बीते थे। सन् 1941 के 12 फरवरी को विनोदिनी ने चुपचाप इस संसार से विदा ले ली।

अपनी आत्मकथा में उन्होंने अपने वारांगणा होने की बात को छुपाया नहीं, बल्कि बार-बार उसका उल्लेख ही किया है। लेकिन इस मानसिक ग्लानि-बोध को परे ठेलकर उन्होंने शिक्षा, अभिनय, अध्ययन और मानवीय गुणों के क्षेत्र में जो कुछ हासिल किया वह शायद भद्रकुल में जन्मी कोई स्त्री भी नहीं कर पाती।

परंतु उन्होंने यश और ख्याति के चरम उत्कर्ष पर पहुँचकर रंगकर्म से संन्यास क्यों ले लिया? क्या इसलिए कि उनके जीवन को नया मोड़ देने वाले श्री रामकृष्ण परमहंस का देहावसान उसी वर्ष हुआ? या फिर इसलिए कि तत्कालीन पुरुष-प्रधान समाज में रंगमंच से जुड़े नाट्यकर्मियों और अधिकारियों ने उनका पूरा इस्तेमाल कर लेने के बाद उन्हें गैरज़रूरी समझकर इतना आहत किया कि वे रंगकर्म छोड़ने को मजबूर हो गईं? यह प्रश्न अनुत्तरित ही रह गया है।

उनकी वृद्धावस्था के बारे में इतना ही मालूम चलता है कि आखिरी दिनों में वे अपनी गोद ली हुई बेटी के साथ अपने मकान में रहती थीं। हर समय पूजा-पाठ में लीन रहती थीं और जीवन के अंतिम दिनों में भी नियमित रूप से नाटक देखने जाती थीं।

प्रस्तुत अंश में 'आमार कौथा' और 'अभिनेत्री जीबोन' के महत्त्वपूर्ण अंश अनूदित हैं।

## मेरा अभिनेत्री जीवन

जीवन की राह पर घूमते-घूमते, दुनिया की इस अतिथिशाला से जब विदा लेने का समय आ गया है, मृत्यु के सागर-तट से अपनी जीर्ण-शीर्ण देह को घसीटकर ले आई हूँ और कितने दिनों की पुरानी स्मृतियों को घिस-माँजकर फिर से जीवित करने की कोशिश क्यों कर रही हूँ? इस 'क्यों' का कोई उत्तर नहीं मिलता। उत्तर ढूँढ़ नहीं पाती। लेकिन एक बात का अहसास मुझे होता है। मुझे लगता है, बचपन और किशोर अवस्था में मेरे कोरे मन पर जो पहला लाल रंग का छींटा पड़ा था, बहुत वर्षों के उलट-पलट के बीच कितने ही रंगों से सराबोर होने के बाद भी वह पहली लालिमा अब भी मेरे धुँध-भरे मन से मिटी नहीं। समय की यवनिका को भेदकर अब भी वह रंग मेरे मन में झाँकता रहता है। कुछ भी कहने लगूँ तो पहले वही बात याद हो आती है, जो मेरे लिए सुखद-स्वप्न की तरह मधुर है, जिसकी मादकता, आवेश और आवेग को मैं आज भी भूल नहीं पाई हूँ। और जो जीवन के अंतिम दिन तक मेरी संगिनी बनी रहेगी। शायद इसीलिए अपने अभिनेत्री जीवन की बातें कहने की इतनी साध है।

साध तो है, लेकिन क्षमता कितनी है मेरी? और कहूँगी भी क्या? क्या बताऊँ—क्या न बताऊँ? कुछ भी पता नहीं है मुझे। आजकल का थिएटर देखती हूँ कभी-कभी। जाने कैसा नशा-सा छा जाता है। सब कामों में उलझे रहने पर भी जैसे थिएटर मुझे अपनी ओर खींचता रहता है।

देखती हूँ, आजकल के नए-नए अभिनेता-अभिनेत्री सुशिक्षित, सुसंस्कृत, कितने नए नाटक, कितने दर्शक, कितनी तालियाँ, शोरगुल, हो-हल्ला, वही फुटलाइट। वही एक के बाद एक दृश्य, वही यवनिका गिरते समय घंटे की टन-टन आवाज़ और तभी कितनी बातें याद हो आती हैं। हम भी तो एक दिन इसी तरह मेकअप करते थे, उस जमाने के दर्शक, वही उस जमाने के सह अभिनेता, उस जमाने की पोशाक, नाटक, गैस के फुटलाइट, उस जमाने का माहौल। कमजोर पड़ती यादें मुझे अतीत के किसी स्वप्न-लोक में खींचकर ले जाती हैं। मन होता है उन दिनों की सब बातें तरतीबवार सुनाऊँ—जिसको भूली नहीं, भूल नहीं पाई, जिसको

अपने संपूर्ण हृदय से प्यार करती थी, आज भी जिसके मोह से मुक्त नहीं हो पाई हूँ। उसकी बातें, आज की नई अभिनेत्रियों को सुनाऊँ। लेकिन सब जैसे गड्डमड्ड हो जाता है, हो जाय, फिर भी मैं उन दिनों की कुछ बातें सुनाऊँगी, सुनाने की कोशिश करूँगी। सरल-सीधी सच्ची बातें, जिसे पढ़कर आजकल के पाठक और दर्शक समझेंगे कि इस देश में पहले पहल थिएटर की सृष्टि करने वाले किस तरह मिट्टी के लोंदे से, पोखर के कीचड़ से मिट्टी की गुड़िया गढ़ते थे। उनके हाथ से गढ़ी हुई माटी की गुड़ियाँ कैसे बोलती थीं, कैसे स्टेज पर चलती-फिरती थीं, दर्शकों को आनंद और संतुष्टि देती थीं।

## पहली कथा (बात)

## मेरा बाल्य जीवन

मेरा जन्म इस कलकत्ता महानगरी में सहाय-संपत्तिहीन वंश में हुआ था। फिर भी हमारे परिवार को बिल्कुल ही दीन-दुखी परिवार कहना ठीक नहीं होगा क्योंकि खींचतान कर हमारा गुज़ारा चल ही जाता था। हाँ, तरतीब-तरीके की कमी ज़रूर थी और तंगहाली भी काफी थी। मेरी नानी का एक अपना मकान था उसमें कई कच्ची खपरैलवाली कोठरियाँ थीं। कार्नवालिस स्ट्रीट का 145 नंबर का वह मकान अब मेरी जायदाद है। उन कच्ची कोठरियों में कुछ बहुत गरीब किराएदार रहते थे। उसी किराए की आमदनी से ही हमारा गुज़ारा चलता था। तब चीज़ें भी सस्ती थीं और आसानी से मिल भी जाती थीं। परिवार भी छोटा ही था। मेरी नानी, मेरी माँ और दो भाई-बहन। लेकिन जैसे-जैसे हम बड़े होने लगे, हमारी गरीबी बढ़ती गई। तब मेरी नानी ने मेरे पाँच साल के भाई का विवाह एक ढाई साल की मातृहीना बच्ची के साथ करवा दिया और कुछ गहने वगैरह घर ले आईं। और फिर उन गहनों को बेचकर हमारा गुज़ारा चलने लगा, क्योंकि इससे पहले नानी और माँ के पास जितने भी गहने थे बिककर खत्म हो चुके थे।

मेरी नानी और माँ बड़ी ही स्नेहमयी थीं। वे सुनार की दुकान पर एक-एक गहने बेचकर बाज़ार से तरह-तरह की खाने की चीज़ हमें लाकर देती थीं। गहने बेचने का उनके मन में ज़रा भी अफसोस न होता था।

उस समय की एक बात याद आती है। तब मेरी उम्र करीब सात साल की होगी। मेरी माँ किसी के घर से माँगकर हम लोगों के लिए संदेश ले आई थी। दया करके दान में दी हुई मिठाई थी न, इसी से दस-पंद्रह दिन तक माँ ने उन्हें जतन से सहेजकर रखा, फिर उनका मोह त्यागकर हमें खाने को दिया। आजकल की बात होती तो उस संदेश से आती हुई बदबू के कारण हमें नाक पर कपड़ा रखना पड़ता। लेकिन तब इस डर से कहीं वह बदबूदार संदेश जल्दी खत्म न हो जाय, हमने करीब आधे घंटे तक स्वाद ले-लेकर वह संदेश खाया। मेरे बचपन के सुख की यही तस्वीर है।

मेरा छोटा भाई बहुत छोटी उम्र में ही मेरी माँ को जन्म दुखिनी बना हमारा साथ छोड़कर चला गया। मेरी माँ और नानी उसकी मृत्यु से बुरी तरह बेहाल हो गई थीं। भाई बीमार था

तो उसे खैराती दवाखाने ले जाया गया, वहीं उसकी मौत हुई। वह दिन मेरी याद में आज भी ताज़ा है। तब मैं सोचती रहीं थी 'भाई लौटेगा या नहीं?' यमराज जिसे ले लेता है उसे कभी नहीं लौटाता यह बात मुझे तब तक समझ में नहीं आई थी।

मेरी नानी ने सुना था कि अस्पताल में जिसकी मौत होती है उसकी लाश की चीरफाड़ होती है, उसकी क्रिया नहीं करने देते। सो जैसे ही मेरा भाई मरा उसी वक्त उसकी लाश को सीने से लगाए मेरी नानी धड़धड़ाती सीढ़ियाँ उतर गईं और गंगा के घाट की ओर दौड़ी। मैं और मेरी भाभी माँ का हाथ पकड़कर रोते-रोते उनके साथ जाने लगीं। मेरी माँ का दिमाग गड़बड़ा गया था। वे बीच-बीच में हाः-हाः कर हँसती जा रही थीं। नानी ने गंगा के किनारे मृत देह को लिटा दिया। करीब घंटेभर बाद उसके दाह-संस्कार का बंदोबस्त होने लगा। इसी बीच एक दुर्घटना होते-होते बच गई। जब नानी उस काम में लगी थीं, तभी माँ धीरे-धीरे पानी में उतरने लगीं। मैं माँ की साड़ी पकड़कर जोर-जोर से रोने लगी। रोना सुनकर नानी दौड़ी आईं और माँ को पानी से निकाला। इसके बाद कितने दिनों तक माँ आधी पागल हो गई थीं। कभी रोती नहीं थीं। सिर्फ़ बीच-बीच में हँस उठती थीं। माँ के सामने नानी भाई का जिक्र कभी नहीं करने देती थीं। हालाँकि नानी हम सबसे ज़्यादा मेरे भाई को ही प्यार करती थीं क्योंकि हमारे परिवार में लड़का कभी नहीं हुआ। बेटी की बेटी उसकी भी बेटी इन्हीं को लेकर गृहस्थी चलती थी। एक रात को जब हम सब लेटे थे माँ चिल्लाकर कहने लगी, 'मेरे बच्चे तू कहाँ चला गया रे' और फिर ज़ोर-ज़ोर से रोने लगीं। मेरी नानी ने चैन की साँस ली और कहा 'जान में जान आई।' मैं 'माँ माँ' कहकर रोने लगी तो नानी ने कहा, 'चुप-चुप उसे रोने दे।'

सुना था, मेरा भी विवाह हुआ था, और याद भी आता है कि मुझसे थोड़ा ही बड़ा एक सुंदर बालक, मेरा भाई और भाई की नन्ही दुल्हन, हम सब मिलकर खेला करते थे। सब कहते थे, वह सुंदर बालक मेरा दूल्हा है। लेकिन थोड़े दिनों बाद से ही वे मुझे और नहीं दिखे। सुना है कि मेरी एक मौसिया सास थीं, वही मेरे पति को ले गई थीं और फिर कभी उनको हमारे घर आने नहीं दिया। लोगों के मुँह से सुना था, वे फिर से ब्याह रचाकर गृहस्थी चला रहे हैं। अब तो वे भी इस दुनिया में नहीं हैं। मेरे भाई के जिंदा रहते मेरी नानी ने कई बार कोशिश की थी कि वे हमारे घर आकर रहें। क्योंकि मैं इकलौती बेटी थी इसलिए माँ और नानी दोनों चाहती थीं कि मेरे पति हमारे साथ ही रहें क्योंकि पति भी दरिद्र परिवार के ही थे। लेकिन उनकी मौसी ने यह कभी होने नहीं दिया।

जब मैं नौ साल की हुई तब हमारे घर में एक गायिका रहा करती थीं। घर में एक ही पक्की कोठरी निचली मंज़िल में थी। मेरी नानी और माँ उन्हें अपनी बेटी की तरह प्यार करती थीं। उनका नाम था गंगाबाई जी। आगे चलकर यही गंगाबाई जी स्टार थिएटर की प्रसिद्ध गायिका बनीं। मैंने उन्हें अपनी सहेली बना लिया था और हम एक-दूसरे को 'गुलाब' नाम से पुकारते थे।

गरीबी से छुटकारे का और कोई रास्ता न पाकर मेरी नानी ने गंगाबाई को मुझे संगीत सिखाने को कहा। तब मेरी उम्र सात-आठ के करीब होगी। संगीत और वाद्य शिक्षा चाहे हो,

न हो, गंगाबाई के पास जो लोग आते-जाते थे उनकी बातें सुनना मेरा सबसे बड़ा शौक हो गया था। और मैं काफी चालाक-चतुर थी इस वजह से सभी मुझे बहुत प्यार करते थे। उस समय बचपने के कारण वह प्यार मुझे बहुत भाता था। क्या कर रही हूँ, अच्छा या बुरा, कुछ भी समझ में नहीं आता था। लेकिन बहुत ज़्यादा मेलजोल नहीं रखती थी। जाने कैसा अटपटा-सा लगता था, डर लगता, शर्म भी आती थी। उनसे दूर ही रहती थी क्योंकि बचपन से ही अपने किराएदारों के लिए मेरे मन में अजीब वितृष्णा-सी थी। हमारी खोली के जो किराएदार थे वे शादीशुदा नहीं थे, फिर भी विवाहितों की तरह गृहस्थी चलाते थे—रोज कमाते थे, खाते थे और कभी-कभी आपस में इतनी मार-पीट करते थे कि लगता था, आगे कभी एक-दूसरे से बात नहीं करेंगे। लेकिन देखती थी कि कुछ ही देर बाद फिर से हँसना-बोलना, खाना-पीना, मजाक चालू हो जाता था। उस समय मैं बहुत ही छोटी उम्र की थी, लेकिन उनकी करतूत देखकर दंग रह जाती थी। सोचती थी, मैं कभी भी ऐसी घृणित नहीं होऊँगी। नहीं जानती थी मेरे भाग्य देवता ने मेरे सिर पर काले बादलों का अंबार लगा रखा है। तब लगता कि शायद ऐसे ही माँ की गोद में सरल सुखी हृदय लेकर मेरी पूरी ज़िंदगी बीत जाएगी।

मेरे भाई के गुज़र जाने के कुछ दिन बाद गंगामणि के घर पूर्णचंद्र मुखर्जी और ब्रजनाथ सेठ नाम के दो सज्जन उनका गाना सुनने आते थे। सुना था कि वे लोग कहीं सीता विवाह नाम का गीतिनाट्य करने की बात सोच रहे हैं। एक दिन उन्होंने मेरी नानी को बुलाकर कहा, 'देख रहा हूँ कि तुम लोगों को बहुत परेशानी है, अपनी दोहती को थिएटर में जाने दोगी? अभी तो वज़ीफे के तौर पर कुछ मिलेगा। बाद में काम सीख लेने पर ज़्यादा तनख्वाह मिलेगी।' उन दिनों सिर्फ़ दो थिएटर थे—एक तो श्री भुवनमोहन नियोगी का 'नेशनल थिएटर' और दूसरा शरतचंद्र घोष महाशय का 'बेंगॉल थिएटर'। मेरी नानी ने दो-चार लोगों से सलाह-मशविरा किया और अंततः पूर्णबाबू के कहे अनुसार थिएटर में जाना ही तय हुआ। मुझे नेशनल थिएटर में दस रुपए महीने पर रख लिया गया।

इसी समय से मेरे नए जीवन ने रूप लेना आरंभ किया। बचपन का वह समय गहने-कपड़ों से लकदक समाज में वह नई शिक्षा, वह नया काम सभी कुछ बहुत नया मालूम होता था। न कुछ समझती थी, न कुछ पता चलता था, लेकिन जिस तरह जो कुछ भी मुझे सिखाया जाता था जी-जान से वही सीखने की कोशिश करती थी। अपने घर के दुख गरीबी की बात, याद आते ही आग्रह और बढ़ जाता था। माँ का शोक-संतप्त चेहरा याद आते ही उत्साह दुगना हो जाता था। सोचती थी कि मेरे थिएटर में काम करने से माँ का थोड़ा दुख तो कम होगा ही।

हालाँकि थिएटर में मुझे जो सिखाया जाता था वही करती थी, लेकिन मेरे मन में यही आकांक्षा होती कि कैसे मैं जल्दी-जल्दी सीखकर बड़ी अभिनेत्रियों की बराबरी का काम करूँ। मेरा मन उनके साथ-साथ भटकता रहता था। उन दिनों कुल मिलाकर चार अभिनेत्रियाँ नेशनल थिएटर में थीं—राजा, क्षेत्रमणि, लक्ष्मी और नारायणी। क्षेत्रमणि अब इस दुनिया में नहीं है।

उसका अभिनय इतना स्वाभाविक हुआ करता था कि लोग हैरान हो जाते थे। उनकी जगह और कोई ले पाएगा या नहीं, इसमें संदेह है। 'विवाह विभ्राट' में नौकरानी की भूमिका में उनका अभिनय देखकर छोटे लाट टॉमसन साहब ने कहा था ऐसी अभिनेत्रियाँ हमारे विलायत में भी नहीं हैं। चौरंगी में किसी संभ्रांत व्यक्ति के घर किसी समय बहुत बंगालियों और अंग्रेजों का सम्मेलन हुआ था। नामी गरामी। वहीं पर 'विवाह-विभ्राट' का मंचन हुआ था और छोटे लाट साहब ने वह अभिनय देखा था।

## रंगालय में

जब मैंने पहले पहल नाटक में काम करना शुरू किया तब रसिक नियोगी का एक मकान गंगा के घाट पर था। वहीं रिहर्सल हुआ करती थी। हालाँकि वह जगह स्पष्ट रूप से याद नहीं है, लेकिन धुँधली-सी याद है। बहुत ही सुंदर जगह थी। बिल्कुल गंगा के किनारे पर मकान, नीचे बरामदा और उससे भी नीचे गंगा के घाट की पक्की सीढ़ियाँ। दोनों ओर अंतिम यात्रा पर जाने वालों के विश्राम के लिए पक्की कोठरियाँ। बचपन की वे धुँधली यादें आज भी मेरे मन में तिरती हैं। नीचे कल-कल स्वर से गंगा बहती थी और मैं उस लंबे बरामदे में दौड़ती-भागती रहती थी। छोटी थी या शायद अभिनय की शिक्षा में पारंगत थी, इसीलिए सबको मुझसे बहुत स्नेह था। मैंने पहले ही कहा है कि उस समय हम बहुत ही गरीब थे। अपने मकान के अलावा कपड़े-लत्ते सामान वगैरह हमारे पास कुछ भी न था। उस समय 'राजा' नाम की प्रधान अभिनेत्री थीं उन्होंने मेरे लिए छींट की दो फ्राकें बनवा दी थीं। वह फ्राक पहनकर मुझे इतनी खुशी हुई थी कि पूछिए मत। जाड़ों के मौसम में वही दो फ्राकें मेरा सहारा थीं। तब सब यही कहते थे कि इस लड़की को ठीक से सिखाया-पढ़ाया जाय तो बहुत बढ़िया अभिनेत्री बनेगी। तब धर्मदास सुर महाशय मैनेजर व स्वर्गीय अविनाश चंद्र कर महाशय असिस्टेंट मैनेजर थे और शायद महेंद्र नाथ बसु अभिनय की ट्रेनिंग देते थे। मुझे ठीक से सब याद नहीं है, लेकिन शायद बेल बाबू, महेंद्र बाबू, अर्धेंद्र बाबू और गोपाल बाबू ट्रेनिंग देते थे। उन दिनों बाबू राधामाधव कर थिएटर में काम करते थे और मशहूर डाक्टर श्री राधा गोविंद कर भी नेशनल थिएटर में अवैतनिक अभिनेता थे। इन सब लोगों की सलाह से मुझे 'वेणी संहार' नाटक में एक छोटी-सी भूमिका दी गई। द्रौपदी की सखी की भूमिका, जिसमें संवाद बहुत ही कम थे। उन दिनों नाटक तैयार हो जाने पर नाट्य मंदिर में जाकर ड्रेस रिहर्सल देनी पड़ती थी। जिस दिन इस नाटक की ड्रेस रिहर्सल थी मुझे ज़्यादा घबराहट नहीं हो रही थी क्योंकि रोज़ की रिहर्सल में जो लोग मौजूद रहते थे वही लोग उस दिन भी थे, उनके अलावा दो-चार बाहरी लोग थे।

लेकिन जिस दिन संवाद याद करके दर्शकों के सामने स्टेज पर जाना पड़ा उस दिन की घबराहट और मनोदशा का वर्णन नहीं कर सकती। जगमगाती रोशनी की कतारें, हजारों दर्शकों की उत्साह से भरी दृष्टि देखकर सारा शरीर पसीने से लथपथ हो उठा। दिल धड़धड़ा उठा, पैर थरथर काँपने लगे और आँखों के आगे 'धुँधलका' छा गया। अंदर से बड़े लोग मुझे

उत्साहित किए जा रहे थे। डर, चिंता, और अजीब छटपटाहट के साथ जाने कैसा आग्रह मन को ऐसे उद्वेलित किए जा रहा था कि बताना मुश्किल। एक तो मैं उम्र में बहुत छोटी थी, तिस पर गरीब घर की लड़की। कभी इस तरह के समारोह में हिस्सा लेने का मौका ही कहाँ मिला था। बचपन में माँ को कहते सुना था, 'जब भी डर लगे हरि को याद करना।' मैंने भी भगवान को याद किया और जो भी दो-चार संवाद थे, पूरी भावना से बोल दिए और मंच से बाहर आ गई। आते समय सुना दर्शकों ने हर्षध्वनि की और खूब तालियाँ बजाईं। पता नहीं डर से या उत्तेजना से मेरा शरीर तब भी काँप रहा था। अंदर आते ही बड़े लोगों और अध्यक्षों ने मुझे खूब प्यार किया। मुझे उस समय यह पता ही नहीं था कि 'ताली' का क्या मतलब होता है। बाद में सबने समझाया कि काम में सफलता मिलती है, खुशी जाहिर करने के लिए ताली बजाई जाती है। इसके बाद मैंने कितनी ही भूमिकाओं में अभिनय किया, कितनी बार रानी बनी, नायिका बनी, लेकिन एक सुखद सपने की तरह उस छोटी-सी दासी की भूमिका की याद आज भी मेरे मन को आनंद से भर देती है।

इसके कुछ दिन बाद ही सबकी सलाह से मुझे हरलाल राय के नाटक 'हेमलता' में हेमलता की भूमिका के लिए ट्रेनिंग दी जाने लगी। मेरा आग्रह देखकर सभी कहते थे कि यह लड़की हेमलता की भूमिका अच्छी तरह कर पाएगी। इसी समय एक और अभिनेत्री आईं। और उन्हीं के साथ मदन मोहन बर्मन आपेरा मास्टर के रूप में काम करने लगे। इन अभिनेत्री का नाम था कादंबिनी दासी। इन्होंने अभिनय से बहुत ही नाम कमाया था, लेकिन अब अवकाश प्राप्त थीं।

उन दिनों अभिनय में कोई दिखावा या आडंबर नहीं हुआ करता था। किसी पात्र की भूमिका कर रहे हैं और हमें खास कुछ करके दिखाना है। यह सब बातें किसी के मन में नहीं आती थीं। उस समय के शिक्षकों का खास निर्देश होता था कि दर्शकों की आँखों में देखकर अभिनय नहीं करना है। यह मान लेना होगा कि सामने कोई बैठा नहीं है। हम लोग अपने कार्य आपस में करते जाएँगे। कोई देख रहा है या नहीं, वे क्या कहेंगे, क्या सोचेंगे इस बात की फिक्र हमें नहीं करनी है। समय बीतने पर मुझे समझ में आया था कि इस तरह ट्रेनिंग देने का खास मकसद था, अभिनय में एकाग्रता लाना। सब कुछ भूलकर तन्मय होकर अपना अभिनय, जितना अच्छा हो सके, करते जाना ही प्रमुख उद्देश्य था।

'वेणी संहार' नाटक कितने दिन चला था याद नहीं। उसके बाद हेमलता।

'हेमलता' के बाद से ही मुझे मजबूरन प्रधान अभिनेत्री के रूप में अभिनय करना पड़ता था। मुझसे सीनियर अभिनेत्रियाँ उम्र में मुझसे बड़ी थीं, लेकिन अभिनय कला में मैं उनकी बराबरी की थी। इसके कुछेक महीनों बाद ही 'ग्रेट नेशनल' थिएटर कंपनी पश्चिम के प्रदेशों में नाटक करने के लिए निकल पड़ी। मेरी तनख्वाह में पाँच रुपए की बढ़ोतरी हुई और मुझे और माँ को साथ ले जाया गया। पश्चिम में नाटक करने के दौरान कुछ घटनाओं के बारे में सुनिए। हालाँकि उन घटनाओं का सिर्फ मुझसे ही संबंध नहीं है, लेकिन फिर भी दिलचस्प हैं—

एक रात लखनऊ नगरी की छतर मंजिल में हमारी कंपनी का 'नीलदर्पण' नाटक खेला जा रहा था। उस दिन लखनऊ के सब अंग्रेज साहब नाटक देखने आए थे। नाटक में एक जगह रोग साहब क्षेत्रमणि पर अवैध अत्याचार करने पर उतारू हो रहे थे, उसी समय तोरप नामक पात्र दरवाजा तोड़कर अंदर आया और रोग साहब को पीटने लगा। ननीमाधव क्षेत्रमणि को लेकर भाग गया। एक तो 'नीलदर्पण' नाटक ही बढ़िया हो रहा था—बाबू मोतीलाल सूर तोरप की, और अविनाश कर रोग साहब की भूमिका बखूबी निभा रहे थे। यह सब देखकर साहब लोग अंग्रेज बहुत उत्तेजित हो उठे। दर्शकों में गड़बड़ी होने लगी, तभी एक अंग्रेज साहब दौड़कर स्टेज पर चढ़ आया और तोरप को मारने लगा। हम सब रोने लगे, नाटक के कार्यकर्त्ता सब डर गए। मैनेजर धर्मदास सूर थर-थर काँप रहे थे। हमने नाटक बंद कर दिया। जल्दी-जल्दी पोशाक-असबाब बाँधकर वहाँ से भाग लिए और सीधे डेरे पर आकर रुके। दूसरे दिन सुबह लखनऊ शहर छोड़ा तभी जान में जान आई।

इसके बाद हमने काफी जगहों पर नाटक किए लेकिन अब सब कुछ याद नहीं। इतना याद है कि दिल्ली में इतनी मक्खियाँ थीं कि कमरा, बिस्तरा सब भरा रहता था। तब पहली बार भिश्ती के लाए पानी से नहाने में मैंने एतराज़ किया था और मेरी माँ ने तो रो-रोकर मुसीबत खड़ी कर दी। तब एक कच्चे कुएँ से मैंने खुद पानी निकाला और उसी से उनके खाने-पीने का बंदोबस्त किया तब जाकर उनको संतोष हुआ।

दिल्ली की एक और छोटी-सी घटना मुझे अब तक याद है—दिल्ली वाले घर की खुली छत पर एक दिन मैं दौड़-दौड़कर खेल रही थी। किसी वजह से अभिनेत्री कादंबिनी को बेहद गुस्सा आया और उन्होंने मुझे खींचकर दो तमाचे जड़ दिए। उस दिन हम माँ-बेटी दिन-भर रोती रहीं। सारा दिन माँ भूखी रहीं और मैं भी उनके साथ बैठी रही। शाम को थिएटर के बाबू लोगों ने हमें मनाकर खाना खिलाया। एक तो हम गरीब थे ऊपर से मैं बिल्कुल बच्ची। थिएटर के अधिकारी लोग काफी अच्छी तरह हमारी देखरेख करते थे, लेकिन बड़ी अभिनेत्रियाँ मौका पाते ही अपने दिल की भड़ास निकाल देती थीं। पता नहीं किस वजह से कादंबिनी ज़रा ज़्यादा ही घमंडी थीं और मुझसे अजीब तरह का द्वेष रखती थीं। अक्सर ही बुरा-भला कहा करती थीं।

दिल्ली के बाद शायद हमें लाहौर जाना पड़ा था। वहाँ काफी दिनों तक रहना हुआ था। कई नाटक वहाँ खेले गए थे। मैंने विभिन्न भूमिकाओं में अभिनय किया था—'सती कलंकिनी' में राधिका का, 'नवीन तपस्विनी' में कामिनी का, सधवा की एकादशी में काँचन का, 'शादी करने को पागल बुड्ढा' में फनी का—और भी जाने कितनी। उस समय मेरी उम्र इतनी कम थी कि मेकअप करने वाले मेकअप-मैनों को बड़े झंझट में पड़ना पड़ता था। मुझ जैसी बच्ची को किशोरी या युवती की तरह सजाने में उन्हें काफी मेहनत करनी पड़ती थी। कभी-कभी वे परेशान हो जाते थे और कभी-कभी मज़ाक करते थे, कहते थे कि 'तुझे लोहार की दुकान में भेज देते हैं' वहाँ पीट-पीटकर तुझे बड़ा करके लाएँगे। लाहौर जब हम नाटक खेलने गए थे तो एक अजीब घटना घटी थी जिसका संबंध मुझसे था—

वहाँ पर गुलाब सिंह नाम के एक बहुत बड़े रईस के मन में ख्वाहिश जगी कि वे मुझसे शादी करेंगे और इसके लिए वे मेरी माँ को जितना वे चाहेंगी धन देंगे। ये जमींदार हमारे थिएटर के अर्धेंद्रबाबू व धर्मदास बाबू के पीछे ही पड़ गए। वे लोग बड़ी मुसीबत में पड़ गए क्योंकि गुलाब सिंह वहाँ के नामीगरामी रईस थे। एक तो परदेस उस पर यह सब बातें सुनकर मेरी माँ रो-रोकर बेहाल। मैं भी डर के मारे काँपने लगी। इसी वजह से हमें लाहौर से जल्दी चले जाना पड़ा। वहाँ से हम श्री वृंदावन गए।

वृंदावन में अपनी एक बहुत ही बचकानी हरकत अभी तक याद है। वृंदावन पहुँचने पर नाटक कंपनी के करीब चालीस सदस्यों के लिए नाश्ते का इंतजाम किया गया था। लेकिन नाश्ता करने से पहले सभी श्री गोविंद जी के दर्शन करना चाहते थे। उन्होंने मुझसे कहा, ''तुम बच्ची हो, अभी सफर से आई हो, पानी-वानी पीकर दरवाजा बंद करके बैठी रहो हम अभी देव दर्शन कर लौटते हैं। वे सब चले गए। मुझे गुस्सा भी आया और दुःख भी हुआ, लेकिन क्या करूँ मन मसोस कर बैठी रही। थोड़ी देर बाद एक बंदर आया और खिड़की की सलाख पकड़कर बैठ गया। मैंने उसे एक ककड़ी खाने को दी। थोड़ी देर बाद दो और बंदर आ बैठे। मैंने उन्हें भी थोड़ा बहुत खाने को दिया। उस कमरे में चार-पाँच खिड़कियाँ थीं। मैं जितना ही खाने को देती थी खिड़की पर बंदरों की भीड़ बढ़ती ही जाती थी। मैं रोने लगी और जितना नाश्ते का सामान था सब उन्हें देती रही और सोचती रही कि अब वे अवश्य चले जाएँगे। लेकिन नहीं, जितना खाना मिलता, उतने ही बंदर ज़्यादा होने लगे। मैं रोते-रोते उनको और खिलाती जाती थी। तभी नाटक कंपनी का एक आदमी लौट आया—उसने देखा छत-बरामदा बंदरों से भर गया है। वह कहीं से लाठी ले आया, बंदरों को भगाया फिर मुझे दरवाजा खोलने को कहा। मेरी बात सुन माँ ने मुझे जोर से दो थप्पड़ मारे और डाँटने लगीं। मैंने कितना नुकसान कर दिया था फिर भी कंपनी के लोगों ने कहा, ''बच्ची है मत मारो, उसे क्या समझ है? हमें ही उसे साथ ले जाना चाहिए था।'' फिर से सब सामान मँगवाया गया तब सबने नाश्ता किया। अभी भी नीलमाधव चक्रवर्ती मुझे चिढ़ाते हैं कि वृंदावन जाकर बंदरों को भोज खिलाएगी विनोद?

इसके बाद हम कलकत्ता लौट आए। इसके पाँच-छह महीने बाद ही 'ग्रेट नेशनल थिएटर' बंद हो गया। अब मैं श्री शरतचंद्र घोष महाशय के 'बेंगॉल थिएटर' में काम करने लगी। मेरी तनख्वाह 25 रु. महीना तय हुई। अब तक मैं काफी होशियार और अभिनय कला में कुशल बन चुकी थी। श्री शरतचंद्र घोष मुझसे स्नेह करते थे। अपनी बेटी से भी ज़्यादा मुझे स्नेह करते और मेरी देखभाल करते। उनकी देखरेख में ही मैंने प्रसिद्धि की पहली सीढ़ी पर कदम रखा था।

## बेंगॉल थिएटर

किशोरावस्था में कदम रखते ही बेंगॉल थिएटर में काम करना शुरू किया। श्री शरतचंद्र घोष महाशय की ट्रेनिंग में रहकर अभिनय सीखा व उन्नति की सीढ़ियों पर चढ़ती गई। प्रसिद्ध

गायिका वनविहारनी (मूनी), सुकुमारी दत्त (गुलाब) व एलोकेशी उन दिनों 'बंगाल' में ही अभिनय करती थीं। उन दिनों माइकेल मधुसूदन दत्त का 'मेघनाद वध' काव्य के नाट्य रूप की तैयारी हो रही थी। मैंने इस नाटक में सात भूमिकाओं में एक साथ अभिनय किया था पहली चित्रांगदा, दूसरी प्रमीला, तीसरी वारुनी, चौथी रति, पाँचवीं माया, छठी महामाया, सातवीं सीता। बंकिम बाबू के मृणालिनी में मनोरमा की भूमिका करती थी और 'दुर्गेश नंदिनी' में आएशा और तिलोत्तमा। कभी-कभी एक ही शो में दोनों भूमिकाओं में अभिनय किया। दोनों स्त्रियों का चरित्र बहुत भिन्न था। और इस तरह अपने को दो अंशों में तोड़कर अभिनय करने में कितनी कठिनाई होती थी कि क्या बताऊँ। हाँ रोज ही ऐसा नहीं होता था; कभी-कभी ऐसी स्थिति आ पड़ती थी कि करना ही पड़ता था।

एक दिन शो की रात, जब मैं आएशा की भूमिका के लिए घर से सुंदर पोशाक पहनकर थिएटर पहुँची तो सुना, जो आसमानी की भूमिका करने वाली थी वे नहीं आईं। हाल दर्शकों से भरा था। अधिकारी लोग गुपचुप बातें कर रहे हैं कि विनोद को आसमानी का पार्ट करने को कौन कहेगा। जो भी अभिनेत्रियाँ मौजूद हैं उनमें से विनोद के अलावा और कोई भी यह काम नहीं कर पाएगा। मैं घर से ही आएशा के लिए तैयारी करके आई थी इसलिए किसी की हिम्मत नहीं पड़ रही थी कि मुझसे कुछ कहे। तभी बाबू अमृतलाल बसु आए और बहुत प्यार से मुझसे बोले कि—विनोद, प्यारी बहना मेरी, आसमानी की भूमिका जिसे करनी थी वह बीमार पड़ गई है। आज तुम्हीं को करना पड़ेगा, नहीं तो हम बड़ी मुश्किल में पड़ जाएँगे। मैंने कई बार, 'मुझसे नहीं होगा' कहा, लेकिन नवाब पुत्री आएशा की पोशाक उतारकर जब दासी आसमानी की ड्रेस पहननी पड़ी तो बेहद गुस्सा आया था। लेकिन उन सबकी मुसीबत की बात सोचकर करना ही पड़ा। बेंगाल थिएटर में अभिनय करने के दौरान 'इंगलिश मैन' 'स्टेट्स मैन' वगैरह अख़बारों में कभी 'सायोनारा' या 'फ्लावर ऑफ द नेटिव स्टेज' के नाम से मेरा उल्लेख किया जाता था। अभी भी कोई पुराने परिचित मिल जाते हैं तो कहते हैं, ''सायोनारा', कैसी हो।!'

इसी थिएटर में बंकिम बाबू का मृणालिनी नाटक खेला गया। अभूतपूर्व अभिनय हुआ था इस नाटक में। मैंने मनोरमा की भूमिका में अभिनय किया था।

बेंगाल थिएटर में रहते समय एक बार हमारी नाटक कंपनी 'चुयाडांगा' गई। ट्रेन में रिजर्वेशन कराया गया। हम श्री शरतचंद्र घोष महाशय को छोटे बाबू कहकर पुकारते थे। सफर के दौरान कोई एक बड़ा सा स्टेशन आया। तब छोटे बाबू के कोई रिश्तेदार जिनका नाम उमिचंद था, वे और कई लोग नाश्ता खरीदने के लिए स्टेशन पर उतरे। गाड़ी छूटने का समय हो चला, सब लौट आए लेकिन उमिचंद नहीं आया। गाड़ी चलने को हुई तो छोटे बाबू बदहवास होकर खिड़की से चेहरा सटाकर चिल्लाने लगे 'गाड़ी चल पड़ी उमिचंद जल्दी आओ।' तभी चलती गाड़ी में दौड़ता हुआ उमिचंद चढ़ गया। गाड़ी जोर से चलने लगी। तभी उमीचंद थका हुआ-सा लेट गया। छोटे बाबू और सब लोग कहने लगे सर्दी-गर्मी

हो गया है, पानी दो, पानी दो, कोई उन्हें पंखा झलने लगा। लेकिन ऐसी विधि की विडंबना कि पूरी गाड़ी में किसी के पास भी एक अंजुरी पानी नहीं, जो मरने वाले व्यक्ति के मुँह में डाल सकें। मूनि तभी-तभी बेंगाल थिएटर में नौकरी करने लगी थी। उसके दूध पीती बच्ची थी। और कोई उपाय न देखकर मूनि ने अपना दूध चम्मच में निकालकर उमिचंद के हलक में डाला और उसके प्राण पखेरू उड़ गए। यह घटना दस-पंद्रह मिनट के अंदर-ही-अंदर घटित हुई। डिब्बे के सारे लोग डर और शोक में डूब गए। छोटे बाबू उमिचंद के सीने में सिर रखकर बच्चों की तरह रोने लगे। कहने लगे मैं इसकी माँ को क्या मुँह दिखाऊँगा? आते समय अपने बेटे के बारे में कितनी हिदायतें दी थीं मुझे, वे अपनी माँ के इकलौते थे।

जहाँ हमें नाटक खेलना था वहाँ पहुँचकर सब दुखी और अवसन्न हो लेट गए। दो-तीन अभिनेता शवदाह करने गए। तीन दिन हम वहाँ रहे, नाटक खेला और बहुत अवसाद से भरा मन लेकर वहाँ से लौटे।

एक बार और बड़ी मुसीबत में पड़ गए थे। साहेब गंज या ऐसी ही कोई जगह थी जहाँ हमें नाटक खेलने जाना था। रास्ते में जंगल पड़ता था। हमारे लिए चार हाथी और चार-पाँच बैलगाड़ियों का बंदोबस्त किया गया था। जिन्हें बैलगाड़ी में जाना था वे तीन बजे रवाना हो गए। मैंने बचपना दिखाया और अड़ गई कि मैं हाथी पर ही जाऊँगी। छोटे बाबू ने बहुत मना किया, लेकिन मैंने हाथी कभी न देखा था। गुलाब से जाकर मैंने कहा, 'दीदी मैं भी तुम्हारे साथ हाथी पर जाऊँगी।' वह बोलीं, 'अच्छा', और उसने मुझे अपने साथ ले लिया। माँ डाँटती-फटकारती पहले चली गई।

मैं, गुलाब और दो मर्द एक हाथी पर सवार थे और बाकी दो पर चार-चार जने। थोड़ी दूर चलने के बाद देखा—हाथ-भर चौड़ा रास्ता, चारों तरफ ऊँचे जंगली पेड़। ऊपर से बारिश तेज़ होने लगी। हवा चलने लगी। हाथी घबराकर हमें बेंत के जंगल में ले आया। हौदा खुला था, जोरों से ओले पड़ने लगे। मैं रो-रोकर बेहाल हो रही थी, गुलाब भी रोने लगी। हाथी किसी भी तरह आगे बढ़ने को तैयार न था। सामने वाली टाँग ऊपर उठाए चुपचाप खड़ा रहा। और तभी महावत ने कहा शेर निकला है कहीं, इसीलिए हाथी आगे नहीं चल रहा है। चारों महावत हो-हल्ला मचाने लगे। डर के मारे हमारा हाल बुरा। हाथी की सवारी करने का शौक रफूचक्कर हो गया था। डर के मारे मैं काँप रही थी और रो रही थी। एक आदमी मुझे पकड़कर बैठा था। बड़ी मुश्किल से अधमरे होकर डेरे पर पहुँचे। छोटे बाबू ने खुद आकर मुझे हाथी पर से उतारा। माँ मुझे डाँटती जा रही थी और रोती जा रही थी। उस दिन खराब मौसम और हमारी अस्वस्थता के कारण नाटक नहीं खेला जा सका।

एक बार कृष्ण नगर के राजा के घर घोड़े की सवारी करते हुए गिर पड़ी थी और बहुत चोट लगी थी। प्रमिला की भूमिका घोड़े पर बैठकर करनी पड़ती थी। वहाँ मिट्टी का प्लेटफार्म (मंच) तैयार किया गया था। जैसे ही मैं घोड़े की पीठ पर सवार होकर मंच से बाहर आ रही थी कि मिट्टी का मंच टूट गया और घोड़ा घुटनों के बल बैठ गया। मैं करीब दो फीट दूर जा

गिरी। पूरे शरीर में चोटें लगीं। खड़े होना भी दूभर था। तब मेरा रोल काफी बाकी था। क्या हो? चारु बाबू ने खाने की दवा दी और पूरे पेट और टाँगों में पट्टी बाँध दी। छोटे बाबू ने आकर बहुत प्यार से कहा, 'रानी बेटी, आज की नैया पार लगा दे', उनके प्यार-भरे बोल से ही मेरा दर्द आधा गायब हो गया। किसी तरह नाटक पूरा किया। कलकत्ता लौटकर महीना भर बिस्तर पर पड़ी रही।

बेंगाल थिएटर में काम करने के दौरान मैं बहुत खुश थी। उम्मीदें बहुत ज़्यादा नहीं थीं इसलिए थोड़े में ही संतुष्ट रहती थी। सबका प्यार मिलता था और मैं हँस-खेलकर अभिनय करती थी।

इन्हीं दिनों स्वर्गीय केदारनाथ चौधरी और बाबू गिरीश घोष महाशय अक्सर बेंगाल थिएटर में आते जाते थे। 'कपाल कुंडला' में मेरा अभिनय देखकर स्वर्गीय केदारनाथ चौधरी ने कहा था, 'यह लड़की जैसे वास्तव में कपाल कुंडला ही है। इसके अभिनय में 'वन्य सरलता' बड़े अच्छे ढंग से उजागर हुई है।'

बाद में मैंने सुना था कि इसी समय गिरीश बाबू महाशय ने छोटे बाबू से कहा था, 'हम लोग एक थिएटर कंपनी बनाने की सोच रहे हैं। अगर आप विनोद को हमारी थिएटर कंपनी में आने दें तो बड़ा अच्छा होगा।' छोटे बाबू बहुत उदार हृदय के व्यक्ति थे। उन्होंने कहा था—'विनोद से मुझे बहुत स्नेह है। उसके जाने से हमारा बड़ा नुकसान होगा। फिर भी आपका अनुरोध मैं टाल नहीं पाऊँगा। विनोद को आप ले जाइए।'

फिर एक दिन छोटे बाबू ने मुझे बुलाकर पूछा—'क्यों री विनोद तुझे हमारी याद नहीं आएगी?' मैं चुप रही। उसी समय से मैंने माननीय गिरीश घोष महाशय के साथ काम करना शुरू किया। लेकिन कभी-कभी कुछ खास भूमिकाओं में अभिनय करने के लिए बेंगाल थिएटर भी जाती रही।

## नेशनल थिएटर में (यौवन के आरंभ में)

मैं बेंगाल थिएटर छोड़कर नेशनल थिएटर में काम करने लगी। कुछेक महीने 'मेघनाद वध' 'मृणालिनी' वगैरह पुराने नाटकों में और 'आगमनी', 'दोललीला' नामक छोटे-छोटे गीतिनाट्य में भूमिका अदा की। ये सब नाटिकाएँ श्री गिरीश घोष द्वारा रचित थीं। इसके थोड़े दिन बाद ही नेशनल थिएटर के बुरे दिन आ गए। कुछ दिनों में ही थिएटर के नीलाम होने की नौबत आ गई। प्रताप चंद जौहरी नामक एक मारवाड़ी सज्जन ने इसे खरीद लिया। इनके समय भी थिएटर का नाम नेशनल थिएटर ही रहा। गिरीश बाबू फिर इसके मैनेजर हो गए। इस थिएटर में सबसे पहला नाटक खेला गया था श्री सुरेंद्रनाथ मजुमदार रचित 'हमी'। मैंने नायिका की भूमिका की। लेकिन उस समय नेशनल की इतनी बदनामी हो चुकी थी कि नाटक काफी तामझाम समेत प्रस्तुत किया गया, फिर भी दर्शक नहीं आए। अच्छे-अच्छे सब नाटक पुराने पड़ गए थे और नए लिखे नहीं जा रहे थे। गिरीश बाबू ने एक छोटा गीतिनाट्य लिखा—'मायातरु'। 'प्लासी का युद्ध' नाटक के साथ यह गीतिनाट्य मंचित हुआ। दो-तीन

शो के बाद ही दर्शक इस तरह आकर्षित हुए कि हॉल ठसाठस भरने लगा। इस नाटक में मेरी भूमिका 'फूलहंसी' की थी। जिसे देखकर रिज एंड रायत के संपादक श्री शंभुचंद मुखर्जी ने लिखा था—'विनोदिनी वॉज़ सिपली चार्मिंग।' इसके बाद गिरीश बाबू, रचित 'मोहिनी प्रतिमा' 'सानंद रहो' ने अनगिनत दर्शकों को आकर्षित किया और 'रावण वध' के बाद तो हॉल में तिल धरने की जगह नहीं रहती थी। ऊपर की सीटें हमेशा भरी रहती थीं। जो धनी और पंडित लोग पहले नाटक से नफ़रत करते थे वही अब पहले से टिकट ले लेते थे। इस तरह दिन-ब-दिन नाटक कंपनी और थिएटर की उन्नति देखकर 'नेशनल थिएटर' के मालिक प्रतापचंद जी कहते थे—'विनोद तिलिस्मात करंति'। 'सीता बनवास' नाटक के बाद थिएटर का यश चारों ओर फैलने लगा और साथ-साथ मुझ नाचीज की शोहरत भी चारों ओर फैल गई।

गिरीश बाबू के साथ थिएटर में काम करना शुरू किया तो स्टार थिएटर के बंद होने तक काम करती रही। वे मेरे गुरु थे और मैं उनकी सबसे पहली और प्रधान शिष्या। उनके सब नाटकों में नायिका की भूमिका मैं ही अदा करती थी।

गिरीश बाबू मुझे अभिनय बड़े जतन से सिखाते थे। उनकी सिखाने की पद्धति बड़ी अच्छी थी। पहले वे भूमिका को अच्छी तरह समझा देते थे फिर उसे याद करने को कहते। फिर मेरे घर में अमृत मित्र, अमृत बाबू वगैरह बड़े-बड़े अभिनेता मिलकर बैठते थे और कितनी ही विलायती अभिनेत्रियों, कवियों, नाटककारों जैसे शेक्सपियर, मिल्टन, बायरन, पोप आदि की रचनाएँ सुनाते थे, मुझे पढ़कर समझाते थे, तरह-तरह की भाव व्यंजनाओं की बातें मुझे सिखाते थे। उनकी मेहनत और जतन से सिखाई अभिनय कला को मैं अपनी बुद्धि और ज्ञान के अनुसार सीखने लगी। इससे पहले जो कुछ भी किया वह तो जैसे तोता-रटंत थी। भूमिका के बारे में समझ उतनी नहीं थी। लेकिन अब अपनी भूमिका को समझने लगी थी। शहर में बड़े-बड़े विलायती एक्टर-एक्ट्रेस आते थे तो उनका अभिनय देखने को व्यग्र रहती थी। थिएटर के कार्यकर्त्ता बड़े स्नेह से मुझे उनके नाटक दिखाने ले जाते। वापस आकर गिरीश बाबू मुझसे पूछते—'कैसा लगा बताओ तो?' मैं अपनी राय बताती थी, अगर कोई गलती हो तो वे सुधार देते थे।

इसी दौरान चार-पाँच बार इस थिएटर के मालिक बदले, लेकिन गिरीश बाबू हमेशा ही मैनेजर और मोशनमास्टर बने रहे। ऑफिस के काम के बाद वे ज़्यादा समय थिएटर को नहीं दे पाते थे, उससे इतनी गड़बड़ होती थी कि व्यवसाय बुद्धि रहित प्रोपराइटर लोग सब कुछ गँवाकर खाली हाथ दीवालिया होकर थिएटर से विदा ले लेते थे। हालाँकि मुझे याद है कि उन दिनों हर शो में काफी भीड़ हुआ करती थी और नाटकों में बढ़िया अभिनय हुआ करता था। दर्शक बहुत खुश होकर थिएटर से जाते थे। इसके बावजूद धनिकों की संतान थिएटर मालिक क्यों सब कुछ गँवा देते थे, पता नहीं। कुछ लोग कहते थे कि यह थिएटर जिस जगह बना है वह भुतहा जगह है।

खैर गिरीश बाबू की ट्रेनिंग और उपदेश के कारण मैं अभिनय कला में निपुण होने लगी। कितने ही ऊँचे चरित्रों की भूमिका करने के कारण मेरा मन भी ऊँची भावनाओं की ओर खिंचता गया, लेकिन कभी-कभी कितने ही प्रलोभनों के जाल में फँसता जाता था मन।

मैं बहुत दीन-दरिद्र घर की थी। विद्या-बुद्धि में भी नगण्य थी। एक तरफ मेरा मन उच्च आकांक्षाओं और बलिदान की भावनाओं की ओर खिंचता था, दूसरी ओर अनगिनत प्रलोभन और शानो-शौकत की ज़िंदगी का मोह भी मुझे अपनी ओर खींचता था। मुझ जैसी कमज़ोर लड़की कहाँ तक लड़ सकती थी? फिर भी मैं अपनी इच्छाओं का दमन करने में सफल हो जाती थी। अपने आपको अभिनय में लीन कर देती थी।

एक दिन बंकिम बाबू अपनी 'मृणालिनी' का अभिनय देखने आए थे। मैंने मृणालिनी में मनोरमा की भूमिका में अभिनय किया था। मेरा अभिनय देखकर बंकिम बाबू ने कहा था—'मैंने मनोरमा के चरित्र की सृष्टि पुस्तक में ही की थी, ऐसा कभी नहीं लगा था कि मनोरमा को प्रत्यक्ष देख पाऊँगा। आज (नाटक की) मनोरमा को देखकर ऐसा लगा मानो पुस्तक की मनोरमा को अपने सामने देख रहा हूँ।'

बचपन से ही अभिनय करने के कारण और उसके बाद मनोवृत्तियों के एक विशेष रूप से विकसित होने के कारण मैं बहुत संवेदनशील हो गई थी। किसी का कठोर बर्ताव सहन नहीं कर पाती थी। हमेशा औरों से प्यार-दुलार की अपेक्षा रखती थी। आत्मनिर्भर होने का भरोसा भी मुझमें आ गया था।

इस समय की एक और घटना के बारे में बताती हूँ—प्रताप बाबू की कंपनी में आने से पहले या उसी दौरान अपनी परिस्थितियों के कारण मुझे एक संभ्रांत युवक के आश्रय में रहना पड़ा था। वे बहुत ही सज्जन व्यक्ति थे। स्वभाव बहुत अच्छा था और मुझसे सच्चे मन से स्नेह करते थे। उनके निश्छल स्नेह के कारण मुझे उनकी इच्छा अनुसार रहना पड़ता था। उनकी इच्छा थी कि मैं थिएटर में अभिनय करना छोड़ दूँ, लेकिन जब मैं इस बात के लिए किसी भी तरह राज़ी न हुई तो उन्होंने कहा कि अगर अभिनय करना ही है तो मैं अवैतनिक रूप से काम करूँ। उन्हीं की बग्घी मुझे थिएटर छोड़ आया करेगी और वहाँ से ले आया करेगी। मैं तो महा मुसीबत में पड़ गई क्योंकि मैंने तो हमेशा तनख्वाह लेकर ही नाटक किया था। मेरी माँ सोचती थीं कि थिएटर की वजह से हमारी गरीबी दूर हुई है, अतः थिएटर हमारे लिए लक्ष्मी के समान है। हालत भी ऐसी थी कि शौकिया नाटक करने की बात सोच नहीं सकती थी। जी-तोड़ मेहनत करने के बाद, शौकिया नाटक करने की इच्छा भी नहीं होती थी। मैंने यह बात गिरीश बाबू से कही। उन्होंने कहा, 'तो क्या हुआ? तुम 'उन सज्जन' से कह देना कि मैं तनख्वाह नहीं लेती और मैं तुम्हारी माँ को देता रहूँगा।' हालाँकि छल-कपट हम स्त्रियों की सहेली होती है। इस पतित जीवन में छल हमारे जीवन का अभिन्न अंश ही समझा जाता है, फिर भी मेरा मन बहुत दुखी हुआ। घृणिता वारवनिता होने पर भी मैंने उच्च शिक्षा पाई थी। छल-कपट और झूठ से बेहद नफरत करती थी। हम सरीखी स्त्रियों के जीवन का

मूलमंत्र अविश्वास था फिर भी मैं लोगों पर सीधे मन से विश्वास कर लेती थी और बदले में मुझे सबका स्नेह मिलता था। झूठ-फरेब से मुझे बेहद नफरत थी। लेकिन पता नहीं क्यों गिरीश बाबू के कहने पर उनकी बात माननी पड़ी। उन सज्जन के साथ गिरीश बाबू की दोस्ती थी और वे इतने भले थे कि कहीं लोग उलटा-सीधा न कहें इस डर से मुझे बहुत पहले ही थिएटर पहुँचा दिया करते थे।

प्रताप जौहरी का थिएटर बहुत अच्छी तरह चल रहा था। इतने प्रोपराइटरों में एक यही थे जो कर्जदार नहीं बने। मुनाफा होता था या नहीं, पता नहीं, लेकिन टिकट बहुत बिकते थे और सब तरफ नियम और तरतीब थी। नुकसान होने की कोई बात ही नहीं थी। सब कुछ बहुत अच्छे तरीके से चल रहा था। प्रताप चंद जौहरी एक पक्के कारोबारी व्यक्ति थे।

अब नेशनल थिएटर छोड़ने की वजह और स्टार थिएटर की शुरुआत कैसे हुई यह बताकर यह अध्याय समाप्त करती हूँ। गिरीश बाबू रचित नए नाटक और पैंटोमाइम करने में हमें बहुत कड़ी मेहनत करनी पड़ती थी। हर रोज ज़रूरत से ज़्यादा मेहनत करने के कारण मेरा शरीर अस्वस्थ हो गया। मैंने एक महीने की छुट्टी माँगी। लेकिन प्रताप बाबू ने बहुत बहसबाजी के बाद पंद्रह दिन की छुट्टी दी। मैं छुट्टी में सेहत सुधारने के लिए काशीधाम चली गई। वहाँ मेरी बीमारी और बढ़ गई और लौटने में करीब एक महीना बीत गया। कलकत्ता लौटकर मैंने फिर से थिएटर में जाना शुरू किया, लेकिन मुझे पता लगा कि प्रताप बाबू मुझे छुट्टी की तनख्वाह नहीं देना चाहते। गिरीश बाबू ने उनसे कहा कि छुट्टी की तनख्वाह न मिली तो विनोद काम नहीं करेगी। तब हमारे लिए बहुत मुश्किल हो जाएगी। हालाँकि स्पष्ट रूप से सब बातें मैंने नहीं सुनी, लेकिन मेरे तन-बदन में आग लग गई और बहुत गुस्सा आया। उसी दिन प्रताप बाबू के आते ही मैंने उनसे अपनी तनख्वाह माँगी। वे हँसकर बोले 'तनख्वाह क्या? तुमने तो काम ही नहीं किया।' इतना कहना ही था कि मैं तिलमिला उठी और मैंने कहा, 'अच्छा? आप तनख्वाह नहीं देंगे।' यह कहकर मैं वहाँ से चली आई। फिर कभी पलट कर नहीं गई।

उसके बाद गिरीश बाबू, अमृत बाबू मेरे घर आए। मैंने गिरीश बाबू से कहा, 'महाशय मुझे ज़्यादा तनख्वाह चाहिए और जो बकाया है लिखत-पढ़त करके मुझे दे दिया जाय नहीं तो मैं काम नहीं करूँगी।' तब अमृत बाबू ने कहा, 'देखो विनोद, अभी ज़्यादा शोरगुल मत मचाओ। एक और मारवाड़ी सज्जन नया थिएटर खोलना चाहते हैं। जितना पैसा लगे वे खर्च करेंगे। अभी कुछ दिन चुप साधे रहो फिर देखते हैं क्या कुछ होता है।'

यहीं से स्टार थिएटर की शुरुआत की नींव पड़ी। मैंने भी गिरीश बाबू के कहे अनुसार प्रताप बाबू से कुछ नहीं कहा, लेकिन अंदर-ही-अंदर जानकारी लेती रही कि वे कौन सज्जन हैं जो नया थिएटर चलाना चाहते हैं।

## स्टार थिएटर के बारे में बहुत सी बातें

महाशय,

इस समय मुझे बहुत संकट की परिस्थितियाँ झेलनी पड़ी थीं। हमारी तरह पतिता-अभागिन वारवनिताओं को दुख तो झेलने ही पड़ते हैं फिर भी हर चीज की एक सीमा होती है। मेरा भाग्य हमेशा से ही खोटा था। जीवन की राह पर भले रास्ते पर चलना चाहे भी तो बुराई सामने खड़ी रास्ता रोक लेती है। कहते हैं, आत्मरक्षा स्वधर्म है, लेकिन हमारे लिए आत्मरक्षा भी निंदनीय है। कोई सहायता करने आगे नहीं बढ़ता। खैर, अब मेरे मन की व्यथा सुनिए।

लगभग इसी समय मैंने प्रताप बाबू का थिएटर छोड़ने का इरादा कर लिया था। मैं जिन संभ्रांत युवक के आश्रय में थी वे अभी तक अविवाहित थे। लेकिन कुछ ही दिनों में उन्होंने विवाह कर लिया और धनिक पुत्रों में जो चित्त की चंचलता होती है उसी के वश में आकर मुझसे अशोभन व्यवहार करने लगे। उससे मेरा मन बहुत ही क्षुब्ध हो गया। मैंने मन में सोचा ईश्वर ने मुझे जीविका निर्वाह का हुनर और लियाकत दी है। मैं अपनी मेहनत की कमाई से अपने परिवार का पालन-पोषण कर सकती हूँ। अब मैं देह बेचकर पाप नहीं बटोरूँगी, अपने को और यातना नहीं दूँगी। अगर मैं एक थिएटर हॉल बना सकूँ तो हमेशा के लिए पेट भरने का एक ज़रिया हो जाएगा। जब मेरे मन की यह हालत थी तभी स्वर्गीय श्री गुर्मुख राय स्टार थिएटर बनाने की प्रक्रिया में व्यस्त थे। यह खबर मैंने अपने साथ के एक्टरों की जबानी सुनी थी और संयोगवश मेरे आश्रयदाता वे संभ्रांत युवक किसी काम से शहर के बाहर गए हुए थे। इधर अभिनेता लोग मुझसे जिद करने लगे कि जैसे भी हो तुम इस थिएटर को बनाने में सहायता करो। थिएटर बनाने की अनिच्छा नहीं थी, लेकिन एक का आश्रय छोड़कर गलत तरीके से दूसरे व्यक्ति का आश्रय लेना मुझे उचित नहीं लगा। दूसरी ओर थिएटर के मित्र परिजनों का हार्दिक अनुरोध। मैं दुविधा में पड़ गई। गिरीश बाबू ने कहा, नाटक करना ही मेरी उन्नति की सीढ़ी है। मैं ही उनके अभिनय-शिक्षण को सार्थकता दे सकती हूँ। इन सब बातों से मेरा मन उद्वेलित हो उठता और कल्पना के घोड़े दौड़ने लगते। सबका अनुरोध टालना मुश्किल लग रहा था, लेकिन अपने आश्रयदाता युवक का भी ख्याल आ रहा था। धीरे-धीरे उनकी अनुपस्थिति और नाटक जगत के मित्रों के अनुरोध के कारण मन थिएटर की ओर ही झुकने लगा। तब मैं सोचने लगी कि जिन्होंने मुझे आश्रय दिया था उन्होंने भी तो दिया हुआ वचन तोड़ा था, दूसरे पुरुषों की तरह मेरे साथ छल किया था। उन्होंने धर्म को साक्षी बनाकर बार-बार मुझसे यही कहा था कि 'मैं ही उनके प्रेम की अधिकारिणी हूँ, जीवन-भर वे मुझसे ही प्यार करेंगे।' लेकिन कहाँ? सचाई तो कुछ और ही है। वे काम का बहाना बनाकर अपने देश गए हैं। लेकिन काम क्या कुछ नहीं, वे शादी ही रचाने गए हैं। कहाँ है उनका प्यार? यह तो धोखा है। मैं ही क्योंकर बँधी रहूँ? यह सब तर्क मेरे मन में घुमड़ते रहे। फिर मन यह भी कह रहा था कि उनका कोई दोष नहीं है। नाते-रिश्तेदारों के दबाव के कारण ही शायद शादी करने पर बाध्य हुए हैं। तो फिर उनकी एकमात्र प्रेमिका मैं यह क्या करने जा

रही हूँ? रात को यह सब सोच-सोचकर नींद उड़ जाती थी और दिन में मित्र बंधु आकर अनुरोध करते तो मन दूसरी तरह सोचने लगता। आख़िरकार मैंने निश्चय कर लिया कि थिएटर बनाऊँगी। अब लगता है कि मेरे मन ने मेरे साथ धोखा नहीं किया था, इसका प्रमाण मुझे आगे चलकर मिला। उसकी बात बाद में बताऊँगी।

थिएटर बनाने का संकल्प किया। क्यों न करूँ? जिन लोगों के साथ हमेशा भाई-बहनों की तरह रहती आई हूँ, उनकी बात मैं मानती हूँ, उन लोगों ने सच ही तो कहा है। अगर मैं थिएटर की नींव रखूँ तो हमेशा हम सब भाई-बहनों की तरह इकट्ठे दिन बिताएँगे। मेरा निश्चय और भी पक्का हो गया। मैंने गुर्मुख राय की सहायता से थिएटर की शुरुआत की। एक व्यक्ति का आश्रय छोड़ दूसरे के आश्रय में जाना हमारी प्रथा थी, लेकिन मुझे अपनी परिस्थिति ने बहुत चंचल और व्यथित कर दिया था। शायद लोग यह सुनकर हँसेंगे कि मुझ जैसी स्त्री को भी छल से परहेज़ है और दुख का अहसास है। लेकिन वे स्थिरबुद्धि से सोचें तो पाएँगे कि हम भी नारी हैं। इस संसार में जब हमें ईश्वर ने भेजा होगा तो नारीत्व की सब कोमलताओं से वंचित करके तो नहीं भेजा होगा न? सभी कुछ था, लेकिन दुर्भाग्य से सब कुछ खो बैठी हूँ। क्या इसके लिए यह संसार जिम्मेदार नहीं है? जिन कोमल भावनाओं से हृदय भरा था क्या वह बिल्कुल मिट सकती हैं? नहीं, इसका प्रमाण है, हमारा संतान का पालन-पोषण करना। पति प्रेम की चाहत हममें भी है, लेकिन कहाँ मिलेगा? कौन हमें हृदय के बदले हृदय देगा? वासना के वशीभूत हो मीठी-मीठी प्यार की बातें कर मन बहलाने वालों की कमी नहीं है, लेकिन है कोई ऐसा जो दिल देकर यह परीक्षा ले कि हमारा भी दिल है या नहीं? हम लोगों ने पहले धोखा खाया फिर धोखा देना सीखा; क्या किसी ने इस बारे में शोध किया है? विष्णु-भक्त हरिदास को धोखा देने के लिए हम जैसी एक वारांगणा का इस्तेमाल किया गया था, लेकिन वैष्णव हरिदास के बर्ताव ने उनका हृदय परिवर्तन कर उन्हें वैष्णवी बना दिया। यह कथा सबको मालूम है। अगर उस वारांगणा के हृदय में प्रेम की भावना न होती तो क्या ऐसा संभव होता? धन के बदले किसी का प्यार हमने नहीं खरीदा और न ही प्यार बेचा। दुनिया में यही हमारा अपराध है। नाट्याचार्य गिरीश घोष लिखित एक कविता है 'वारांगणा'। उसमें हम जैसी स्त्रियों की वास्तविकता वर्णित है। बहुत से प्रदेशों में पानी जमकर पत्थर हो जाता है। हमारी भी वही हालत है। उत्पीड़ित असहाय हो परिस्थितियों को झेलते-झेलते हमारा दिल कठोर हो जाता है। खैर ये सब बातें करने से अब क्या लाभ?

नए थिएटर की शुरुआत करने के लिए मुझे और मेरे साथ के थिएटरवालों को बड़ी मुसीबतें झेलनी पड़ीं क्योंकि जब मेरे आश्रयदाता उन संभ्रांत युवक को मालूम हुआ कि मैं किसी और की आश्रिता हो गई हूँ और मैंने ज़िंदगी-भर थिएटर से जुड़े रहने का संकल्प कर लिया है तो वे अपने क्रोध या जिद के कारण बार-बार हमारे काम में बाधा डालने लगे। ऐसी-वैसी बाधा नहीं, बड़ी जबरदस्त बाधा। वे जमींदार थे। सो अपनी जमींदारी से लठैत ले आए और मकान को घेर लिया। गुर्मुख बाबू ने भी गुंडे बुलवा लिए। मारपीट, पुलिस कार्रवाई

चलती रही। यहाँ तक कि एक दिन तो मेरा जीवन ही संकट में पड़ गया। रिहर्सल के बाद मैं अपने कमरे में सो रही थी। सुबह के छह बजे होंगे। अचानक झनझन घस-पस आवाज़ से नींद टूट गई। देखती क्या हूँ कि फौज़ी सिपाही की वर्दी पहने वही युवक हाथ में तलवार लिए मेरे कमरे के बीचोबीच खड़े हैं और कह रहे हैं 'मेनी इतनी नींद कैसे आ रही है' मैं चौंककर उठ बैठी तो कहने लगे, 'देखो विनोद, तुम्हें उन लोगों का साथ छोड़ना पड़ेगा। यह लो दस हजार रुपए। अगर ज़्यादा चाहिए तो और दूँगा।' मैं हमेशा से ही बहुत अड़ियल थी और मुझसे अगर कोई ज़िद करे तब मेरा दिमाग़ गुस्से से पागल ही हो जाता था। जो काम करने की ठान लेती, उससे मुझे कोई हटा नहीं सकता था। कोई मुझे प्यार से समझा-बुझाकर कुछ करने को कहे तो मैं राजी हो जाती थी, लेकिन जोर-जबरदस्ती मेरे साथ नहीं चलती थी। उनका यह उद्दंड रूप देखकर मुझे बहुत गुस्सा आया। मैंने कहा, 'नहीं, कभी नहीं। मैंने उन लोगों को वचन दिया है। अब किसी हालत में भी साथ छोड़ना मुमकिन नहीं है।' उन्होंने कहा 'अगर रुपयों की बात है तो मैं तुम्हें और दस हजार रुपए दूँगा' मेरे तन-बदन में आग लग गई। मैंने कहा, 'अपने रुपए अपने पास रखिए। मैंने रुपए कमाए हैं, रुपयों ने मुझे नहीं खरीदा। मेरे भाग में रहा तो ऐसे दस-बीस हज़ार मुझे बहुतेरे मिलेंगे। तुम अब यहाँ से चले जाओ।'

मेरी बात सुनकर वे आगबबूला हो गए। बोले—'अच्छा, तुमने समझ क्या रखा है?' सोचती हो, इतनी आसानी से तुम्हें छोड़ दूँगा? मैं तुम्हें काटकर टुकड़े-टुकड़े कर डालूँगा। जो बीस हजार तुम्हें देना चाहता था वह किसी और जरिए पर खर्च करूँगा। जो होगा देखा जाएगा' यह कहकर बिजली की-सी फुर्ती से हाथ की तलवार मेरे सिर का निशाना बनाकर दे मारी। मैं भी वार बचाकर फुर्ती से एक टेबल हारमोनियम की ओट में बैठ गई। तलवार की चोट से हारमोनियम की लकड़ी तीन इंच चिर गई। पलक झपकते ही उन्होंने दुबारा तलवार फेंकी। इस बार वह बैठने की चौकी पर जा लगी। तब मैं झटके से उठी और तलवार पकड़ा हुआ उनका हाथ पकड़ लिया। कहा, 'क्या कर रहे हो? काटना ही है तो बाद में काटना। लेकिन तुम्हारा 'हश्र' क्या होगा? मेरा कलंकित जीवन रहे या न रहे, इससे किसी का क्या बिगड़ेगा? लेकिन अपनी बात सोचो, अपने वंश की बात सोचो। एक घृणित वारांगणा के कारण इस कलंक के बोझ को लिए इस दुनिया से चले जाओगे? छीः छीः सुनो, शांत हो जाओ। क्या करना है बताओ? दिमाग ठंडा करो।' सुना था, जब अदम्य क्रोध शांत हो जाता है तो सही-गलत का ज्ञान लौट आता है। वैसा ही हुआ। तलवार दूर फेंककर हाथों से मुँह ढाँपे वहीं बैठ गए वे। उस समय उनकी कातरता दिल छू लेने वाली थी। एक बार को मुझे लगा भाड़ में जाय सब कुछ, मैं दोबारा इनके पास लौट जाऊँ। लेकिन थिएटर के मित्र-बंधुओं ने और श्री गिरीश घोष महाशय ने मुझे इस तरह चारों तरफ से बाँध लिया था कि लौटने का रास्ता नहीं था। खैर, जो भी हो उस समय तो किसी तरह छुटकारा मिला। वे एक शब्द भी बिना बोले उठकर चले गए।

इधर हम दो-चार अभिनेताओं और अभिनेत्रियों ने मिलकर प्रतापचंद जी का थिएटर छोड़ दिया। गुर्मुख बाबू ने कहा कि अगर मैं संपूर्ण रूप से उनकी आश्रिता न बनूँ तो वे थिएटर का कोई काम नहीं करेंगे। परिणामस्वरूप सबने सलाह की और महीने-भर के लिए मुझे इन सबसे दूर रखा, जब तक ये सब गड़बड़ी ठीक न हो जाय। मैं कभी रानीगंज, कभी इधर, कभी उधर जाकर रही। इसी समय के दौरान कैसे थिएटर बनेगा, कैसा बनेगा इसकी योजना चलती रही। बाद में जब यह तय हो गया कि बीडन स्ट्रीट में प्रिय मित्र की जमीन लीज़ पर लेकर इतने दिनों में थिएटर बनकर तैयार होगा, तब मैं कलकत्ता लौट आई।

कलकत्ता लौट आने के कुछ दिन बाद गुर्मुख बाबू एक दिन मेरे पास आए और मुझसे बोले—'देखो विनोद, थिएटर के झंझट-झमेले में पड़ने की कोई ज़रूरत नहीं। तुम मुझसे पचास हजार रुपए ले लो, मैं तुम्हें हमेशा के लिए दे रहा हूँ।' यह कहकर उन्होंने नोटों की गड्डी निकाली। मुझे थिएटर से लगाव था, अभिनय करना आता था इस कारण घृणिता वारवनिता होते हुए भी आधे लाख रुपए के लालच को ठुकरा दिया। जब अमृत मित्र ने सुना कि गुर्मुख राय थिएटर में न लगाकर पचास हजार रुपए मुझे देना चाहते हैं तो सब बहुत चिंता में पड़ गए। सब इसी कोशिश में लग गए कि मैं ये रुपए न लूँ। लेकिन उन लोगों की कोशिशों की कोई ज़रूरत नहीं थी। मैंने संकल्प कर लिया था कि थिएटर मैं बनाकर रहूँगी। थिएटर हॉल अगर वे न बनाएँ तो मैं उनसे किसी तरह का वास्ता न रखूँगी। तब मेरी ही कोशिश से बीडन स्ट्रीट में जमीन लीज पर ली गई और थिएटर बनाने के लिए गुर्मुख राय खुले दिल से धन खर्चने लगे। उसी बीडन स्ट्रीट में ही बनमाली चक्रवर्ती जी का घर किराए पर लेकर रिहर्सलें शुरू हुईं। एक-एक कर नए-पुराने एक्टर-एक्ट्रेसों ने आकर योगदान किया। गिरीश बाबू मास्टर और मैनेजर हो गए और फिर से नाटक लिखने लगे। इसी समय आजकल के 'स्टार थिएटर' के सुयोग्य मैनेजर श्री अमृत लाल बसु भी आए थे। गिरीश बाबू नए थिएटर की उन्नति के लिए अभिनय-शिक्षण में ज़्यादा समय लगाते थे इसलिए दूसरे कामों की ओर ध्यान नहीं दे पाते थे। उन्होंने कितने ही सुयोग्य लोगों को रखा था और हरेक को अलग-अलग कार्यभार सौंप दिया था। अत्यंत उत्साह और खुशी के साथ काम चलता रहा। इन दिनों हम दिन के दो-तीन बजे रिहर्सल में जाते थे। फिर वहाँ का काम निपटाकर थिएटर में आते थे। और जब सब लोग चले जाते, तो मैं खुद टोकरी में मिट्टी ढोकर ले जाती थी और पिट व बैक-सीट की जमीन को भरती थी। कभी-कभी मजदूरों का उत्साह बढ़ाने के लिए फी-टोकरी चार कौड़ी देना तय करती थी। थिएटर जल्दी-से-जल्दी तैयार हो सके इसलिए रात-रात भर काम चलता था। सब चले जाते थे, मैं, गुर्मुख बाबू और दो-चार जने रात जाग-जागकर काम करवाते थे। उस समय का मेरा आनंद उल्लास देखते ही बनता था। बहुत उत्साह और बहुत पैसे खर्चने के बाद थिएटर बनकर तैयार हुआ। करीब एक साल लग गया होगा। लेकिन इस विषय में एक विशेष बात बोले बिना मुझसे रहा नहीं जा रहा। थिएटर जब बन गया तो सबने मुझसे कहा कि इस थिएटर के नाम के साथ तुम्हारा नाम जुड़ा रहेगा। इससे तुम्हारे न रहने

के बाद भी तुम्हारा नाम रहेगा यानी इस थिएटर का नाम 'बी' थिएटर होगा। इस प्रस्ताव से मेरा उत्साह और आनंद दुगना हो गया था। लेकिन नाम रखने का समय आया तो उन लोगों ने यह नाम क्यों नहीं रखा, पता नहीं चला। जब तक थिएटर बनकर तैयार हुआ तब तक मैं यही जानती थी कि मेरे नाम पर ही इसका नाम रखा जाएगा। लेकिन जिस दिन वे लोग रजिस्ट्री कराके लौटे और सब काम निपट गया, थिएटर खुलने में हफ्ता-भर बाकी था तो मैंने जल्दी-जल्दी पूछा कि थिएटर का नाम क्या रखा गया? हमारे असिस्टेंट स्टेज मैनेजर दाशू बाबू ने प्रफुल्लित हो कहा 'स्टार'। सुनते ही मेरे दिल पर धक्का-सा लगा और मैं जमीन पर बैठ गई। दो मिनट तक मुँह से कोई शब्द नहीं निकला। थोड़ी देर बाद अपने को सँभालकर कहा, 'ठीक है।' बाद में लगा कि उन लोगों ने ऊपरी-ऊपरी स्नेह दिखाकर मुझसे अपना काम निकाल लिया था, लेकिन कर क्या सकती थी? मैं बिल्कुल उनकी मुट्ठी में थी। कभी सपने में भी यह नहीं सोचा था कि वे लोग मेरे साथ इस तरह छल-कपट का बर्ताव करेंगे। इतने सारे रुपए को ठोकर मारकर भी मुझे इतनी चोट नहीं पहुँची थी, जितनी उनके इस तरह के बर्ताव से पहुँची। मैंने इसके बारे में फिर कभी किसी से बातचीत नहीं की, लेकिन दिल पर लगी इस चोट को कभी भूल न पाई। थिएटर से मुझे बेहद लगाव था। बहुत अपनापा महसूस होता था। उस समय यह बात भी आई-गई-सी हो गई। लेकिन थिएटर बनकर तैयार हो जाने के बाद भी, उन लोगों की ओर से कोई खास अच्छा बर्ताव नहीं मिला था। सब लोग इस कोशिश में भी लगे रहे कि मैं उस थिएटर में तनख्वाह लेकर काम न कर सकूँ। यहाँ तक कि उनकी कोशिशों के कारण मुझे दो महीने तक घर बैठे रहना पड़ा था। फिर गिरीश बाबू के प्रयत्न और थिएटर मालिक की जिद से मैंने फिर से योगदान किया। लोगों के मुँह से सुना था कि प्रोपराइटर महाशय ने कहा था कि 'यह तो बहुत बड़ा अन्याय है, जिसके कारण थिएटर बना उसी को हटाकर काम करना पड़ेगा? यह कभी नहीं हो सकता। सब कुछ जलाकर खाक कर दूँगा।' खैर छोड़िए, साथ रहने पर ऐसी कितनी ही भूल-चूक होती रहती हैं। मेरे अंदर भी तो कितने दोष थे। गिरीश बाबू के लाड़-प्यार से मैं अक्सर ज़िद कर बैठती थी और इसी कारण ज़्यादातर मैं ही गलत होती थी। लेकिन अभिनय में मेरे उत्साह और चाव के कारण सभी मेरी प्रशंसा करते थे। उनका अकृत्रिम स्नेह भी तो मुझे मिला है, यह बात मैं कभी नहीं भूली। इस थिएटर में काम करते समय समझ की कमी के कारण कई बार बहुत अन्याय भी किया है। हाँ, टकराव के कारण उपजी चोटों को भी झेला है।

इस तरह काफ़ी दिनों तक टालमटोल के बाद 'स्टार' में 'दक्षयज्ञ' नाटक शुरू हुआ। तब तक सभी का मनमुटाव खत्म हो चुका था। सभी को यह अहसास हो चुका था कि यह हमारा अपना बनाया हुआ थिएटर है। इस बाहरी चमक-दमक की तरह अंदरूनी काम भी ऐसे करने होंगे जिससे यह नाम कमा सके।

'दक्षयज्ञ' स्टार का पहला नाटक था। इसमें गिरीश बाबू 'दक्ष', अमृत चित्र 'महादेव'। 'मनी बाबू 'दधीचि' और मैं सती की भूमिका में थी। पहले दिन लोगों की अभूतपूर्व भीड़,

खिड़कियों पर लटके हुए लोगों को देखकर हमारे दिल ऐसे धड़कने लगे कि उसका वर्णन नहीं किया जा सकता। लेकिन जब अभिनय शुरू हुआ तो जैसे भगवान के वरदान से सचमुच ही 'दक्षयज्ञ' शुरू हो गया। बंगाल के गैरिक गिरीश बाबू की गंभीर गूँजती आवाज और तेजस्वी मूरत जब स्टेज पर प्रकट हुई तो सब चुप और उसके बाद का अभिनय! वह वर्णनातीत था। दक्ष के मुँह से पति निंदा सुनकर जब सती प्राण त्यागने को तैयार हो जाती है तो इसका अभिनय करते-करते मैं अपने आप को भूल जाती थी। अभिनय कला सिर्फ रंगालय में खेला गया तमाशा नहीं है। अभिनय करते समय भूमिका में अपने प्राण डाल देना है, मन को अनुशासित कर भावनाओं के साथ एकाकार हो जाना है, यह मैं समझने लगी थी।

'दक्षयज्ञ' के बाद गिरीश बाबू लिखित और भी अच्छे नाटक खेले जाने लगे। इसी बीच या तो समाज के अत्याचारों के कारण या और किसी कारण से थिएटर के मालिक न रहे। वे अलग हो गए। और हरिबाबू, अमृत बाबू और दाशूबाबू ने कुछ कर्ज लेकर, कुछ रोजाना शो कराके स्टार थिएटर खरीद लिया। गुर्मुख बाबू इन दिनों काफी बीमार थे। उन्होंने थिएटर पर अपना हक छोड़ ही दिया था, लेकिन उन्होंने कहा था, 'यह थिएटर जिसके लिए बनाया गया था, उसको ही इसका मालिक बनाऊँगा। या कम-से-कम मालिकाना में आधा हिस्सा उसका रहे। नहीं तो मैं थिएटर हस्तांतरित नहीं करूँगा।' उनकी इच्छा के कारण मेरा भी समान हिस्सा हो, ऐसी बात चली, पर गिरीश बाबू राजी न हुए। वे मेरी माँ से बोले, 'विनोद की माँ इन सब झंझटों में मत पड़ो। तुम औरत की जात यह सब झमेला निपटा नहीं पाओगी। हम थिएटर करते हैं हमें जमीन-जायदाद के झंझटों से क्या लेना-देना? तुम्हारी बेटी के बगैर हम कभी भी नाटक नहीं करेंगे। उसे छोड़कर और कहीं नाटक भी नहीं करेंगे। थिएटर के लिए विनोद की कितनी ज़रूरत है यह सभी को मालूम है। हम काम करेंगे, बोझ ढोने से हमें क्या मतलब? गधों पर बोझ लादकर हम अपना काम करेंगे।'

गिरीश बाबू की यह सब बातें सुनकर मेरी माँ थिएटर की हिस्सेदार बनने के लिए किसी तरह राजी नहीं हुईं। वे गिरीश बाबू को बहुत मानती थीं और उनका कहा कभी भी नहीं टाल सकती थीं। फिर भी बहुत लोग सोचते थे कि स्टार थिएटर में मेरा भी हिस्सा है और मुझसे पूछते थे, 'कितने की हिस्सेदार हो?' जो भी हो अब थिएटर अपने लोगों के हाथों में आ गया था। हम सब फिर से मेल-मिलाप के वातावरण में काम करने में जुट गए। उन दिनों कलकत्ता में प्रदर्शनी चल रही थी। देश-देशांतर के लोग आए थे। तभी हमने मशहूर नाटक 'नल-दमयंती', 'ध्रुव चरित्र श्री वत्स चिंता' और 'प्रहलाद चरित्र' खेले।

थिएटर का नाम चारों ओर फैलने लगा। गिरीश बाबू और भी मन लगाकर हम सबको अभिनय की ट्रेनिंग देने लगे। अब प्रसिद्ध नाटक 'चैतन्यलीला' लिखा गया और उसकी रिहर्सलें शुरू हो गईं। इसकी रिहर्सल के दौरान अमृतबाज़ार पत्रिका के संपादक वैष्णव चूड़ामणि शिशिर बाबू महाशय बीच-बीच में आते थे और मुझ जैसी नाचीज़ उस देव चरित्र की भूमिका कितनी अच्छी तरह निभा सकती है इस बारे में उपदेश देते थे। वे कहा करते थे कि मुझे सदा

गौर भगवान के चरणों का स्मरण करना चाहिए क्योंकि वे ही पतित पावन हैं। मैं भी डरते-डरते हमेशा अपने मन में कहती थी—'हे पतित पावन गौर हरि, इस पतिता पर दया कीजिए।' जिस दिन पहली बार 'चैतन्य लीला' में अभिनय किया उससे पहली रात, रात-भर नींद नहीं आई। सुबह उठकर गंगा स्नान के लिए गई। फिर आकर 108 बार दुर्गानाम लिखा और भगवान के चरणों में रख उनसे कृपायाचना की कि इस महासंकट के क्षण में वे मेरी सहायता करें। मेरी सारी प्रार्थनाएँ व्यर्थ नहीं गईं। इसका मुझे अहसास हो गया था क्योंकि 'बाल्य लीला' में जब 'राधा के बिना नहीं कोई मेरा, राधा नाम ले बाँसुरी बजाऊँ' गीत की कड़ी गाते-गाते मैं मंच पर प्रवेश लेती थी तो मेरे अंदर जैसे एक दिव्य ज्योति जल उठती थी। मुझे बाहर कुछ भी नहीं दिखाई देता था, मेरी दृष्टि अंदर की ओर चली जाती थी। मैं अपने हृदय में भगवान के चरणों को देख पाती थी। संन्यास लेने के बाद अपनी माता शची रानी को जब मैं कहती थी—

निमाई का नाम लेकर
मत रो माता
लो कृष्ण का नाम

तो दर्शकों में उपस्थित स्त्रियाँ जोर-जोर से रोने लगती थीं। आखिर में संन्यासी के रूप में हरि कीर्तन करते-करते इतने भावावेग से पूर्ण हो जाती थी कि कभी-कभी मूर्च्छित हो जाती थी।

एक दिन अभिनय करते-करते बीच में ही मूर्च्छित हो गई। उस दिन बहुत भीड़ थी। चैतन्य लीला में वैसे ही बहुत भीड़ हुआ करती थी और अगर कुछ विदेशी दर्शक आते तो भीड़ का ठिकाना ही क्या! उस दिन माननीय लार्को साहब उपस्थित थे। मेरी हालत के बारे में सुनकर गिरीश बाबू से उन्होंने कहा, 'चलो मैं एक बार देखूँगा।' गिरीश बाबू उन्हें ग्रीन रूम में ले आए। जब मुझे होश आया तो मैंने देखा एक विशालकाय दाढ़ी वाले सज्जन, ढीली कमीज़ और निकर पहने मेरे सिर से पाँव तक हाथ फेर रहे हैं। मुझे होश में आया देखकर एक गिलास पानी पीने को कहा। गिरीश बाबू ने कहा, 'ये महामहिम पंडित फादर लार्को हैं, इन्हें नमस्कार करो।' मैंने हाथ जोड़कर नमस्कार किया और स्वस्थ महसूस करने लगी। पहले जब बेहोश होती थी तो बहुत देर तक कमज़ोरी महसूस होती रहती। अब की बार ऐसा क्यों नहीं हुआ, पता नहीं। इस 'चैतन्य लीला' के अभिनय से मुझे बड़े-बड़े गुणी पंडित विष्णु भक्तों का स्नेह और आशीर्वाद मिला। इसी चैतन्य लीला के अभिनय के कारण ही पतित पावन श्री रामकृष्ण परमहंस ने मुझे अपने चरणों में आश्रय दिया था। नाटक खत्म होने के बाद जब मैं ऑफिस के कमरे में उनके चरणों के समीप उपस्थित होती थी तो वे प्रसन्नचित्त हो नाचते-नाचते कह उठते थे, 'हरि गुरु, गुरु हरि, बोल माँ हरि गुरु गुरु हरि।' फिर दोनों हाथ मेरे सिर पर रखकर मेरी पापिन देह को पवित्र करते हुए कहते थे—'माँ तू चैतन्य होवे।' कहते हुए करुणामयी दृष्टि से मुझे देखकर उन्होंने स्वयं अभयदान दिया था,

लेकिन मैं अभागिन उन्हें पहचान नहीं पाई। फिर मोह के जाल में फँसकर मैंने अपना जीवन नरक समान बना लिया।

एक और दिन की बात है। वे अस्वस्थ होकर श्यामापुकुर वाले घर में रह रहे थे। मैं उनके दर्शन के लिए गई। बीमारी की हालत में भी प्रसन्नचित्त हो हँसे। कहा—'आ माँ बैठ।' मेरे जैसे नरक के कीड़े के लिए भी कितना स्नेह। कितनी ही बार उनके प्रधान शिष्य नरेंद्र (जो बाद में 'विवेकानंद' के नाम से प्रसिद्ध हुए) वहाँ होते थे। उनके मधुर स्वर से गाए हुए मंगल गीत मैं सुन पाती थी। सारी दुनिया भी अगर मुझे घृणा की दृष्टि से देखे तो भी मुझे कोई दुख नहीं। क्योंकि मैं जानती हूँ कि परम आराध्य पूज्य श्री रामकृष्ण परमहंस ने मुझ पर कृपा की थी। उनकी वह अमृतमय परम पवित्र वाणी 'गुरु हरि हरि गुरु' आज भी मुझे आश्वासन देती है। जब असहनीय दुख के बोझ से हृदय पीड़ित रहता है तब उनका प्रसन्नचित्त रूप मानो मेरे सामने खड़ा हो जाता है और अपनी अमृत वाणी सुनाता है। वे कितनी बार चैतन्यलीला देखने आए याद नहीं है, लेकिन 'बॉक्स' में बैठे उनके उस प्रसन्नचित्त रूप के मैंने कई बार दर्शन किए हैं।

इसके बाद 'चैतन्य लीला' का दूसरा भाग मंचित हुआ था। यह पहले वाले से बहुत अधिक कठिन और लंबे-लंबे संवादों से भरा था। इसके संवाद याद करने की वजह से महीने-भर तक मेरे सिर में दर्द रहा। ईश्वर के साकार और निराकार रूप के बारे में वहाँ जो तर्क-वितर्क होता था वह दिमाग को पागलपन की हद तक ले जाने वाला था। आज अपने इस जड़ बेकार शरीर को लेकर उन दिनों की बात जब सोचती हूँ तो लगता है, कैसे मैं इतने कठिन अभिनय को कर पाती थी। लगता है, अवश्य ही महाप्रभु की कृपा से ही संभव हुआ होगा। मेरे थिएटर छोड़ देने के बाद 'चैतन्य लीला' का दूसरा भाग कभी नहीं हुआ।

इसी समय अमृत लाल बसु का 'विवाह-विभ्राट' मंचित हुआ। इसमें मैंने विलासिनी कारफरमा की भूमिका की। कितनी विषमता थी। कहाँ तो जगतपूज्य चैतन्य महाप्रभु और कहाँ उन्नीसवीं सदी की शिक्षिता हिंदू-समाज विरोधी सभ्य स्त्री विलासिनी का चरित्र। मैंने तो छह-सात महीने तक एक साथ दोनों भूमिकाओं के अभिनय को टालने की कोशिश की लेकिन बाद में मुझे करना ही पड़ा था। अभिनय के समय जाने कितनी बाधा विपत्तियों का सामना करना पड़ता था। अब सोचती हूँ, कैसे झेल लेती थी वह सब। इस सबका असर मेरे स्वास्थ्य पर पड़ता था। बीच-बीच में गंगा के तट पर कोई घर किराए पर लेकर रहती थी और शनि-रविवार को जाकर नाटक करती थी। मेरे स्वास्थ्य की देखभाल के लिए जो भी खर्च होता था वह सब थिएटर के अधिकारी लोग खुशी से उठाते थे।

इसी समय एक और परिवर्तन हुआ। बीमारी और तरह-तरह की बाधा-विपत्तियों को झेलते-झेलते मेरा मन अचानक बदलने लगा। मुझे लगने लगा कि अब मुझे किसी की आश्रिता बनकर नहीं रहना चाहिए। ईश्वर ने मुझे इतनी क्षमता दी है कि मैं अपना जीवन निर्वाह कर सकूँ। करीब डेढ़ वर्ष तक मेरे विचार ऐसे ही रहे और मैं स्वतंत्र रही। वे कुछ दिन बड़े शांति

से बीते। शाम को थिएटर जाती थी। अभिनय खत्म होने पर मूनी बाबू और गिरीश बाबू के साथ देश-विदेश की बातें होती थीं। थिएटर के बारे में बातचीत करते थे कि कैसे अभिनय और भी अच्छा हो सकता है, कहाँ कौन-सी कमी रह गई है, वगैरह। बाद में घर लौटकर स्नेहमयी माँ कितने प्यार और जतन से खाना खिलाती थीं। इतनी रात को जागकर पास बैठकर खिलाती थीं। खाने के बाद भगवान के चरणों का स्मरण कर सुख की नींद सो जाती थी। लेकिन कुछ दिनों बाद ही तरह-तरह की मानसिक उलझनों के कारण थिएटर का काम करना कठिन होता चला गया। जो लोग अभी तक एक साथ काम करते समय स्नेही मित्र, बंधु, भाई-बहन, सखा-साथी के रूप में थे, वे ही अचानक धनवान अध्यक्ष अधिकारी बन बैठे थे। शायद इसीलिए या फिर मेरी ही कमियों के कारण बार-बार गलतियाँ होने लगीं और इसीलिए मुझे थिएटर से अवकाश ग्रहण करना पड़ा।

## आखिरी सीमा

महाशय,

आपको और कितना परेशान करूँ? इस अभागिन के कलंकित जीवन की कथा सुनाकर और कितना तंग करूँ? लेकिन आपकी दया और कृपा की बात सोचकर ही इस पापी जीवन की घटना सुनाने का साहस जुटा पाई हूँ। यदि आपने इतने दिन दया करके सुनने का कष्ट किया है तो इसका अंत भी सुनिए।

अगर मनुष्य को अपने भविष्य का पता चल पाता तो घमंड-अहंकार सरीखे सब पाप ही जड़ से खत्म हो जाते। मैं क्या थी और अब क्या हो गई हूँ? अगर मुझे पता होता कि सर्वशक्तिमान परमेश्वर दे भी सकते हैं और ले भी सकते हैं तो मान-अभिमान के खिलवाड़ में उलझी हुई व्यर्थ समय न गँवाती। अब समय बीत गया है। बस, बातें रह गईं हैं और रह गया है स्मृति-दंश। पाप का अनुताप। जीव कितना ही गिरा हुआ क्यों न हो, ईश्वर की कृपा से वंचित नहीं होता! उसी करुणामय ईश्वर की कृपा के कारण ही इस आश्रयहीन पतिता को एक आश्रय स्थल मिला है, जहाँ हृदय में असीम वेदना समेटे कम-से-कम दो पल शांति से सो पाती हूँ। यह भी उन्हीं की दया है। अब आखिरी बात सुनिए।

मैं जिस समय थिएटर में काम करती थी, तब मेरे अभिनय के बारे में अखबारों में काफ़ी समालोचनाएँ होती थी। उसमें निंदा-प्रशंसा, दोनों ही रहती थीं। मैं ये समालोचनाएँ खास देखती नहीं थी क्योंकि सोचती थी कि प्रशंसा की बातें पढ़कर अगर मेरे मन में अहंकार की भावना भर जाए तो फिर मैं तो बिल्कुल बरबाद हो जाऊँगी। जो भी हो, कृपालु भगवान ने इस बात में मेरी सहायता ही की। मैं जैसे अब अपने आपको हीन और घृणित समझती हूँ तब भी ऐसा ही समझती थी। मैं विद्वतजनों की दया की भिखारिन थी। उस समय के पूज्य स्वर्गीय शंभुनाथ बाबू ने अपनी 'रिज एंड रायल' में मेरे अभिनय के बारे में लिखा था—

> But last not least shall we say of Binodini? She is not only the moon of Star Company but absolutely at the head of her profession in India. She must be a woman of considerable culture to beable to

show such unaffected sympathy with so many and various characters and such capacity of reproducing them. She is certainly a lady of much refinement of feeling as she shows herself to be one of inimitable grace. On Wednesday she played two very distinct and widely devergent roles and did perfect justice to both. Her Bilasini karfoms the girl graduate exhibited so to say an iron grip of the queer phenomenon, the girl of the period as she appears in Bengali Society. Her Chaitanya showed a wonderful mistry of the suitable forces dominating one of the greatest of religious characters who was taken to be the Lord himself and is to this day worshipped as such by millions. For a young miss to enter in to such a being so as to give it a perfect expression is a miracle. All we can say is that genius like faith can remove mountains.

लेकिन कितने ही लोग निंदा और आलोचना भी करते। अक्सर वह निंदा, अभिनय के बारे में नहीं होती थी। वे कहते थे कि ऐसी औरत का ऐसे देवतुल्य महापुरुष की भूमिका में अभिनय करना ही अनुचित है। जिसकी जैसी भावना होती थी वह वही कहता था। हमारे समय में जितनी प्रशंसा होती थी, अभिनय में कमी रह जाने पर निंदा भी उतनी ही होती थी। जरा-सी गलती हो जाने पर ढेरों कड़वी आलोचनाएँ और गालियाँ सुननी पड़ती थीं।

थिएटर में काम करते समय कई बार दुर्घटनाओं का शिकार भी होना पड़ा था। एक बार प्रमिला की भूमिका में चिता पर चढ़ते वक्त सारी पोशाक और बाल जल गए थे। एक बार ब्रिटेनिया बनकर झूलती तार से नीचे गिर गई थी। अभिनय के समय भूमिका को पूरी तरह से निबाहने के अलावा मेरा ध्यान अपनी पोशाक और मेकअप की ओर भी बहुत रहता था। मैं स्वयं ही अपना मेकअप करती थी और केश सज्जा और पोशाक भी खुद पहनती थी। ड्रेसर सिर्फ मेरा पोशाक लाकर रख देते थे। बाकी काम मेरा अपना होता था।

मैंने पहले ही कहा है कि स्टार में नौकरी करने के दौरान अच्छे काम करने के साथ-साथ मतिभ्रष्ट होने के कारण बहुत से बुरे काम भी मैंने किए। एक घटना का वर्णन कर रही हूँ। जब मैंने गुर्मुख बाबू का आश्रय लिया तो मेरे पहले के आश्रयदाता संभ्रांत युवक ने बहुत हंगामा किया। जिसकी वजह से मुझे छुपकर रहना पड़ा। कुछ दिनों बाद सब हंगामा खत्म हुआ तो मैं फिर से बाहर आकर काम करने लगी। तभी एक दिन वे संभ्रांत युवक मुझसे मिले और कहने लगे—'विनोद, तुमने मुझे धोखा दिया, मुझसे अपना स्वार्थ सिद्ध किया। तुमने बहुत बड़ी गलती की। कितने दिन छिपी रहोगी? मैं जब तक जिंदा रहूँगा तुम्हें माफ नहीं करूँगा। हमेशा दुश्मनी निभाऊँगा। मेरी बात बिल्कुल सच है, तुम देखना, यह बात कभी झूठ न निकलेगी। मरने के बाद भी मैं तुमसे मिलता रहूँगा।' उस समय मैंने उनका बिल्कुल विश्वास नहीं किया था। शायद मेरे होंठों पर व्यंग्य-भरी मुस्कराहट की झलक उठी थी। लेकिन 1926 सन् की अगहन की तीसरी तारीख को जब उनकी मृत्यु हुई, तभी जैसे मेरे सामने इस बात की असलियत और सच्चाई उजागर हुई।

उन दिनों मैं थिएटर से छुट्टी लेकर घर बैठी हुई थी। अभिनय करना छोड़ दिया था। उस रविवार को तभी-तभी मेरे कमरे में नौकर संध्या-बाती रखकर गया था। मैं उस दिन आलस के कारण शाम से ही बिस्तर पर लेटी हुई थी। अच्छी तरह याद है मैं सो नहीं रही थी, लेकिन मन जाने क्यों उदास था और मैं अधखुली आँखों से बाहर के दरवाजे की ओर ताक रही थी। तभी स्पष्ट देखा कि वे संभ्रांत बाबू धीरे-धीरे मेरे कमरे में आए और मेरे पलँग का सिरहाना पकड़कर खड़े हो गए। उनका चेहरा उतरा हुआ था। उन्होंने बड़े शांत और धीर भाव से कहा, 'मेनी, मैं आया हूँ।' वे मुझे 'मेनी' कहकर पुकारते थे। मैं एकटक उन्हीं की ओर देख रही थी। चौंककर आश्चर्य से कहा, 'यह क्या? तुम, क्यों आए हो?' वे कातरता से बोले, 'मैं जा रहा हूँ यही बताने आया हूँ।' बोलते समय उनका कोई भी अंग हिल-डुल नहीं रहा था जैसे मिट्टी के पुतले के मुँह से शब्द निकल रहे हों। सिर्फ एक बार मुझे लगा कि उन्होंने मुझे छूने के लिए हाथ उठाया। मैं डरकर पीछे हो गई। बोली, 'अरे! तुम कहाँ जा रहे हो? और इतने कमजोर क्यों हो गए हो?' वे और भी उदास होकर बोले, 'डरो मत, मैं तुम्हें कुछ नहीं कहूँगा। मैंने कहा था न कि जाते समय तुम्हें बताकर जाऊँगा, वही बताने आया हूँ, मैं जा रहा हूँ।' यह कहकर पत्थर की मूर्ति की तरह वे उसी दरवाजे से चले गए।

डर और अचरज से भरकर मैं तभी बिस्तर से उठकर बाहर दौड़ी, लेकिन कोई दिखाई नहीं दिया। ऊपर से ही माँ को जोर से आवाज़ लगाई, 'माँ ऊपर कौन आया था?' माँ ने कहा, 'कौन आएगा? मैं तो नीचे ही बैठी हूँ, सीढ़ी के पास।' मैंने कहा, 'हाँ माँ 'वे' बाबू आए थे।' माँ ने हँसकर कहा, 'दरवाजे पर मिसिर दरबान बैठा है। मुझे तो बाहर ड्योढ़ी तक दिखाई दे रहा है। कौन आएगा? तू क्या सपना देख रही है। बिना पूछताछ के मिसिर किसी को घुसने देता है क्या?' मैं चुप हो कमरे में लौट आई और सोचने लगी तब क्या मैंने सचमुच सपना देखा? दूसरे दिन शाम को मैं अंदर वाले बरामदे में बैठी थी। माँ किसी काम से बाहर गई थी। सड़क पर एक गाड़ी जाती दिखाई दी। उसमें बैठे हुए एक आदमी ने कहा, 'क्यों, माई जी, सुना तुमने? कल साँझ 'फलाने बाबू' गुज़र गए।' वह आदमी बाबू का ही एक कर्मचारी था। मैंने उसकी बातें स्पष्ट सुनीं।

मेरा अंतर्मन काँप उठा। सोचा, क्या सचमुच वे मुझे दिया वचन पूरा करने आए थे। पिछले दिन की घटनाओं को याद करते ही मेरा मन व शरीर बर्फ की भाँति ठंडा होने लगा।

यह छोटी-सी घटना लिखने का कारण सिर्फ इतना ही है कि मैं सोच भी नहीं सकती थी कि मरने के बाद भी कोई व्यक्ति किसी और को दिखाई दे सकता है। अगर कुछ और लोगों को भी ऐसा अनुभव हुआ हो तो मेरे इस वर्णन से उनको भी बल मिलेगा।

ऐसी ही एक घटना मेरी एक रिश्तेदार के साथ भी घटित हुई थी हालाँकि इस घटना से उसका कोई संबंध नहीं।

मेरी छोटी-सी बेटी की मृत्यु हो गई थी। जिस दिन उसकी मृत्यु हुई, उसी दिन वह या उसकी छलनामयी मूर्ति मेरी उस रिश्तेदार को दिखाई दी। वे कलकत्ता के बाहर रहती थीं।

अपने घर में लेटी थीं तभी मेरी बेटी उन्हें दिखाई दी। उन्होंने कहा, 'अरे कालो, तू यहाँ?' उसने कहा— 'हाँ'। रिश्तेदार ने कहा, 'लेकिन इतनी बीमार है, कमजोर शरीर से आई कैसे?' 'बस आई' कहकर वह दो-चार शब्द बोली और अदृश्य हो गई। मानव जीवन की परिणति है मृत्यु, लेकिन और अंतिम गति क्या है इसका फैसला कौन करेगा? जितने दार्शनिक, उनके उतने ही तर्क और सिद्धांत हैं; अगर किसी का मृत आत्मा से साक्षात्कार हुआ हो तो वे मेरे इस अनुभव को सच्चा मान सकते हैं।

इस छोटी-सी बात का स्टार थिएटर से कोई संबंध नहीं, लेकिन जो स्टार थिएटर अपने देश में, विदेशों में अपने नाम यश के लिए मशहूर था मैं उससे आज बहुत दूर हूँ। शायद आज स्टार की स्मृति से भी मेरी बात धुल-पुछ गई है क्योंकि वह सब घटनाएँ घटित हुए बहुत दिन बीत गए हैं। आज जो स्टार थिएटर प्रसिद्धि और नाम समेटे मशहूर है यह बहुत छोटी नाचीज़ स्त्री भी एक दिन उसकी विशेष आत्मीय थी। अगर यह क्षुद्र व्यक्ति आत्मत्याग न करती तो शायद स्टार से संबंधित बड़े लोगों को भी जाने किस अँधेरे कोने में पड़े रहना पड़ता। तभी तो कहती हूँ, 'सब दिन जाएँ न एक समाना' शोक पीड़ित अस्थिर मन कभी-कभी उन लोगों से सहानुभूति की अपेक्षा रखता है जो कभी बहुत करीब थे। शायद इसीलिए यह सब लिख रही हूँ। नहीं तो मुझ जैसी तुच्छ स्त्री की इतनी हिम्मत कैसे हो सकती है कि आज के नामी गिरामी लोगों के बारे में कुछ भी बढ़ा-चढ़ाकर कहूँ। मैंने तो स्वेच्छा से सब कुछ छोड़ दिया था। बहुत दिनों की बीती घटनाओं के बारे में याद से लिख रही हूँ। भूलचूक थोड़ी बहुत हो भी सकती है।

अभिनय जीवन के प्रारंभ के कुछ वर्ष बहुत अच्छे बीते, हालाँकि बाहरी तौर पर वह जीवन घृणित और पतित था। जो लोग इस लेखन को पढ़कर उपहास और घृणा की भावना से भर उठें उन्हें यह पढ़ना ही नहीं चाहिए। लेकिन जिनके मन में दया, सहानुभूति जैसी भावनाएँ हैं वही यह पढ़कर मेरे हृदय की व्यथा को समझ पाएँगे। सब पतिताओं का जीवन एक-सा नहीं होता। कुछ अपने बेजान अस्तित्व को घसीटती हुई जड़ पदार्थ की तरह समय गुजारती हैं और कुछ अपने हुनर से चारों ओर प्रकाशित करती जीती हैं। और ऐसों के लिए आत्मीय स्वजन, मित्र, बंधुओं से कटकर पतिता का जीवन जीना कितना दुखदाई होता है यह किसे मालूम है? वारांगणाओं का जीवन कलंकित और घृणित होता है, यह सही है, लेकिन वह कलंकित घृणित क्योंकर होता है? माँ के गर्भ से ही तो वह पतिता नहीं होती। अपने जन्म के लिए तो वह दोषी नहीं है। यह सोचना चाहिए कि किसने सबसे पहले उसका जीवन घृणा योग्य बनाया? यह संभव है कि कुछ स्त्रियाँ स्वेच्छा से अँधेरे में डूबकर नरक के रास्ते पर चलती हैं। लेकिन ज़्यादातर पुरुषों के छल-कपट का शिकार बन कलंक का बोझ सिर पर लादे नरक यंत्रणा सहती हैं। कौन हैं ऐसे पुरुष? जो समाज में पूजनीय, आदरणीय हैं क्या उनमें से ऐसे कोई नहीं हैं जो बाह्य समाज में ऐसी स्त्रियों को घृणा की दृष्टि से देखते हैं, लेकिन पीठ पीछे महान प्रेमी की तरह आत्मत्याग की छलना से भोली अबलाओं के हृदय में

जहर के बीज बोते हैं, बेसहारा छोड़कर भाग जाते हैं। क्या उनका कोई भी दोष नहीं? दोष किसका है जो अभागिनें अमृत समझकर विषपान करती हैं, फिर ज़िंदगीभर उसकी ज्वाला से जल मरती हैं। ऐसी स्त्रियाँ ही जानती हैं कि वारांगणाओं का जीवन कितना असहनीय होता है?

ऐसे ही पुरुष समाजपति बन इन अबलाओं को पग-पग पर लांछित करते हैं। अगर ये स्त्रियाँ अपने भोले-भाले बच्चों को स्कूल भेजकर शिक्षा की रोशनी दिखाना चाहती हैं, तो यही समाजपति हजार कोशिशों से वहाँ से बच्चों को निकलवाकर ही दम लेते हैं। फिर वही बच्चे बेबस हो पाप का रास्ता अपनाने को बाध्य होते हैं। बचपन की कोमलता समाप्त होने से पहले ही इन बच्चों का सुकुमार मन अविश्वास और विद्वेष से भर उठता है। एक गलती के कारण सारी ज़िंदगी विषमय बन जाती है। और लोग चाहे जितनी भूल करें, लेकिन नारी का पैर एक बार फिसला तो फिर निस्तार नहीं है।

इस समय नाना कारणों से थिएटर से अवकाश प्राप्त कर, सुख-दुख से भरा जीवन बिता रही, सबसे कटकर। बहुत से कारणों में से एक कारण यह था कि छल-कपट से, जिन्होंने अपने स्वार्थ पूरे कर लिए फिर मुझे भुला दिया तो इससे मुझे गहरी चोटें पहुँची थीं। और मौका पाते ही मैंने थिएटर से अवकाश ग्रहण कर लिया।

इस दुख-भरे जीवन में मुझे एक ही सुख का अवलंबन मिला था। एक निर्मल कुसुम कली ने शाप भ्रष्ट हो इस पतिता के कलंकित जीवन को शांति दी थी। परंतु मुझ अभागिन के भाग्य में ये सुख न था। वह स्वर्ग की पारिजात मुझे चिरदुखी कर इस निराश जीवन को पीड़ा की अग्नि में झोंककर स्वर्ग सिधार गईं। वह मेरी बहुत लाडली थी। कितनी आशाएँ थीं उसे लेकर, लेकिन मेरी सब आशा पर पानी फेरकर मेरे अँधेरे जीवन में विष बाती जलाकर वह चली गई, अब मैं अकेली हूँ। दुनिया में मेरा और कोई नहीं है। निपट अकेली मैं। मेरा जीवन शून्य है। मेरा कोई आत्मीय नहीं, स्वजन नहीं, धर्म नहीं, कर्म नहीं, कार्य नहीं, कारण नहीं। जीवन के इन अंतिम दिनों में टूटे हृदय पर यंत्रणा का बोझ लादे मृत्यु की राह देख रही हूँ।

आशा, उद्यम, विश्वास, उत्साह—सभी ने मेरा साथ छोड़ दिया है। इस असीम संसार के एक किनारे वटवृक्ष की छाया के नीचे बैठी मैं। अब इसी बात की प्रतीक्षा कर रही हूँ कि कब शांतिदायिनी मृत्यु आएगी।

मेरे हृदय की व्यथा औरों के लिए हास्यास्पद होगी यह जानते हुए भी मैंने यह लिखी क्योंकि जगहँसाई का डर अब मुझे नहीं है। लोगों ने ही मेरा यह डर मिटा दिया है। उनकी निंदा और प्रशंसा दोनों ही अब मेरे लिए एक-सी हैं। गुणी-ज्ञानी लोग लिखते हैं, लोक शिक्षा के लिए, परोपकार के लिए। मैंने लिखा अपने मन की सांत्वना के लिए या फिर दुनिया से धोखा खाई हुई ऐसी किसी अभागिन के लिए जो नरक के रास्ते पर कदम रखने को तैयार है। क्योंकि मेरा कोई आत्मीय नहीं है, मैं घृणिता समाजवर्जिता वारवनिता हूँ। मेरे मन की

बातों को कहने या सुनने वाला कोई नहीं है, इसलिए स्याही-कलम से लिखकर आपको कह रही हूँ। अपने कलुषित-कलंकित हृदय की तरह इस सफेद कागज़ को भी कलंकित किया मैंने। क्या करूँ एक कलंकिनी के पास कलंक के सिवा और है ही क्या!

## प्रथम खंड के आखिरी दो शब्द

बहुत दिन पहले स्वर्गीय गिरीश चंद्र घोष के विशेष अनुरोध से मैंने अपनी नाट्य-जीवनी लिखनी शुरू की थी। वे इसकी एक-एक पंक्ति पढ़कर, देखकर ठीक कर दिया करते थे। कभी एक पंक्ति भी अपने हाथ से नहीं लिखते थे। वे मानते थे कि मैं अपनी सरल भाषा से जो कुछ भी लिखूँ वही बढ़िया हो सकती है।

इस तरह अपनी जीवनी 'आमार कौथा' लिखी और उसे छपवाने का संकल्प किया। गिरीश घोष महाशय भी इस बारे में बड़े उत्साहित थे, लेकिन फिर वे बीमार पड़ गए तो छपना मुल्तवी हो गया। फिर उनके मित्र श्री अविनाश चंद्र गंगोपाध्याय ने छापने का निश्चय किया, लेकिन तभी मैं चार महीने के लिए रोग पीड़ित हो बिस्तर पर पड़ी रही। बचने की कोई उम्मीद नहीं थी लेकिन देवता स्वरूप मेरे आश्रयदाता ने हजारों-हजारों रुपए खर्च कर, देवताओं की मन्नत मानकर बिना खाए बिना सोए मेरी सेवा की और मुझे मौत के मुँह से छीन लाए। उस समय डाक्टर, वैद्य, संन्यासी, फकीर, ज्योतिषी, बंधु-बाँधव सभी ने एक स्वर से कहा था, 'महाशय सिर्फ आपकी इच्छा शक्ति (विल फोर्स) के कारण ही इन्हें जीवनदान मिला।' उन दयालु व्यक्ति ने अपनी धन-संपत्ति आत्मीय और महंत जीवन को एक तरफ ठेल दिया और मुझ पापिन के कलंकित जीवन को व्याधि से मुक्त किया। कभी जब बीमारी ज़्यादा बढ़ जाने से नब्ज छूटने लगती तो मेरे सिर पर हाथ फेरते हुए कहते, 'सुनो, मेरी तरफ देखो, ऐसा क्यों कर रही हो? क्या बहुत तकलीफ हो रही है। इस तरह हिम्मत न हारो। जब तक मैं जीवित हूँ, मैं तुम्हें मरने नहीं दूँगा। अगर तुम्हारी आयु खत्म हो चली है तो देव, ब्राह्मण और तुम्हारी इस देह की सौगंध खाकर कहता हूँ, मैं अपनी आधी उम्र तुम्हें दे देता हूँ। तुम स्वस्थ हो जाओ। मेरे जिंदा रहते हुए कभी भी मर नहीं सकतीं।'

उस समय उनकी आँखों से जो स्नेह की ज्योति निकलती थी तो मेरी रोग यंत्रणा जाने कहाँ गायब हो जाती थी। ऐसा दो-तीन बार हुआ था। कई बार सख्त बीमार पड़ी थी, एक बार तो बारह-तेरह दिन तक ऑक्सीजन पर रखा गया था, लेकिन तब भी उनकी दृढ़ता और विश्वास के कारण मौत मुझे उनसे छीन नहीं पाई थी। अब सोचती हूँ, शायद उनके संकल्प के साथ मेरा दुर्भाग्य भी जुड़ गया होगा। इसीलिए उस समय मैं नहीं मरी। स्वस्थ देह में लोगों द्वारा उपेक्षित, असहाय और असीम यातना हृदय में समेटे इस जीवन को अकेले घसीटते रहना मेरे भाग्य में लिखा होगा। वे हमेशा कहते थे, 'दुनियादारी के काम में लगा रहता हूँ, तुम मुझसे पहले कभी नहीं मर सकतीं।' मैं कातर हो उनके चरण छूकर कहती थी, 'अब यह बातें मत करो। इस अभागिन का इस दुनिया में और कोई नहीं है। जब इस कलंकिनी को उठाकर लाए थे और चरणों में आश्रय दिया था तब सभी कुछ तो था।' नानी, माँ, जी

जुड़ाने वाली बेटी, रंगभूमि की शोहरत, यश, दोस्त, मित्र और धन-संपत्ति सब कुछ था। वह सब छोड़कर मैं तुम्हारे पास आई थी। मुझे छोड़कर मत जाओ, तुम चले जाओगे तो मैं कहा रहूँगी।' वे हँसकर कहते थे, 'इसके लिए कोई चिंता मत करो। मेरी कमी के सिवा और किसी चीज की कमी तुम्हें नहीं होगी। मैंने ऐसे वंश में जन्म नहीं लिया कि तुम्हें इतने प्यार और जतन से अपने आश्रय में इतने दिन रखूँ और तुम्हारी असहाय, असमर्थ हालत में, आखिरी वक्त छोड़कर चला जाऊँ। मैंने अपने संग संबंधियों को जिस तरह आश्रय दिया है वैसे ही तुम्हें। अगर मेरे बाद कोई तुम्हें इससे वंचित करेगा तो उसका नाश होगा।'

इस बीमारी के बाद करीब साल-भर मैं बिस्तर पर ही पड़ी रही। इसके बाद उन्होंने डाक्टरों की सलाह से हवा-पानी बदलने का निश्चय किया। और मैं संपूर्ण स्वस्थ हो लौट आई।

इन्हीं सब असुविधाओं के कारण मेरी पुस्तक छप नहीं पाई। गिरीश बाबू भी बड़ी बीमारी भोगकर स्वर्ग सिधार गए। उन्होंने मुझे कहा था, 'विनोद तुम्हें मैंने अपने हाथों से गढ़ा है। सजीव प्रतिमा-सी तुम्हारे जीवन-भरे चरित्र की भूमिका मैं खुद अपने हाथों से लिखूँगा फिर मरूँगा।' लेकिन कहते हैं न, मैन प्रपोजेज गॉड डिस्पोजेज। मेरा भाग्य इसका सबसे बड़ा उदहारण है।

मैंने सोचा न छपे किताब, जो होना हो बस मैं अपने बचे-खुचे दिन अपने देवतास्वरूप आश्रयदाता की शीतल छाया में काटकर चली जाऊँगी इस दुनिया से, लेकिन वाह रे मेरा भाग्य, यहाँ भी भाग्य का खेल, महाकाल के झंझावात में मुझे आश्रय देने वाला वह विशाल तरु चरमराकर टूट गया और काल की अतल गहराइयों में डूब गया और कुछ समझ पाने से पहले ही मैंने पाया कि मैं संज्ञाशून्य हो चिता की राख पर पड़ी हूँ।

अपने चारों ओर फैली चिता की राख पर सिर कूट-कूटकर मैंने पूछा—'कहाँ हैं, कहाँ हैं मेरे देवतास्वरूप आश्रयदाता, कहाँ हैं वह शीतल छाया देने वाला तरुवर?' श्मशान की सरसराती हवा ने मुझे फुसफुसाकर कहा, 'अभागिन! तू अब भी नहीं चेती? सुन, चैत्र मास के वासंती पूजा के नौवें दिन सुबह सात बजे सूर्यदेव किसके लिए स्वर्ग से रथ लेकर आए हैं? किसके लिए हवा फूलों की महक से भर उठी है? तुझे क्या अब भी समझ नहीं आया।'

'चौंक उठी' ओ माँ, सचमुच। मेरा इकतीस वर्ष का सुहावना सपना आज टूटकर बिखर गया। 31 वर्ष बाद राज राजेश्वरी जैसा सुख स्वप्न महाकाल की एक फूँक से बारह घंटे में नष्ट-भ्रष्ट हो गया।

जब होश में आई तो याद आया कि 'आमार कौथा' नाम से कुछ ऊट-पटांग लिखा था। उसके अंत में मैंने लिखा था, 'मौत की राह देख रही हूँ। लोग मौत का इंतजार करते हैं क्योंकि वह भी तो दुख की ज्वाला को जुड़ाने की अंतिम आशा है।'

लेकिन क्या अंतिम और आरंभ का कुछ भी नहीं है। 1918 के चैत्र महीने की 14 तारीख बुधवार को सुबह वह आशा भी विलीन हो गई।

ओ दुनिया के भाग्यवान लोगो, सुनो, सुनकर घृणा से मुँह फेर लो, हे मेरे देवता मेरे आश्रयदाता, तुम भी सुनो—कहने और करने में बड़ा अंतर है। प्यार से, स्नेह से, किसी का भाग्य नहीं पलट सकता।

यही मेरा परिचय है। अपना भाग्य लेकर मैं इस श्मशान की राख के ढेर पर पड़ी हूँ। किसी अपशकुन को देखकर जैसे लोग मुँह फेर लेते हैं, वैसे ही आप सब इस पापिन के पाप को भूल जाइए। भाग्यहीना, पतिता की आपसे यही विनती है।

(अनुवाद : सांत्वना निगम)

# पहली बार मैं

## दिलीप कौर टिवाणा

अगले वर्ष मुझे सरकारी नौकरी मिल गई। काँगड़ा के पास धर्मशाला में नियुक्ति हो गई थी।

एक दिन सवेरे-सवेरे गाँव से आदमी आया, 'जल्दी कीजिए, सरदार काकासिंहजी गुजर गए।'

अभी परसों ही तो वे यहाँ से गए थे। अच्छे भले ठीक-ठाक।

आने वाले उस व्यक्ति ने बताया कि कल साथ वाले गाँव लसोई गए थे। लसोई में हमारी कुछ जमीन भी थी। उस गाँव में एक मकान भी था और शराब का ठेका भी था। रात को देर तक वहीं चौबारे में बैठे शराब पीते रहे, साथ में साधु था। सवेरे वे उठे, उठकर चौबारे से नीचे आए, रास्ते में पहुँचे और गिर पड़े। दो-चार क्षण तड़पकर ठंडे हो गए। कहते हैं, अंतिम क्षणों में इतना भर कहा, 'मेरी बेटियों का क्या बनेगा, मेरे प्राण बिखरते जा रहे हैं।'

गाँववालों ने डाक्टर बुलाया था। वह कह गया, बस हो लिए। उन लोगों ने वहीं पड़े-पड़े कपड़ा डाल दिया। कोई हाथ लगाने के लिए तैयार न था कि भई, इतना बड़ा आदमी है, क्या खबर कैसे मरा है, और कहीं खून न गले पड़ जाए, बँधे-बँधाए मर जाएँगे।

जीप में हम चार लोग जब लसोई पहुँचे, एक गाँव के चार गाँव इकट्ठे हो रहे थे। थाने वाले आ गए थे। पता किया, साधु कहाँ है। मालूम हुआ कि वह तो रोते-रोते रब्बों भाग गया, गाँववालों को बताने।

थानेवालों ने पूछा, 'आपको किसी पर शक तो नहीं? लाश का पोस्टमार्टम करवाना चाहते हो?'

बेजी आदि ने कह दिया, 'नहीं।'

रोते-धोते बापूजी की लाश बैलगाड़ी में डालकर हम लोग गाँव ले गए जहाँ उनका अंतिम संस्कार कर दिया।

बेजी के एकमात्र भाई चल बसे थे, फिर इस उमर में। वह रो-रोकर दीवारों को रुला रही थीं।

किसी ने कहा, 'जेब में बहुत सारे रुपए थे, शराब में कुछ मिलाकर साधु ने मार डाला और रुपए निकाल लिए सरदार के।'

किसी ने बताया, 'शरीकेवालों ने कुछ खिला दिया कि भई सब कुछ हड़प लेंगे, क्या कर लेगा ज़रा-सा बालक पीछे से।'

कोई कहता, 'टाइफाइड हो के चुका था, ऊपर से शराब पीता रहा, अंदर जल गया।'

घर में बहुत रोना-पीटना हो रहा था, परंतु बीबी न कुछ खाती थी, न पीती थी। या तो गुरु महाराज के सामने आसन पर बैठी पाठ करती रहती या फिर मुँह-सिर लपेटकर एक कोने में बैठी रहती।

जिन बापूजी से बीबी इतना सहमी रहती थी, उनकी मृत्यु का गम इतना लगा बैठी कि भोग के दिन उसे बार-बार मूर्च्छा आ रही थी। नब्ज रुक-रुक-सी जाती और लोग कहते, अब यह बचती दिखाई नहीं देती।

बापूजी की मृत्यु का दुख भूलकर हम लोग बीबी को सँभालने में लग गए। मामाजी रोए जाते और कहते, 'ओ दाता मेरी बहन को कुछ न हो, मेरी माँ की जगह भी यही है।'

दिन में कई-कई बार मूर्च्छा में दाँत भिंच जाते। नब्ज चढ़ जाती। दाँत खोलते मुँह में पानी डालते, हाथों-पैरों की तलियाँ मलते और हम लोग सभी एक-दूसरे से छिप-छिपकर रोते।

पता चला तो ज्ञानी निरंजनसिंह, जो बीवी के धर्मभाई बने हुए थे, आए। दृष्टांत देकर समझाते रहे कि हमारे गुरुओं पर कितनी विपत्तियाँ आई थीं, परंतु वे लोग कभी विचलित नहीं हुए। वे लोग हमें बता गए हैं कि संसार के सब रिश्ते-नाते मिथ्या हैं। संसार चलायमान है। वाणी पढ़ने का क्या लाभ है यदि इसी प्रकार चित्त को डोलाना है। परंतु बीवी रोकर कहती, 'भई, बहुतेरा चित्त को समझाती हूँ, पर मेरे बस का नहीं।'

हालत अधिक खराब हो जाती तो कई बार दिन में दो-दो, तीन-तीन बार भी फीस देकर डाक्टर को बुलाकर लाते। लगता था, कहीं इसे भी कुछ न हो जाए।

एक दिन डाक्टर अमरजीत ने हम सबको कमरे से बाहर भेज दिया और बीबी को कुछ समझाते रहे। किंतु डाक्टर के जाने के बाद वह रोए जाए और कहे, 'चाहे मैं मर जाऊँ, इस डाक्टर को फिर मत बुलाना। मुझे कहता है—बीबी, तुझे कुछ नहीं हुआ। बेकार पाखंड मत करो और अपने बच्चों को मत डराओ—मैं क्या पाखंड करती हूँ?' वह रो-रोकर कह रही थी।

हम जानते थे, बीबी पाखंड नहीं करती; परंतु डाक्टर के इस प्रकार कहने का प्रभाव यह हुआ कि अब जब भी मूर्च्छा आने लगती, वह प्रयत्न करती, उसे कुछ न हो और कहती, मुझे कुछ नहीं हुआ, डाक्टर बुलाने न चल पड़ना। और इस प्रकार उसकी हालत में कुछ सुधार आने लगा।

हमें सदा लगता रहा था कि बीबी और बापूजी की कभी बनी नहीं, परंतु बापूजी की मृत्यु के बाद पता चला कि बीबी के लिए भगवान से दूसरा स्थान बापूजी का था। अब हम लोगों को दिलासा देती वह स्वयं चुकती जा रही थी। बीबी की एक सहेली, जिसे हम खाकी कपड़े पहनने के कारण खाकी-मौसी कहा करते थे, बीबी को समझाती और डाँट भी देती, 'जाने दो बहनजी, आदमी के लिए औरत रोती हुई यों ही अच्छी नहीं लगती।

भई, जितना संबंध परमेश्वर ने लिख दिया, ठीक है। मरने वालों के साथ तो मरा नहीं जाता। तुम्हारे सामने ही गुरचरन के बापूजी को मरे हुए कितने बरस हो गए, कभी लड़कों को जी बुरा करके नहीं दिखाया। अब तो बल्कि तुम बच्चों के सिर पर हाथ रखो, सयानी बनो। और फिर जीते-जी सरदार कौन-सा तुझे सुख देता था। यही दुख है न कि अपनी बेटियों को ठिकाने कर जाता। जितने में अपने जी को डुबोती-उतराती हो, उतने में भगवान का सुमरन किया करो, आगे तुझे सहाय होवे। बहुत करती हो उसके नाम की एक माला फेर लिया करो कि उसकी रूह को शांति मिले। अगर इस तरह याद करके रोए जाएगी, उसकी रूह कैसे शांत रहेगी? भटकती मत फिरो, सयानी बनो मेरी बहना, बच्चों का जी मत बुरा करो।'

और बीबी ने मौसी की जैसे सारी बातें पल्ले बाँध लीं। वह प्रातः काल उठकर ठंडे पानी से स्नान कर पाठ करती—दिन चढ़े नंगे पैरों गुरुद्वारे जाती। दिन में गुरु महाराज प्रकाश किए रहती। साँझ को घर में धूप जलाती, माला फेरती जैसे स्वयं से दूर जाकर जीने का प्रयत्न करती रहती।

कई बार हम लोग हँसी में कहते, 'बीबी, इतना भजन-पाठ करते हो, तुम्हें तो भगवान ले जाएगा स्वर्ग में और हम लोग सारे होंगे नरक में, फिर परमिट लेकर आना होगा मिलने के लिए। एक बात और, सुनते हैं, स्वर्ग में दूध की नदियाँ बहती हैं और हर मौसम में पेड़ फलों से लदे रहते हैं। ऐसा करना बीबी, दूध की बाल्टी भरी और नीचे नरक में लटका दी, आगे पकड़ लिया करेंगे हम। फल तोड़े और नीचे को लुढ़का दिए।'

बीबी मन-ही-मन खुश होती, ऊपर से कहती, 'अगला जनम किसने देखा है!'

एक दिन बीबी मुझसे कह रही थी, 'तेरे बापूजी शराब ही ज़्यादा पीते थे, यूँ उन्होंने किसी का बुरा तो कुछ नहीं किया।' वह संभवतः आँक रही थी कि भगवान उन्हें स्वर्ग में भेजेगा अथवा नरक में।

बापूजी की मृत्यु के बाद लगा कि हमारे सिर पर छत नहीं रही। और लोगों को भी लगा कि अब इन लोगों के सिर पर छत नहीं रह गई है।

छोटे-से बीरे को हम छुपा-छुपाकर रखा करते। गाँव से कोई आता तो सामने न जाने देते। गाँव उसे साथ लेकर न जाते, कहीं ऐसा न हो कि पहचान करके शरीके वाले उठवा लें, और उसे भी मरवा दें।

बेजी ने कह दिया, दिन छिपने पर कोई बाहर नहीं जाएगा घर से। रात को किसी को दरवाजा न खोलो। किसी के भी कहने पर कहीं जाना नहीं। किसी से कुछ लेकर नहीं खाना, आदि-आदि और कितना कुछ।

आस-पड़ोस वाले शायद जान गए थे कि हमें डर लगता है। घर में कोई पुरुष जो नहीं। समय-असमय दरवाजे खटखटाने लगे। भले ही वे लोग जानते थे कि हम लोग दरवाजा खोलने वाले नहीं हैं, परंतु शायद उन लोगों ने सोचा था, चलो डरा ही दें।

जब कोई दरवाजा खटखटाता, बेजी भयभीत-सी हो सारे घर की बत्तियाँ जला देतीं और ऊँचे स्वर में पाठ करने लगती। कभी हमें जगा लेती और कभी स्वयं ही पूरी रात बैठे-बैठे पाठ करती रहतीं।

मैंने कहा, 'अगली तरफ से आधी कोठी किराए पर दिए देते हैं। पास में लोग होंगे तो इतना भय नहीं रहेगा।'

'लोग क्या कहेंगे?' बेजी ने चिंतित हो कहा।

'लोगों को मारो गोली। अब जब हम इतना परेशान हैं, लोग आकर पूछते हैं क्या?' मैंने खीझकर कहा।

बड़े हॉल कमरे में दीवार खिंचवाकर अगले वाले पाँच-छह कमरे किराए पर दे दिए और पिछले छह-सात कमरों में हम लोग रहने लगे।

किराया चाहे पैंतालीस रुपए ही था, पर सच पूछा जाए तो उस समय कोई कहता कि मुफ्त में रहने दो तो भी हम लोग मान जाते।

छुट्टियों के बाद मुझे धर्मशाला जाना था।

'तेरे फूफाजी जीवित होते तो बदली की भी कोई बात थी भला। तुम इतनी दूर अकेली कैसे रहोगी, अपनी बीबी को साथ ले जाओ और साथ ही बीर इंदर भी यहाँ से दूर चला जाएगा। किसी को क्या मालूम कि तुम लोग कहाँ हो?' बेजी ने कहा।

'आपके पास कौन रहेगा?' मैंने उदास होकर कहा।

'भगवान, और कौन!' बेजी बोलीं। परंतु रघुबीर भाई साहब ने बताया कि उन्होंने पता किया है, वहाँ दो-तीन प्रोफेसर उसी कालेज की एक मकान में रह रही हैं, बीबी भी जाकर वहीं रह लेगी।

मैंने नौकरी कर ली है, यह पता चलने पर पमाल वाली बुआजी आईं।

मुझसे अलग से बातें करने के लिए मुझे अपने साथ गुरुद्वारे चलने के लिए कहा।

उन्हें देखते ही मेरा मुँह कुम्हला गया। दिल डूब रहा था। तब भी मैं उनके साथ गुरुद्वारे चली गई।

दुःखनिवारण गुरुद्वारे में माथा टेककर वह मेरे साथ सरोवर की सीढ़ियों पर जा बैठीं। मैं जानती थी, वह मुझसे कुछ कहने वाली हैं, सो उन्होंने कहना शुरू कर दिया, ''तुम्हें अगर नौकरी ही करनी है तो लुधियाने में कर लो। कोठी मैं खरीद दूँगी, कार ले दूँगी। छोटा तो कह रहा था, पंद्रह मिनट का ही तो रास्ता है सारा। कार पर गाँव से ही लुधियाने पढ़ाने चली गई। वह तो यह भी कह रहा था, कोठी को कुछ ठीक-ठाक करवाना है, और नया फर्नीचर भी लाना है। सब कुछ तुम्हारी पसंद से ही करेंगे।''

''बड़ा कुछ नहीं कहता?'' मैंने इस सीधे सवाल से उस दानी, सयानी औरत को पैरों से उखाड़ दिया था।

''हाँ...नहीं...आँहाँ...वह बेचारा संत क्या कहेगा! उससे तो जब भी पूछो, कह देता है, जैसी मर्जी हो कर लो। तुम समझदार हो। मैं तो कहती हूँ, एक नहीं, दोनों तुम्हारे कहने से चलेंगे। मेरा मतलब है, बहन-भाई सब मिलके रहना।'' बुआजी कई अर्थों से भरी बातें कर रही थीं।

''उन्होंने अपना इलाज करवा लिया है?'' मैंने कई वर्ष पहले वाली बात की।

''तुमसे किसने कहा? देखो न, आजकल ऐसी कौन-सी बीमारी है जिसका इलाज नहीं होता? बहुतेरी दवाइयाँ-अवाइयाँ खाता रहता है। और फिर वह तो जरा-सी बात थी, यूँ ही लोग क्या से क्या बना लेते हैं। हमें कौन-सा लोग जा-जाकर नहीं कहते कि भई तुम्हारा पढ़ते, नौकरी करते, सौ तरह के लोगों से वास्ता पड़ता है, सभी भले तो नहीं होते। लोग भाँति-भाँति की बातें बनाते हैं। तभी तो मैं कहती हूँ, अपने घर में रहो, चाहे साँझ तक दस कुएँ खोदो, आदमी सिर पे होगा। क्या मजाल जो कोई कुछ कह जाए, कोई उँगली भी उठा जाए।''

बुआजी एक ही साँस में कितनी बातें कर गईं—अपनी सफाई की, मुझ पर संदेह की और मुझे लारा देने की। एक बार तो खून खौल गया कि यह औरत गुरुद्वारे के सरोवर पर बैठी हुई मेरे साथ कैसी बातें कर रही है।

''वह मुझे दस कुएँ खोदने देगा?'' मैंने अपनी आवाज को सहज रखते हुए अधिक स्पष्ट होने के लिए पूछा।

''तुम जैसे जी चाहे रहना, वह नहीं कुछ भी कहने वाला तुम्हें। बस लोग उसका मखौल करना छोड़ देंगे कि भई...'' बात करते-करते बुआजी ध्यान से मेरी ओर देखते हुए चुप हो गईं।

''चलो, चलें।'' मैंने खड़े होते हुए कहा।

चलने से पहले मैंने सरोवर के अंजलि-भर जल का घूँट भर लिया। मेरा मुँह सूख रहा था। सामने गुरुद्वारे की भीड़ में एक बुढ़िया दादी माँ जैसी लगी। मैंने आँख भरकर उसे जैसे मन-ही-मन कहा, 'दादी माँ, तेरी गंगाजली सरीखी धी...' पर वह बुढ़िया तो कोई दूसरी ही थी।

दोपहर को लौटने से पूर्व पमाल वाली बुआजी ने मुझसे पूछा, ''फिर कब लेने भेजूँ उसे?''

''भेजना नहीं।'' मैंने संक्षिप्त, परंतु दृढ़ उत्तर दिया।

पमाल वाली बुआजी से मैंने कहा था, 'भेजना नहीं', परंतु मेरे कहने से क्या होता है। एक दिन अचानक वह भला आदमी आ पहुँचा।

बेजी उसे ड्राइंगरूम में बैठाकर आवभगत कर रही थीं और मैं भयभीत चकराई हुई-सी सोच रही थी, मेरे कपड़ों में कहीं आग-वाग ही लगा जाए तो मैं धू-धूकर जल जाऊँ।

औपचारिक कुशल क्षेम के पश्चात् उसने कहा, ''बेजी, मुझे उससे अकेले में बात करनी

है, उसे भेजिए तो जरा।'' आशय था कि आप जाइए और उसको भेजिए।

बेजी ने मुझसे कहा, पर मन में वह भी घबरा रही थीं। मैं ड्राइंगरूम में गई। ''कहिए।'' मैंने कहा।

''तुमने बुआजी से क्या कहा है कि, जाना नहीं है? यहाँ लोगों के साथ खाक छानते फिरना है और वहाँ जाना नहीं है? मुझसे क्या भूला है औरतों का? उनका काम आदमियों के बगैर कब चलता है भला?''

शब्द थे कि दहकते अंगार, लहू साँ-साँ करता मेरे सिर पर चढ़ने लगा।

''तुम समझती हो, हमारे घर में तुम्हारी इज्जत सेफ नहीं, पर मैं कहता हूँ कि सीधे से नहीं चलोगी तो मैं तुम्हें यहाँ से उठवाके ले जाऊँगा और चार बदमाशों से अपने सामने तुम्हारी इज्जत खराब करवाऊँगा। बताओ, तब क्या करोगी?''

बेजी शायद बाहर दीवार से सटकर खड़ी थीं, घबराकर अंदर आ गईं। बोलीं, ''हमने इसे बेच नहीं रखा है तुम्हारे पास। कैसी बातें करते हो? आज कहीं इसके फूफाजी जिंदा होते या बाप ही जिंदा होता, तुम ऐसी बातें कर पाते?'' और बेजी रोने लगीं।

''भेजनी नहीं थी तो ब्याह किसलिए किया था?'' उसने रौब से पूछा।

''ब्याह हुए तो इतने साल हो गए। उस दिन से कहाँ थे तुम? फूल-सी जान मेरी बेटी की, ब्याह क्या किया, काँटो पर डाल दी।'' कहती हुई बेजी अभी भी रोए जा रही थीं।

''बेजी, आप अंदर चलिए।'' कहकर मैंने जबरदस्ती उन्हें वहाँ से उठा दिया। उन्हें दरवाजे तक करके मैं फिर आकर कुर्सी पर बैठ गई।

''क्या कहती है?'' उसने ताड़ना से पूछा।

''यह कहती हूँ कि अभी अस्पताल चले चलो, मेरा मेडिकल करवा लो। जो दोष मुझ पर लगाया है, वह यदि गलत हुआ तो मैं वहीं पहले तुम्हें गोली मार दूँगी और बाद में अपने-आपको।''

उसने जलती हुई आँखों और डूबती आवाज से कहा, ''मुझे पहले ही पता है बहुतेरी औरतें आदमियों को जहर देकर मार डालती हैं। पमाल वाली बुआजी की सौत ने यही किया था।'' कहकर वह भला आदमी न मालूम किस बात का क्या उत्तर देकर चला गया था।

इन दिनों बहुत बार मेरा जी घबराता। बहुत बार ठंडे पसीने आए और कितनी ही बार रघुबीर भाई साहब डाक्टर को बुलाकर लाए।

यह सब मेरे साथ क्या बीत रही है? —मैं स्वयं से पूछती।

''पता नहीं वे लोग क्या करेंगे।'' बेजी चिंताग्रस्त होकर कहतीं।

बेजी की चिंता की यह बात मेरी तीसरी बहन कमल के पति हरनेक ने एक बार सुनी तो त्रस्त होकर मेरी ओर देखा।

छह फीट लंबा, दो आदमियों को सिरों से पकड़कर भिड़ा देने वाला, माँ का साध से पाला-पोसा पुत्र हरनेक हमेशा कहा करता था, ''कमल, सारे बहन-भाई तुम्हारे, परंतु बड़ी

तुम्हारी बहनजी मेरी।'' उसे महसूस हुआ कि मेरे रहते बड़ी बेजी यह चिंता करें कि पता नहीं वे लोग अब क्यों करें?

बगैर किसी से कहे, अपने एक दोस्त को साथ लेकर गले में पिस्तौल डाले, शराब पीकर, मोटरसाइकिल लेकर उनके गाँव जा पहुँचा। शायद सोचकर गया था कि आज फाँसा काट आएगा।

आगे वह वहाँ नहीं मिला तो कहता आया, ''जिस घर का यह जमाई है, मैं उस घर का बेटा भी हूँ, सो सोच-समझकर मुँह करे उस तरफ। मिल जाता तो आज ही पूछ लेता।''

हरनेक की माँ ने चिंतातुर होकर बात बताई तो मैं बहुत उदास हो गई। लगा कि मेरे अर्थहीन-से जीवन की खातिर कोई अनहोनी न हो जाए।

हरनेक को झिड़का और कहा, ''मैं अपने झगड़े आप ही निबटा लूँगी। तुझे कोई मूर्खता नहीं करनी है।''

आगे से वह भी खीजकर बोला, ''यह क्या ज़रूरी है कि जैसे आप कहें, हम सब लोग वैसे ही जिएँ। कल कोई ऐसी-वैसी बात हो गई तब क्या हम लोग जीते रहेंगे?''

''ऐसी-वैसी बात हुई तो मैं खुद अपने-आपको गोली मार लूँगी।''

''ऐसी-वैसी बात होने लगी तो हम फूँक नहीं देंगे सारी दुनिया को?'' वह बहुत गर्म होकर बोला।

''हरनेक, तू आँटी जी का इकलौता बेटा है, तुम्हें यह नहीं भूलना चाहिए।'' मैंने समझाना चाहा।

''शेरनी का एक ही बच्चा होता है और वह डरकर माँद में नहीं घुसा रहता।'' वह बता रहा था।

''तुम्हें कोई कठिनाई हुई तो कमल मुझे सारी उमर माफ नहीं करेगी। और मैं चाहती भी नहीं कि दूसरा कोई...''

''आप में यही दोष है कि आप अपनी जगह हमेशा दूसरों की चिंता करती हैं। कमल का मुझे भी मालूम है, आपसे अधिक मुझे उसकी चिंता है। और फिर मैं कोई बेवकूफ हूँ? बच्चा हूँ? आप मुझे कुछ भी समझें, मैं तो...खैर, छोड़िये इस बात को, मेरा तो जैसे मन आएगा, करूँगा। देखा जाएगा जो होगा।'' उसने रूखा-सा उत्तर दिया।

मेरे प्रति उसका लगाव मोह भी जगाता और भय भी। बरसों बाद बापूजी की मृत्यु के पीछे लगा था कि हम घर के दरवाजे भले ही खोलकर सो जाएँ।

कई वर्ष पहले मुझसे छोटी बहन सुरजीत के भले और संजीदा पति के छोटे शरारती भाई ने शादी से पहले कमल का पढ़ने जाना और घर से बाहर निकलना दूभर कर रखा था। वह चाहता था, कमल का रिश्ता उससे कर दिया जाए। घर वाले नहीं माने तो उसने सोचा, तंग करके, बदनामी करके ही विवश किया जाए। एक बार तो वह शराब पीकर जोर-जोर से बोलता हुआ कोठी के अंदर तक आ गया था। हमने घबराकर दरवाजे बंद कर लिए। ''दुर, फिटेमुँह तू

बावला हुआ है।'' कहती हुई बेजी उसे रोकती रहीं। परंतु जब देखा कि उस पर कोई असर नहीं हो रहा, बेजी ने पैर से जूता उतार लिया, ''खड़ा रह, तेरे हरामी के!'' कहकर जब वह झपटीं, वह बाहर की ओर दौड़ा। बेजी, पीछे-पीछे दौड़ीं। आगे से फूफाजी के समय के दो सिपाही मिल गए। बोले, ''बेजी आप रहने दीजिए, हम अपने-आप देख लेंगे बड़े नादूखान को।''

''बस झिड़क देना, कहना कुछ नहीं, जमाई का भाई है।'' कहकर बेजी लौट आईं।

सुरजीत के भले नेक पति लक्खासिंह भाई साहब को पत्र लिखा और उनके बापूजी को भी बुलाया।

लक्खा भाई साहब ने प्रिंसीपल के नाम पत्र लिखकर मुझे भेज दिया कि वह उसे डाँटे, उनके भद्र पिता ने सौ-सौ गालियाँ अपने नालायक बेटे को दीं और कहा, ''फिर करे साला कोई ऐसी हरकत, टाँगें तोड़ दूँगा उसकी। अरे कंजर, तू खुद बहन-बेटियों वाला नहीं है।''

और कमल की शादी के बाद यही व्यक्ति हरनेक से मिलने के लिए उसके दफ्तर में गया। इधर-उधर की बातें करके चलते समय बोला, ''उनके घर में बस कमल ही अच्छी है, बाकी लड़कियाँ नहीं ठीक। लोग सौ-सौ बातें करते हैं।'' उसने बात अभी समाप्त भी न की थी कि हरनेक ने मारा उल्टा थप्पड़ उसे, उसकी पगड़ी वह जा गिरी और खुद गिरते-गिरते बचा। खिसियाकर बोला, ''यार, हँसी-हँसी में ही इतनी जोर का थप्पड़ थोड़ी मार देते हैं।'' और अपनी पगड़ी उठाकर चल पड़ा।

''कमल के सिर पर मैं दिखाई दे रहा हूँ न, इसलिए वह अच्छी है और बाकी बुरी हैं?'' हरनेक ने उसे कहा था और हमें इस बात का बहुत देर बाद पता चला।

हरनेक से जब बेजी ने एक बार बात की कि बीरे के विषय में हर समय आशंका रहती है तो वह बीरे को अपने साथ ले गया था शिमला। वहीं पढ़ने लगा दिया और कहता था, ''अरे मरना है किसी को बीरे की हवा की ओर भी देखकर?''

यह हरनेक घर के चारों ओर जैसे बाड़ बनकर खड़ा हो गया था और मैं भूल ही गई थी कि बड़ी रात गए जब मैं पढ़ना बंद कर सोने लगती तो बीबी उठकर ठंडे पानी से नहाकर पाठ करने बैठ जाती। संभवतः वह समझती थी, बिना छत के इस बेटियों वाले घर में कोई जागता होना चाहिए।

एक दिन हरनेक के दोस्त कर्मइंदर से मैंने कहा, ''तू अमेरिका जा रहा है, हरनेक को भी साथ ले जा, कोई कोर्स कर आएगा।''

जो हरनेक कहीं बदली हो जाने पर एक सप्ताह तक मिलने न आता तो बेजी मनातीं, ''ठीक-ठाक हो,'' और उसकी अपनी माँ हमारे यहाँ पूछने चली आती कि हरनेक क्यों नहीं आया, उसी हरनेक को मैं अमेरिका चले जाने के लिए कह रही थी। वास्तव में मुझे भय लगने लगा था और मैं चाहती थी, मेरी खातिर कोई काँटों में हाथ न दे।

हरनेक की बेजी को यह बात पसंद न थी। वह कहती थीं, ''बाहर के देशों में जाकर भी कोई लौटा है? यह वहीं रह गया तो मेरे लिए तो यूँ ही अँधेरा हो जाएगा जग में।''

हरनेक बिजनेस एडमिनिस्ट्रेशन में एम.ए. करने चला गया, परंतु चलते समय कह गया था, ''कोर्स खत्म होने पर जो पहला जहाज हिंदुस्तान आएगा, उसी में मैं वापस आ जाऊँगा।''

हरनेक के जाते समय मेरा भी जी डूब रहा था। घर के दरवाजे अब रात को सोते समय फिर से दोहरी-दोहरी बार बंद किया करेंगे। भूत-चुड़ैलों-से लोग अब फिर रातों को दरवाजे खटखटाकर डराया करेंगे। बीरे के विषय में फिर बेजी को चिंता लग जाएगी। कमल अपने छोटे-से बेटे सहित उदास और नाराज घर में घूमा करेगी। हरनेक की बेजी गुस्से में कहा करेंगी, इन्होंने भेज दिया मेरा बेटा। पर मुझे लगता, वह चाहे कहीं भी हो, होगा तो सही, और फिर जब भी लिखूँगी—हरनेक, आ जाओ हिंदुस्तान को, जो भी पहला जहाज आएगा, उसमें वह आ रहा होगा।

हरनेक चाहे चला गया था, परंतु एक आतंक, एक धमकी वह उन लोगों के दरवाजे पर गाड़ गया था। उनकी सारी दौलत, सारी बड़ी रिश्तेदारियाँ और सारे हथियार, किसी की भी मार अमेरिका तक नहीं थी और अमेरिका में बैठा हरनेक जब जी चाहे, जहाज पर चढ़कर आ सकता था।

बरस-पर-बरस पड़ गए थे। न हरनेक आया था और न उनके दरवाजे पर गड़ी धमकी और आतंक को कोई उखाड़कर दूर फेंक सका था।

और एक दिन डाकिया उर्दू में कुछ लिखा और कुछ छपा मैला-सा कागज लाया जो उसने हस्ताक्षर करवाने के बाद मुझे दिया।

मैंने लारवाही से पुस्तक में धर दिया।

तब मैं उर्दू पढ़ना नहीं जानती थी। शाम को रघुबीर भाई साहब को दिखाया। वह पढ़कर चुप-से हो गए।

''क्या बात है?'' मैंने पूछा।

''नोटिस है कोर्ट का।''

''किसका?''

''पच्चीस तारीख को सेशन जज की कचहरी में लुधियाना बुलाया है।''

''मुझे?''

''हाँ।''

''क्यों?''

''उन लोगों ने तलाक के लिए अर्जी दी है। उसके संबंध में।''

कागज भाई साहब से ले लिया और कहा, ''बेजी से बात नहीं करना।''

आठ दिन बाद पच्चीस तारीख है। चार-एक दिन बाद भाई साहब ने पूछा, ''क्या करना है?''

''कुछ भी नहीं।'' मैंने कहा।

''वकील करें?'' उन्होंने फिर पूछा।

''नहीं।'' मैंने कहा।

जिस दिन कोर्ट की चिट्ठी आई थी, मैंने उसी दिन अपनी सहेली जसपाल को पत्र लिख दिया था। वह लुधियाना कालेज में पढ़ाती थी और उसका पति मनमोहन भल्ला वहीं पी.सी. एस. था। मैंने केवल इतना लिखा था, ''पच्चीस को तारीख है, चौबीस की शाम को आऊँगी। हो सकता है, कोई खतरा हो, इसलिए साथ किसी को लेकर नहीं आऊँगी। मैं नहीं चाहती कि बयान तमाशबीनों की भीड़ में देना पड़े।''

न मालूम जसपाल ने अपने पति से क्या कहा था और कैसे कहा, चौबीस तारीख को जब मैं बस अड्डे पर पहुँची तो वहाँ दोनों लेने आए हुए थे।

अगले दिन पच्चीस तारीख थी। दस बजे कचहरी लगने वाली थी। पौने दस बजे एक काले शीशों वाली बंद कार, जिसकी सीट पर एक आदमी गले में पिस्तौल डाले बैठा था, मुझे कोर्ट के दरवाजे तक ले गई।

पिस्तौलधारी व्यक्ति ने उतरकर कार का दरवाजा खोला। पिछले दरवाजे से मैं अंदर दाखिल हुई। कमरा खाली था। केवल एक जज और उसका क्लर्क थे।

सामने दोनों दरवाजों पर बंदूक लिये सिपाही खड़े थे।

उसी क्षण वह श्रीमानजी अंदर आए। मेरी ओर देखा और बोले, ''एक मिनट बापूजी तुम्हें बाहर बुला रहे हैं।''

उसी क्षण जज ने पास आ जाने के लिए कहा। ''क्या कहोगी?'' धीरे से उसने मुझसे पूछा।

''जो कहो।'' मैंने कहा।

''कह देना, शराब बहुत पीता है।''

''अच्छा।'' मैंने कहा।

कमरे में केवल हम दोनों थे या फिर एक जज और उसका क्लर्क।

''कब से अलग रहते हैं?'' जज ने मुझसे पूछा।

''जब से शादी हुई है।'' मैंने बताया।

''क्या यह ठीक है?'' जज ने उससे पूछा।

''हाँ, ठीक है।'' उसने भी कह दिया।

''कारण क्या है?'' जज ने फिर पूछा।

''शराब बहुत पीते हैं।'' मैंने बताया गया वाक्य ही दोहरा दिया।

''क्या यह ठीक कहती हैं?'' जज ने उससे पूछा।

''जी हाँ।'' उसने कहा।

''अब आपने अलग होने का फैसला कर लिया?''

''हाँ।'' मैंने कहा।

''ठीक है?'' उससे जज ने पूछा।

''ठीक है।'' उसने उत्तर दिया।

''आप जा सकती हैं।'' जज ने मुझसे कहा।

मैं चलने लगी तो वह श्रीमान भी चल पड़े।

''आप अभी रुकिए।'' कहकर जज ने उसे रोक दिया।

पिछले दरवाजे से मैं जब बाहर आई तो वही पिस्तौलवाला आदमी कार का पिछला दरवाजा खोले खड़ा था।

मैं अंदर बैठ गई। उसने झट से दरवाजा बंद किया और अगला दरवाजा खोलकर स्वयं बैठ गया। एक मोड़ काटकर कार कचहरी का गेट पार कर गई। कार के काले शीशों के पीछे से मैंने देखा, बाहर पेड़ के नीचे कुछ बंदूकवाले आदमी खड़े थे और उसमें उस भद्रपुरुष के बापूजी भी थे।

कार मुझे जसपाल के घर में छोड़ गई। जसपाल बाहर का गेट बंद करके लौटकर मेरे लिए चाय बना लाई। बता रही थी, ''पटियाला से भाई साहब का दो बार ट्रंककाल आ चुका है कि ठीक-ठाक है?''

चाय पीते हुए चुपचाप मेरी आँखों से आँसू गिरे जा रहे थे।

यह 1967-68 की बात है, और इसी वर्ष मैंने अपना पहला उपन्यास 'अग्नि-परीक्षा' लिखा।

इस उपन्यास में उन क्षणों का उल्लेख है, जिनमें जीवन देने और जीवन लेने वाली अग्नि किसी को अपनी लपेट में ले लेती है। जो सीता अग्नि-परीक्षा में से निष्कलंक निकल आई थी अर्थात् अग्नि-परीक्षा ने जिस सीता की सृष्टि की थी, उसे फिर संसार अपने अनुकूल नहीं लगा। नहीं तो उसे धरती में समा जाने की क्या आवश्यकता थी? इसीलिए हर परीक्षा जो सर्जना करती है, ध्वस्त भी कर डालती है।

इस उपन्यास में मैंने सृजन और ध्वंस की प्रक्रिया को पलटकर देखने का प्रयास किया है। ध्वंस के उपरांत कोई 'स्व' का सृजन करता है तो वह लोगों से ही नहीं, स्वयं से भी बहुत दूर निकल जाता है इसीलिए इस उपन्यास की नायिका पूछती है, मैं कौन हूँ? और ये लोग कौन हैं? और उसका यह प्रश्न हर चेतन मनुष्य के उस शाश्वत प्रश्न से जाकर जुड़ जाता है कि वह कौन है?

वास्तव में मुझे अपनी आत्मकथा यहीं से प्रारंभ करनी चाहिए थी, क्योंकि वस्तुतः आज ही पहली बार मैं 'मैं' थी।

# तेरहवीं मंजिल से...

## कुसुम अंसल

स्पेस या शून्य मात्र अभौतिकता है और जड़ ही बना रह जाता है, परंतु जब हम उसे व्यक्तिगत कर लेते हैं, वह अनुभव बन जाता है। आकाश से भी शून्य है वह मार्ग जिसे हम जानना कहते हैं या अनुसंधान। और मैं जिस जानने पहुँचने की प्रक्रिया के तहत चल पड़ी थी वह मेरे लिए नितांत अजनबी थी। अपने में शून्य हुई मैं, सोच रही थी कि मात्र एक टेलीफोन वार्त्तालाप के सहारे मैं इतना बड़ा निर्णय लेकर यों चली तो आई हूँ...और जहाँ जा रही हूँ वह मेरे लिए अजनबी ही नहीं, भिन्न भी है—आखिर मेरे दुनियावी अनुभव हैं कितने से? यान के भीतरी परिवेश और खिड़कियों के बाहर उस शून्य का विरोधाभास मेरे भीतर एक शीत कुहासा भर रहा था। अनिश्चय धुँधला होता है और 'कल' को तो किसी ने नहीं देखा। मैंने अपने नियमित जीवन में, लिखने के अतिरिक्त कभी कोई काम नहीं किया था, इस बार शोभा डाक्टर के टेलीफोन पर पाए निमंत्रण से उत्साहित होकर बंबई जाने वाले यान में बैठ गई थी...ये मेरी पहली एकाकी यात्रा थी, बंबई, जहाँ मेरा कोई रिश्तेदार नहीं रहता। हवाई अड्डे की दुकान से उठाया एक 'सिडनी शैल्डन' का उपन्यास मेरे हाथ में था—जो बीच-बीच में मुझे मेरी घबराहट से बचाने में सहायक सिद्ध हो रहा था। बंबई की धरती पर पाँव रखते ही एक असुरक्षा का भाव फिर पैरों से लिपटा तो था, पर जिसे अनदेखा करती मैं कार में बैठ गई, समुद्र तट से गुज़रते मुझे ऐसे लगने लगा कि जैसे जीवन समुद्र में बहते-बहते उस द्वीप तक पहुँच गई हूँ जहाँ एक व्यवस्थित-सा तट है और जहाँ अनेक जलपोत लंगर डाले खड़े हैं। परंतु, मुझे लगा पोतों पर सवार तो वही लोग यात्राएँ करते हैं जिन्हें अपने से दूर जाना होता है। एक द्वीप से दूसरे द्वीप तक...तो क्या मैं दूर जा रही हूँ या अपने निकट हो रही हूँ, पता नहीं। फिर से पैर कँपकँपाए, न जान, न पहचान, न पत्र-व्यवहार...दूरभाष के कुछ मद्धम शब्दों का दुर्बल-सा संदेश मुझे इस छोर तक ले तो आया है, अब पता नहीं क्या होगा मेरा कौन सा विकल्प? विचारों को तोड़ती गाड़ी 'सिल्वर बीच' बिल्डिंग के सामने आ रुकी थी। तेरहवीं मंजिल के कलात्मक द्वार पर दस्तक देने की आवश्यकता नहीं हुई वह मेरे लिए खुला था। एक बड़ा-सा गुजराती ढंग का ड्राइंगरूम, जिसके बीचोबीच घुमावदार सीढ़ियाँ मुझे अपने घर की याद दिला रही थीं, उन पर से होकर मैं शोभा के कमरे में चली आई। एक

बड़े से दीवान पर शोभा पालथी मारे बैठी थी। उसका चेहरा साधारण था...परंतु भव्य, एक गरिमा की चमक से भरा हुआ। उसके चेहरे की बड़ी-सी लाल बिंदी जैसे उसका अपनापन था... कत्थई-लाल, विशाल, दहकता हुआ। पास की कुर्सी पर बैठी सेक्रेटरी को वह डिक्टेशन दे रही थी, वातावरण गंभीर तो था, परंतु था तनावरहित। मैं चुपचाप एक ओर बैठ गई। एक नौकर आकर कॉफी का प्याला पकड़ा गया, जिसे पीती हुई मैं समुद्र को देखती रही जो कमरे को एक जीवंत लैंडस्केप प्रदान कर रहा था। उसकी उमड़ती लहरें मुझे फिर से याद दिला रही थीं, यही, कि मैं कहाँ आ गई हूँ, क्यों? ये महिला कहाँ ले जाएगी मुझे...किस आयाम तक? शोभा का स्वर मेरे आसपास एक तिलिस्म बुनता रहा, एक तंतुजाल—मुझे लगा उसके वार्त्तालाप में कुछ है, एक करिश्माई बौद्धिकता, अभिबोध जो मेरे अस्तित्व पर धुंध-सा छाता जा रहा था। जल्दी ही हमारी पहचान आकार लेने लगी।

घर से दफ्तर की यात्रा के दौरान औपचारिकता धीरे-धीरे मित्रता में बदलने लगी। संबंध निर्मित करने के भी तो ढंग होते हैं, जैसे, कवि का, वह सृजन करता है, कल्पनाओं के चित्र किसी व्यक्ति-विशेष के आसपास बुनता है। शून्य से खोजकर शब्द लाता है—या मूर्तिकार जो पत्थरों को तराशकर एक आकृति उकेरता है, जो कुछ नहीं था वह कुछ हो जाता है—आकारन्वित...मैं भी शोभा को अंश-अंश जोड़ रही थी और शायद वह मुझे।

दफ्तर पहुँचकर उसके स्टाफ ने मुझे ऐसे लिया जैसे किसी प्रोफेशनल को लेते हैं—और जो मैं उस दिन तक नहीं थी और न आज तक बन पाई हूँ। शोभा के साथ काम करते हुए मुझे लगता उसके पास भी अपने अनुभव हैं, जीवन के जीवंत सत्य भी, जिन्हें उसने कंधों पर लटका रखा है—वह सुंदरता-कुरूपता का भेद जानती है। उसका व्यवस्थित व्यवसाय 'एडवरटाईजिंग एजेंसी' और उसी से अनुबद्ध बन रहा भारत का पहला सीरियल 'हम लोग' उसे एक प्रतिष्ठा के फ्रेम में जड़ रहे हैं। मेरा लेखन मेरा चैलेंज बन गया था, मुझे लगता अब तो मात्र 'समय' या 'वक़्त' ही है, मेरा, समकालीन और कोई नहीं, वही मुझे किसी एक मंजिल की ओर ले जाएगा। शोभा मुझे एक आईना पकड़ा रही थी, जिसमें प्रतिबिंबित होते दृश्य, चेहरे, मुझे बंबई के इस नितांत नए परिवेश से जोड़ रहे थे। मैं अपने उस कौतूहल-भरे परिवेश में 'वक्त' को मुट्ठियों में दबाए बस चल पड़ी थी...ये बात अलग है कि मैं रास्ते में बीहड़पन और कठिनाई से अभी तक अनभिज्ञ थी। खैर अपने स्क्रिप्ट की स्क्रीनिंग हो जाने पर मैं उस पर काम करने लगी, बदलाव और नाटकीयता में जुट गई। समय कम था, अतः पूरी-पूरी रात लिखने, काटने, सोचने और लिखने में बीत जाती। शोभा के दफ्तर जाने के बाद मैं अपनी कहानियों, संवादों के साथ अकेली घुटी रह जाती...

शोभा के घर में चारों तरफ बड़ी-बड़ी विशालकाय खिड़कियाँ थीं जिनके काँच को किसी पर्दे से नहीं ढका गया था। हर कमरे से ऐसे लगता था जैसे मैं किसी पानी के जहाज पर सवार हो गई हूँ और घर के बाहर का समुद्र अपनी उत्ताल तरंगों से मेरा आह्वान कर रहा है मुझे बहाए लिए जा रहा है। जब भी लिखते-लिखते थक जाती खिड़की के उस पार

उमड़ते-घुमड़ते जल प्रपात को देखती। उसकी विकरालता मुझे फैस्सीनेट करने लगती। कभी मेरा मुग्ध मानस उसकी गरिमा से उद्दीप्त हो जाता, लगता, कितना असीम है सागर—सीपियों और शंखों के खज़ाने से सारगर्भित, परिपूर्ण विकराल और कभी मैं अपनी ही हहराती इच्छाओं में छटपटाती उसके वक्ष पर पछाड़ खाने लगती या कभी मेरा भीतरी हिम गलकर तरल होता बह जाता। खिड़की के बाहर जाकर उस समुद्र को खुली बाँहों में लेने का मन होता था, जी चाहता था नंगे पैर रेत पर खड़ी हो जाऊँ, उँगलियों से लहरों के मटमैलेपन को खँगाल दूँ और खारेपन के खुरदुरे अस्तित्व को सहलाकर सहेज लूँ। समुद्र तट पर ऐसे जाऊँ, चुपचाप जैसे मेरा कोई अस्तित्व न हो और मेरे न होने में उसका अस्तित्व व्याप जाए। शायद इसलिए भी कि समुद्र के मटमैले उस दर्पण में, मैं अपनी एक पहचान बनाना चाहती थी।

शोभा से जब भी कहती, वह मेरे समुद्र तट पर घूमने को मना कर देती, उसका यूँ टोकना मुझे अच्छा नहीं लगता था। ऐसे ही एक दिन मुझे लगने लगा कि यदि मैं आज समुद्र तट पर नहीं गई तो मेरे भीतर का ताप तीव्र होकर मुझे ही जला डालेगा। अतः मैं बिना कुछ सोचे जल्दी-जल्दी लिफ्ट से नीचे उतर आई। बिल्डिंग से बिल्कुल सटकर बह रहा था वह समुद्र—जो मेरे इतना निकट था, फिर भी कितना दूर था। पास आने पर मेरे अकेलेपन से, मुझे बचाने हेतु उसने भी मेरे लिए लहरों की आतुर बाँहें फैला ली थीं। रेत पर चप्पल पहनकर चलना कठिन लगने लगा तो चप्पल उतारकर हाथ में पकड़ ली। अब तक साड़ी का समूचा किनारा भी गीला होकर कीचड़ होने लगा था, पर मैं सभी कुछ अनदेखा करके मजे से अपने पैरों पर लहरों के थपेड़े झेल रही थी। तलवों के नीचे सरकती बालू कभी गुदगुदाती थी, या कभी गंदगी के किसी कचरे को चुभो जाती थी और उसके साथ ही वह सरसराता अहसास तिरोहित हो जाता था। दूर कहीं क्षितिज में सूरज डूब रहा था, अपनी लालिमा के दुशाले को लपेटता उसी की सिलवटों में विश्राम के क्लांत थके चेहरे को छुपा रहा था, या जलसमाधि ले रहा था, विदा, महानिर्वाण...या...

"आप जानती हैं इस बीच का क्या नाम है?" एक परछाईं मेरे कंधे से टकराकर मुझे, मुझमें लौटा रही थी। मैंने पलटकर देखा एक कालेजी-सा लड़का अपने भावविहीन चेहरे पर दो चमकीली आँखों से मुझे देख रहा था।

"आपने मुझसे कुछ कहा?" मैं अचकचा गई।

"जी... आपसे ही कह रहा था, समुद्र के इस तट का नाम बता सकेंगी मुझे?"

"नहीं, मैं तो इसका नाम नहीं जानती, मैं खुद अनजबी हूँ। और पहली बार ही आई हूँ यहाँ..."

"मैं भी नया हूँ इस शहर में..." उसने कहा।

"आप बंबई घूमने आई हैं..."

"क्या काम?" वह मेरे कपड़े, घड़ी, सोने की चूड़ियाँ सभी कुछ नाप तोल रहा था। अब तक मैं तट से हट आई थी और रेत के थक्के पर आराम से बैठ गई थी।

''मैं लेखिका हूँ—सीरियल की कहानी लिख रही हूँ।''

''सच'' उसकी आँखों में कुछ कौंधा, ''मैंने तो कभी किसी राइटर को नहीं देखा...आप जैसे होते हैं राइटर।''

मैं हँस पड़ी थी...बिना सोचे-विचारे मैंने अपने को उस समुद्र तट की उन्मुक्तता में बह जाने दिया था। वह बता रहा था, उसका नाम, वह कहाँ काम करता है—उसका कोई नाते-रिश्तेदार भी नहीं है—अकेला है, अनाम इसी तट पर रोज़ आता है, कभी घूमने, कभी समय काटने।

''आपको ज्योतिष पर विश्वास है?''

''नहीं...मैं तो कर्म में विश्वास करती हूँ।''

''अजीब हैं आप, मुझे हाथ देखना आता है और आप हाथ पीछे खींच रही हैं... लाइए।'' उसने ज़िद-सी की।

''अच्छा चलो, बताओ...मेरी नियति क्या है...'' मैंने बेझिझक हाथ फैला दिए।

''मैंने किसी राइटर का हाथ पहले कभी नहीं देखा।'' कहते हुए वह मेरी हथेली की लकीरों पर उँगलियाँ फेरने लगा, ''ये तो आपकी, लाइफ लाइन है, ये हार्ट की और ये...'' मुझे उसके बचकानेपन पर हँसी आने लगी—मेरा अपना बेटा जल्दी ही इतना बड़ा हो जाएगा, मेरी सोच से अलग उसका स्पर्श, मुझे लगने लगा कि वह महज मुझे छूने के लिए छू रहा है। मैं उसकी ऊटपटांग भविष्यवाणियों को अनसुना कर रही थी, क्योंकि कभी-कभी मात्र वर्तमान, जो हो रहा है, उसे जीने का भी तो जी चाहता है।

''चलिए, आपको काफी पिलाते हैं।'' वह उठ खड़ा हुआ...मैं भी चल पड़ी, कुछ ही कदम पर खोंमचे वाले नारियल पानी वाले दिखाई पड़ ही रहे थे—परंतु जब हम वहाँ पहुँचे तो इमारतों से कतराकर निकलता हुआ एक मोड़ बाज़ार जैसे एक परिवेश तक पहुँचा रहा था। उसी मोड़ पर मुड़ते हुए उसने कहा, ''चलिए अंदर रेस्तराँ में बैठते हैं।'' मैंने अपने कपड़ों पर दृष्टि डाली—रेत से लदी साड़ी, तेज हवा से उड़-उड़कर गुच्छा हुए बाल—मैले हाथ, पैर, न ही मेरे पास पर्स था... ''अंदर कहीं बैठने की क्या ज़रूरत है यहीं कुछ ले लेते हैं...''

पर वह नहीं माना और मेरी सभी दलीलें नाकाम करता हुआ मुझे एक छोटे से रेस्तराँ तक ले आया, कोई मामूली-सा ईरानी रेस्तराँ था, जिसकी दहलीज़ पर पैर रखते मुझे बहुत अजीब लगा था, परंतु मेरे भीतर का राइटर मेरे संकोची स्वभाव को उड़ा ले गया और अपने अजनबीपन के नक़ाब को मैंने ठीक से, चेहरे पर, टिका लिया। एक बार फिर मेरे पैर लड़खड़ाए। देखा—वह एक छोटा-मोटा 'पब' है और कुछ लोग बीअर पी रहे थे। मैं लौटने को हुई तो मेरे रास्ते में आड़े होते हुए उसने कहा, ''यहाँ नहीं अंदर बैठते हैं।'' अंदर वाली जगह देखकर मैं और भी चकराई, वह एक बिल्कुल छोटा-सा केबिन था जिसकी चौखट पर 'फैमिलीरूम' लिखा था, बेवकूफ मैं उसके सँकरेपन और 'फैमिली' के विरोधाभास पर हँसकर कह रही थी, ''अजीब जगह है, ऐसा कुछ तो हमारी दिल्ली में नहीं होता, सुनो, बाहर

निकलते हैं—नहीं तो मेरा यहाँ दम घुट जाएगा।'' परंतु तब तक कॉफी के प्याले खड़खड़ाता एक बैरा दरवाजा खोलकर भीतर आ चुका था।

''चलिए, कॉफी तो पी लीजिए।'' उसने कहा और कुछ ऐसे टेढ़ा होकर बैठा कि मेरे शरीर से वह पूरा-का-पूरा छू जाए। मेरे हाथ-पर-हाथ रखकर कहने लगा—''मुझसे दोस्ती करेंगी आप...मैंने आपको जब देखा, तो अलग लगीं आप, आपका चलने का अंदाज़...मेरा जी चाहा आपको छूकर देखूँ...'' उसका अक्खड़पन, स्थिति की ये कुरूपता अब तक मेरी समझ में आने लगी थी—पर मैं हँस रही थी—उम्र में बड़ी थी। उससे कुछ छोटे बेटे की माँ थी...इसी से डर नहीं रही थी। पर अचानक वह छोकरा उम्र नहीं शरीर हो रहा था। एक पुरुष का शरीर, कालेजी उत्सुकता से भरा शरीर, और उसके सामने मैं बस एक स्त्री थी, एक जिस्म-भर जिसे वह छूकर महसूस कर सके और जिसे वह इस छोटे से केबिन की घुटन-भरी दीवारों के मध्य एक विजय में बदल सके।

मेरा कौतूहल, अनुभवों के फैलते विचार जम गए। उसका अनावृत होता शरीर एक वीभत्स सच्चाई-सा अकड़ गया।

''तुम ये सब बंद करते हो या नहीं'' मैं चिल्लाई।

''नहीं'' उसके चेहरे पर अब तक एक ढीठ कामुकता फैल गई थी। मैं उठ खड़ी हुई, ''रास्ता छोड़ो मुझे जाना है'' परंतु उस सँकरे केबिन से निकलना ही कौन-सा आसान था—''जाएगी कैसे'' उसके स्वर असलियत पर उतर रहे थे। मैंने गुस्से से उसे धक्का दिया और जगह पाते ही भाग खड़ी हुई। बाहर बीअर पीते लोग। पैसे गिनता दुकानदार...मुझे लगा उन सबकी दृष्टि में मैं पता नहीं कैसी हो गई हूँ...रेत के दलदल से अपने को घसीटती जाने कैसे बिल्डिंग तक आई। नहा-धोकर साफ कपड़े पहनकर मैंने समुद्र की ओर से पीठ फेर ली। सोच रही थी, ये मेरा जलपोत पनडुब्बी में कैसे बदल गया, मैं तो सीपियों की चमक बटोरने गई थी...और हाथ लगा था कुरूप बंबइया कचरा।

शोभा के घर लौटने पर मैंने उसे अपने साथ घटित उस घटना का ब्यौरा दिया, तो उसने कहा, ''तभी तो मैंने तुम्हें मना किया था, वहाँ नहीं जाना...और फिर गई भी तो क्या ज़रूरत थी उससे बात करने की... ये कालेज के विद्यार्थी इतने फ्रस्ट्रेटड हैं...एक चीप थ्रिल के लिए कुछ नहीं देखते...न उम्र, न स्थान...खैर चलो, आज डिनर पर बाहर चलते हैं...मेरी मित्र का निमंत्रण है मैंने उसे तुम्हारे बारे में बता दिया है...चलो मनःस्थति बदलेगी और माहौल भी। दिन-रात कमरे में पड़ी लिखती रहती हो...''

उसने मुझे जबरदस्ती तैयार करवा लिया, मैं भी छुटकारा चाहती थी। जिस डिनर पर हम पहुँचे, वहाँ मात्र महिलाएँ ही आमंत्रित थीं। हमारी मेज़बान थीं 'मार्ग' पत्रिका की संपादिका सरयू दोशी। वहाँ की सभी महिलाएँ अपने अपने क्षेत्र में विशिष्ट ही नहीं, प्रबुद्ध भी थीं। प्रफुल्ला धानुकर चित्रकार थीं, अमरीकन एम्बेस्डर की पत्नी, एक महिला शेअर ब्रोकर और शोभा अपनी ऐड एजेंसी की चेअरपर्सन तो थी ही। मैं उसके साथ एक लेखिका की हैसियत

से पहुँच गई थी, सारा माहौल मुझे विरसित अपनेपन से उभार रहा था। औपचारिकता के बाद वार्त्तालाप शोभा पर आ टिका था।

''तुम्हारे जैसी 'ऐड एजेंसियों' के कारण दूरदर्शन पर कितना बढ़ गए हैं ये विज्ञापन...? इतने कि कोई भी नाटक या फिल्म को पूरा नहीं देखा जा सकता—जो हाथ लगता है वह सब कुछ टूटा और खंडित होता है—जोड़ो भी तो अर्थ नहीं निकलता।''

''और ये सब इनसानी मानसिकता पर कितना गहरा असर डाल रहे हैं, एक ऐसा फैंटसी का संसार निर्मित कर रहे हैं जिसमें हर सपना देखने वाला पुरुष या स्त्री, जाने-अनजाने अपने अवचेतन में एक आकृति गढ़ लेते हैं—एक ब्रांडेड खूबसूरती 'लक्स' जैसी या 'लिरिल' जैसी...''

''शुरू से चलें तो, हमारी व्यवस्था ही कितनी लड़खड़ाई हुई है, बच्चों के मन पर पाठ्यपुस्तकें कोई संस्कार नहीं बनातीं, बस इम्तिहान पास करवा देती हैं...इनसान को इनसान नहीं बना पातीं...तभी तो पुस्तकों से संबंध टूटता जा रहा है, दूरदर्शन से जुड़ता जा रहा है...। इश्तहारों के असर को अपनी मानसिकता पर हावी होने दे रहा है...''

''किताबें...बेचारी किताबें...बस ड्राइंगरूम में सजी रहकर नुमाइशीं हो गई हैं...बस जीवन और उसकी गंभीरता से उनका संबंध नाम मात्र है...''

''तुम्हें नहीं लगता, हम सभी...लाखों-करोड़ों, समूचे संसार के लोग, एक सरल तयशुदा रास्ते की तलाश में रहते हैं, अपनी सोच हम खो चुके हैं...और प्रश्न करना तो जैसे भूल ही गए हैं...सवाल जो व्यवस्था के विरुद्ध उठाए जा सकते हैं।''

''ये तो एक तरह से किसी भी मृत्यु जैसी स्थिति है, हाँ मृत तो हैं हम, तभी तो 'संवेदना' जैसी इमोशन की जीवन में कोई अहमियत नहीं बची है। बस खूबसूरत कपड़े पहनो, मेकअप लगाओ, चल पड़ो, फिल्मी गानों-सा कूद-फाँद वाला प्रेम करो और हो सके तो जीवन में किसी 'दूसरी स्त्री', रखैल या कीप जैसा बनकर स्कैंडल खड़ा करो, आज के माहौल में कितना आम हो गया है ये सब...और ये कुछ सिनेमा की अभिनेत्रियाँ पता नहीं किस-किस का घर उजाड़ रही हैं...''

''इसका सीरियल, कुछ ऐसा है,'' शोभा ने कहा—''रिश्तों की कुरूपता, स्थितियों की विकृति को परदे पर उतारता हुआ, हो सकता है, उससे कुछ लोग समझ पाएँ, टूटे हुए संबंधों का धुआँ छँट जाए...''

''वह धुआँ जो तुम्हारे विज्ञापन दर्शकों की मनःस्थिति को काला किए दे रहा है?''

तभी एक अधेड़ उम्र की अजीबोगरीब महिला, फिल्मी-सी, बहुत-सा मेकअप थोपे हुए अपने कटे बाल झटकती एक फिल्मी एंट्री लेकर सामने आ खड़ी हुई...परिचय दिया गया...

''आई एम महारानी ऑफ मोरवी, माई नेम इज़ विजय, यू कैन काल मी वी.जे...''

वह पेय लेकर बैठ जाती है। मेरा उत्तर अभी हवा में लटका था। ''व्यवस्था या व्यवस्था के विपरीत नहीं जाता। मेरा सीरियल मनुष्य की सोच, एक अवेयरनैस को उकसाने का प्रयास

भर करता है कि व्यवस्था के विरुद्ध हम सोचने की शुरुआत तो करें...अपने मस्तिष्क को प्रयोग में तो लाएँ...जोर डालें...

''और वायलेंस...ये फिल्मी मार-धाड़...उसके लिए क्या करोगी तुम...?''

''हर वायलेंस का एक कारण होता है... प्रत्येक हिंसा, दमन या निरोधात्मक स्थितियों की ही प्रतिक्रिया है और कुछ नहीं।''

''उस फ्रस्ट्रेशन का क्या किया जाए जो 'मासज़' में बढ़ रही है? उँगली से मंजन करने वाला साधारण आदमी अब बढ़िया टूथपेस्ट, ब्रश की इच्छा करने लगा है...''

''साधारण कमोडिटीज़ के न मिलने पर बढ़ती ये फ्रस्ट्रेशन, जिसे ये ऐड एजेंसियाँ दूरदर्शन पर दिखा-दिखाकर और बढ़ा रही हैं...पैसे के लिए हम मनुष्य की मानसिकता को कुचलते आ रहे हैं...''

''मेरी एजेंसी पैसा कमाने के लिए दिखाती है वह सब तो मनोरंजन के लिए सीरियल भी तो दिखाती हैं। दर्द देती हैं तो दर्द का इलाज भी करती हैं...''

महारानी मोरवी, विंजय, वी.जे. ने कहा, ''क्या होगा एक-आध अच्छे सीरियल से, हम जैसे लोग तो उसे देखते भी नहीं हैं। और फिर, व्हाई शुड यू...यू मिसेज़ अंसल, तुम्हारे जैसे लोगों को क्या ज़रूरत है ऐसे फटीचर काम की, तुम क्यों हो राइटर? वह भी हिंदी की। आई एम श्योर देअर इज़ नो मनी, तुम्हारा ये लिखना, विल टेक यू नो व्हेयर...''

''हाँ'' शोभा ने कहा, ''पागल है ये...समुद्र के किनारे घूमती है...सैक्स स्टार्व लोगों से एक कॉमन मैन की तरह बातें करती है...''

''समुद्र के किनारे इसलिए जाती हूँ कि वह फैस्सीनेट करता है मुझे...और कॉमन मैन से बात करके अनुभव बटोरती हूँ...मुझे लिखने के लिए चाहिए होता है ना।''

''हाँ, तुम्हें देखकर मुझे भी ताज्जुब हुआ था...कैसे लिख लेती हो उपन्यास, इतना सारा, हमारे पास तो एक लैटर लिखने का समय भी नहीं होता...'' प्रफुल्ला की भी ऐसी ही दलील थी।

''आप तो जानती होंगी,'' मैंने प्रफुल्ला धानुकर से कहा, ''याद होगा आपको, एक बार माइकल एंजलो से किसी ने ये सवाल पूछा था...

''तुम क्यों गढ़ते हो मूर्तियाँ, भूखे-नंगे रहते हो कष्ट उठाते तो...मात्र इन मूर्तियों के लिए?''

उनका उत्तर था, ''मैं जब भी पत्थरों की दुकान के पास से गुज़रता हूँ, पत्थर मेरी ओर देखने लगते हैं। मुखर हो जाते हैं, उनके अस्तित्व में समाया मसीहा मुझसे कहने लगता है, मैं इसमें कैद हूँ, मुझे छुड़ाओ', और बस मैं पत्थर के परिवेश में अपने मसीहा को खोजता उसे तराशने लगता हूँ, इस प्रक्रिया में अनगढ़ गढ़ा जाता है, आकार हो जाता है...मास्टरपीस हो जाता है...''

पता नहीं मैं किसी भी लेखक या कलाकार की मनःस्थिति को कितना समझा पाई। पता नहीं मेरी बौद्धिकजीविता थी या मेरी विक्षिप्तता, कौन किसका कारण थी? कैसे कहा जाए?

अत्यंत आदिम, अत्यंत विकसित समाज में एक शुष्क-सा भौतिक नकार अवश्य ही मेरे चेहरे पर सवालिया निशान लगा जाता होगा तभी तो ये वी.जे. मेरे खामोश व्यक्तित्व पर जी खोलकर हँस रही थी। मुझे बुरा नहीं लगा था क्योंकि वह शाम मेरे लिए जिज्ञासा का एक द्वार खोल रही थी। कुछ चरित्रों को जानने की जिज्ञासा...'जानना' जो मेरी धमनियों में बेचैन-सा बह रहा है।

दूसरे दिन सुबह शोभा के साथ, सीरियल के निर्देशन हेतु नादिरा से मिलने जाना था—शोभा ने उसे ही चुना था। नादिरा के घर पर मुलाकात का समय तय हुआ था, वहाँ जिस नादिरा से हमारा परिचय हो रहा था, और जो नादिरा मेरी स्मृतियों की चिलमनों से समय के बाहर कदम रखकर आ रही थी, वह नादिरा ज़हीर थी, जिसे मैं दिल्ली के 'इप्टा' के ज़माने से जानती थी। हमारे नाटक एक साथ मंचित हुए थे—नादिरा 'बीमार' का निर्देशन ही नहीं कर रही थी, मुख्य भूमिका भी निभा रही थी, मैं उन दिनों मेंहदी भाई लिखिल 'गालिब के उड़ेंगे पुर्जे' में अपनी वास्तविकता से हटकर एक ग्लैमरस हीरोइन का अद्‌भुत-सा रोल जी रही थी—मुझे नहीं याद उसके मन में मेरी तस्वीर कैसी बनी थी, और वह आज मुझे कैसे ले रही है? परंतु पूरे साक्षात्कार के मध्य ठहरा हुआ एक रूखा, शीत ठंडापन मुझे मेरे ही भीतर अनजबी किए जा रहा था। उसने याद दिलाने पर भी पुरानी पहचान को कोई अहमियत नहीं दी थी, उसने अपने और मेरे बीच दूरी का एक पायदान हमेशा बिछा रहने दिया था, जिस पर, मुझे लगता था, उसके अनुभवों और यादों की ढेर सारी गर्द जमा थी, जो कभी-कभी उड़कर धुएँ-सी आँखों में भर जाती। 'तितलियाँ' का स्क्रिप्ट हाथ में पकड़कर वह जिस भाषा में बोल रही थी, उसे सुनकर एक बार फिर मैं चौंक गई थी, शब्द, मात्र बुराई के लिए प्रयुक्त होकर कैसे पैने हो जाते हैं? मेरे समूचे व्यक्तित्व, मेरे लेखन पर उसने ऐसी दृष्टि डाली जो मुझे हतप्रभ कर गई...ऐसी दृष्टि जो मुझे लगा आदिम की श्रेणी में नहीं रखी जा सकती थी। खैर, मेरी चुप रहने की आदत मेरे आड़े आई, उसने भी मेरी इस आदत को मेरी दुर्बलता जान मुझसे लगातार ऐसे काम करवाया जैसे मैं उसकी कक्षा की कोई बिगड़ैल-सी छात्रा हूँ और जिसे प्रताड़ित करना उसका नैतिक धर्म है। वह मुझसे हर एपीसोड को अपने तरीके से बदलवाकर तीन या चार बार लिखवाती। परंतु मैं ज़रा भी नहीं घबराई थी, उसे खुले मन से स्वीकारती, मुझे लगता, मैं अपने समूचे वजूद के साथ उसकी नुकीली मशीन के खराद पर चढ़ी हूँ और वह मुझे तराश रही है—चमकाने से पहले तेज़ाब डाल रही है। ये बात अलग है कि मैं सारी रात उस तेज़ाब की जलन अपने अंदर झेलती, चुपचाप काम करती रही—अंत में वह दिन भी आ पहुँचा जिस दिन सीरियल की शूटिंग आरंभ होनी थी।

मैं सुबह जल्दी उठी, मन को संयत किया, अपने पूजा-पाठ-अर्चना से मैं काफी नार्मल हो चुकी थी। उस दिन पहली शूटिंग थी, और मुझे सैट पर जाना था। मेरी जीवन यात्रा का ये एक अनुपम क्षण था। शोभा का ड्राइवर मुझे लोकेशन तक पहुँचा गया था। वह शायद आठवीं मंजिल का कोई घर था, किसी का किराए पर लिया ड्राइंगरूम—कैमरा, कैमरामैन—नादिरा

सब थे। उस कमरे में उनके अतिरिक्त मेरे लिखे पात्र सजीव होकर कागज़ के उन निर्जीव पन्नों से उठ रहे थे, साँस ले रहे थे। मेरे अपने ही तो थे वह, मिसेज़ सलूजा, नीरज, मिसेज़ शर्मा...सभी तो मेरी कलम से जन्मे थे—मैं पुलक-भरे एक रोमांच में डूब रही थी, मेरे भीतर एक अंकुर फूट रहा था, गर्व भरा मदमाता कि अचानक मुझे लगा, मैं धीरे-धीरे सिमटती हुई एक कोने में चली आई हूँ और आसपास बिखरे चेहरे मुझे एक अनाम कौतूहल से घूर रहे हैं, 'मैं कौन हूँ...यहाँ क्या कर रही हूँ?' मैं अपने लिए क्या कहती? नादिरा ने अब तक न तो मेरी उपस्थिति को कोई अहमियत दी, ना ही मुझे किसी से परिचित कराया था। परिचयविहीन मेरा अस्तित्व वहाँ स्तंभित-सा ठिठुर गया था। मैंने चाहा कि मैं इस बेगैरती से छुटकारा पाकर भाग जाऊँ...परंतु मेरे लेखन का वह सेतु मुझे अपने पात्रों के सतरंगी संसार से जोड़ ही नहीं रहा था...बाँध भी रहा था, तभी मैं समूची अवज्ञा को सोखकर उस स्थान पर बिना खाए-पिए खड़ी रह गई क्योंकि समूचे नकार के बावजूद वहाँ घटित होने वाला सभी कुछ मेरा था, और मेरे लिए वही महत्त्वपूर्ण था, क्योंकि वही तो था जो मुझे मात्र 'कुसुम' से उठाकर श्रमकर, शिल्पी, स्रष्टा बना रहा था।

रात के नौ बज चुके थे। मैं नीचे आई तो मेरे लिए कोई गाड़ी नहीं थी, अनजान शहर के अनजान रास्ते पर न तो मुझे डरना था, न ही हार माननी थी, परीक्षा के समुद्र में किश्ती उतार ही दी तो, फिर क्या? टैक्सी पकड़कर मैं घर चली आई। अँधेरे में चुपचाप बैठते मैं बस यही सोच रही थी, मेरा कसूर क्या था—वह क्या है जो मुझसे गलत हो गया है? और वह क्या है जो नादिरा को 'मनुष्य' नहीं रहने दे रहा। वह क्यों मेरी जैनुइननैस, मेरे श्रम, मेरे विश्वास को अनदेखा कर रही है? 'क्या परिचय को सिकोड़कर इतना छोटा किया जा सकता है?'

''नहीं,'' शोभा कह रही थी, ''जहाँ तू खड़ी होती है वहाँ तेरा परिचय तेरे राइटर होने से बड़ा हो जाता है यही तेरा कसूर है...तू क्यों है राइटर? तू क्यों नहीं उस महारानी जैसी हो जाती, वैसा ही कोई रोमांटिक नाम रख लेती...क्यों?''

''तेरी 'क्यों' का मेरे पास कोई जवाब नहीं है, शोभा। मैं तो बस इतना जानती हूँ कि 'मैं हूँ' इस अहसास को मेरा राइटर होना ही जीवित रखता है—बस उसी खोल में मैं ठीक से साँस ले पाती हूँ...अपनी उसी अखंड आस्था की मशाल जलाए मैं तुझ तक चली आई हूँ, कम-से-कम तू मुझे मेरे लिए समझ...''

''असल में इन दिनों नादिरा भी बहुत फ्रस्ट्रेशन से गुज़र रही है।''

शोभा ने अपना दृष्टिकोण मुझे समझाया जो मुझे भी काफी ठीक लगा था—पर उनसे जुड़ी नादिरा की सैडिस्टिक एप्रोच? उसको क्या करे कोई? मैंने अपनी क्षयग्रस्त मानसिकता को झटक दिया था। भीतर से हलकी भी हो गई थी, स्थिति को न जानना भी उलझनों का कारण बन जाता है, परंतु जब 'तितलियाँ' का पहला एपीसोड तैयार होकर सामने आया, तो मैं हैरान रह गई—एक बार फिर चौंकना था मुझे। उसने सारे कथानक को अजीब, विकृत-सा

कर दिया था—कथा का स्वरूप, उसका बहाव, उसकी आत्मा सभी कुछ मसली हुई थी। सभी पात्र चीखते-चिल्लाते, अशिष्ट भाषा बोलते मुझसे बहुत दूर निकल गए थे, तभी तो वहाँ घर का अधपगला नौकर उन पात्रों को संगीत सिखाता, चौके की दहलीज फलाँगकर आराम से सोफे पर पालथी मारे बैठा मेरे पन्नों के अक्षरों की गंभीरता का उपहास उड़ा रहा था। शालीनता, मधुरता, सौंदर्य, मेरे सीरियल से बेआवाज़ रुखसत हो गए थे। पात्रों की फटी-फटी आँखों में मैं अपने विध्वंस की चिंगारी साफ-साफ देख पा रही थी। यही करने चली थी मैं?...जीवन में आनंद है कामनाएँ हैं, सही मूल्यांकन हैं तो क्यों नहीं प्राप्य हैं मुझे...? बहुत बार एतराज़ करने पर भी न तो नादिरा बदली और न शोभा ने उसे बदलने का कोई प्रयास किया, परिणामस्वरूप अपने पात्रों की प्रतिध्वनित होती कराह मैं आज भी अपने भीतर सुन सकती हूँ। जल में पत्थर गिरता है तो तरंगें दूर तक लहराती, कोर छू जाती हैं, विध्वंस तो होता ही है।

मुझे लगता जो डायनामाइट मेरे भीतर फिट हो गया है, वह मुझे सन्न कर देगा और जिससे मुझे छुटकारा पाने की राह तलाशनी थी, इसी कारण जब शोभा ने मुझे फिर से एक नए सीरियल के लिए अनुबद्ध करना चाहा तो मैंने स्वीकार कर लिया। मैं अपने पुराने अनुभवों को किसी तरह उतारकर धोकर नए चिट्टे प्रयास के साथ बाहर आ गई थी। आनंद महेंद्रू के साथ दो सीरियलों पर काम करना था, मैंने सोचा भीतर का डायनामाइट अपने आप ठंडा हो जाएगा—व्यस्त भी रहूँगी। भूल जाऊँगी। स्क्रिप्ट तैयार हो जाने पर दूरदर्शन से उसकी स्वीकृति का काम भी उनके कुशल व्यवहार की दूरदर्शिता ने मुझे सौंप दिया था। मैं चक्रव्यूह में फँस गई थी, तो निकलना तो था ही, स्वीकृति के उस पत्र को, जो उस समय एक लाख रुपए में बेचा-खरीदा जाता था मैं मुफ्त में उन्हें पकड़ा आई। बात यहीं तक नहीं रुकी। धीरे-धीरे सीरियल के निर्माण हेतु खर्च होने वाला धन भी मेरी जेब से जाने लगा—सुशील ने चेताया भी, पर मैं अपनी शोभा के प्रति एकलव्यी भक्ति में आँखें बंद किए अँगूठा ही नहीं, पूरा-का-पूरा हाथ कटवा रही थी। गणित में तो स्कूल के ज़माने से कमजोर रही हूँ, हिसाब जोड़ना मुझे नहीं आता, इसी से मुझे नहीं ज्ञात आनंद या शोभा को क्या नफा, क्या नुकसान हुआ। मेरी उपलब्धि तो मात्र इतनी-सी थी कि टेलीविजन के पर्दे पर 'इसी बहाने' या 'इन्द्रधनुष' के नामों में उभरता था 'अतिरिक्त संवाद कुसुम अंसल'। मैं, जो पूरी शिद्दत के साथ कथानक में गुँथी हुई थी—उसकी हर स्थिति को साँस-साँस जी चुकी थी। अब केवल 'अतिरिक्त-संवाद' की उपेक्षा की खंडहरी दीवार से चिपकी खड़ी रह गई थी, जिसकी किरचों से रिक्तता का मलबा झड़ रहा था। वह क्षण मात्र एक छोटी सी घटना नहीं था, कोई भी क्षण बेमानी नहीं होता, हर क्षण का एक अर्थ होता है, कि पूरा विश्व उस क्षण मैं कैसा है? और उस क्षण में पूरा विश्व किसी मनुष्य के लिए कौन-सी संभावना का द्वार खोल रहा है? मेरे जीवन की संभावनाएँ क्यों उसी गली तक आकर रुकती हैं जहाँ जीवन के स्वार्थी अनुभव-भरे हुए रिश्तों की दुर्गंध और सड़ाँध से अटे पड़े हैं? हर रास्ता मुर्दा स्थलों तक ही क्यों ले जा रहा था मुझे? क्या है मेरा उत्तर? प्लेटो का एक वाक्य कौंधता है मन में—''अनुभव ये नहीं है कि

आपके साथ क्या घटित हुआ है, अनुभव है कि उस घटित के साथ आपने क्या बर्ताव किया।''
हाँ ठीक ही तो है, मैं सोचती हूँ, उस रोशनी से अधिक अंधापन और क्या है जो देखे हुए को भी कभी-कभी देखने नहीं देता। शायद इसीलिए मैंने हार नहीं मानी थी और समूची स्थितियों को अपने आत्मीय पक्ष के अनुसंधान के तहत प्रयोग में ले लिया था, इसलिए भी कि वह मेरे जानने के दिन थे, मेरी उत्सुकता, मेरे कौतूहल के दिन थे—यात्राओं के दिन थे। बंबई आते-जाते मुझे लगता, ये मेरे पुनर्जन्म के दिन हैं जहाँ मैं किसी नए वर्तमान में चल पड़ी हूँ और जो मुझे, मेरे अस्तित्व को, उड़ाए ले जा रहा है। उस दिन भी अपनी वापसी यात्रा में फिर से सिडनी शैल्डन का असमाप्त उपन्यास निकालकर पढ़ने लगी। पढ़ते-पढ़ते जैसे ठहर गई। एक पन्ने पर लिखा था, ''मुझे रात को पार्टी में भारत से आई एक महिला मिली थी, तहकीकात करने पर पता चला वह बहुत से गलत धंधे कर रही है, कई चोरियाँ भी करवाई हैं, नाम पूछने पर बता रही थी, 'आई एम महारानी ऑफ मोरवी। माई नेम इज़ विजय बट यू कैन काल मी वी.जे...''

मैं स्तब्ध उस आकाश को देख रही थी जो एक वायुयान की ऊँचाई से दिखता है, साफ नीला गहराता शून्य जिसमें कुछ नहीं घुमड़ रहा था, कोई आकृति नहीं बन रही थी, परंतु मैं कहाँ हूँ...वर्तमान के इन पलों में या पुस्तकों के उन पन्नों पर जहाँ पात्रों को सशरीर उठता-बैठता देख चुकी हूँ...समय के सहस्रनामों में से वह कौन-सा नाम है जो मेरा पीछा कर रहा है।

# मैं खाक में मिल जाना चाहती हूँ

## मलिका अमरशेख

पिता बार्शी निवासी थे। मुसलमान परिवार में जन्मे थे। उनकी माँ का नाम मुनेरबी था। वह तलाकशुदा थीं। खेती में कामधाम कर अन्य माताओं की तरह दुख-दर्द झेलकर उन्होंने अपने बच्चों का पालन-पोषण किया। उनकी ओविया (मराठी का एक काव्य प्रकार) सुनते हुए पिताजी बड़े हुए। क्लीनर बन गए। बार्शी के कामगार आंदोलन में राष्ट्रीय वृत्ति के पुरोगामी, होनहार युवक के रूप में उनकी पहचान बन गई और उन्होंने लालकुरती ट्रेड यूनियन में शिरकत की। उनकी आवाज ठीक-ठाक थी। खुली जगह में बुलंद आवाज में गाने का रियाज करने में उन्हें बड़ा मजा आता था। मिल में नौकरी भी मिल गई थी। लेकिन मंदी की चपेट में आ जाने से नौकरी छूट भी गई। उसके परिणामस्वरूप हड़ताल हुई। उसका नेतृत्व पिताजी ने किया और उन्हें जेल की हवा खानी पड़ी। जेल में कामरेड कराडकर से उनकी मुलाकात हुई और पिताजी ने उन्हें अपना गुरु बना लिया। इस मोड़ पर आकर इनकी ज़िंदगी का नूर ही बदल गया। रिहा होने पर वे साम्यवादी दल के काम में अत्यधिक रुचि लेने लगे—इस बीच उनकी आवाज में और भी निखार आ गया था। कुछ दिनों बाद साम्यवादी दल प्रतिबंधित हो गया। पुलिसवालों की आँख बचाकर पिताजी कोल्हापुर आए और मा. विनायक के स्टूडियो में नौकरी करने लगे। वहाँ भी कामरेडों का एक समूह सक्रिय था, और वहीं पर महबूब पटेल, अमरशेख बन गए। आखिर तक पिताजी इसी नाम से अपनी पहचान बना सके। लेकिन फिल्मी दुनिया उन्हें रास नहीं आई। उसके बाद शुरू हुई माँ-पिताजी की प्रेम कहानी। अत्यंत रोमांचक दास्तां। दोनों साम्यवादी दल के कार्यकर्ता थे। एक सभा में उनका परिचय हुआ—निकटता बढ़ गई। मेरी माँ टिपिकल पाठारे कायस्थ (सवर्ण हिंदुओं की उपजाति) थी। उसके दो भाई और दो बहनें थीं। माँ का नाम कुसुम जयकर। उस जमाने में अंतर्जातीय विवाह करना एक दुस्साहस ही था। उन दोनों के विवाह से माँ के घर में कहर बरपा होने वाला था। लेकिन इससे पहले ही पार्टी ने उनके विवाह के प्रति अप्रसन्नता व्यक्त की। दोनों सहम गए क्योंकि पार्टी का अनुशासन बहुत कड़ा था और पार्टी में दोनों का अटूट विश्वास था। माँ मध्यवर्गीय परिवार से थीं और स्नातिका थीं, नगरपालिका की सेवा में थीं। जबकि पिताजी सिर्फ सातवीं कक्षा पास मामूली से कामगार थे। पार्टी ने सोचा कि उन दोनों में नहीं निभेगी और पार्टी के काम

में बाधा आ जाएगी, इसीलिए उनके प्रस्तावित विवाह के विरोध में पार्टी मैंडेट जारी किया गया। माँ के महकमे में एक धनी, किंतु अपरिचित सज्जन उसे दफ्तर में मिलने गए। वह माँ को गोद लेने को तैयार थे। अच्छी-खासी रकम भी उन्होंने पेश की—ताकि माँ को मुसलमान आदमी के साथ शादी करने से रोका जा सके।

आखिरकार रजनी पटेल आदि लोगों ने मध्यस्थता की और पार्टी से उन्हें अनुमति मिल गई। परिजनों का विरोध तो उनके लिए गौण था। आखिरकार माँ को चोरी-छुपे घर से निकल जाना पड़ा, क्योंकि उसके माँ-बाप ने उसे एक चिट्ठी लिखकर अनुरोध किया कि पहले हमें जहर खिला दो! हमारी लाशें बिछेंगी, फिर तुम्हारी शादी होगी। इस प्रकार हर तरह की मुसीबतों का सामना करते हुए जान हथेली पर लेकर माँ-पिताजी सिर्फ पाँच रुपयों में विवाहित हुए। माँ ने बताया था, रजिस्ट्रार की आँतों में भी बल पड़ रहे थे। शादी के बाद की स्थिति भी विपरीत ही थी। पहली संतान मेरी दीदी थी—प्रेरणा। उसके बाद के दो सात-मासा बच्चे जाते रहे। अधपेट भोजन, दुनिया-भर की भागदौड़, तरह-तरह की मुसीबतें...पिकेटिंग के दौरान बार-बार जीने चढ़ना-उतरना, पिताजी जेल में बंद। दीदी के दूध के लिए भी पैसे नहीं मिल पाते थे। अकाल में तेरहवाँ महीना यह था कि घर में नौकर भी न था। जब बच्चे के दूध का खर्चा भी भारी पड़ता तो नौकर को पाला जा सकता है? माँ ने उसे अपने गाँव चले जाने को कहा। लेकिन वह मानता नहीं था, 'मैं कोई मेहनताना नहीं लूँगा। एकाध रोटी मिल जाए तो काफी है। मालिक इस वक्त जेल में हैं...आप दफ्तर जाएँगी...फिर बेबी की देखभाल कौन करेगा?

सुनसान, रेगिस्तान सफर में भी शीतल जल के ऐसे सोते काफी सुकून दे जाते थे। दीदी के बाद मैं इस दुनिया में आई। जैसे-तैसे मेरी जान बच सकी क्योंकि इस बीच पिताजी रिहा हो चुके थे। आर्थिक स्थिति में भी कुछ सुधार आ गया था। नवयुग कलापथक की भी स्थापना हाल ही में हो गई थी। पार्टी का काम पूरी तेजी से चल रहा था। पिताजी की आवाज, उनका अंदाज आदि का जादू लोगों के सिर चढ़कर बोलने लगा था। हल्ला-गुल्ला करने आए, किराए के गुंडे भी पिताजी की आवाज सुनकर मंत्रमुग्ध हो जाते थे। दो-दो, तीन-तीन लाख लोगों का हुजूम पूरी तन्मयता के साथ उन्हें सुना करता था। तीन महीने की उम्र में ही मैं प्लूरिसी की चपेट में आ रही थी। मुझे मौत के मुँह से बाहर निकालने की पुरजोर कोशिशें की जाने लगी थीं। नब्बे इंजेक्शनों का कोर्स शुरू हुआ और मुझे जीवनदान मिला। लेकिन डाक्टरों ने चेतावनी दी कि चौदह साल की उम्र हो जाने तक मुझे रोने न दिया जाए। उस समय तो मुझमें रोने की ताकत ही कहाँ थी! मैं आखिरी संतान थी और ऊपर से यह मुसीबत—फिर भी मेरी पूरी हिफाजत की जा रही थी। तीन बार डिप्थेरिया, न्यूमोनिया, टायफॉयड, टॉन्सिल का आपरेशन, सर्दी-जुकाम, नजला-बुखार—क्या नहीं हुआ मुझे! महीने के पंद्रह दिन तो मैं बिस्तर पर ही लेटी रही होती। मुझे भूख-प्यास का भी अहसान नहीं होता था।

निरंतर बीमारी, शारीरिक कमजोरी, बेहद लाड़-प्यार और पढ़ाकू वृत्ति के कारण मेरी ज़िंदगी का रंगरूप कुछ अलग ही हो गया था—एक अजीब-सा स्वप्निल संसार। एकाकी और घुन्नेपन के कोष में मैं आबद्ध हो गई थी—पूरी तरह से। उस कोष के धागों ने मेरी समूची ज़िंदगी को बाँध रखा था। मेरी रग-रग में समोए हुए वे अहसास आज भी मुझसे जुड़े हुए हैं।

कई अविस्मरणीय रातों के ठिठके हुए, जुड़े हुए बदहवास क्षण आज भी मेरे जेहन में ज्यूँ के त्यूँ हैं। उन अबोध, मायूस लम्हों की खुमारी कुछ और ही थी।

1962 में प्रपंच फिल्म प्रदर्शित हुई। उसमें पिताजी की भूमिका थी। पिताजी की गोद में बैठकर मैं फिल्म का प्रीमियर देख रही थी। फिल्म के एक दृश्य में पिताजी को खुदकुशी करने के लिए पहाड़ की चोटी पर जाते हुए मैंने देखा और मैं जोरों से चिल्लाई—'पिताजी, रुक जाइए।' उसके बाद मैं रोने लगी। दर्शक मुझे घूर-घूरकर देखते रहे। खैर, इस फिल्म में एक भी गीत नहीं था। सिर्फ अभिनय के बल पर उन्हें राज्य पुरस्कार प्राप्त हुआ। उसके बाद भी दो-तीन फिल्मों में उन्होंने काम तो किया, पर वे फिल्में अधूरी ही रहीं। अब पिताजी ने फिल्मों से अपना ध्यान हटा लिया और वे कलापथक के काम में ही मुस्तैदी से जुट गए। बचपन में लड़कों ने मुझे कभी आकर्षित नहीं किया। मेरा हुलिया ही कुछ अलग था। स्कूल में खेलते हुए, खाना खाते हुए तथा सहपाठियों से व्यवहार करते हुए यह अलगाव बराबर महसूस किया जा सकता था। इस वजह से सहपाठी मुझसे एक दूरी बनाए रखते थे। लेकिन टॉन्सिल के आपरेशन के बाद मेरी लंबाई काफी बढ़ गई। मेरे बालों में माँ इतना तेल लगाती थी कि मैं पूरी लल्लू लगती थी। हाँ, मेरे घने काले बाल काफी लंबे थे।

इसी बीच बेताल, चाँदोबा आदि पत्रिकाओं के अलावा रहस्यकथाएँ झेंप, झुन, अमृतबेल तथा शरत के उपन्यास आदि पढ़ती रही। इससे मेरे अकेलेपन पर मायूसी और उदासी हावी होने लगी थी। दुख-दर्द, वेदना-यंत्रणाओं के कड़वे-तीखे अनुभव। दुख किसे कहते हैं? दुख झेलते हुए क्या महसूस होता है? दुखों के लिए मेरा मन ललचाने लगा। असहनीय दुख का चेहरा देखने की इच्छा होती रही। मेरे दिल में यह बात गहरे पैठ गई कि मैं निपट अकेली हूँ—मैं दुखी हूँ। क्या हो रहा था मुझे? क्या मैं कहानियों-उपन्यासों की नायिका बनना चाहती थी? या कि मेरे मुस्तकबिल की वह बानगी थी, या खोखले अहसासों की एक नुमाइश...?

1969 में मैं बारह साल की थी। पिताजी कार्यक्रम के सिलसिले में इंदापुर गए थे। अक्सर वे यात्रा पर जाने से पहले सबसे मिलकर ही विदा लेते थे। उन्होंने माँ से विदा ली। मैं सीढ़ी पर ही खड़ी थी। मुझे उन्होंने झट उठाकर गले से लगाया और कहने लगे, 'तू क्यों मुझसे दूर रहती है। एक चुम्मी तो दे।' मुझे नीचे उतारकर वे चले गए। बस, यही उनसे मेरी आखिरी मुलाकात थी। उन्हें गोवा जाना था। रास्ते में उनकी कार दुर्घटनाग्रस्त हुई और दूसरे दिन अखबारों में खबर छपी थी, कार दुर्घटना में शायर अमरशेख की मृत्यु। पिताजी का क्षत-विक्षत शरीर ट्रक पर रखा गया और हमेशा-हमेशा के लिए उनके विदा हो जाने के गम

से मैं फूट पड़ी। मेरी ज़िंदगी से एक आत्मीय जन चला गया और मैं देखती रह गई। मेरी शेष ज़िंदगी में भी आत्मीयजनों के आने-जाने का यह सिलसिला बराबर जारी रहा।

अब घर की माली हालत ठीक थी। फ्रिज था, टेलीफोन था, फर्नीचर था—और कर्ज का बोझ भी था। पिताजी के बाद की अभावग्रस्तता और खींचतान के बीच भी मेरी कविता जिंदा थी। दीदी का उत्साहवर्द्धन ही मेरा संबल था। 1971-72 में महाराष्ट्र बाल कवयित्री पुरस्कार मुझे मिला।

एक दिन मैं बेहद बैचेन हो गई। 13-14 वर्ष की उम्र के हिसाब से मैं कुछ अधिक ही सयानी हो गई थी। स्त्री-पुरुष संबंधों के बारे में कुतूहल, मासिक चक्र, उसके परिणाम, उस सिलसिले में बरते जाने वाले एहतियात आदि का किताबी ज्ञान तो मुझे था। बस, इंतजार था और वह घड़ी भी आ गई। दीदी ने अनिल बर्वे से शादी की। उनकी पत्रिका 'रणांगण' सुचारु रूप से चल रही थी। जीजाजी गपशप खूब करते थे। जोड़-तोड़ करने में भी वे माहिर थें। बात-बात में चिकोटी लेने के भी आदी थे।

फरवरी 1974 में दलित पैंथर नामक नवोदित राजनीतिक संगठन की सभा थी। चुनावों का बाज़ार भी गर्म था। 6 तारीख को उनकी एक सभा आयोजित की गई थी। नामदेव ढसाल जीजाजी का अच्छा दोस्त था। दलित पैंथर नामक संगठन उसी के दिमाग की उपज था। गले में मणिमालाएँ पहनकर वह दर-दर की खाक छानता था। उसकी पैंट में चार-छह रंगों के पैबंद लगे होते थे। इसकी प्रेरणा उसे अमरीका से मिली थी। उन दिनों अमरीका में नीग्रो कृष्णवर्णियों के 'ब्लैक पैंथर' का काफी बोलबाला था। धीरे-धीरे गर्म खून के और भी कई दलित युवक उसके संगठन में शामिल हुए और संगठन की गतिविधियाँ बढ़ती गईं।

नामदेव ढसाल खुरदुरा, साँवला, छरहरा, किंतु लंबा-तगड़ा, उद्दंड, खुद्दार और हरफनमौला शख्स था। उसकी आँखों से प्यार झरता था तथा व्यवहार से ऐंठन और रौबदाब। उस दिन उसे देखा-भर, और उसने मुझे प्रभावित किया। उसका काव्य-संग्रह 'गोलपीठा' भी पढ़ा। सभी कविताएँ तो समझ में नहीं आईं, किंतु जो समझ पाई उनसे तो यही लगता था कि वह कोई गूढ़ व्यक्ति है। उसकी सोच का दायरा काफी व्यापक है। क्लिष्टता के बावजूद उसकी हर कविता में मानो एक खूँखार पशु घात लगाकर बैठा था और अनायास खरोंच मार रहा था।

उन दिनों बंबई में 'उषा किरण' ही सबसे ऊँची बिल्डिंग थी। इसी की तलहटी में बसी झोंपड़ी में रहने वाला—दिन-भर गाँजा पीकर रात को टैक्सी में पड़ा रहने वाला—तूफानी भागदौड़ करने वाला और समाजवादी कविता की सोहबत करने वाला नामदेव!

कच्ची उम्र में ही एक कुलीन लड़की को फाँसकर पुणे ले गया। लेकिन लड़की बड़े खानदान की थी और वे लोग काफी साधन-संपन्न थे, सो दाल नहीं गली। प्रेमभंग का दुख एक आदर्श स्वप्लिन छात्र को ले डूबा। बस, लड़का हाथ से निकल गया। वेश्याओं की बस्ती की खाक छानने लगा। किस्म-किस्म के शौक पालने लगा और कविताओं के जरिए भड़ास निकालने लगा। माँ अपनी तकदीर को कोसती रही। फाइन आर्ट का एक वर्षीय पाठ्यक्रम

उसने पूरा किया और उसके बाद दारू, चरस, गाँजा, अफीम आदि का सेवन कर टैक्सी चलाने का प्रशिक्षण उसने प्राप्त किया। कई तरह का स्वाद वह चख चुका था। सस्ती-महँगी सभी तरह की वेश्याएँ अब उसके लिए नई नहीं थीं। रेड लाइट एरिया की ज़िंदगी को जहर की तरह पीकर उसने हजम कर लिया था। बस, वही ज़िंदगी उसकी कविताओं में बसती रही।

'गोलपीठा' कविता संग्रह की पांडुलिपि लेकर वह दर-दर की खाक छानता रहा। झोंपड़ी से पानी रिस रहा था। उस चुअन को रोकने के लिए ताड़पत्री या मोमजामा खरीदने के लिए पूँजी नहीं थी तो उसने दो सौ रुपए लेकर कविताएँ प्रकाशक को बेच दीं।

नामदेव अपने माँ-बाप का इकलौता बेटा था इसलिए उसकी हर खामी को छुपाने की कोशिश वे किया करते थे। उसके पिताजी फोर्ट इलाके की गोश्त की एक दुकान में काम करते थे। पूरे-के-पूरे एक प्राणी की खाल उतारकर उसे तौलकर रखना और ग्राहकों को उनकी आवश्यकतानुसार काट-काटकर देना—यही उनका काम था। उनकी रोज की कमाई चालीस रुपए और थोड़ा-सा गोश्त थी। वे नामदेव को रोजाना एक रुपया देते थे। अल्पवय में ही नामदेव जिस लड़की को उड़ा ले गया था उसे पुणे की राह दिखाने में उसके पिताजी ने ही उसकी सहायता की थी।

दलित पैंथर के कार्यकर्ता के रूप में वह रात-दिन घूमता-फिरता था और हमेशा मारपीट करने पर उतारू रहता था। अब वह अख़बारों की सुर्खियों में भी आने लगा था। दलित नेता एवं लोकप्रिय कवि के रूप में भी उसे ख्याति मिलने लगी थी। यही लाडला नामदेव एक दिन हमारे घर आया। दो-एक बार चक्कर लगाने के बाद मुझसे बतियाने लगा। उसे पता चल गया था कि मैं कविताएँ लिखती हूँ। एक बार वह मेरी कविताओं की नोटबुक ले गया। इसी बीच उत्तेजक भाषण करने तथा विद्रोही कार्रवाइयों को बढ़ावा देने के आरोप में उसे गिरफ्तार किया गया। उसके अन्य साथी भी गिरफ्तार हुए थे। जेल में अपने इन्हीं साथियों को वह मेरी कविताएँ सुनाता रहा।

जीजाजी एक फिल्म की पटकथा लिख रहे थे और उसकी शूटिंग लोनावाला में हो रही थी। गजानन जागीरदार उसका निर्देशन कर रहे थे। जीजाजी के एक दोस्त का बहुत बड़ा बंगला था। यूनिट के साथ मैं भी वहाँ गई थी। एक दिन रात के वक्त मटमैले रंग की पैंट-कमीज पहने वह बँगले में आ धमका। लंबी-लंबी जुल्फें, कांधे पर शबनम बैग और मुँह में चिनार सिगरेट। दाढ़ी बढ़ी हुई। साँवले चेहरे पर वही खुद्दार हँसी—वह कैमरा भी लाया था। उसने मेरी तस्वीरें खींचीं। मैं शर्म के मारे छुई-मुई हो रही थी। बरसाती हवा और बादलों के साए में उसने पूछा—

'आपको बारिश पसंद है?'

'जी, बहुत ज़्यादा।'

'मुझे भी।'

बाद में जीजाजी ने मुझसे पूछा, 'तुम्हें वह पसंद है? कैसा लगा वह?'

'मुझे तो अच्छा लगा।'

'मैं भी यही सोच रहा था। तुम कवयित्री हो, वह भी कवि है—मैं उससे पूछूँ?'

'अभी नहीं।'

रात को उसे अदालत में बुलाया गया था और वहाँ जाने से पहले वह कुछ उत्तेजित हो गया था। मैंने उसे कमरे में बुलाया और दरवाजे की ओट से पूछा, 'मैं तुम्हें कैसी लगती हूँ?'

'क्या यह भी बताना पड़ेगा?' उसने कहा।

मेरा अंग-अंग खिल उठा। दूसरे दिन वह विदा लेने आया, 'अच्छा, अब इजाजत तो है?' कहकर उसने हथेली आगे की। मैं हड़बड़ाकर देखती रही। अंततः मैंने हाथ मिलाया। मेरे तन-बदन में जैसे बिजली कौंध गई। उसने अपना हाथ छुड़ाकर सलाम किया, 'लाल सलाम।'

लोनावाला से मेरे लौटते ही माँ-दीदी को पता चला। उन्हें मेरा निर्णय पसंद नहीं था। मैं बीमार हो गई थी और जैसे-तैसे परीक्षा दे सकी। परीक्षा खत्म होते ही वह आ धमका। हम दोनों खूब घूमते रहे। फिल्में, नाटक, बाग-बगीचे, समुद्र किनारा—वह भी टैक्सी में या पैदल। उसे पैदल घूमने की बहुत आदत थी। हमने बंबई का कोना-कोना छान मारा। कमाठीपुरा (रेड लाइट एरिया), पीला हाउस, वेश्या-बस्ती...दरवाजे, खिड़कियों से इशारे करती वेश्याएँ, उनके उत्तेजक, कामुक अंगविक्षेप, मुझे तो यकीन नहीं होता था अपनी आँखों पर।

बाद में एक दिन नामदेव ने मेरे साथ दीदी, जीजाजी, माँ को भोजन पर अपने घर आमंत्रित किया। भीड़-भड़क्के वाले इलाके की सीलन-भरी बदबूदार बस्ती में मकान के नाम पर एक छोटा-सा कमरा ही था। उसी के पड़ोस में फैक्टरियाँ, कबाड़ की दुकानें—प्रदूषण। बगलवाली गली में वेश्याओं के अड्डे—फोरास रोड, पीला हाउस...मटमैली धुँधली, अधमरी रोशनी...गंदोले जंग खाई हुई ट्रंक...एक पर एक रखे हुए ट्रंक, एक कोने में पीतल की टंकी, मिट्टी का चूल्हा, स्टोव, कुछेक बरतन, एक तख्त और हाँ, काठ के पिंजरे में लव बर्ड्स...

दिन बीतते रहे। नामदेव शादी के लिए आतुर था। दीदी ने कहा था कि मेरे बी.ए. हो जाने से पहले शादी नहीं होगी। इसलिए नामदेव पूरे चार साल तक प्रतीक्षा करता रहा। इस बीच झुंझलाकर उसने एक बार 'अंतिमेत्थम' (अल्टीमेटम) दे दिया। 'तुम्हें शादी न करनी हो तो बता दो, मैं किसी दूसरी लड़की का हाथ थाम लूँगा।'

मुझे भी गुस्सा आ गया। कहा-सुनी होती रही। मैंने पीछे मुड़ने का निर्णय ले लिया। लेकिन दूसरे दिन वह फिर आ धमका। मीठी-मीठी बातें करता रहा। मैं पुनः रीझ गई। मेरा निर्णय फिर बदल गया। वह कई बार वेश्यागमन कर चुका था और उनसे मिले अनेक रोगों का इलाज भी करवा चुका था। मुझे तो कोई बीमारी नहीं थी, फिर भी वह मेरे प्रति अतिरिक्त सतर्कता बरत रहा था।

हमारी शादी तय हुई। इसी बीच एक दिन दीदी पुणे गई थीं। माँ खेती के काम से बोधेगाँव में थी। उसने पेशकश की, 'शादी से पहले सहवास करने में ही असली आनंद आता है। बाद में तो वह रूटीन हो जाता है।'

मैं चुप थी। उसने मुझे काफी समझाया। स्त्री-पुरुष संबंधों की हल्की-सी रूपरेखा तो मेरे दिमाग में थी—वह आतुर था और मैं मुग्ध। उस दिन मैंने पहली बार बीयर का स्वाद लिया। नामदेव तो पियक्कड़ था ही। उसके बाद घर आकर हम गपशप करते रहे थे। इसी दौरान उसने पूछा, 'विवाह से पहले मैं शारीरिक फासलों को खत्म कर देना चाहता हूँ। तुम क्या सोचती हो?'

मैं तो सिर्फ उसे देखती रही। मेरी हाँ या ना का इंतजार किए बिना उसने पहल की और मुझे बाँहों में भर लिया।

वह पहला अनुभव बड़ा ही दर्दनाक था। मेरी समझ में नहीं आ रहा था कि इतनी भारी कसरत को शारीरिक सुख क्यों कहा जाता है? कितनी कष्टकर होती है यह यात्रा। लेकिन अपने प्रिय पुरुष को समर्पित हो जाने की पुलक कुछ और ही होती है। यकीनन, औरत मर्द से कहीं अधिक खूबसूरत होती है। वरना विवस्त्र पुरुष बड़ा ही भद्दा और वीभत्स लगता है। पसीने से तर-बतर होकर हम सो गए। सुख वगैरह तो मिला नहीं, कष्ट ही अधिक हुआ।

एक जून 1974 शादी की यही तारीख तय हुई थी। नामदेव घर-गृहस्थी का सामान पुणे से ले आया। उसे मालूम था कि इस घिनौनी बस्ती में तो मैं रह नहीं पाऊँगी। इसलिए दो हजार डिपाजिट देकर उसने बांद्रा में वन रूम किचन का एक छोटा-सा फ्लैट भाड़े पर ले लिया। छोटी उम्र से ही मातृत्व प्राप्त करने से मुझे बचाने के लिए माँ मुझे लेडी डाक्टर के पास लिवा ले गई और मुझे मुक्त करवाया गया।

शादी के दिन शाम चार बजे तक दूल्हे का अता-पता नहीं था। सब लोग प्रतीक्षा में थे। इतने में नामदेव आ गया। हमने एक-दूसरे को माला पहनाई और बस, हो गई शादी।

मुझे मन-ही-मन लग रहा था कि शादी से पहले ही हमने सुहागरात मनाई सो कितना अच्छा हुआ। वरना यार-दोस्तों और रिश्तेदारों के बीच कहाँ एकांत मिल पाता!

नामदेव को जितनी तेजी से शोहरत मिली, उतनी ही तेजी से उसका पतन भी होने लगा। वह हमेशा त्रस्त और सहमा-सहमा-सा दिखाई पड़ता था। फिर भी दिन ठीक-ठाक बीत रहे थे। अक्सर हम दोनों में बात-बात पर कहा-सुनी होती थी। मैं रुआँसी हो जाती और वह मुझे मनाता था। मुझे महसूस हुआ कि उसका बच्चा मेरे पेट में पल रहा है। धीरे-धीरे लोगों को भी इस बात का पता चल ही गया। इसी बीच दीदी ने पुणे में एक कन्या को जन्म दिया। मैं उसी सिलसिले में पुणे गई थी। बाद में किसी बात को लेकर दीदी-नामदेव में खूब झगड़ा हुआ।

अब तनावों का एक मनहूस दौर शुरू हो चुका था। नामदेव का अतिवादी बरताव मुझे रास नहीं आता था। दुख, पीड़ा, संत्रास और तनाव मुझे सदैव घेरे रहते थे। फिर भी अवचेतन मन जिंदा रहने के पक्ष में ही गवाही देता था।

एक दिन मेरे पेट में दर्द होने लगा। माँ मुझे नायर अस्पताल ले गई। डाक्टर ने जाँच की। दर्द बढ़ता ही जा रहा था। मैं चीखने-चिल्लाने लगी। वहाँ औरतें ही औरतों की खिल्ली उड़ा रही थीं, फिकरे कस रही थीं—अब रोना आता है, पहले नहीं सोचा? आखिरकार यातनाओं का दौर खत्म हुआ और मैंने एक लड़के को जन्म दिया। नामदेव को पता चला तो वह शाम को मिलने आया। वह बेहद खुश था।

मैं अस्पताल से घर आई। नामदेव अभी भी उल्लसित तो था, पर उसे देखते ही मुझे लगा कि मैं उससे दूर हो गई हूँ। मेरे अस्तित्व की खुशी से अब उसे कोई सरोकार नहीं था। एक बार मुन्ने की तबीयत खराब हुई तो मैंने डाक्टर को बुलाया। डाक्टर देख रहे थे। इसी बीच नामदेव आया और दूर से ही वहाँ का माहौल देखकर अचंभे में आ गए। मेरे सीने में हूक-सी उठी। उसके दो दिन बाद ही वह दिल्ली चला गया। जुदाई का हर पल मुझे नागवार गुजरता था, पर उसे कोई चिंता नहीं थी। दिल्ली से लौटकर उसने आपात स्थिति को अपने समर्थन की घोषणा की। अब वह मुझसे कटा-कटा-सा रहने लगा था और बेतहाशा पीने भी लगा था।

दीदी फिर से रहने के लिए मेरे पास आने वाली थीं। उन्होंने पार्टीशन डालने का निर्णय लिया। नामदेव, उसके यार-दोस्त, उसकी गतिविधियों आदि से वे उकता गई थीं। यानी झोंपड़ी, भाड़े का मकान आदि की यात्रा के बाद हमने पैतृक घर की शरण ली थी। और अब उसी मकान का बाकायदा बँटवारा हो रहा था। यह एक नामाकूल-सी आहट थी। नामदेव की अनियमितता का तो ओर-छोर ही नहीं था। वह खर्चे-पानी के लिए कुछ भी नहीं देता था और दोस्तों को खाने के लिए घर बुलाने में कोई कसर नहीं रहने देता था। दीदी के आ जाने से हम खुलकर झगड़ भी नहीं सकते थे।

बच्चे का नाम नामदेव ने 'जॉर्ज जैक्सन' रखा था। पर मैं तो उसे आशुतोष कहती थी। उसका यही नाम बाद में प्रचलित हुआ।

वह रात-बेरात किसी भी वक्त घर आने लगा था। वजह पूछने पर मार-पीट करता था। आँसू पीकर उसकी ज्यादतियों को सहने के अलावा मैं कर भी क्या सकती थी! एक रात वह खूब पीकर आया और गाली-गलौज करने लगा। मैं आपा खो बैठी और मैंने कसकर एक तमाचा उसके जड़ दिया। उसने मेरी ही मरम्मत की और सुबकते-सिसकते हुए मैं कब सो गई, पता भी नहीं चला।

अब वह दुश्चक्र शुरू हो चुका था। पीना, गाली-गलौज करना, मारपीट करना। मुझे सबसे ज़्यादा गम यही था कि मेरा संवेदनशील नामदेव कहीं खो गया था। मेरी आँखों के सामने ही वह हाथ से फिसल गया। मैं उसकी सोहबत, प्यार और सहवास की भूखी थी जबकि वह मुझसे दूर जा रहा था।

दिल की तल्खी कम होने के बजाय बढ़ती जा रही थी। 'एयर इंडिया' में नौकरी पाने के लिए एक गोरी-चिट्टी लड़की आई थी। उसे काम दिलवाने के लिए नामदेव ने पहले उसका

इंटरव्यू लिया। वे दोनों एक-दूसरे की बाँहों में बाँहें डालकर घूमते थे। कुछ दिनों के लिए पुणे जाकर दोनों एय्याशी कर आए। मैं इधर नामदेव के लिए छटपटाती रही। मुझे तो आशु का भी ख़याल नहीं था। मेरी ज़िंदगी का यह पहला सदमा था। लगभग दो महीने रो-रोकर गुजारे। जिस आदमी के लिए मैंने अपना सब कुछ लुटा दिया, वही आदमी इतना बेईमान हो सकता है! इस कदर गिर सकता है!

रसोई न बनी होने के बहाने फिर एक बार हमारा जमकर झगड़ा हुआ और वह आठ महीने के छोटे आशु को लेकर चला गया। उसका थप्पड़ मेरी नाक पर पड़ने के कारण खून बह रहा था और मैं बिस्तर पर असहाय-सी लेटी हुई थी। किसी भी आत्मीय व्यक्ति से मुझे नफरत-सी होने लगी थी। मेरी ज़िंदगी तबाह हो चुकी थी। मैं तन-मन से ध्वस्त होने लगी थी। मैं हर पल जी-जीकर मर रही थी। ऐसे में मेरे जिगर के टुकड़े को भी वह उठा ले गया। मेरी तो चेतना ही जैसे लुप्त हो रही थी। मेरे लिए रात, समय, रास्ते—सब कुछ ठहर गए थे और मैं बेबसी की कोख में बिलखती पड़ी थी।

सवेरे सात बजे वह आशु को लेकर पुनः आ धमका। अब मुझे दुनिया की हर चीज से वितृष्णा होने लगी थी। इसी बीच दीदी का टेलीफोन आया। नामदेव ने उसके घर जाकर उन्हें खूब बुरा-भला कहा था, गाली-गलौज भी करता रहा था। उसकी प्रतिक्रियास्वरूप दीदी मुझ पर बरस पड़ी। नामदेव लतीफ भैया के पास अँधेरी गया हुआ था। वहाँ वह गोरी-चिट्टी लड़की भी थी। वैसे तो नामदेव भी वहाँ था। पर मेरा उससे कोई लेना-देना नहीं था। मुझे देखकर नामदेव मुस्कराया। पर मेरे सीने में तो जैसे आग धधक रही थी। मैंने उसे चेतावनी दी, 'तुम चाहो तो मेरी जान ले सकते हो, किंतु मेरे परिजनों को परेशान मत करो। क्या हम शांति से अलग नहीं हो सकते?'

उसने मेरा हाथ थामकर आग्रहपूर्वक बिठाया। उस लड़की को भेज दिया। मुझे मनाने के लिए उसने हर तरीका अपनाया। कस्में, वादे, गिड़गिड़ाना, चिरौरी आदि। आशु भी आकर मेरे सीने से चिपट गया। उस निरीह बच्चे के लिए मेरा मन तार-तार हुआ जा रहा था। अंततः हार मानकर मजबूरन मुझे समझौता करना पड़ा।

कुछ महीने ठीक गुजरे, फिर वही, ढाक के तीन पात। वह पुनः अपनी औकात पर उतर आया। शराब, गाली-गलौज और मार-पीट—बर्बरता की वह चरम सीमा थी।

एक बार रात के दस-साढ़े दस बजे वह मुझे दादर ले आया। वहाँ एक नाके पर एल. डी. भोसले के साथ मुझे खड़ा कर अभी लौटने का वादा किया, पर वह जो चला गया तो एक घंटे बाद भी आने का नाम नहीं। हम पागलों की तरह वहाँ खड़े-खड़े इंतजार करते रहे। एल.डी. तो बेचारे शरीफ आदमी थे, पर दादर का वह नाका ही बड़ा रंगीन था। देर रात को मुझे वहाँ देखकर कुछ मनचले हमारे इर्द-गिर्द मँडराने लगे, फिकरे कसने लगे। एक ने तो पूछा भी, 'चलोगी क्या?'

अब बाकी क्या बचा था? झुँझलाकर मैंने टैक्सी रुकवाई और अँधेरी चली आई। यहाँ सास ने पूछा, 'नामदेव कहाँ है?'

'आता होगा।'

'तो उसे छोड़कर तू अकेली ही आई?'

मेरा माथा ठनका। मैंने आव देखा न ताव, झोला उठाया और वहाँ से चल दी। आशु के लिए मेरी जान छटपटाती रही, किंतु कलेजे पर पत्थर रखकर मुझे वहाँ से जाना पड़ा।

बंबई छोड़कर मैं माँ के साथ कोल्हापुर आई और पिताजी के एक दोस्त आर.बी. पाटील के घर में मैंने पनाह ली। उनकी पत्नी को सब बातें बताईं। उन्होंने मुझे ढाँढस बँधाया और संयम से काम लेने को कहा। उन्होंने तो मुझे माँ की ममता दी। लेकिन बार-बार दीदी की घुड़की ही याद आती रही, 'यदि तुम फिर से उसके पास लौटना चाहती हो तो हम तुम्हारी कोई सहायता नहीं कर पाएँगे...'

कोल्हापुर में नामदेव की चिट्ठी आई। क्षमायाचना, पछतावा, वादा और गिड़गिड़ाहट।

आखिरकार मुझे फिर से बंबई लौटना पड़ा। मैंने माँ के ही घर शरण ली। वह मुझे मनाने के लिए यहाँ के भी चक्कर काटने लगा और उसके सामने घुटने टेककर मैं अँधेरी चली गई। वह तो मुझे मुँह खोलने ही नहीं देता। हजारों की आमदनी होती। पर बोतल और टैक्सी में वे खर्च हो जाते। 'सन-न-सैंड' जैसे पाँचसितारा होटलों में भोजन, आयतित सिगरेट आदि में ही वह मशगूल रहने लगा। घर-गृहस्थी सुचारु रूप से करना उसके हिसाब में दकियानूसी था।

अँधेरी में लतीफ भैया ने जैसे-तैसे साल भर तक हमें निभाया। लेकिन उसके बाद उन्होंने भी कन्नी काट ली। अब हम सड़क पर थे। इस प्रकार बंबई से हम फिर एक बार लोनावाला आए। यहाँ भी नामदेव हफ़्ते, दो-दो हफ़्ते घर से गायब रहने लगा। पुणे या अन्य कहीं जाना और यहाँ हमें फाकामस्ती का दामन थामना पड़ता। कंगाली की ऐसी हालत में एक अभद्र और मनहूस बीमारी ने मुझे जकड़ लिया—मर्ज बढ़ता गया। जंघा के दोनों ओर गाँठें बन गईं। उनमें मवाद पड़ गया और स्थिति बदतर होती रही। नई जगह नए लोग और नई बीमारी। मेरे पास इलाज के लिए पैसा भी नहीं था। हर दो मिनट बाद चक्कर आते थे। अंग-अंग जैसे शिथिल पड़ जाता—बुखार भी आता था। मैं समझ गई। पहले भी मुझे ऐसा हुआ था। नामदेव के वेश्यागमन का यह परिणाम था। वेश्याओं का प्रसाद नामदेव के जरिए अब मुझे मिला था। मैं रात में सोने से पहले नहाया करती थी, ताकि अपने प्रियतम को साफ-सुथरे बदन से समर्पित हो सकूँ। पर अब? दिल करता था कि नामदेव को गोली से उड़ा दूँ। मुझे इस दोजख में धकेलने का भला उसे क्या अधिकार था? मेरी ज़िंदगी से खिलवाड़ करने का क्या मकसद था? मैंने ऐसा कौन-सा गुनाह किया था, जिसकी यह सजा मुझे भुगतनी पड़ रही थी।

अंततः गश खाकर मैं गिर पड़ी। घर का कोई काम तो दूर, प्याज काटना तक दूभर हो गया था—मुझे बेशर्म होना ही पड़ा। मैंने बाबू की पत्नी को बुलाया। उसने बाबू से विधिवत् शादी तो नहीं की थी। पर दिल से नेक थी। स्टेशन में झाड़ू लगाती थी। उसके गुजारे का यही

साधन था। पति-पत्नी दोनों काले, ठिगने और छरहरे थे। मैंने उसे सब कुछ बताया और डाक्टर के पास चलने को कहा। वह जिस डाक्टर के पास मुझे ले गई वह नौजवान था—यहाँ मुझे एक और मनहूस दौर से गुजरना पड़ा—आँख उठाकर ऊपर देखने की हिम्मत भी मुझमें नहीं थी। मैंने उसे इंजेक्शन का नाम बताया तो वह देखता ही रह गया—फिर सुई लगवाई।

पुणे से नामदेव के लौटने पर जोरदार कहा-सुनी हुई। रोना-धोना, छींटाकशी आदि सब कुछ हुआ। मैंने माँ को चिट्ठी लिखकर बंबई आने की इच्छा व्यक्त की। इस बीच दीदी-जीजाजी की माँ से अनबन हो गई। दीदी ही जब माँ को समझ नहीं सकी तो जीजाजी भला क्यों जहमत उठाने लगे? दीदी ने अपने रहने का प्रबंध कहीं और कर लिया। वह चली गई। माँ का साथ निभाने के लिए हम फिर उसके साथ रहने चले गए। नामदेव बड़े-बुजुर्गों की इज्जत करना तो जानता ही नहीं था। उसकी शराबखोरी यथावत् जारी रही।

बंबई आने के बाद मैंने नौकरी की तलाश की। दादा साहब रूपए (पूर्व मंत्री) की कृपा से हफ़्ते-भर में ही गोरेगाँव स्थित फिल्म सिटी में नौकरी मिल भी गई। फिल्मी कलाकारों के चेहरे, हरे-भरे उपवन, शूटिंग, लैब, रिकार्डिंग रूम आदि में दिल लगाने की कोशिश करती रही। तीन सौ पचास रुपए माहवार के लिए दुनिया-भर की जोड़-तोड़। रात को घर पहुँचते-पहुँचते थककर चूर हो जाती थी। ऊपर से नामदेव का रौब-रुतबा, खुमारी, कमाठीपुरा, यार-दोस्त, गुंडे-मवाली कार्यकर्ता...पैंथर के संबंध में चर्चा, बहस, कहा-सुनी...

ऐसे माहौल में मैं बेचैन हो जाती थी। इससे उबरने का एक रास्ता मैंने ढूँढ़ निकाला। मैं घर में खाना ही नहीं बनाती थी। अंडा, डबलरोटी बाज़ार से लाकर गुजारा कर लेती थी। मैंने नामदेव से अपने संबंध लगभग तोड़ लिए थे। पार्टीशन का दरवाजा बंद कर मैं उससे बाकायदा जुदा हो गई! उस पार नामदेव और इस पार मैं। मेरे दफ्तर जाने तक और दफ्तर से घर आने के बाद आशु मेरे साथ ही रहता था। नामदेव उस पार से खूब कोसता था, गालियाँ बकता था, प्यार जतलाने की भी कोशिश करता था, यदा-कदा भोजन करने भी आ जाता, खाने-पीने की चीजें ले आता, पर मैं उसके हिस्से में कदम भी नहीं रखती थी। संगीत की परीक्षा मैं नहीं दे सकी। ऐन मौके पर मेरा दिमाग ठंडा पड़ गया, स्मृति धोखा दे गई, राग-आलाप, आरोह-अवरोह कुछ भी याद नहीं आता था।

मेरी स्थिति देखकर परीक्षकों ने मुझे कोई भी राग गाने को कहा। पर हाय रे भाग्य! पलकें हिलाने की भी शक्ति नहीं थी। मेरा खून मानो जहर बन गया था। मुझे बार-बार यही लगता था कि धरती फटकर मुझे निगलती क्यों नहीं? इससे पहले सात-आठ बार संगीत कक्षाओं में अपना नाम दर्ज करा चुकी थी। पर सायनस के हमले से पूरा मामला ही चौपट हो जाता था। नृत्यशाला में तीन बार नाम दर्ज करवाया। टाइपिंग, टेलीफोन आपरेटिंग आदि सीखती रही। किंतु प्रवीणता प्राप्त करने से पहले ही सब बातों से मैं रुखसत हो जाती थी। मेरी आवाज तो अभी भी ठीक-ठाक है। पर अब मैं सिर्फ गुनगुनाती हूँ। बस! दरअसल मेरी आवाज के जादू ने भी नामदेव को सम्मोहित किया था, पर शादी से पहले, शादी के बाद इन गुणों के विकास

के लिए उसने मुझे कोई प्रोत्साहन नहीं दिया। बल्कि जब तानपुरे पर मैं रियाज करती तो वह मेरी खिल्ली उड़ाता था।

इसके बाद वह नासिक गया। वहाँ खूब पीकर उसने मार-पीट की। इस दौर में उसकी भी अच्छी खासी मरम्मत हुई थी। टैक्सी में डालकर कोई उसे रात को ही घर छोड़ गया था। उसका समूचा बदन टूट रहा था। चेहरे पर सूजन थी और पिटने की वजह से वह नीला पड़ा हुआ था। आँखों में भी चोट आई थी। माँ ने सवेरे मुझे जगाकर खबर दी। मैंने झुँझलाकर कहा, 'भाड़ में जाए, दुनिया से उठ जाए तो भी बेहतर है, उसने सुना और जल-भुनकर रह गया। मैं उसे देखने भी नहीं गई। मेरे मन में प्रतिशोध उफन रहा था।

न वह घर में रुपए-पैसे देता था, न बिजली का बिल, न मकान भाड़ा। माँ को यह अखरता था और वह नाराज हो जाती थी। बुखार की वजह से उसने रात-भर लट्टू जलने दिया। माँ ने लट्टू बुझाने को कहा, मैंने भी कुछ कहा, सवेरे उठकर उसने मुझसे मार-पीट की। मैंने ताव में आकर उसे घर से निकल जाने को कहा। कुछ दिन बाद वह चला भी गया पर आशु को लेकर।

मेरी नौकरी, लिखना-पढ़ना, कविता-कहानियाँ, लेख, नाटक आदि सब कुछ कहीं खो गए थे। एक दिन मैं नीलोफर से मिली। वह वामपंथी ज़रूर होगी, पर मशहूर वकील थी। तलाक का अपना मामला मैंने उसे ही सौंप दिया। पूरा एक साल मैं अदालत के चक्कर काटती रही। अचानक एक दिन नीलोफर ने मुझसे पूछा, 'अदालत का मामला ही ऐसा होता है। मान लो अदालत ने तलाक दिलवा दिया और आशु को भी तुम्हें सौंप दिया, पर तुम्हारी अनुपस्थिति में वह उसे उठा ले जाए तो? तो तुम क्या करोगी?'

नामदेव आशु के लिए मुझे बहुत तड़पाता था, मेरी इस कमजोरी को वह बखूबी भुनाता था। बच्चे को माँ के लिए तड़पते देखकर भी उसका दिल नहीं पसीजता था। एक दिन गुस्से में आकर मैंने कहा—

'बच्चा तुम्हें नहीं मिलेगा। उस पर तुम्हारा क्या अधिकार है?'

'क्यों नहीं है?'

'क्योंकि वह तुम्हारा नहीं है।'

मेरी दलील सुनकर उसका साथी देखता ही रह गया। मेरी कड़वाहट का भी कोई असर नहीं हुआ। वह थोड़ा-सा मुस्कराया और खामोश रहा।

'इससे कोई फर्क नहीं पड़ता। वह इस वक्त मेरा है, मेरे कब्जे में है और मुझे वह प्यारा है। अस्पताल में भी तो शिशुओं की अदला-बदली हो जाती है। मैं वैसा ही समझ लूँगा।'

मैं कसमसाकर रह गई। मैंने नीलोफर से कहा, 'मैं भरी अदालत में कह दूँगी कि आशु नामदेव का बच्चा नहीं है। तब तो फैसला मेरे पक्ष में होगा?'

वह यकीन नहीं दिला सकी। किंतु मेरे लिए वह जो कर रही थी, वही काफी था। फैसला सुनाना तो उसके हाथ में नहीं था।

आशु के बाद मैं तीन बार गर्भवती हुई थी, पर तीनों बार मैंने ही हाथ खींच लिया। नामदेव का परस्त्रीगमन, आशु का मुझसे छीन लिया जाना आदि घटनाएँ नासूर बनकर मेरा अंग-अंग विषाक्त कर रही थीं। अपने मातृत्व की इस छीछालेदार को भला मैं भूल सकती थी?

गर्भनिरोधक गोलियों का मेरी सेहत पर विपरीत असर पड़ता था। पर नामदेव को इसकी कोई चिंता नहीं थी। उसे मेरी मानसिक विपन्नता या शारीरिक कमजोरी से कोई सरोकार नहीं था। मेरे शारीरिक अध:पतन के लिए जिम्मेदार आदमी का हिस्सा मैं अपने बदन में किसी भी कीमत पर पनपने नहीं देना चाहती थी। मासिक चक्र की तारीख निकल जाती कि कच्चा पपीता खाती, बीयर पीती...कच्चे पपीते से होंठों की त्वचा छिल जाती थी, गले में खराश होती थी...बाद में पपीते का कोई असर नहीं होता था। फिर डाक्टर की शरण, गर्भ निवारण केंद्र के दरवाजे पर दस्तक, एक बार नाक का आपरेशन। पर नामदेव ने तनिक भी सहानुभूति नहीं दिखाई। टैक्सी की बात तो दूर, बस-किराए के पैसे भी नहीं दिए, न ही मेरा हालचाल पूछने अस्पताल में आया। क्या यही इनसानियत होती है? क्या प्यार का इजहार यही होता है?

नामदेव रोजाना पीकर घर लौटता। ऐसी स्थिति में उसकी हमबिस्तर होने की इच्छा नहीं होती थी। मुझे अब बच्चा नहीं चाहिए था—उस आदमी से तो कतई नहीं। वह मुझे जबरन अपनी बाँहों में भर लेता। मैं अभी आई कहकर गुसलखाने में चली जाती और एक-एक, दो-दो घंटे वहीं बैठी रहती। इस बीच नशे में नामदेव के सो जाने के बाद ही मैं दबे पाँव आकर आशु के पास सो जाती थी।

बाद में मुझे एक और बात मालूम हुई। मेरी शादी के बाद इस कवि महाशय ने डायजोन' प्राशन कर खुदकुशी का प्रयास किया था। हालत गंभीर हुई थी। आज भी उसकी आँख-से-आँख मिलाने से मैं कतराती हूँ। मैंने कहीं पढ़ा था—'आप जिससे प्यार करते हैं, उससे शादी करने की अपेक्षा आपसे जो प्यार करे, उससे शादी करनी चाहिए।' वाकई शादी एक जुआ है।

मुझे बड़ा दुख होता था। खर्च चलाने के लिए गहने गिरवी रखना, रद्दी बेचना, पुस्तकें बेचना आदि नुस्खे अपनाने पड़े थे। फिर भी नामदेव लाट साहब की तरह पेश आता था। मुफ़्तखोरों से वह घिरा हुआ था। वे उसे नोच-नोचकर खा रहे थे। पर नामदेव इस हकीकत से बेखबर था।

एक बार उसका एक रिश्तेदार आया। वह अक्सर आ जाया करता था। रात को उसने हमारे साथ ही भोजन किया। घर में नामदेव, वह और मैं। हम तीन लोग ही थे। मौका देखकर उस आदमी ने मुझे हमबिस्तर बनने को कहा। मैं हतप्रभ-सी देखती ही रह गई। मुझे काटो तो खून नहीं। नारी मुक्ति से मेरा तात्पर्य व्यभिचार की खुली छूट भी नहीं था। मैंने इंकार किया तो उसने नामदेव से कहा, 'तुम कहो न उससे, तुम्हारा कहना वह ज़रूर मानेगी।'

नामदेव, पल-दो पल मुझे घूरता रहा और कहने लगा, 'मैं तो उसे कुछ कहूँगा नहीं। पर वह तुम्हारे साथ सोना चाहे तो वह खुद पहल करेगी। मेरे कहने की ज़रूरत ही क्या है?'

मैंने नामदेव को आड़े हाथों लिया। उसका वह रिश्तेदार फिर कभी हमारे घर नहीं आया।

हकीकत क्या थी? मेरे आसपास का विषम असंगठित और अस्तव्यस्त समाज? बलात्कृत और पति के जुल्मों को सहते हुए गृहस्थी में पैबंद लगाकर जद्दोजहद में कुरबान हो रही औरतें? राजनेताओं की घिनौनी खरीद-फरोख्त? क्रांति और विद्रोह की आड़ में बिकने वाले चवन्नी छाप नेता? कला का लेबल लगाकर पेट पालने वाले, अधभूखे उपेक्षित कलाकार? या कि ऐसे किसी भी चंगुल में न फँसने वाली मैं? मेरा अधूरा, उपेक्षित अस्तित्व? या निजी दुख-दर्द। एक दुश्चक्र...मैं अपने लिए क्या कर सकती हूँ? और इन सबके लिए क्या कर सकूँगी?

नामदेव कहता है, 'लुंपेन क्लास ऐसा ही होता है। वह किसी भी भूमिका में नहीं होता। उनके बीच में काम करना टेढ़ी खीर है। ऐसा तो चलता ही है। धीरे-धीरे उनमें परिवर्तन आएगा।'

लेकिन मैं तो ऊब चुकी हूँ। कहाँ जाना है मुझे? किस दिशा में मेरी नैया हिचकोले खा रही है?

*मेरे सपनों का घोंसला सँवारने वाला*
*एक भी वृक्ष नही रहा*
*एक अर्सा हुआ...*
*मेरा जवानी का चितवन ले उड़ा पंछी*
*मेरा दर्दे-जिगर तो कभी का*
*बिछुड़ गया है*

विंसेंट वॉन गॉग की आत्मकथा पढ़ने का सौभाग्य मिला। मैं सिहर उठी। क्या आदमी ऐसी ज़िंदगी जी सकता है? ध्वस्तता की चरम सीमा तक? किसी मकसद के पीछे पागल हो जाना, बेहोशी से उसका पीछा करना, अलमस्त होकर आगे बढ़ना, सूरज के तप्त अग्निपिंड की तरह चुँधियाने वाली ज़िंदगी...

अपनी प्रियतमा की फरमाइश पर कान कटवाने वाला जाँबाज, दिलेर, कलंदर व्यक्ति वॉन गॉग... चिलचिलाती, कड़ी धूप में झुलसा देने की सीमा तक सूरजमुखी को सँजोनेवाला वॉन गॉग...उसने कहा है—'मैं दुखों से निजात पाने का प्रयास कदापि नहीं करता। तभी तो अक्सर कलाकार समग्र रूप से आत्माभिव्यक्ति कर पाता है।' बिल्कुल ठीक कहा उसने। वरना हम कीड़े-मकोड़ों की ज़िंदगी जी रहे होते हैं।

इस देश में राजनीति में रँगे लोगों के सामने दो ही विकल्प होते हैं—बिक जाना या तबाह हो जाना! तबाही का रास्ता बहुत कम लोगों को रास आता है।

सी.पी.आई. के लोग—बचपन से मुझे जानने वाले—किंतु नामदेव की अशिष्टता और वहशीपन के कारण दूर होते रहे। फिर भी यह सौ फीसदी सच है कि अब भी मुझे वे

लोग—वह दर्शन अधिक आत्मीयता का आभास दिलाते हैं—लेकिन प्रतिभा के लिए पार्टी की प्रतिबद्धता कोई मायने नहीं रखती, और होना भी ऐसा ही चाहिए।

नामदेव का बिक जाना सिद्धांतहीनता का ही द्योतक था। उसकी राजनीति मुझे रास नहीं आती थी और मैं उसके विचारों से और आचरण से कुछ दूरी बनाए हुए थी। फिर भी घर के लोगों की धारणा यही थी कि उसकी पत्नी होने के नाते मैं पूर्णतया उसके साथ हूँ। मुझे यही बात अधिक सालती थी। पति के अलावा भी पत्नी का कोई अस्तित्व होता है, उसका अलग व्यक्तित्व होता है—इस तथ्य को कोई स्वीकार नहीं करता।

पूर्णतया निजी और अंतरंग बातों को सार्वजनिक अभिव्यक्ति प्रदान करना निर्लज्जता के अलावा कुछ नहीं है—यही तथ्य सर्वस्वीकृत है। पर मैं तो यह मानती हूँ कि मर्द की न कोई जाति होती है, न संस्कारों से कोई वास्ता। नारी के पास वह होता है—यह दावा तो मैं नहीं करूँगी, पर भारतीय संस्कृति को मैं मृत पशु मानती हूँ। हर आदमी अपनी स्वार्थसिद्धि के लिए उसकी खाल नोंचकर उसे अपनी तरह से ओढ़ लेता है। लेकिन इस खाल के नीचे उसका जो असली रूप छुपा हुआ है वह बेहद घिनौना और भोंडा है।

इसीलिए मैं डंके की चोट पर कहना चाहती हूँ कि जो औरतें फतवा देती हैं कि उनकी ज़िंदगी सुचारु रूप से चल रही है, वे भ्रम में जी रही हैं। यहाँ की राजनीतिक उठा-पटक में औरतों की भलाई की कामना करना ही मूर्खतापूर्ण है। कोई भी मर्द औरत को एक जिस्म के अलावा कुछ नहीं समझता। यही औरत की नियति है।

किसी एक नामदेव ढसाल के लिए मेरी समूची ज़िंदगी नहीं हो सकती। हर सफल मर्द की जड़ में एक औरत होती है—इस धारणा को मैं पूरी शिद्दत के साथ झुठलाना चाहती हूँ। मर्द-औरत प्रकृति के दो रूप हैं—अपूर्ण, फिर भी समर्थ। अलग दिमाग, अलग क्षमता और अलग मेधा होने के बावजूद पुरुष प्रधानता को भला औरत क्यों स्वीकार करे?

(अनुवाद : प्रकाश भांतब्रेकर)

# आत्मकथा नहीं, आत्मकथ्य

## मृदुला गर्ग

आत्मकथा लिखने-न लिखने के सवाल को मैं एक लेखक की हैसियत से देखना चाहती हूँ। मैं भी समाजशास्त्र की अध्येता रही हूँ, जानती हूँ कि समाज के अनुशीलन में उस समय की आत्मकथाओं का खासा योगदान रहता है, विशेष रूप से औरतों की जीवनियों का। पर यहीं लेखक आड़े आ जाता है और जरूरी हो जाता है कि सृजनशील लेखक (औरत हो चाहे मर्द) और अन्य जनों के बीच के फ़र्क को समझा जाए। इसलिए नहीं कि लेखक विशिष्ट होता है। कोई लेखक साधारण प्राणी हो, एकदम जटिल हो या अंशतः महान, उससे कोई फर्क नहीं पड़ता। फर्क पड़ता है, रचनाकर्म की प्रकृति से। सृजन का स्वधर्म ही है कि रचनाकार, (स्त्री हो अथवा पुरुष) अत्यंत सहज भाव से, जाने-अनजाने, चाहे-अनचाहे, सत्य को फंतासी में रूपांतरित करके देखने का अभ्यस्त हो जाता है। यह रचना की अपरिहार्य शर्त है। साहित्यकार पर दुहरी मार यह होती है कि सत्य से रूपांतरित फंतासी के पुनर्सृजन के लिए, उसके पास, शब्दों के सिवा, दूसरा माध्यम नहीं होता। हद-से-हद हुए तो चंद नुक्ते हो जाएँगे, जिन्हें लफ़्जों के साथ, इधर-उधर करके, वह उन्हें कुछ नए मायने देने की कोशिश कर सकता है। पर आत्मकथा लिखनी हो या रचनात्मक कृति, सहारा उसे शब्दों का ही लेना पड़ेगा। जब लेखक आत्मकथा में, परिचित नामों में सीमित, स्थूल सच, केवल सच और सच के सिवा कुछ नहीं, लिखने पर मजबूर होता है तो उसे अपने रचनाधर्म का स्वभावगत प्रकृति के खिलाफ जाना पड़ता है। जोर-जबरदस्ती उसे असहज बना देती है और लिखित 'सच' एकांगी, एकतरफा और झूठा हो जाता है।

यह तो सभी समाजशास्त्री और मनोवैज्ञानिक जानते हैं कि निरपेक्ष और अंतिम सत्य जैसी कोई चीज़ नहीं होती। एक ही घटना के दस चश्मदीद गवाह होंगे तो उनकी गवाहियाँ भी दस तरह की होंगी। कुछ एक-दूसरे के बिल्कुल उलटी। हर आदमी (या औरत) अपने नज़रिए से घटना को देखता है। यानी वही देखता है जो देखना पड़ता है, जानबूझकर नहीं, अनायास, अगर कोई चीज़ सच को सबसे ज्यादा विकृत करती है तो वह है, सच कहने की सायास कोशिश। यह बात सभी पर लागू होती है, पत्रकार, समाजशास्त्री, वैज्ञानिक, राजनेता, कलाकार, लेखक, सब पर। आत्मकथा लिखते हुए सभी लोग छिपाते ज्यादा हैं, जाहिर कम करते हैं।

कुछ अपने को बचा-बचाकर लिखते हैं और खुद को परिस्थितियों और समकालीनों का शिकार बनाकर दर्शाते हैं। तो कुछ निर्भीकता का दम भरते हुए, जिंदगी की मामूली और नगण्य घटनाओं को रोमांच और चमत्कार से भरकर पेश करते हैं। (देखिए, कमला दास, अमृता प्रीतम, बलवंत गार्गी, हरिवंशराय बच्चन आदि की आत्मकथाएँ) जो लोग रचनात्मक लेखन के दौर से नहीं गुज़रे होते, वे फिर भी, कुछ हद तक, अपने अनुभूत यथार्थ को, सीधे-सीधे, बिला आविष्कार, रिकार्ड करने में सफल हो सकते हैं, पर लेखक के लिए आविष्कार-रहित लेखन कर पाना, करीब-करीब, असंभव है।

ज्यादातर लेखक और लेखिकाएँ, काफी साहित्य रच चुकने के बाद ही आत्मकथा लिखने पर आते हैं। उनकी हर रचनात्मक कृति उनके अंतर्मन की सूक्ष्मतम भावना, विचार, चिंतन, चाहत, विश्वदृष्टि और जीवन लक्ष्य को अभिव्यक्ति देती है। और उनका यह व्यापक भावबोध, ऐतिहासिक स्मृति को, निजी जीवन की अनुभूतियों और अनुभवों की कसौटी पर परखकर, धीरे-धीरे निर्मित होता है। इसलिए आत्मकथा लिखने पर आने तक, उन्हें अपने जीवन के यथार्थ को कल्पना, वांछा और चयनित (सिलेक्टिव) स्मृति से रँगकर, फंतासी बनाकर देखने, और शब्दों को खास तरह इस्तेमाल करने की आदत पड़ चुकी होती है। फिर ज्यादातर लेखक (लेखिकाएँ) कम-से-कम एक ऐसा उपन्यास अवश्य लिख चुके होते हैं, जिसमें उनके जीवन की सबसे मूल, विशिष्ट और भावप्रवण अनुभूति व्यक्त हुई हो। ऐसे में, वे, ईमानदारी के साथ, यह विश्वास करना शुरू कर चुके होते हैं कि उनके अंतर्मन में बसा फंतासीयुक्त यथार्थ ही उनका वास्तविक सत्य है। उसी को वे चंद जाने-पहचाने नामों की मदद से, प्रमाणित बनाते हुए, आत्मकथा में उतार देते हैं। परिवार या समाज में परिचित, सचमुच के नामों का इस्तेमाल कथ्य को सच्चा नहीं बनाता; लेखक को चश्मदीद गवाह की सतर्कता जरूर बख्शता है। लेखक सतर्क हुआ नहीं कि सच से किनारा काटकर झूठ बोला। क्या करे बेचारा, रचनाधर्म की लाचारी है। कहानी सुनी है न, बिच्छू काटने से लाचार, साधु बचाने से लाचार, अपना-अपना स्वभावगत धर्म निबाहना ही पड़ता है।

मुझे लगता है, लेखक सबसे ज्यादा सच्चा और ईमानदार तब होता है, जब सृजनात्मक लेखन कर रहा होता है और सबसे कम ईमानदार तब, जब आत्मकथा में सायास 'सच' लिख रहा होता है। इसीलिए सामाजिक अनुशीलन के लिए भी लेखकों (या लेखिकाओं) की आत्मकथाओं के मुकाबले, उनकी साहित्यिक कृतियाँ ज्यादा महत्त्वपूर्ण होती हैं। आजकल बार-बार यह सवाल क्यों उठाया जा रहा है कि लेखिकाओं को आत्मकथा लिखनी चाहिए या कि लेखिकाएँ आत्मकथा क्यों नहीं लिखतीं? उसके मूल में, कहीं यह भावना तो काम नहीं कर रही कि आज के बहुआयामी सच को, खींच-तानकर एक दायरे में फिट कर दिया जाए, जिससे समाजशास्त्रियों और नारी उत्पीड़न के शोधार्थियों का काम आसान हो सके? सत्य की खोज इतनी आसान नहीं होती और न बनाई जानी चाहिए। सच बहुआयामी ही नहीं, सतत गतिशील और परिवर्तनशील होता है और बराबर पुनर्विश्लेषण की माँग करता है।

उसके इस स्वरूप को समझने के लिए, अनेक लेखकों के निजी नज़रिए से परखे और लंबे आंशिक सच को साथ रखकर देखना शायद सबसे ज्यादा कारगर होता है।

मैंने जो कुछ कहा, वह मेरे आत्मकथा न लिखने का कारण हो भी तो, यह कतई जरूरी नहीं है कि वह किसी और के आत्मकथा न लिखने का कारण भी हो। हर किसी का अपना कारण होगा। समाजशास्त्री उसके बीच से किसी-न-किसी रूझान को अवश्य खोज लेंगे। पर मुझे लगता है, उसके साथ, अगर वे इस मान्यता पर भी शोध करें कि लिखने को अभिशप्त औरत (मर्द) का सच उसकी कृति में दर्ज आत्मकथ्य में मिलता है, आत्मकथा में नहीं; तो शायद कुछ और महत्त्वपूर्ण तथ्य हाथ लग सकें।

# उसकी अपनी बात : एक

# 'हमें मालूम है अपनी बीमारी का कारण'*

## राजेन्द्र यादव

कुछ तस्वीरें दिमाग में इस तरह छा जाती हैं कि बार-बार लौटती हैं—लगभग आक्रांत करती हुई। पिछले दिनों अमरीका ने इराक को सबक सिखाने के लिए विराट ताम-झाम के साथ हमला किया। शेर और बकरी की लड़ाई थी। सोवियत संघ के विघटन के बाद चक्रवर्ती सम्राट को अपना विश्व-वर्चस्व घोषित करने के लिए एक नरमेध तो करना ही था। अखबारों, दूरदर्शनों और अन्य संचार-माध्यमों की मदद से ऐसा माहौल तैयार किया गया मानो एक महान-दंगल होने जा रहा है और उसे सारी दुनिया अपने-अपने घरों में दूरदर्शनों पर देख सकेगी—रोचक, रोमांचक और लोमहर्षक पेशकश। अंत पहले से तय था। फिर भी हम सबने साँस रोककर देखा, छोटे पर्दे का सारा ज़ोर अंतरिक्ष-युद्ध पर था। दीवाली की आतिशबाज़ियों वाला दृश्य। पटाखे नहीं, सचमुच के बम, प्रक्षेपास्त्र, मिसाइलें—सारे आसमान को जगमगाते, एक-दूसरे से टकराते, फूटते और विस्फोट करते हुए, पर्दे पर एक सिरे से दूसरे सिरे तक बिजली की तरह कड़कते-कौंधते। हम सब चकित, चमत्कृत और स्तब्ध थे : विज्ञान और टैक्नॉलाजी ने कितनी ऊँचाइयाँ छू ली हैं—क्या प्रिसीज़न है, क्या एंटीसिपेशन, क्या कौशल और क्या दक्षता। विज्ञान के क्षेत्र में मानव-मस्तिष्क की अभूतपूर्व उपलब्धि, मेधा का चरम उत्कर्ष...रामायण और महाभारत सीरियलों में जब बाण और आग्नेयास्त्र ऊपर-ही-ऊपर टकराते, विस्फोट करते और कड़कड़ाते थे तो मन में अविश्वास होता था। पीछे कैमरा चमत्कार होने की बात दिमाग में रहती थी। यह तो सब कुछ सामने और साक्षात घटित हो रहा था—स्कडें और मिसाइलें भयानक धमाकों के साथ एक-दूसरे को भस्म कर रही थीं।

ख़ासियत यह थी कि यह सारा 'दर्शन' आसमानी ही अधिक था—कैमरे धरती पर कम ही आते थे। आते भी थे तो अधिकांश उन मोर्चों और ठिकानों पर टिकते थे जहाँ से यह सब संचालित-नियंत्रित हो रहा था—युद्ध-क्षेत्रों से लेकर मंत्रणा-कक्षों तक। जो चीज़ ये कैमरे नहीं दिखा रहे थे—वे थे इस सबके परिणाम; धरती पर होने वाले नाश और ध्वंस—मरते, चिथड़े-चिथड़े होते, चीखते-कराहते, भागते हुए लोग—खील-खील बिखरते घर और बस्तियाँ—लंका-दहन के दृश्य जो तुलसी ने कवितावली में विस्तार से दिए हैं—यानी आग और धुएँ का

* बर्टोल्ट ब्रेष्ट

तांडव...चिरायंध, लाशें और मलबा...गनीमत है कि यह युद्ध कुछ दिन ही चला और दुश्मन से पूरी तरह चीं बुलवाकर समाप्त हो गया—पीछे हृदय विदारक और भयंकर तस्वीरों के ढेर छोड़कर...हाँ, मुख्य सूत्रधार और मंच संचालक पूरी तरह सुरक्षित रहे...तुष्टि और विजय से तृप्त...

मगर भारतीय समाज में यह युद्ध तीन हजार सालों से चल रहा है और आज भी रुकने के कोई आसार दिखाई नहीं देते। पता नहीं क्यों, जब भी कोई विद्वान, विचारक, संत और शास्त्री, श्लोक-दर-श्लोक उद्धृत करते हुए दहाड़ता है और भारतीय चिंतन, दर्शन, शास्त्रों और संहिताओं की महानता सिद्ध करते हुए पचासों बार दुहराता है कि 'जैसाकि हमारे यहाँ कहा गया है' या 'इस विषय में ऋषि का वचन है' तो मुझे दूरदर्शन पर दिखाए जाने वाले अमरीका-इराक के युद्ध-दृश्य याद आने लगते हैं। निश्चय ही ये श्लोक और उद्धरण भारतीय मनीषा और चिंतन का सर्वश्रेष्ठ प्रस्तुत करते हैं और इनके द्वारा हम निर्विवाद रूप से सिद्ध कर सकते हैं कि हमारे पूर्वजों के मानवीय सरोकार कितने उदात्त, कितने विश्व-व्यापी थे कि वे देश-काल के पार कितनी दूर तक देख सकते थे, कि वे सच्चे अर्थों में क्रांतदर्शी थे...हाँ, जो हम नहीं देखना चाहते वे हैं इन आसमानी अचूक प्रक्षेपास्त्रों के ज़मीनी परिणाम...उन्हीं की दी हुई व्यवस्था है कि भारतीय संस्कृति आज तक बची हुई है—वह महान और अनश्वर है...'बाक़ी मगर है अब तक, नामोनिशां हमारा' की आत्मप्रशस्ति में क्या सचमुच हम यह सवाल पूछना ही नहीं चाहते कि यह व्यवस्था अमरीका के सुरक्षित और संरक्षित कक्षों में बैठे हुए क्लिंटन-रीगन गिरोहों के लिए 'कल्याणकारी' है, या इराक के बारूद और धुआँ गंधाते भू-खंडों के लिए?

मानव-मात्र का शुभ और कल्याण सोचने-कहने की हवाई ऐयाशियों में जीने वालों ने क्या अपने आपसे यह सवाल भी पूछा है कि अपने ही समाज के बहुसंख्यकों को वे क्यों इस दायरे में नहीं मानते? 'सर्वे भवंतु सुखिनः' की सर्वव्यापी और वैश्विक व्याख्याएँ क्यों वहाँ के सीमांतों तक नहीं पहुँच पातीं? वहाँ क्यों उन्हें 'पिछले जन्मों में जैसा करोगे इस जन्म में वैसा भरोगे?' के कर्म और भाग्यवादी नृशंस आश्वासनों के झुनझुने पकड़ा दिए जाते हैं? उन्हें 'मानव' मानने की रियायतें क्यों उन्हीं शर्तों पर हासिल हैं जो सिर्फ आपके वर्चस्व के अनुकूल हैं? कह सकते हैं कि यह व्यवस्था है और व्यवस्था क्रूर ही होती है, वरना चल नहीं सकती। यानी भारतीय संस्कृति की महानता को बचाए रखने के लिए बहुलांश को वंचित, दलित, शोषित, अपढ़ और अस्पृश्य बने ही रहना होगा। आप लाख चीखते रहें, कोढ़, कर्स या लानत बताते रहें, मगर समाज और परिवार के स्वास्थ्य के लिए आखिर अन्य 'जन-सुविधाओं' की तरह वेश्याएँ भी तो जरूरी ही हैं, वेश्याओं को बनाए रखना सामाजिक व्यवस्था की ज़रूरत है, नारी की महिमा का गुणगान और सांस्कृतिक औदात्य की भी। दोनों दो अलग जरूरतें हैं और एक-दूसरे की पूरक हैं। पता नहीं यह गुणगान प्रायश्चित्त है या बेवकूफ बनाने की लफ़्फ़ाज़ी...

इसी संवेदनहीनता, छद्म और आडंबर की शिकार रही है स्त्री। उसे वर्ग, वर्ण की सीमाओं के साथ-साथ सेक्स के धरातल पर 'मानव कल्याणी' शास्त्रों और मनोवृत्तियों को भी भुगतने वाली नियति स्वीकार की 'छूट' दी गई है। वह पुरुष की मर्यादा है, यानी वर्चस्वी व्यवस्था की सारी मर्यादाओं का निर्वाह करने की जिम्मेदारी सिर्फ उसकी है। वर्ग और वर्ण कोई हो, सेक्स या शील की मर्यादाएँ तोड़ेगी तो उसे उसकी जगह दिखा दी जाएगी। अपने को दलितों में शामिल किए जाने के अपमान से तिलमिलाने वाली प्रबुद्ध और समृद्ध महिला भी शील और सेक्स की मर्यादाएँ तोड़कर अपनी हैसियत जाँच सकती है। उसे दिए जाने वाले सामाजिक, पारिवारिक सम्मान, प्रतिष्ठा और पद हमारे द्वारा निर्धारित आर्थिक और नैतिक (सेक्स?) मर्यादाओं द्वारा तय होंगे। स्वयं उसने हजारों सालों में हमारी आकांक्षाओं और एटीच्यूड्स को इतना अधिक आत्मसात् कर लिया है कि अपनी सीमाएँ 'स्वयं' जानती है। वह यह भी अच्छी तरह जानती है कि इन मर्यादाओं को तोड़ने या कुछ 'ऊँच-नीच' करने पर हत्या, आत्महत्या, निष्कासन, बहिष्कार की सजाएँ उसकी प्रतीक्षा कर रही हैं। मौका मिलते ही अमूर्त-मर्यादाओं को मूर्त रूप देने के लिए जागरूक प्रहरी ही नहीं, सामाजिक परंपराएँ और शास्त्र सभी तैनात हैं।

अमूर्तन, हमारी समझ को सीमाबद्ध रखने वाले 'ठोस' से हमें मुक्त करता है, हम व्यापक और वृहत्तर परिप्रेक्ष्य में चीज़ों को देख पाते हैं, यह सामान्यीकरण न हो तो वैज्ञानिक और तार्किक नतीजे निकाले ही नहीं जा सकते। वह व्यक्तिगत सीमाओं का अतिक्रमण है—यानी वस्तु को भाव और अनुभव को संवेदना में बदलने की प्रक्रिया है। तभी एक का सत्य, सभी का सत्य बनता है, इसके बिना हम देश और काल की सीमाएँ नहीं तोड़ पाते। दी हुई वास्तविकता और गुरुत्वाकर्षण से छूटा हुआ 'अमूर्तन' सार्वकालिक और सार्वभौमिक होने का गुण प्राप्त कर लेता है और शाश्वत सत्य का भ्रम देने लगता है। चूँकि अमूर्त हो चुके तथ्य की पतंग, अपनी डोर से टूटकर स्वतंत्र और 'स्वायत्त' हो जाती है, इसलिए अपने सत्यों का निर्माण स्वयं करने लगती है—यानी एक अमूर्तन से दूसरे या अगले अमूर्तन 'होते' चले जाते हैं। फिर यह पतंग कभी वापस नहीं आती, इसका आइडिया या स्मृति ही हमारी बौद्धिक संपदा होती है। अक्सर जब हम इस अमूर्तन को वापस इसकी 'जन्मभूमि' तक लाते हैं तो देखते हैं कि वास्तविकता वह नहीं है जो बौद्धिक द्रवीकरण के रसायन से गुजरा हुआ 'अमूर्त सत्य' हमें दिखा रहा है। अक्सर वह अपनी ही स्रोत-वस्तु के विरोध में खड़ा होता है और उसके ठोस होने को ही नकारता है। यहाँ सामान्यीकरण, विशिष्ट का अस्वीकार बनकर आता है। मूर्त की सहजवृत्ति भले ही अमूर्त होते जाने की हो, मगर अमूर्त, अनिवार्यतः मूर्त का शत्रु होकर ही आता है। 'हमारे यहाँ' मानवमात्र के कल्याण का निरूपण करने वाले भव्य और गरिमामय वाक्य, निश्चय ही हमें आत्मगौरव के उदात्त संस्कारों से भर जाते हैं, मगर वे हैं मूलतः मानव-विरोधी, ठीक वैसे ही जैसे स्त्री की महिमा गाने वाली सारी सूक्तियाँ, वास्तविक स्त्री की यातना की ओर से अंधी हैं। स्वर्गिक दैवी गुणों और शक्तियों से मंडित होने की

प्रशस्तियाँ किस स्त्री को महानता की मीनारों पर नहीं फेंक देंगी? मगर वे सब इतने भारी भरकम तामझाम हैं जिनका बोझ उसे कुचलकर रख देता है। वह सत्यजित राय की फिल्म 'देवी' की तरह 'देवीत्व' की यंत्रणा में घुट-घुटकर मरती है। मानवी होने को अस्वीकार नहीं कर पाती और 'देवी' होने का बोझ झाड़ नहीं पाती, इसलिए हमेशा एक अपराधबोध उसे भीतर से तोड़ता रहता है। महादेवी वर्मा की 'शृंखला की कड़ियाँ' से लेकर सिमॉन द बोउवा तक ने 'सैकिंड सेक्स' में 'देवत्व' के इन तिलिस्मों को तोड़कर वास्तविक औरत की प्रतिमा को झाड़-खुरचकर साफ किया है...

'पूर्णाहुति' की लेखिका सरयू शर्मा से मैंने एक सवाल किया था कि कहानी के पति का सारा व्यवहार पति की व्यक्तिगत मानसिक विकृति है या सामान्य सामाजिक व्यवहार? उसे यह संस्कार या अधिकार किसने दिए कि वह लगभग सामाजिक स्वीकृति के साथ पत्नी के साथ ऐसा व्यवहार करे? वह पति और स्वामी है, इसलिए पत्नी के हाथ-पैर तोड़ सकता है, भूखा मार सकता है या बाक़ायदा हत्या कर सकता है—यह उनका निजी पारिवारिक मामला है—इस सामाजिक स्वीकृति या परंपरा को मान्यता देने के पीछे की मानसिकता कहाँ से आती है? स्त्री के संदर्भ में पुरुष अधिक बलिष्ठ, वरिष्ठ, शासक, स्वामी, विवेकी और नियंता है—यह 'वर्चस्व' भाव या लगभग शाश्वत सत्य अगर हजारों सालों से हमारे सारे धर्मशास्त्रों, नीतिग्रंथों, स्मृतियों, संहिताओं, साहित्य और लोककथाओं से छनता हुआ सामाजिक मान्यताओं के रूप में स्वीकृत न हो जाता तो कैसे पति की 'प्रकृति' बन सकता था? और अगर आज हमें यह सारा पुरुष-वर्चस्व, अप्राकृतिक, अमानवीय, लोकतंत्र विरोधी, गैर-आधुनिक, अवैज्ञानिक और क्रूर लगता है, तो क्या इसके पीछे इस सारी सामंती संस्कृति के खिलाफ़ लोकतांत्रिक विश्वास नहीं है, जिसका एक नाम 'मानवतावाद' भी है? मगर नहीं, हम सब इतनी दूर तक नहीं जाना चाहते, सरयू जैसे संस्कारी तो और भी हैं। हमें सचमुच यह स्वीकारते मानसिक, आध्यात्मिक और सांस्कृतिक कष्ट होता है कि पुरुष-वर्चस्व की धारणा ही नहीं, भारतीय संस्कृति का 'श्रेष्ठ' मूलतः सामंती-विश्वासों की देन है। अगर वह श्रेष्ठ या निकृष्ट है तो अपनी ऐतिहासिक पृष्ठभूमि के साथ है; हम न चीन की दीवार तोड़ेंगे, न अजंता-एलोरा या ताजमहल को। पुराने दर्शन, साहित्य, संगीत—सभी कुछ हमारी धरोहर हैं, मगर यह दृष्टि तो साफ रखनी ही होगी कि वे ऐतिहासिक अनिवार्यताएँ थीं और आज स्वयं इतिहास ही हैं, हमारा वर्तमान नहीं। जिज्ञासा, गौरव, और निरंतरता की खोज में हम वहाँ जाएँ, यह एक बात है, मगर वे स्वयं आकर हमारी जिंदगी निर्धारित करने लगें तो 'पूर्णाहुति' ही लिखनी होगी। कहानी हो या जीवन—सामंती संस्कारों की पड़ताल हमें अनिवार्यतः सांस्कृतिक स्रोतों और कुछ 'पूज्य-ग्रंथों' के सामने ला खड़ा करती है। यही वह द्वंद्व या भय है जिससे हम मुठभेड़ नहीं करना चाहते। इन पूज्य-ग्रंथों की प्राचीनता ने एक ऐसी तर्कातीत श्रेष्ठता, महानता, पवित्रता और दैवी-महिमा प्राप्त कर ली है कि आज के वैज्ञानिक उपकरणों से उनकी जाँच करते हमारे हाथ-पाँव काँपते हैं : कहीं हम सचमुच ही किसी बहुमूल्य को तो नष्ट नहीं कर

रहे? जब तक वे एक रहस्य-कवच में हैं, तभी तक सुरक्षित हैं, इस कुहासे को हटाते ही कहीं ऐसा तो नहीं होगा कि इनकी महानता का सारा मिथ ही झटके से टूट जाए और हम स्वयं उस धक्के या 'विश्वासघात' को बर्दाश्त न कर पाएँ? अजीब मनोवैज्ञानिक यंत्रणा है कि न हम उन पूज्य और पवित्र ग्रंथों के प्रति अविश्वासी या क्रिटिकल (तार्किक?) होना चाहते हैं, न उस स्रोतों से हम तक छनकर आई या स्वयं उनके द्वारा समर्थित अमानवीयता को स्वीकार...इतना ही नहीं, यहाँ हम एक बौद्धिक चालाकी के भी शिकार हैं कि नृशंस समाज-व्यवहारों और उन 'मूल स्रोतों' के बीच किसी भी संबंध को ही अस्वीकार कर देते हैं। अग्नि-परीक्षा, उच्च शिक्षा-विरोध या वेदादि ग्रंथों के स्त्री-पाठ का निषेध, सती-प्रथा और 'डायनहत्या' (विच हंटिंग) के समर्थन के लिए हमारे 'जगद्गुरु' जिस सांस्कृतिक-दुस्साहस का प्रदर्शन करते हैं वह हमें अमानवीय और मूर्खतापूर्ण ज़रूर लगता है, मगर वहाँ भी हम चतुराई से इन दुस्साहसी क्विकजोटों के पीछे खड़े 'पवित्र ग्रंथों' को यह कहकर बचा ले जाते हैं कि यह उनकी अपनी मिस-रीडिंग (विकृत पाठ) है, वहाँ ऐसा कुछ नहीं है।

केंद्रीयकरण, विखंडन को जन्म देता है। राष्ट्र, राज्य, धर्म, संस्कृति, नस्ल—केंद्रीयकरण के ये आज़मूदा हथियार हैं। इन्हीं की अपील लेकर केंद्र अपनी सत्ता और वर्चस्व बनाए रखता है; अक्सर भय दिखाता है कि राष्ट्र की एकता और अखंडता ही नहीं रहेगी तो हम कहाँ रहेंगे। इस वर्चस्व का विरोध करने वाला हर तत्त्व बगावत माना जाता है। औरंगजेब की चक्रवर्ती केंद्रीयता ने ही बागी मराठों, राजपूतों, रूहेलों और जाटों को परवान चढ़ाया और इंदिरा गांधी की इसी नीति ने तमिलनाडु से लेकर काश्मीर, उत्तराखंड, खालिस्तान, झारखंड या बोडोलैंड के हिंसक उभारों को जन्म दिया। राष्ट्र, धर्म, जाति, लिंग का केंद्रीय-वर्चस्व जब टूटने लगता है तो हमलावर बागियों के सामने आस्थाओं, मूल्यों, परंपराओं, श्रेष्ठता और सुरक्षा की पवित्र गायों की सेनाएँ खड़ी कर दी जाती हैं, मूल-सवाल कुछ के अपने वर्चस्व, परिणामतः अस्तित्व का होता है, मगर उसे देश, राष्ट्र, संस्कृति, धर्म और इसके द्वारा प्रदत्त सुरक्षा, सुविधा और साधनों के एकाधिकार के नष्ट हो जाने के रूप में ही प्रस्तुत किया जाता है। सत्ता में बैठा एक वर्ग जब तक आपस में मिल-बाँटकर माल-मलाई खाता रहे तब तक तो सब कुछ ठीक और व्यवस्थित है, मगर जब इन्हीं आधारों पर संगठित, वंचित वर्ग, सत्ता में हिस्सेदारी माँगने लगे तो जातिवाद, धार्मिक असहिष्णुता, आयोग्यों का दुस्साहस, उजड्डों की धौंस, अधार्मिकों की नीचता के नारे उठने लगते हैं। बड़े-बड़े विकराल बुद्धिजीवी और पत्रकार अपने और अपने वर्ग के वहाँ होने को जायज़ ठहराने के लिए आँकड़ों, तर्कों और नज़ीरों के प्रक्षेपास्त्र लेकर मैदान सँभाल लेते हैं। वर्चस्व के खिलाफ विद्रोह कमजोर हुआ तो दबा दिया जाता है या आपस में ही लड़ाकर उसे बिखरा दिया जाता है। समस्या तब भी न सुलझे तो रियायतों, छूटों और अधिकारों की सौदेबाजी होती है, 'तुम हो या हम, मनुष्य तो सभी बराबर हैं, शोषितों, दलितों, वंचितों की न कोई जाति होती है, न वर्ग—वे तो सब कहीं हैं, हम और तुम कहीं अलग या दुश्मन थोड़े ही हैं'—जैसे प्रेमालापों से वातावरण 'सद्भावनापूर्ण'

बनाया जाता है। भारतीय राजनीति के पिछले दशकों में ये सारे दृश्य हमारी आँखों के आगे गुज़रे हैं। आपस के हर संबंध में जाति और धर्म जानकर ही आश्वस्त होने वाले अचानक जाति और धर्म का विरोध कर रहे हैं, उनसे ऊपर उठने के नारे लगा रहे हैं। वस्तुतः उन्होंने सारे समाज को रुडियार्ड किपिलिंग के 'हम' और 'वे' में बाँट दिया है, जिसकी प्रसिद्ध कविता बताती है कि जितने भी सभ्य, सुसंस्कृत, शिक्षित और कुलीन हैं वे सब 'हम' हैं और जितने भी अशिक्षित, गँवार, नीच और उजड्ड हैं, वे सब 'वे' हैं।

मगर सचाई यह है कि यह सत्ता केंद्रों के टूटने या वैकल्पिक केंद्रों के उभरने का युग है। सुरक्षित और संगठित धार्मिक-राजनीतिक केंद्रों द्वारा हाशियों पर धकेल दिए गए अल्पसंख्यक, दलित, पिछड़े और स्त्रियाँ अलग-अलग केंद्र बनकर इस तरह सामने आ रहे हैं कि अनदेखा करना अब संभव नहीं रह गया है। इनमें सबसे जटिल और संलिष्ट स्थिति स्त्री-उभार की है। बाकी सारे उभरते केंद्र लगभग हॉरिजैंटल या लंबाई और चौड़ाई के अनेक स्तरों पर फैले हैं, उन्हें काट या बचाकर भी अपने आपको सुरक्षित रखा जा सकता है (हालाँकि यह द्वीपत्व भी असंभव है) मगर स्त्री तो ऊपर से नीचे तक सब कहीं गुँथी है, वर्टिकली भी है और हॉरिजैंटली भी। वह तो भीतर से ही सारी वर्चस्व-व्यवस्था तोड़ देगी। शुभ यही है कि वह सबसे अधिक असंगठित है, आज तक तो वह अपनी स्थिति को ही नियति मानकर वहीं सुख-संतोष खोजती या 'बंधनों में बँध बनी मैं बंधनों की स्वामिनी-सी' बनकर ही शहीदी-गौरव निचोड़ती रही है : परम 'प्रबुद्ध भाव' से पुरुष-वर्चस्व को ही सिर झुकाकर स्वीकार करने वाली सुरभि पांडेय की 'अहल्या' हो या नासिरा शर्मा की 'शाल्मली', सांस्कृतिक तस्वीरी चौखटों में सजी-सँवरी बैठी, अपनी श्रेष्ठता में दृप्त शिवानी की कुलीन सुंदरियाँ हों, या दी हुई नैतिक सीमाओं से हर मुठभेड़ बचाती राजी सेठ की दार्शनिक बारीकियाँ जीती हुई चौकन्नी नायिकाएँ ...

अपनी सीमाबद्धता की चेतना के बाद स्त्री-उभार का एकमात्र सरोकार रहा है, पुरुष वर्चस्व से मुक्ति की कामना। अक्सर इस कामना को उसने या तो धार्मिक मुहावरों में अभिव्यक्ति दी है या पुंश्चली और वेश्या बनकर—यानी दोनों ही स्थितियों में समाज व्यवस्था से बाहर आकर। कौशल और चुतराई से, अक्सर जान का खतरा मोल लेकर उसने पुरुष-चौसर को उन्हीं की शर्तों और नियमों के अनुसार ही खेला है। जानलेवा बंधनों और मुक्ति-कामना के द्वंद्व ने उसके मनोविज्ञान को कहीं भी सहज नहीं रहने दिया है और चतुराई की स्थिति सँभालना, खतरों को दूर से सूँघना, असुरक्षा के जोखिम को बचाना उसकी प्रकृति बना दी गई है। जिसके चलते वे लोकोक्तियाँ जन्म लेती रही हैं जहाँ वह चालाक, खतरनाक, अविश्वसनीय और कामांध सिद्ध की जाती है। कभी स्वेच्छा, मगर अक्सर जबर्दस्ती किए गए 'नैतिक' (सेक्स) अपराध की शिकार के रूप में औरत ने पलायन या आत्महत्या में ही अपनी मुक्ति प्राप्त की है। बाहरी सज़ाओं से बच निकली औरत ने अपने भीतर के आत्महंता धिक्कार से टूटकर पागलपन में भी शरण ली है। इन सारी स्थितियों पर हर भारतीय साहित्य में एक से

एक जबर्दस्त रचनाएँ उपलब्ध हैं। प्रायः ये सब पुरुषों या पुरुष मानसिकता से अनुकूलित या दी हुई सीमाओं को अतिक्रांत करती 'स्त्री के पत्र' (रवींद्रनाथ ठाकुर) हैं। इनकी करुणा, मानवीय सरोकार, परकाय-प्रवेश क्षमता और सहानुभूति ने स्त्री-चेतना के उभार में बेहद महत्त्वपूर्ण भूमिकाएँ निभाई हैं, मगर सिमॉन द बोउवा जैसी बुद्धिजीवी महिलाएँ इन्हें पुरुषों द्वारा प्रस्तुत 'स्त्री-मिथ' ही मानती हैं।

स्त्री की मुक्ति-कामना की अपनी दिशा में मुझे 1905 में छपी रूकैया सख़ावत हुसैन की 'सुलताना का सपना' सबसे अधिक आकर्षित करती है। केवल औरतों द्वारा संचालित नियंत्रित काल्पनिक दुनिया का चित्रण अनेक लेखकों ने किया है, मगर वह सिर्फ कुतूहल, मज़ाक या मज़े के लिए था। सुलताना अच्छे संपन्न घर की सुखी, कुलीन पत्नी है—नवाब की बेगम। वह अपनी घुटन और ऊब से भागकर सपने की ऐसी दुनिया में जा पहुँचती है जहाँ स्त्री-राज्य है, पुरुष की स्थिति वही है जो वास्तविक समाज में स्त्री की। यह अंतर्मन में घुटती आकांक्षा है जो सपने का रूप लेती है—सिर्फ एक उड़ान। गुलामी की इसी घुटन से फ़रार होकर खिलंदड़ी सैर करती है, कुछ दिन पहले 'हंस' में ही प्रकाशित सिम्मी हर्षिता की 'बंजारन हवा' की नायिका, या इसी अंक में क्षमा शर्मा की 'लव स्टोरी-1994' और जया जादवानी की 'कयामत का एक दिन उर्फ कब्र से बाहर' की स्त्रियाँ। ये सब अपनी रोजमर्रा की घिसी-पिटी ज़िंदगी की यातना से छूट भागना चाहती हैं। उनकी यह उड़ानें राजनीतिक और सामाजिक आंदोलनों में भाग लेने निकली औरत की स्वतंत्रता से बुनियादी रूप से अलग हैं। वहाँ नाम भले ही 'कंधे से कंधा मिलाकर चलने' का रहा हो, मगर अदृश्य अंकुश पुरुष नैतिकता का ही बना रहा है। इस बाहरी 'आंदोलनबाज़ी' के बाद प्रायः औरत घर वापस आकर उसी घर-गृहस्थी में लग गई है या आदर्श नारी का रोल अदा करने लगी है। विधि-निषेधों से भागकर 'अपने होने' के क्षणों के साक्षात्कार की ये कहानियाँ हमें इस्मत चुगताई, कृष्णा सोबती, महाश्वेता देवी और कुर्रतुल एन हैदर की रचनाओं की औरत को समझने में मदद देती हैं।

यह सही है कि नारी मुक्ति के आंदोलन अनेक उलझनों और भटकनों के शिकार रहे हैं। सभी दलित आंदोलन हो जाते हैं। कहीं वे मालिक पुरुषों से होड़ लेकर उन्हीं की तरह 'हंटरवाली' (हेमंत) बन जाने के रूप में आए हैं तो कहीं पुरुष अस्तित्व को ही नकारकर स्वायत्त और स्व-संपूर्ण हो जाने में। इन दोनों स्थितियों से होता हुआ नारी-मुक्ति आंदोलन एक नई अवस्था में आ गया है, जहाँ स्त्री एक सह-नागरिक की तरह अपनी पहचान स्थापित करना चाहती है। इसके लिए उसका सारा प्रयास अब तक प्रयुक्त भाषा और मानसिकता के अस्वीकार और स्वतंत्र व्यक्ति के रूप में स्वीकृति का है। यहाँ उसका संघर्ष दो धरातलों पर है; अपने व्यक्तित्व की स्थापना और उसके विरोध में कदम-कदम पर लगाए गए पुरुष-बैरियर (प्रतिरोधक)। ज़ाहिर है कि इस पक्रिया में परंपरा और संस्कारों द्वारा लादे गए अपने ही चेहरे (या सिर) को काटकर उसे 'छिन्नमस्ता' बनना पड़ता है, फीनिक्स की तरह अपनी ही आग से उठकर नया जन्म लेना पड़ता है। उभरती स्त्री-शक्ति के अनेक स्तरों में सामने दिखाई देने

वाले कुछ आयामों में हैं, सेक्स, प्रजनन, आर्थिक निर्भरता और सत्ता में हिस्सेदारी। यहाँ हम इस तथ्य को अनदेखा नहीं कर सकते कि बहुत दूर तक यहाँ भी मुद्दे लगभग वही हैं जो दलित-उभार के हैं। देह, जाति और रंग में जन्म लेने की सजा भुगतने की नियति दोनों को एक करती है। (अपने यहाँ भी सबसे गंदी गालियाँ 'चमार' और 'रंडी' के अर्थ देने वाली हैं) इसलिए यह मात्र संयोग नहीं है कि दलित और स्त्री केंद्र साथ-साथ उभरे हैं। यह सही है कि सारी दुनिया में, विशेषकर दक्षिण एशिया में कुछ महिलाएँ सत्ता के खेल में शीर्ष तक पहुँची हैं; गोल्डा मायर, मार्गरेट थैचर, इंदिरा गांधी—या आज बेनजीर भुट्टो, खालिदा ज़िया, चंद्रिका कुमारतुंगे, मगर वहाँ तक पहुँचने में उन्हें सबसे पहले अपना स्त्री न होना ही सिद्ध करना पड़ा है और शीर्षस्थ दलित नेता की तरह हमेशा चौकन्ना रहना पड़ा है कि वे कहीं अपने वर्ग के लिए विशेष पक्षपाती नजर न आएँ। कहना चाहिए कि उन्होंने स्त्री के लिए विशेष या तो कुछ किया ही नहीं है या बहुत डरते-डरते किया है। प्रायः स्त्री अत्याचारों के प्रति वे आँखें मूँदे रही हैं। उनके सत्ता-संतुलन का एक हिस्सा शीलवती और भद्र महिला होने का अभिनय भी है; प्रतिपक्ष की ओर से उन पर हमला करने के हथियार धर्म और शरीयत की तोपें हैं। यह जरूर है कि अपने वर्ग के लिए उन्होंने स्वयं भले ही कुछ न किया हो, मगर उनके शीर्ष पर होने ने स्त्री-उभार को बल बहुत दिया है। शायद उन्हीं की पृष्ठभूमि है कि आज चमत्कार की तरह अनेक क्षितिजों पर स्त्री अपनी शर्तों पर खड़ी दिखाई देती हैं—एक ओर सेवा और समर्पण में मदर टैरेसा है तो संघर्ष और जनांदोलन में मेधा पाटकर; सौंदर्य और सम्मोहन में सुष्मिता सेन है तो सेक्स और शरीर में पॉमेला बोर्डेस; व्यवस्था और प्रशासन में किरण बेदी है तो ठीक उसके विरोध में फूलन देवी। यहाँ मैं तस्लीमा नसरीन और फूलन देवी को विशेष रूप से इसलिए रेखांकित करना चाहूँगा कि दोनों का क्षेत्र सबसे अधिक विस्फोटक है और दोनों पुरुष-वर्चस्व की सबसे खूँखार सत्ताओं के खिलाफ खड़ी हुई हैं—धर्म और जातिगत बलात्कारों के बीच अपने को साधे रखना शायद औरत के लिए सबसे बड़ी अग्निपरीक्षा है। देह के बलात्कार द्वारा कुचले जाने या पूरी तरह ध्वस्त हो जाने से इंकार करने वाली तो न जाने कितनी भँवरी बाइयाँ समाज और साहित्य में उठ खड़ी हुई हैं। यहाँ यह बता देना भी अप्रासंगिक नहीं है कि बलात्कार औरत के खिलाफ पुरुष का सबसे कारगर हथियार रहा है, चाहे वह रात के अँधेरे में इंद्र बनकर अहल्या पर किया गया हो, या भरी कौरव-सभा में द्रौपदी को नंगा करके...बलात्कार नया नहीं है, नया है बॉबिटिंग (लिंगोच्छेद)...का प्रतिशोध... ''अगर तुम मुझे सिर्फ औरत होने की सज़ा दोगे तो सिर्फ़ मर्द तुम्हें भी नहीं रहने दूँगी...''

# बुर्कों की वापसी

राजेन्द्र यादव

वर्चस्व का एक अर्थ सर्वसत्तावाद भी है। इसे अपने आपको बचाए और बनाए रखने के लिए पूरा एक तंत्र बनाना पड़ता है। तंत्र के पुरज़े आतंक, दंड और भय या लोभ के औज़ारों से सत्ता का उद्देश्य पूरा करते रहते हैं। अपनी सुरक्षा के लिए झक मारकर शेष को इस वर्चस्ववादी तंत्र से जुड़े रहना होता है, वे स्वयं सत्ता बन जाते हैं। उनके अस्तित्व और हितों के लिए यह जरूरी है। लेकिन तंत्र के शीर्ष केंद्र पर बैठे हुओं को मालूम है कि वर्चस्व सिर्फ भय-आतंक या लोभ से स्थायी नहीं होता। उसके लिए बाकायदा एक 'दर्शन' गढ़ना भी जरूरी है: उसका मुख्य उद्देश्य जाहिलों, गँवारों, असभ्यों और अविकसितों को प्रकाश देकर 'मुख्यधारा' में यानी अपने हितों और दृष्टिकोणों में शामिल करना है। उनका यह 'दर्शन' लगभग स्वायत्त होकर औरों में ऐसी चेतना विकसित करता है कि शेष खुद-बखुद अपने को इस 'मुख्यधारा' में शामिल किए जाने के लिए जी-जान एक कर देते हैं : बिना इस दर्शन और मानसिकता के 'हमारा' वर्चस्व स्थायी नहीं हो पाएगा। 'वे' अलग और असंतुष्ट, रहेंगे तो 'हमें' खा जाएँगे। स्थितियाँ और प्रलोभन ऐसे बना दिए जाने चाहिए कि वे स्वेच्छा से 'हम' में शामिल होने की दौड़ में बने रहें—पद, प्रतिष्ठा, पुरस्कार, पैसा, सुरक्षा या फिर उपेक्षा, अस्वीकृति, वंचित होने की स्थिति, एक ओर फेंक दिए जाने की शर्तें बिल्कुल स्पष्ट रूप से परिभाषित होनी चाहिए। एक दौड़ ऊपर ले जाती है, दूसरी नीचे धकेलती है। 'उनमें' से हरेक में यह भावना और कामना दोनों होनी चाहिए कि 'हमारी' थाली में साथ बैठकर लड्डू खाने के लिए वे 'हमारी शर्तों' पर दौड़ में शामिल होने के लिए 'स्वतंत्र' हैं। मोटे रूप में यही 'मानसिक उपनिवेशवाद' है। 'वे' हम में शामिल होने का भ्रम पालेंगे 'हम' हो जाने का अहं जिएँगे, अगर कभी उनसे ख़तरा लगा भी तो इतनी समझ तो हम में भी है कि कैसे उनकी दौड़ की सारी दिशा ही बदल डालें। सात तिलिस्मों में कैद हीरा ऐसे ही तो नहीं ले लेने दिया जाएगा। इस मानसिकता के बाद हमें अपने उपनिवेशों की सुरक्षा के लिए पुलिस और फौजें भेजने की कोई जरूरत नहीं है। 'वे' खुद ही हमारा काम करेंगे...वे उपनिवेश सात समुंदर पार भी हो सकते हैं और अपने भीतर भी। दलित और स्त्री हिंदू वर्चस्ववाद के सबसे पुराने और सफल उपनिवेश हैं। सामंतवाद में हरेक के अपने स्थान, सीमाएँ और कर्तव्य तय

हैं, उन्हें बदलने की इजाजत किसी को नहीं है; क्योंकि यह दैवी और शास्त्रीय विधान है। पूँजीवाद या औद्योगिक व्यवस्था में आप अपना स्थान या नियति बदलकर 'मुख्यधारा' में शामिल होने के लिए 'स्वतंत्र' हैं। एक गतिहीनता की यथास्थिति के मंत्र पर चलता है तो दूसरा गतिशीलता के प्रतिस्पर्धी तंत्र पर। 'हंस' के पिछले दो 'औरत : उत्तरकथा' अंकों में गतिहीनता की सड़ाँध और गतिशीलता की दिशाओं को समझने की नितांत नाकाफी कोशिश थी।

लेकिन यहाँ उससे जुड़ी सिर्फ एक ही बात को लें। दोनों अंकों में प्रकाशित प्रभु जोशी के रेखांकनों पर दर्जनों पत्र आए हैं! शायद अब तक यह बात साफ हो चुकी है कि 'हंस' में प्रकाशित रेखाचित्र, कहानियों के चित्रांकन (इलेस्ट्रेशन) नहीं होते, वे लघुकथाओं या गजलों-कविताओं की तरह स्वतंत्र कृतियाँ होती हैं—प्रायः स्थापित चित्रकारों की। प्रभु जोशी, रामकुमार की तरह प्रसिद्ध कथाकार और चित्रकार दोनों हैं और अपनी किसी भी रचना के प्रति गैर-जिम्मेदार नहीं हैं। अपनी न्यूड-स्टडी के दौरान बनाए गए ये चित्र 'हंस' के लिए उन्होंने विशेष रूप से भेजे थे। कुछ पाठकों को वह गंदे और अश्लील लगे हैं और 'हंस' जैसी साहित्यिक पत्रिका की गरिमा के अनुरूप नहीं हैं, उन्हें परिवार में रखने में असुविधा होती है। मैं यहाँ उनकी वकालत में एलोरा, खजुराहो और कोणार्क की दुहाई नहीं दूँगा, न ही दूरदर्शन के देशी-विदेशी चैनलों पर चौबीसों घंटे आने वाले 'मनोरंजन और जानकारी से भरपूर' कार्यक्रमों, चमकदार पत्रिकाओं के हर पन्ने से झाँकती सौंदर्य-सुंदरियों के अंग-प्रत्यंगों की गवाही प्रस्तुत करूँगा। औरत के शरीर में ऐसा क्या बचा है जो साबुन-तेल, कपड़ों और पेयों के साथ हमारे घरों के सारे बाहरी और अंतरंग में नहीं सजा दिया गया है? परिवार के किस सदस्य को 'बचाना' चाहते हैं हमारे सुसंस्कृत पाठक? हमारी लड़ाई ही औरत को सिर्फ देह या विक्रय-सामग्री बना दिए जाने के खिलाफ है। जाहिर है यह लड़ाई आज औरत को वापस गिलाफों, बुर्कों और पर्दों में वापस धकेल दिए जाने से नहीं लड़ी जा सकेगी। बिना देह को अस्वीकार किए औरत की आत्मा और देश के दूसरे संदर्भों से जोड़कर ही उसे लड़ा जा सकेगा। अगर 'हंस' में प्रकाशित रेखाचित्रों के माध्यम से स्त्री-देह की विभिन्न मुद्राएँ, कामुक पेचो-खम ही दिखाने होते तो उस सबके लिए प्रभु जोशी की जरूरत नहीं थी। बहुत आसानी से आज की मुक्तबाजारी व्यवस्था और सभी कुछ दिखाने की छूट के इस मौसम में भड़काऊ फोटो-शृंखला छाप डालना बहुत महँगा भी नहीं पड़ता। इस सबके लिए पूजा बेदी, पूजा भट्ट, ममता कुलकर्णी से लेकर अंजलि कपूर तक की 'स्वैच्छिक सेवाएँ' ले लेना भी मुश्किल नहीं होता। "हमारा शरीर है, हम जैसे चाहे उसे दिखाएँ या ढँकें—यह चुनाव और विवेक आप हम पर छोड़ दीजिए" के तर्क वहाँ आपके मुँह पर मार दिए जाएँगे। क्या पिछले अंक में प्रकाशित नवरंग जायसवाल की कहानी 'तुम अपना बयान जारी रखो' के बाद भी इस बारे में कुछ कहना शेष रह जाता है?

सवाल यहाँ स्त्री-देह के प्रदर्शन और चटखारे का नहीं है। उत्तर-आधुनिक काल के इस विश्वग्रामी-वातावरण में हम इसके इतने 'अभ्यस्त' तो हो ही चुके हैं कि यह सब बहुत चौंक

या सनसनी पैदा नहीं करता। जहाँ करता है, वहाँ देखने से आगे जाकर जबर्दस्ती भोगने या बलात्कार की आकांक्षा है। वस्तुतः आज हम सीधे इस सवाल के सामने हैं कि क्या स्त्री-देह इतनी घृणित, अश्लील और आपत्तिजनक है कि अपनी संस्कृति और शील बचाए रखने के लिए उसका दबा-ढँका रहना ही जरूरी है? सारे धार्मिक कठमुल्ले इस सवाल का यही तो जवाब दे रहे हैं और यही सवाल उठाया था दसियों साल पहले प्रचंड बौद्धिक मार्क्सवादी प्रतिष्ठित पत्रिका 'न्यू लैफ्ट रिव्यू' ने, मुखपृष्ठ पर एक नारी न्यूड छापकर, क्योंकि लेनिन ने चाहो जो कुछ कहा हो, मगर स्त्री-देह को लेकर वामपंथियों में भी लगभग आर्यसमाजी या विक्टोरियन दृष्टिकोण रहा है : यह भोग्या नहीं है, मगर उस पर खुली बात करना अनैतिक और अश्लील तो है ही! दिखाना तो और भी! मुझे नहीं मालूम 'न्यू लैफ्ट रिव्यू' ने क्या सवाल उठाए थे और बाद में क्या प्रतिक्रियाएँ आईं, मगर शायद पूछा यही गया था कि अगर स्त्री सौंदर्य और राग की प्रतीक भी है तो उसे देखना मात्र इतनी कुंठाएँ क्यों पैदा करता है? जीवन अगर जीने और संरक्षण योग्य है तो इसीलिए न कि वहाँ सौंदर्य है, अनुराग है और भावनात्मक निर्भरता है। अगर उसे ही बचाए और बनाए रखना नहीं है तो सारे संघर्षों, लड़ाइयों और दुनिया-भर के जद्दोजहद की ज़रूरत क्या है? सारी क्रांतियाँ किस जीवन के लिए हैं? मुक्ति क्या स्त्री को काटकर होगी? या अधूरी स्त्री के साथ होगी? फिर क्या कारण रहे हैं कि प्रेम, देह और भावना के क्षेत्र हमने 'प्रतिक्रियावादियों' के नाम लिख दिए हैं? सचमुच हम अभी भी यही मानते हैं कि प्रेम और परिवार ऐसे मोहबंधन हैं जो महान उद्देश्यों में बाधा हैं? क्या यह हजारों सालों के हिंदू संस्कार नहीं हैं कि 'नारी की झाँईं पड़त, अंधौ होत भुजंग' या 'नारी तो हमहू करी, नारी महाविकार' या 'तिय छवि छायाग्राहनी, गहै बीच ही आय'? 'नारी नरक का द्वार है' की ग्रंथी पालकर हम साथी-मनुष्य से घृणा करेंगे, उसे छूत की बीमारी घोषित करेंगे और फिर जीवन, सौंदर्य, उत्सव के गुणगान करेंगे—क्या इस खंडित मानसिकता के परीक्षण की बिल्कुल जरूरत नहीं है? हमने औरत को उन साँप-बिच्छुओं की तरह बना दिया है जो खुले रहेंगे तो काटेंगे और डसेंगे, इसलिए वे अपने बिलों और बाँबियों में ही रहें, हाँ, जब हम 'बड़े युद्धों' से लौटकर आएँ तो हमारी थकान और घाव सहलाने के लिए एकांत मनोरंजनों में प्रकट हों। जीवन-संगिनी की यह परिभाषा हमें कब तक और जीनी है? पुरुष-वर्चस्व के इस औपनिवेशिक अनुकूलन (कंडीशनिंग) की इससे बड़ी सफलता और क्या होगी कि स्त्री स्वयं अपने आपको घृणित, अश्लील और जुगुप्स मानने के संस्कारों में साँस लेती है। यहाँ मुझे चेखव की 'ब्लैक-मौंक' कहानी अनायास ही याद आ रही है। जहाँ एक माँ अपने मरते हुए बेटे को सिर्फ इस भय से नहीं छूती कि बेटा महान संत, ब्रह्मचारी और शुद्धात्मा है और औरत होने के कारण ही (माँ होने के बावजूद) वह स्वयं पापिष्ठा, नारकीय और घृणित है—अगर वह उसे छुएगी तो उसे भ्रष्ट कर देगी! औरत (माँ) की इस यातना और साधना-शिखर पर पहुँचे हुए असहाय संत की नितांत अकेली मृत्यु को चेखव ने अजीब करुणा से लिखा है! (प्रेमचंद की 'सद्‌गति' का दुखी चमार भी तो शूद्र

होने के अपराधबोध में मरता है।) इसी द्वंद्व की दूसरी स्मरणीय कहानी है तोल्सतोय की 'फादर सर्गीयस'।

मान लीजिए प्रभु जोशी ने स्त्री की जगह पुरुष देह के ऐसे ही रेखाचित्र दिए होते तो भी क्या पाठकों की प्रतिक्रियाएँ यही होतीं? मेरा विश्वास है, नहीं। तब शायद हम सब उन रेखाओं की कला और लयात्मकता (रिद्‌म) को अधिक मुक्त होकर सराह सकते थे—उनमें चित्रित आकांक्षाओं, स्वप्नों और भयों को अधिक तटस्थ होकर 'एप्रिशिएट' कर पाते और निश्चय ही शरीर के उभारों या दबावों में ही उलझकर नहीं रह जाते...तब शायद हम यह भी कहते कि कला इसी तरह हमारा उदात्तीकरण करती है। क्या यह सवाल आपके मन में नहीं उठता कि जो स्त्री-देह हर कला की केंद्रीय धुरी हो वही अपने आपमें इतनी वीभत्स, घृणित, अश्लील और अनैतिक सिद्ध कर दी जाए? नैतिकता की इस वर्चस्ववादी कुंठा के खिलाफ अंजलि कपूर का शरीर विद्रोह क्या बहुत अस्वाभाविक लगता है? एक अमेरिकन ने भारतीय संस्कृति की परिभाषा इस प्रकार की थी 'दे शिट इन पब्लिक, दे पिस इन पब्लिक, बट दे नैवर किस इन पब्लिक' क्या हिंदी में इसका अनुवाद इस तरह नहीं होगा 'खुले में हगते हैं, खुले में मूतते हैं ज्ञानी; लेकिन खुले में चूमते मरती है नानी।'

आपत्ति इस बात को लेकर होनी चाहिए कि औरत, स्कूटर, टायर या पंखे बेचने की पैकिंग नहीं है। न खुद अपने को परोसकर भुक्खड़ों को ललचाने का मसाला है, विश्व और ब्रह्मांड सुंदरियों के रूप में छाँटे जाने के बाद साबुन, तेल, शैंपू, ब्रा बेचने वाली बना दिए जाने ने औरत को भी बाजारू माल के रूप में बदल दिया है। अर्थात् मीडियाई धूम-धाम के साथ विश्व और ब्रह्मांड सुंदरियों का चुनाव साबुन-शैम्पू कंपनियों का ही एक हथकंडा नहीं तो और क्या है? जिन प्रसाधनों को वे बेचेंगी, (चाहे जितने महँगे क्यों न हों) पेट काटकर उन्हीं के इस्तेमाल से तो गाँव से लेकर शहर तक की करोड़ों लड़कियाँ गोरी, तन्वंगी, मोहक विश्व सुंदरी होने का सपना जिएँगी—अहाँ, गोरी दुनिया में कितना पैसा, प्रतिष्ठा और सम्मान है।

'हंस' में सबसे अधिक संख्या में मिलने वाली रचनाएँ हैं ग़ज़लें और लघुकथाएँ...जिन्हें न भाषा की समझ है, न मुहावरे का ज्ञान—वे उर्दू के भयानक शब्दों को लेकर ग़ज़लें झाड़े चले जाते हैं। पढ़कर कोफ्त होती है, सिर धुनने को मन करता है : हाय, ग़ज़ल तेरी यह दुर्दशा! गुलाम अली से लेकर पंकज उद्धास तक लोकप्रिय गायकों ने ग़ज़लों का ही सहारा लिया है। मलिक पुखराज और बेग़म अख्तर को कौन भूल सकता है? ग़ज़ल की इस झनझना देने वाली लोकप्रियता ने हर श्रोता को ग़ज़लकार बना दिया है।

इधर लघुकथाओं की बाढ़ आई है राजनीतिक विडंबनाओं से, हर मंचीय कवि इनका इस्तेमाल करता है। शायद यह कहना सही होगा कि लघुकथाओं के नाम पर 99 प्रतिशत ये चुटकुले ही होते हैं। नेताओं के भ्रष्टाचार, आडंबर, ढोंग, हृदयहीनता ही अनिवार्यतः इन चुटकुलों के कथ्य हैं। इससे लेखकों के सामाजिक सरोकार तो पता लगते हैं, मगर प्रायः दो

विरोधी स्थितियों को रखकर ही यहाँ चमत्कार पैदा कर दिया जाता है; धार्मिक अनुष्ठानी नेता चकलाघर चलाते हैं और त्याग और अपरिग्रह की बात करने वाले स्मगलिंग करते हैं। कभी-कभी तो फूहड़पने की यह स्थिति है कि नामों को लेकर 'लघुकथा' गढ़ दी जाती है जैसे दयाराम नाम के साहब मूलतः कितने क्रूर हैं। अक्सर हृदयहीनता भी इनके विषय होते हैं; भूखे मरते आदमी के लिए खाना नहीं है, कुत्तों और गायों को भोज कराया जाता है। मैं नहीं कहता कि हमारा समाज इन भयावह स्थितियों से नहीं गुजर रहा, मगर अखबार की कतरनें लघुकथाएँ नहीं होतीं। इन लघुकथाओं का दूसरा प्रिय विषय है पशु-पक्षियों के माध्यम से राजनीतिक टिप्पणी। हालत यह है कि लघुकथाओं की दुनिया राजनीतिक भेड़ियों, सियारों, शेर-भालुओं और बंदरों और कुत्तों से भरी पड़ी है। लगता है, सारी लघुकथा मदारियों, सरकस मालिकों या ज़ू-व्यवस्थापकों के हाथों चली गई है। वस्तुतः 'लघुकथा' आज गिने-चुने फार्मूलों का विस्तार होकर रह गई है।

मुझे लगता है जैसे गीत किसी लंबी कविता या खंडकाव्य का अर्क नहीं है, वैसे ही लघुकथा न बड़ी कहानी का सार-संक्षेप है, न उसकी रूपरेखा। एक छोटा चित्र अगर बड़ा कर दिया जाए तो भी रहेगा वह वही चित्र। लघुकथा ग़ज़ल या दोहे की तरह एक स्वतंत्र विधा है, यह दूसरी बात है कि बहुत-सी लंबी कहानियों को खूबसूरत लघुकथा बनाया जा सकता है और बहुत-सी लघुकथाएँ संभावनाओं के अनुसंधान में बाकायदा कहानी का रूप ले सकती हैं। पंचतंत्र, हितोपदेश और जातक कथाओं, थेरी गाथाओं, अनंत लोककथाओं से लेकर ईसप, खलील जिब्रान, ख्वाजा नसीरुद्दीन, कन्फ्यूसियस और अब आचार्य रजनीश तक लघुकथाओं की दुनिया का विस्तार रहा है, आदि स्रोत तो पुराण, हदीस और बाइबिल है ही। थीम उन सबकी मूलतः दो-तीन ही हैं : व्यावहारिक समझदारी, सामाजिक विवेक और धार्मिक उपदेश कथाएँ। वे प्रायः अपने सिद्धांतों और विश्वासों के प्रतिपादन या खुलासे के लिए दृष्टांत कथाओं के रूप में कही जाती हैं। कहीं-कहीं अपने धर्म-गुरुओं के गुणगान या उनकी सिद्धियों के चमत्कार दिखाने वाली कथाएँ भी हैं। आज भी वे अपनी संक्षिप्ति और प्रतिपादित 'सत्य' के कारण तत्काल प्रभाव डालती हैं, सोचने-विचारने के चमत्कारी सूत्र भी हमें वहाँ मिलते हैं, मगर हमें यह नहीं भूलना चाहिए कि वे पढ़ने के लिए नहीं, सुनाए जाने के लिए कही जाती थीं, इसलिए मोटे-मोटे सामान्यीकरणों या काले-सफेद में बँटी थी। द्वंद्व दुष्ट और भले के बीच ही होता था। शायद इसी कारण वे 'लोक' में सबसे अधिक स्वीकृत हुई या 'स्वीकृति' के दौरान लोक ने उन्हें अपने अनुकूल ढाल लिया।

मुद्रण सुविधाओं और पढ़ने की परंपरा ने साहित्य की अन्य विधाओं की तरह लघुकथाओं में भी गुणात्मक परिवर्तन किए। कहानियाँ ज्यादा बारीक़ और अर्थगर्भी हुईं। मुझे ऐसा लगता है कि लघुकथाओं के इस रूप का प्रारंभ मुख्यतः गद्यगीतकारों के हाथों हुआ है और छायावादी युग में कवियों ने अपनी रहस्यानुभूतियों की कौंध' (फ्लेश) को ही शब्दबद्ध करने की कोशिशें की हैं। शायद यह भी है कि लघुकथाओं में आज जो विषय की जटिलता और गहराई या

रूप का गठन और विधा की स्वायत्तता आई है उसका श्रेय कथाकारों से अधिक कवियों, संतों और गद्यगीतकारों को जाता है। मुझे शक यह भी होता है कि क्या गद्यगीत ही लघुकथाओं की मूल भावस्थितियाँ नहीं थीं? डेढ़ सौ साल पहले लिखी तुर्गनेव की 'पोइम्स इन प्रोज़' के रूप में लिखी लघुकथाओं से ही ऐसी धारणा को बल मिला। अपने यहाँ भी इस दिशा में अनायास ही जो नाम उभरकर आते हैं उनमें रवींद्रनाथ ठाकुर तो हैं ही, हिंदी में महादेवी वर्मा, दिनेशनंदिनी, चौरड़िया, जैनेंद्र कुमार, भँवरमल सिंधी, ब्रजलाल बयाणी की रचनाएँ लघुकथाओं और गद्यगीतों की सरहदों में दुतरफा संक्रमण करती हैं। वैसे मैं आज भी तोल्सतोय की कुछ लघुकथाएँ भूल नहीं पाता।

बहरहाल, इस क्षेत्र में बंगला के बनफूल और हिंदी के रावी का योगदान अनदेखा नहीं किया जा सकता। दोनों ने ही इसका गंभीर रचना के रूप में प्रारंभ किया। मगर लगता आज भी नहीं है कि लघुकथा एक स्वतंत्र विधा के रूप में स्थापित हो पाई है—हालाँकि इधर बलराम द्वारा पाँच बड़ी जिल्दों में कोश बनाने की दुस्साहसी योजना मेरे सामने है और छोटी पत्रिकाओं के लघुकथा अंक भी दो-चार देखे हैं। सम्मेलनों और गोष्ठियों की रिपोर्ट भी गाहे-बगाहे आ जाती हैं। शायद इसके दो कारण हैं : एक तो अभी तक इस क्षेत्र में इधर कोई ऐसी प्रथम श्रेणी की प्रतिभा नहीं आई है जिसने गहरी अंतर्दृष्टि दिखाई हो या विधा में प्रयोग किए हों, यानी जो अपनी आग से सबका ध्यान आकर्षित कर ले; दूसरे इसके सिद्धांत पक्ष पर गंभीरता से कोई काम नहीं हुआ। अधिकांश कथाकारों ने पंद्रह-बीस लघुकथाएँ जरूर लिखी हैं और निश्चय ही बहुत अच्छी हैं, मगर वह उनका मुख्य लेखन नहीं है। आज मुझे प्रथम श्रेणी का कोई लेखक, लघुकथाकार के रूप में याद नहीं आ रहा। वे सब बाई द वे या पार्ट-टाइम प्रयासों की तरह हैं। किसी भी साहित्य में जब तक एक विधा के पाँच-सात पूर्णकालिक लेखक न हों, तब तक वह स्वतंत्र रूप में कैसे स्थापित हो सकती है? संस्कृत-पालि की बात छोड़ दें तो मुझे हिंदी में एक भी ऐसा कथाकार याद नहीं आ रहा जो खलील जिब्रान की तरह अपने आप में लघुकथा लेखक के रूप में ही जाना जाता हो—यों रवींद्र वर्मा, उदय प्रकाश, रघुनंदन त्रिवेदी, प्रेमकुमार मणि, युगल, अवधेश कुमार, सुकेश साहनी या उर्दू में इंतज़ार हुसैन, जोगिंदर पॉल ने अद्भुत लघुकथाएँ लिखी हैं। इससे ज्यादा दयनीय स्थिति क्या होगी कि साहित्य की हर विधा को उपकृत करने वाले 'आचार्य' गिरिराज किशोर तक से यह विधा अभी तक अबलात्कृत रही है।

हिंदी में आज की लघुकथाओं में सामाजिक-राजनीतिक सरोकार और बेचैनी तो बहुत है, मगर प्रायः समकालीन जीवन-स्थितियों के अनुभूति-स्पंदित क्षणों से बचने की प्रवृत्ति है। हममें से अधिकांश रूपक, प्रतीक, दृष्टांत जैसी 'तरकीबों' का सहारा लेना ज्यादा पसंद करते हैं। कभी-कभी तो एक सूक्ति या वाक्य ही आधार बन जाता है। चूँकि यहाँ बहुत संक्षेप में बात का निचोड़ देना पड़ता है इसलिए बड़ी कहानियों का सार-संक्षेप देने या शाश्वत सत्य उद्घाटित करने की मानसिकता आज की लघुकथाओं की प्रेरणा लगती है। बड़े चित्र को छोटा कर देना

ही मिनिएचर-पेंटिंग नहीं होती—दोनों के लिए दो अलग एप्रोच की जरूरत है। उस अलग एप्रोच की अभी तक अलग से पड़ताल मेरे देखने में नहीं आई है। ग़ज़ल या दोहे की तरह जब तक इस विधा में बारीक-ख़याली और 'देखन में छोटे लगें' वाली भाषा पर गंभीरता से काम नहीं होता, तब तक यह हाशियों पर बना दिए गए फूल-पत्तों की हैसियत से ऊपर नहीं उठ पाएगी।

वस्तुतः फोटोग्राफी की भाषा में लघुकथा एक ऐसा 'स्नैपशॉट' है जिसे समय के प्रवाह में स्थिर कर दिया गया है, वह समग्र का हिस्सा भी है और स्वतंत्र भी। 'कहानी' उसके संदर्भों के साथ ही अर्थ संकेतित करती है।

# अश्लीलता के बहाने नारी के प्रश्न पर विचार

**मैनेजर पांडेय**

अश्लीलता वास्तव में कोई शुद्ध साहित्यिक समस्या या धारणा नहीं है। यह एक स्तर पर सामाजिक नैतिकता या संपूर्ण सामाजिक जीवन और मानवीय संबंधों के सवाल से जुड़ती है। सामाजिक संदर्भ की तरह साहित्य के संदर्भ में भी सारे पुरुष निर्मित प्रतिमान, नियम और मर्यादाएँ पुरुष की तुलना में स्त्री की स्वतंत्रता और उसकी उपस्थिति को पुरुष की चिंता और चेतना के हिसाब से देखने की प्रवृत्ति पैदा करते हैं। दूसरे शब्दों में, साहित्य में अश्लीलता का सवाल सामाजिक स्तर पर सदाचार की अवधारणा से जुड़ा है। लेकिन इसमें कठिनाई यह है कि स्त्री-पुरुष के लिए सदाचार के नियम एवं उसकी सीमाएँ अलग-अलग हैं। इसीलिए जीवन और समाज में पुरुष सबकुछ करने के लिए स्वतंत्र है तो वह साहित्य में सब कुछ कहने के लिए भी स्वतंत्र है। लेकिन स्त्री समाज या साहित्य में वही कर या कह सकती है जो पुरुष उसके लिए तय करता है। इसी तरफ इशारा करते हुए महादेवी वर्मा ने 'शृंखला की कड़ियाँ' में लिखा है कि बड़े-से-बड़ा दुराचारी व्यक्ति भी परम सती स्त्री का न केवल आलोचक ही, बल्कि न्यायकर्ता भी होता है। दूसरी तरफ वही दुराचारी व्यक्ति अपने दुराचार के कारण धर्म से लेकर राजनीति में ऊँचे-से-ऊँचे पद तक पहुँचने में कोई कठिनाई अनुभव नहीं करता है, लेकिन किसी स्त्री के आचार के बारे में संदेह मात्र प्रकट करने पर धर्म या राजनीति तो क्या उसका घर में रहना हराम हो जाता है।

समाज में स्त्री-पुरुष के बीच मौजूद इस दोहरे मानदंड के कई उदाहरण साहित्य में भी पाए जाते रहे हैं। यहाँ उदाहरण के लिए 18वीं सदी की तेलुगु कवयित्री मुद्दुपलानी की काव्य रचना 'राधिका सांत्वनम' की चर्चा करना उचित होगा। इस पुस्तक के संदर्भ में अलग-अलग समयों पर हुई सामाजिक और साहित्यिक प्रतिक्रियाएँ अश्लीलता के जटिल मुद्दे के कई रोचक आयामों का खुलासा करती हैं। राधा-कृष्ण की प्रेम कथा को राधा की दृष्टि से देखने वाली इस रचना में उनके प्रेम प्रसंगों का, सहज से लेकर अत्यंत अंतरंग संबंधों का, बड़ा ही चित्रात्मक वर्णन हुआ है। लेकिन इस पुस्तक के छपते ही तेलुगु के प्रगतिशील समाज सुधारक और तेलुगु कविता का इतिहास लिखने वाले वीरेशलिंगम तक ने मुद्दुपलानी की कठोर आलोचना ही नहीं की, बल्कि यहाँ तक कह डाला कि चूँकि वह वेश्या थी इसलिए उसने

इस भाषा में यह काव्य लिखा। यहाँ यह बताना आवश्यक है कि मुद्दुपलानी अपने समय में अत्यंत लोकप्रिय और सम्माननीय कवयित्री थीं। परंतु इस पुस्तक की रचना के बाद धीरे-धीरे ऐसा आलोचना और निंदा का क्रम शुरू हुआ कि जिसने कालक्रम में इसे साहित्य के इतिहास के स्मृति-पटल से गायब ही कर दिया। लेकिन फिर 1909-10 के आसपास तेलुगु की ही एक महिला ने उस किताब की खोज की और उसे संपादित कर छपवाया। उसके बाद इस पर एक बार फिर से हंगामा शुरू हो गया। यहाँ तक कि जिस प्रेस में वह किताब छपी थी उस प्रेस के खिलाफ भी पुलिस कमिश्नर ने केस कर दिया और अंततः 1911 में ब्रिटिश सरकार ने उस किताब पर प्रतिबंध लगा दिया।

हालाँकि 1911 के बाद एक दूसरी स्थिति पैदा हुई। चूँकि ब्रिटिश सरकार ने उस पर पाबंदी लगाई थी इसलिए इस पाबंदी का सवाल राष्ट्रीय आंदोलन के साथ जुड़ गया और अब तेलुगु के लेखकों और कवियों ने इस प्रतिबंध का विरोध करना शुरू कर दिया। जो समाज पहले मुद्दुपलानी का स्वयं अपने स्तर पर दमन कर रहा था उसी समाज ने बाद में उसका राजनीतिक उपयोग करना चाहा और उन लोगों ने पाबंदी के खिलाफ कई प्रकार के तर्क जमा किए। कहा गया कि उन्नीसवीं सदी में बनाए गए कानून के आधार पर अठारहवीं सदी की रचना को प्रतिबंधित करना न्याय संगत नहीं है क्योंकि तब तो कालिदास या जयदेव सरीखे अन्य कवियों की रचनाओं पर प्रतिबंध लगाया जा सकता है। जैसे-तैसे यह मुकदमा चलता रहा और बाद में सरकार ने यह फैसला किया कि इसमें से आपत्तिजनक अंशों को हटाकर इसे छापा जा सकता है। अंत में 1947 में उस पर से पाबंदी हटा ली गई।

इस घटना के विश्लेषण की गहराई में जाने पर औपनिवेशिक स्थितियों के कारण स्त्रियों की पराधीनता और अश्लीलता के सवाल की जटिलता समग्रता में सामने आती है। हालाँकि ऐसा नहीं है कि उपनिवेशवाद के पहले स्त्रियाँ स्वतंत्र थीं, लेकिन उपनिवेशवाद से पैदा हुआ मध्यवर्ग अपनी मानसिक बुनावट में विक्टोरिया कालीन नैतिकता से ग्रस्त था और अपनी इस आकांक्षा के अनुरूप एक आदर्श स्त्री की छवि का निर्माण करना चाहता था। इस मध्यवर्ग में अपनी पुरानी सामंती रूढ़ियों और विक्टोरियाकालीन वर्जनाओं के विचित्र घालमेल से एक पाखंडी चरित्र विकसित हुआ। इसी पाखंड का परिणाम था कि जो लोग राष्ट्रवादी विचारधारा के तहत 'राधिका सांत्वनम' पर लगे प्रतिबंध का विरोध करते रहे वही आजादी के बाद प्रतिबंध उठने पर फिर उसे अश्लील कहकर कोसने लग गए। जहाँ गौरतलब है कि कई बार उपनिवेशवाद की ज़रूरतें राष्ट्रवाद की ज़रूरतों से मिल जाती हैं। भारत में जिस प्रकार का राष्ट्रवाद विकसित हुआ है उसकी कई विशेषताएँ तो सीधे-सीधे उपनिवेशवाद से सीखी और स्वीकार की गई हैं। स्त्री-पुरुष के लिए इस दोहरे मानदंड की गैर-आलोचनात्मक स्वीकृति इसी प्रवृत्ति का एक जीवंत उदाहरण है। इसीलिए वीरेशलिंगम ने मुद्दुपलानी की काव्य रचना का विरोध करते हुए यह तर्क दिया है कि एक स्त्री के औरतों को जिंदा जलाने जैसी अमानवीय घटनाएँ रोज होती और छपती हैं जिन्हें हम केवल एक सामान्य घटना मानकर

दुखी या सुखी हो जाते हैं। मुजफ्फरनगर में उत्तराखंड के लिए आंदोलन करने वाली औरतों के साथ जो हुआ उससे ज़्यादा अश्लील और अमानवीय हरकत और क्या हो सकती है? लेकिन इसको भी स्त्रियों के अपमान तथा एक व्यापक सामाजिक-राजनीतिक अभिव्यक्ति के रूप में न देखकर एक बहुत ही सीमित स्तर पर राजनीतिक दाँव-पेंच मानकर अनदेखा कर दिया जाता है। दूसरी ओर एक बड़ा तबका समाज में बढ़ते सेक्स और हिंसा की प्रवृत्ति पर चिंता जताने वाले लोगों का है, परंतु उनका केबल टी.वी. से आयातित दुख भारत की 'बैरागियों के बगीचे' की संस्कृति के लिए इस तरह का चित्रण-वर्णन करना उसके पतन का प्रमाण है। इस उदाहरण से यह भी स्पष्ट है कि किस प्रकार समाज, संस्कृति और साहित्य के इतिहास में स्त्रियों की रचनाशीलता को नष्ट और अदृश्य कर देने की प्रवृत्तियाँ चारों तरफ मौजूद रही हैं।

इसी क्रम में एक और बात की ओर ध्यान आकृष्ट करना ज़रूरी है कि जिस तरह साहित्य को जीवन के दूसरे संदर्भों से अलग करके देखने की प्रवृत्ति रही है उसी तरह साहित्य की आंतरिक समस्याओं को भी जीवन की समस्याओं से अलगाकर देखा जाता रहा है। यही उस विडंबना को जन्म देती है जहाँ एक चीज समाज में तो श्लील मानी जाती है, पर साहित्य में आते ही अश्लील बन जाती है। इतना ही नहीं, समाज में बहुत सारी ऐसी चीजें हैं जिसे केवल अश्लील ही नहीं, मनुष्य-विरोधी भी कहा जाएगा, लेकिन लोग उसे स्वीकार कर लेते हैं। परंतु साहित्य में उसमें से किसी एक पक्ष का चित्रण-वर्णन हो जाए तो उस पर तरह-तरह के आरोप लगाए जाने लगते हैं। उदाहरण के लिए आएदिन अखबारों में पाँच साल की बच्चियों से लेकर पचास साल की महिलाओं के साथ बलात्कार तथा कौमार्य भंग की चिंता से जुड़ा है। एक कुत्सित इतिहास दृष्टि से प्रभावित इस सोच और उनके राजनीतिक 'आँसुओं' की नदी के बावजूद सच्चाई ये है कि ये सारी चीजें हमारे समाज में उपस्थित रही हैं। लेकिन इन घटनाओं पर समाज में इतना हंगामा नहीं होता है जितना इनमें से किसी एक का साहित्य में आ जाने से हुआ करता है। यह साहित्य की पाखंडी प्रवृत्ति नहीं तो और क्या है? साहित्य में अश्लीलता पर विचार करते समय उसे सामाजिक जीवन में मौजूद अश्लीलता से जोड़कर न देखना एक दुहरे मानदंड और पाखंड का प्रमाण होगा।

इसी क्रम में एक बात रेखांकित करना ज़रूरी है कि हिंदी में, बल्कि पूरे हिंदुस्तान में एक छद्म यह है कि धर्म के भीतर किसी भी आचरण को अश्लील नहीं माना जाता। जैसे यदि हिंदू धर्म के शास्त्रीय रूप की ही बात करें तो धर्म से जुड़े हुए पुराणों (जैसे लिंगपुराण) जैसा वर्णन किसी उपन्यास में कर दिया जाए तो उसे न सिर्फ तुरंत अश्लील करार दिया जाएगा, बल्कि सामाजिक नैतिकता के हनन के आरोप में 'फतवा' भी जारी किए जाने की संभावना है। दूसरे स्तर पर यदि धार्मिक व्यवहार को देखें तो जहाँ स्त्री की योनि में रखे लिंग की पूजा बिना किसी हिचक या दुविधा के होती है वहीं साहित्य में ऐसी चीजें आते ही हाय-तौबा मच जाती है। धार्मिक व्यवहार की इस विडंबना के दो कारण हो सकते हैं, पहला

तो ये कि पूजा करने वाले यह नहीं समझते हैं कि वे किस चीज की पूजा कर रहे हैं या दूसरा कि उनके मन में यह भाव पैदा नहीं होता। दूसरे शब्दों में जिनके मन में ये भाव होता है उन्हें ही लिंग-पूजन के प्रति ऐसा अधार्मिक (अश्लील) भाव आ सकता है। इसे यदि साहित्य पर लागू करें तो यह क्यों नहीं कहा जा सकता है कि वास्तव में साहित्य में अश्लीलता नहीं होती, बल्कि आलोचकों की अपनी सुषुप्त अश्लीलता ही साहित्य में प्रतिबिंबित होती दीखती है। कदाचित इसीलिए 'हंस' की एक कहानी पढ़कर जो व्यक्ति अपनी लड़की से ''पापा, माधड़चोद का मतलब क्या होता है'' (हंस, अक्टूबर '94 में छपा एक पत्र) जैसा प्रश्न सुनकर मर्यादा के हनन से विचलित हो जाता है वही समस्त परिवार के साथ निर्विकार भाव से (शिव) लिंग की पूजा कर श्रद्धा की गंगा में डुबकी लगा चिंतामुक्त रहता है।

अश्लीलता एक अर्थ में पुरुषवादी वर्चस्व को कायम रखने का माध्यम है। अश्लीलता की परिभाषा पितृसत्तात्मक समाज अपनी ज़रूरतों के हिसाब से रचता-गढ़ता है। इसीलिए स्त्री को पुरुष अत्यंत भद्रता के साथ अधिक-से-अधिक पुनरुत्पादन (रिप्रोडक्शन) के साधन के रूप में स्वीकार करता है और साधन को यह स्वतंत्रता नहीं होती है कि वह स्वेच्छा से जिए। मरे या कुछ भी करे। स्त्री जब इस परिभाषा के अनुरूप पुनरुत्पादन का रोल स्वीकार कर लेती है तो उसकी इस आज्ञाकारिता के एवज में समाज उसे महिमामंडित भी करता है। यही बात साहित्य में भी लागू होती है जहाँ उसके माँ बनने की प्रक्रिया में स्त्री-पुरुष संबंधों का वर्णन अश्लील नहीं माना जाता है। 'कुमारसंभव' के घनघोर शृंगारिक वर्णन को इसी तर्क के आधार पर जायज ठहराया गया है। परंतु इस पुनरुत्पादकता की लक्ष्मणरेखा के बाहर स्त्री-पुरुष संबंधों की चर्चा तुरंत अश्लीलता के दायरे में प्रवेश कर जाती है। काम-संबंधों के बारे में स्त्री का अपना अनुभव, अपनी संवेदना और अपनी दृष्टि को न सिर्फ अस्वीकार किया जाता है बल्कि नैतिकता की दुहाई देकर इसका दमन भी किया जाता है। यही कारण है कि जहाँ पति-पत्नी के संबंध को जिसमें स्त्री की स्वतंत्र इच्छा का कोई महत्त्व नहीं होता है, एक सहज और प्राकृतिक संबंध के रूप में सामाजिक मान्यता दे दी जाती है, वहीं उसकी स्वेच्छाजन्य प्रेमी-प्रेमिका संबंध को अश्लील और अनैतिक करार दे दिया जाता है। स्त्रियों की तरफ से अपनी इस सहज कामेच्छा का अपनी दृष्टि से वर्णन करने की स्वतंत्रता की माँग या प्रयास स्त्री स्वतंत्रता का एक महत्त्वपूर्ण एजेंडा रहा है।

लेकिन स्वेच्छा के प्रश्न की जटिलता को समझने के लिए पुरुषवादी वैचारिक वर्चस्व की उस कुटिलता को भी ध्यान में रखना ज़रूरी है जहाँ वह लोक और शास्त्र दोनों की सहायता से सती जैसे जघन्य कार्य को गौरवान्वित कर इसे सहजता से स्वीकार लेने का आदर्श उपस्थित करता है। यह वर्चस्वादी विचार जिन सामाजिक संस्थाओं के माध्यम से पोषित और परिचालित होता है उसकी ओर भी ध्यान देना ज़रूरी है।

यहाँ देरीदा के सिद्धांत कि 'समाज एक पाठ है' के आधार पर सामाजिक संस्थाओं और परंपराओं को 'डीकौंस्ट्रक्ट' करने की आवश्यकता है। एक पाठ में जो कुछ व्यक्त रूप से

कहा जाता है, उसके अतिरिक्त उसके अंतर्निहित आशय को भी खोजा जाता है। उसी प्रकार समाज के पाठ की जटिलता को इस व्यक्त और अव्यक्त आशयों के घालमेल के परिप्रेक्ष्य में स्त्री-पुरुष संबंधी विचारधारा की स्थिति को उधेड़ना आवश्यक है। भारतीय समाज में सामाजिक संस्थाएँ जैसे विवाह और मर्यादाएँ जो औरतों को गौरवान्वित करने का रहस्यमय वातावरण बनाती हैं उसको 'डीमिस्टीफाई' (रहस्योद्घाटन) करने पर उसके नए अर्थ सामने आते हैं। जैसे विवाह में पंडित से लेकर बूढ़े पुराने लोग तक वर को चिरंजीवी और वधू को सौभाग्यवती होने का आशीर्वाद देते हैं। यहाँ ध्यान देने वाली बात ये है कि वधू को सौभाग्यवती होने के आशीर्वाद का अर्थ भी वर के चिरंजीवी होने से ही है। यही व्यक्त रूप से स्त्री के लिए आशीर्वाद भी वास्तव में पुरुष के लिए ही आशीर्वाद होता है। तात्पर्य यह है कि पुरुष के लिए स्त्री का होना या न होना कोई मायने नहीं रखता। लेकिन दूसरी तरफ पुरुष तो स्त्री के सौभाग्य का लक्षण है। पुरुष का स्त्री की आत्मा पर तो अधिकार है ही उस अधिकार की अभिव्यक्ति उसकी देह पर भी मंगलसूत्र और सिंदूर आदि के माध्यम से होती है। यहाँ स्त्री का होना पुरुष के होने को साबित करने के लिए होता है।

इस पुरुषवादी वर्चस्व को बरकरार रखने का काम न सिर्फ इन सामाजिक संस्थाओं के द्वारा होता है, बल्कि समाज में मौजूद वैचारिक संरचना भी इसमें मददगार होती हैं। इसमें मौजूद संरचना के ग्राम्शी ने दो आधार गिनाए हैं—लोकमत (कामन सेंस) और साधुमत (गुड सेंस)। तुलसी ने एक और मत की चर्चा की है—वेदमत (शास्त्रमत)। किसी समाज की वैचारिक संरचना को समझने के लिए इन मतों के अंतसंबंध पर विचार करना आवश्यक है।

अश्लीलता के प्रश्न को ध्यान में रखते हुए देखें तो एक स्तर पर लोकमत में उपस्थित गीत, भाषा का स्वरूप, मुहावरे या गालियों जैसी सहज भावाभिव्यक्तियाँ शास्त्र की दृष्टि से असभ्य, असंस्कृत और अश्लील मान ली जाती हैं। यहाँ लोक और शास्त्र का, अभिजन और जन का जीवन तथा संस्कृति के स्तर पर विरोध साफ दिखाई देता है। कई बार लोक या जन सत्ता या शास्त्र के आतंक से मुक्त होने के लिए जानबूझकर स्थिर, स्थापित सत्ताओं, मर्यादाओं और मान्यताओं का तथाकथित अश्लीलता के माध्यम से मजाक उड़ाता है। भद्रता के पाखंड का यह विरोध लोक की सहज सर्जनात्मक प्रतिभा का विस्तार है।

दूसरी तरफ शास्त्र लोक का कृत्रिम रूप से परिष्कार करके उपयोग करता है। भारतीय नाट्य परंपरा में यह बुनियादी मान्यता है कि नाटक लोकवृत्ति का अनुकरण होता है। लेकिन वहीं काव्यशास्त्रियों के दृष्टिकोण से साहित्य में लोकभाषा के उपयोग से 'ग्रामत्व' दोष उत्पन्न हो जाता है। जबकि लोकवृत्ति का विकास तो लोकभाषा में ही होता है। यहाँ विडंबना ये है कि लोकवृत्ति तो ले लीजिए, लेकिन जिस भाषा में उस लोकवृत्ति का विकास होता है उसे खारिज कर दीजिए। यह अपने आप में अभिजात प्रवृत्ति की एक ऐसी विशेषता है जो लोकवृत्ति का अपनी ज़रूरत के हिसाब से स्वीकार या बहिष्कार करती चलती है। इसका एक रूप गालियों के प्रसंग में दिखाई पड़ता है जो जीवन का अभिन्न और सहज अंग है। पर साहित्य

में यथार्थवाद के समर्थक भी गालियों से परहेज रखते हैं। यह मात्र अपनी अश्लीलता को शालीनता की चादर में छुपाए रखने का पाखंड है।

लेकिन लोकमत के संदर्भ में गालियों का एक दूसरा पहलू भी है जहाँ यह लोकजीवन के अंतर्विरोधों को स्पष्ट करता है। अगर इन गालियों का समाजशास्त्रीय विश्लेषण करें तो यह साफ जाहिर होगा कि दुनिया में जितनी गालियाँ हैं वे स्त्रियों के लिए होती हैं। गालियाँ दी तो पुरुष को जाती हैं, पर वे मूलतः स्त्रियों को ही अपमानित करने के लिए दी जाती हैं। दूसरे शब्दों में स्त्री को अपमानित करने वाली क्रियाओं को ही पुरुष के लिए गाली माना जाता है। अतः एक स्तर पर जहाँ गालियाँ शास्त्र के पाखंड का विरोध करती नजर आती हैं वहीं दूसरी तरफ लोकजीवन में गालियों के माध्यम से स्त्री विरोधी चेतना की मुखर अभिव्यक्ति भी होती है।

यहीं आमतौर पर हिंदी विमर्श में प्रचलित इस अति सरलीकृत अवधारणा पर भी प्रश्नचिन्ह लगाना आवश्यक है जो यह मानती है कि शास्त्र मत दमनकारी और यथास्थितिवादी विचार का प्रतिनिधि होता है, जबकि लोक लोकतांत्रिक और परिवर्तनकामी। यह एक खतरनाक अर्धसत्य है। यहाँ कबीरदास, जो लोकमत में पूरी तरह भीगे हुए थे उनके कथन को ध्यान में रखें तो लोकमत की जटिलता सामने आती है। उन्होंने लिखा है कि—'तथ्ए कहिए लोकाचार, वेद कतेव कथै व्यवहार'। यानी कई बार लोकमत वही होता है जो शास्त्रोक्त विचार होता है। ग्राम्शी ने भी इस जटिलता की ओर ध्यान आकृष्ट करते हुए कहा है कि शास्त्र मत की सबसे बड़ी सफलता यही होती है कि वह लोकमत का हिस्सा बन जाए। और वही शास्त्र मत सबसे दमनकारी होता है क्योंकि वह लोकमत के माध्यम से दमन की प्रक्रिया ज़्यादा प्रभावी ढंग से चलाता है। इसीलिए लोकमत की जटिलताओं को समझना ज़रूरी है जिसमें दमनकारी शास्त्र मत भी होता है और उसके खिलाफ विरोध की चेतना भी, उसमें पुरापंथी तत्त्व भी होते हैं और नए उदीयमान तत्त्व भी; उसमें यथास्थिति का स्वीकार भाव भी होता है और परिवर्तन की कामना भी। लेकिन स्त्री-पुरुष के संबंध और खासकर स्त्री की हीन और पराधीन दशा के बारे में देखा जाए तो भारतीय समाज का लोकमत, पुरुषवादी शास्त्र मत को अपने में समेटे होने के कारण मूलतः दमनकारी ही है, इसीलिए यह अकारण नहीं है कि मीराबाई शास्त्र मत के बारे में चिंता नहीं करती, बल्कि अपनी कविताओं में लगातार लोकमत के दमनकारी रूप का विरोध उसकी उपेक्षा के रूप में करती हैं। मीरा बाई जिस 'लोकलाज' या 'कुल की कानि' को खोने, बहा देने या उसे निरर्थक मान लेने की बात करती हैं, इसी लोकमत के दमनकारी रूप का विरोध है जिसके द्वारा स्त्री को पराधीन किया जाता है।

या फिर स्त्री-पुरुष के संबंध में प्रचलित शब्दावलियों पर गौर करें तो हम देखते हैं कि इस शब्दावली में स्वतः स्त्री की पराधीनता और पुरुष की श्रेष्ठता निहित है। जैसे 'वर' शब्द श्रेष्ठता का सूचक है, जबकि 'कन्या' हीनता का। या पति शब्द का अर्थ होता है मालिक या स्वामी। यहाँ यह स्पष्ट करना ज़रूरी है कि पति शब्द का बल-श्रेष्ठता का ही नहीं, सत्ता का

भी सूचक है। जैसे वैदिक काल में प्रयुक्त 'भूपति' या 'ग्रामपति' जैसे शब्द स्वामित्व के द्योतक हैं। इस हिसाब से स्त्री भी पुरुष के लिए एक संपत्ति की तरह है जिसका पति पतित होने पर भी पति (स्वामी) बना रहता है। यह सारी शब्दावली लोकमत का भी अभिन्न हिस्सा है।

हालाँकि स्तालिनवादी मार्क्सवाद को मानने वाले लोगों की यह मान्यता है कि भाषा विचारधारा से मुक्त होती है। लेकिन वास्तव में भाषा विचारधारा से न केवल गहरे स्तर पर जुड़ी होती है, बल्कि यह उस विचार के वर्चस्व का साधन बन जाती है। 'पति' और 'वर' उसी भाषा तंत्र का एक हिस्सा हैं। यहाँ एक और रोचक उदाहरण इस मुद्दे को और स्पष्ट करता है। अनेक ऐसे विशेषण और उपसर्ग हैं जो पुरुष के साथ लगकर महिमा के सूचक होते हैं, लेकिन स्त्री के साथ वही निंदासूचक बन जाते हैं। जैसे पुरुष के साथ 'महा' लगाकर महापुरुष तो बना सकते हैं, पर स्त्री के साथ 'महा' लगा देने से अर्थ का अनर्थ हो जाता है। उसी तरह महिला पुरुषार्थी नहीं हो सकती।

इसी क्रम में यह रेखांकित करना आवश्यक है कि स्त्री-पुरुष के संदर्भ में यह लिंग-भेद एक स्तर पर वर्ग भेद की विचारधारा से भी जटिल रूप से गुँथा हुआ रहता है। जैसे सामान्यतया इस प्रसंग में 'महा' का प्रयोग अलग-अलग अर्थ देने लगता है। लेकिन देवताओं और राजाओं के प्रसंग में दूसरी स्थिति है। यहाँ महादेव भी हैं और महादेवी भी, महाराजा हैं और महारानी भी। इस अर्थ में भाषा के स्तर पर लिंग भेद एब्सॉल्यूट नहीं होता है, बल्कि सामाजिक संरचना के अंतर्गत वर्तमान वर्ग-भेद कई बार इस लिंग भेद का अतिक्रमण कर एक दूसरे प्रकार के वैचारिक वर्चस्व का हित साधन करने लगता है।

भारतीय संदर्भ में भाषा दर्शन की दृष्टि से स्त्री-पुरुष के संबंध की विशेष स्थिति पर विचार करना आवश्यक है। कालिदास रचित 'रघुवंश' के पहले ही श्लोक में शब्द और अर्थ के अंतःसंबंध को रेखांकित करते हुए कहा गया है कि—

'वागार्थाविव संपृक्तौ, वागर्थ प्रतिपत्तए
जगतः पितरौ वन्दे, पार्वती परमेश्वरौ।

यहाँ शब्द और अर्थ में वही संबंध है जो पार्वती और शंकर में। यहाँ पार्वती शब्द हैं और शंकर अर्थ। कालिदास के लगभग एक हजार वर्ष बाद तुलसी ने शब्द और अर्थ के बीच वही संबंध देखा और लिखा—

गिरा अरथ जल बीचि सम कहिअत भिन्न न भिन्न।
बंदउँ सीता राम पद, जिन्हहिं परम प्रिय खिन्न।।

यहाँ भी सीता शब्द हैं और राम अर्थ। इसका आशय यह है कि जैसे अर्थ के बिना शब्द निरर्थक है उसी प्रकार पुरुष के बिना स्त्री का कोई अर्थ नहीं है। हालाँकि दूसरी ओर देखिए तो शब्द के बिना अर्थ कहाँ और कैसे होगा? शब्द में ही अर्थ का विकास होता है, विनाश होता है, अर्थ नष्ट भी होता है और भ्रष्ट भी होता है। यह बात पूरी तरह पुरुष के साथ भी लागू होती है। इसका मतलब यह है कि स्त्री की यही भूमिका है कि वह पुरुष को धारण करे,

जैसे शब्द की भूमिका है कि वह अर्थ को धारण करे। इस भाषा दर्शन में पुनरुत्थान का वह सिद्धांत काम करता है जहाँ स्त्री एक पात्र है जो पुरुषार्थ को धारण करती है। इसलिए उसे धरती भी कहा जाता है। स्त्री एक बर्तन की तरह है जो पुरुष अर्थ के बिना खाली, खोखली और व्यर्थ होती है जिसकी कोई स्वतंत्र सत्ता यदि है तो वह निरर्थक है। यह दार्शनिक रूपक स्त्री की हीन दशा की चित्रात्मक अभिव्यक्ति है जो उसी पुरुषवादी वर्चस्व को सैकड़ों सालों से परंपरागत रूप से पुनर्स्थापित करती रही है।

भाषा सामाजिक संबंधों का प्रतिनिधित्व करती है और उनके सांस्कृतिक अभिप्रायों का प्रतीक भी होती है। दूसरा एक उदाहरण संस्कृत नाटकों के भाषा प्रपंच में दिखाई देता है। संस्कृत नाटकों में पुरुष पात्रों के संवाद संस्कृत में होते हैं, वे संस्कृत में बात करते हैं। लेकिन सभी पुरुष पात्र नहीं, केवल देवता और अभिजात समुदाय के पुरुष पात्र ही संस्कृत में बात करते हैं। बाकी अन्य पुरुष पात्र जैसे कि विदूषक, दास और सामाजिक जन प्राकृत या अपभ्रंश में ही बात कर सकते हैं।

यह समझना मुश्किल नहीं है कि आसमान में देवता और धरती पर उनके प्रतिनिधि एक ही भाषा देववाणी क्यों बोलते हैं और उनके सेवक, दास तथा दूसरे साधारण जनों को देववाणी में बात करने की छूट क्यों नहीं है? इस भाषा भेद के पीछे स्पष्ट सामाजिक भेद हैं।

यह सामाजिक भेदभाव तब और अधिक स्पष्ट दिखाई देगा जब आप संस्कृत नाटकों में स्त्रियों की भाषिक स्थिति को सामने रखेंगे। संस्कृत नाटकों में स्त्री पात्रों को संस्कृत में बात करने की स्वतंत्रता नहीं है, उन्हें प्राकृत में ही संवाद (?) की अनुमति है, वे चाहे स्वर्ग की अप्सराएँ हों या अभिजात समुदाय की सीता और शकुंतला या फिर सामाजिक जन समुदाय की स्त्रियाँ। यहाँ वर्गभेद के ऊपर लिंगभेद बैठा है। स्पष्ट है कि यहाँ वर्ग विषमता से अधिक कठोर और सर्वग्रासी है लिंगभेद संबंधी विषमता। संस्कृत नाटकों में स्त्रियों की भाषा वही है जो दासों की है। क्या संस्कृत नाटकों में स्त्रियों की इस दीन भाषिक स्थिति से उनकी सामाजिक सांस्कृतिक दशा की हीनता का पता नहीं लगता है?

परंपरा में लिपटी स्त्री-पराधीनता की विचारधारा के खिलाफ यदा-कदा साहित्य में भी विरोध के स्वर उभरे हैं। महादेवी वर्मा ने 'शृंखला की कड़ियाँ' में इस विषय पर विचार करते हुए—मानव जीवन की दो आधारशिलाओं की चर्चा की है। एक तो अर्थ का विभाजन और दूसरा स्त्री-पुरुष का संबंध। लेकिन मार्क्सवादी विमर्श में भी स्त्री की स्वाधीनता के प्रश्न को केवल उनके आर्थिक आधार और वर्ग की धारणा से ही जोड़कर देखा गया है। मानव जीवन की दूसरी आधारशिला स्त्री-पुरुष के आपसी संबंध की उपेक्षा के कारण केवल आर्थिक आधार पर पर लिखा गया मानव इतिहास अधूरा है। यही कारण है कि इस इतिहास दृष्टि से निर्मित समाजवादी व्यवस्था में भी स्त्री स्वाधीन नहीं हो सकी। व्यक्तिगत संपत्ति के अंत के बावजूद पुरुष की उस अधिकार भावना का अंत नहीं हुआ जिसकी गुलाम स्त्री सदियों से होती रही है। मार्क्सवाद की इस ओम (ओ.एम.—ऑफिशियल मार्क्सिज्म) वाली समझ में भी स्त्री हाशिए पर ही खड़ी रही।

हाशिए पर खड़ी स्त्री की पराधीनता का शिकंजा उपभोक्तावादी संस्कृति के हमले से और अधिक कस गया है। वैसे तो उपभोक्तावाद के लिए मनुष्य मात्र एक बाजारू वस्तु है, लेकिन इसके भीतर मौजूद पुरुष प्रभुत्व की मानसिकता पर विचार करने की ज़रूरत है जिसका दुरुपयोग स्त्री के प्रसंग में होता है। यदि हम सिर्फ विज्ञापनों का ही उदाहरण लें तो इसमें स्त्री केवल वस्तु ही नहीं, वस्तु को बेचने का साधन भी बनती है। विज्ञापन में मानवीय संबंधों तक का बाज़ारीकरण हो जाता है जिसके तहत दो आत्मीयता से करीब आते होंठ सिर्फ इसलिए नहीं मिल पाते कि इस आत्मीयता को कॉलगेट का 'सुरक्षा चक्र' उपलब्ध नहीं है। या स्त्री पुरुष के बीच मात्र एक खास आफ्टर शेव लोशन की मध्यस्थता ही है कि स्त्री पुरुष की गुलाम हो जाती है। दूसरी ओर विज्ञापन स्त्री की एक ऐसी छवि का निर्माण करता है जिसमें उसके स्त्रीत्व का सार किसी मानवीय गुण में निहित न होकर उस खास क्रीम या 'हेयर डाय' में निहित होता है जिसके बिना वह स्त्री, स्त्री नहीं है। सौंदर्य और स्त्रीत्व के इस उपभोक्तावादी निर्माण में स्त्री की पराधीनता को उसके ''सद्यःप्राप्त आत्मविश्वास'' में लपेटकर प्रस्तुत किया जाता है। पुरुषवादी वर्चस्व की इस विचारधारा में निहित स्त्री की साधन वाली दशा की सहज सामाजिक स्वीकृति का विज्ञापन एक उपयोग मात्र करता है।

एक बात स्पष्ट है कि अश्लीलता का प्रश्न या नारी पराधीनता की विचारधारा सामाजिक संस्थाओं, सांस्कृतिक संरचनाओं एवं साहित्यिक अभिव्यक्तियों के माध्यम से संरक्षित और संचालित होता है। इसलिए कोई भी नारी मुक्ति का भी प्रयास तब तक अधूरा और निष्प्रभावी सिद्ध होगा जब तक इस सवाल को संपूर्णता में न देखा जाए और एक वैकल्पिक विचारधारा का निर्माण समग्रता में न किया जाए।

# त्वचा में और उसके परे

## राजकिशोर

बहुत सी स्त्रियों को यह देखकर दुःख हो सकता है कि स्त्री की उत्तरकथा के आयोजन में पुरुष क्यों भाग ले रहे हैं। उन्हें लगेगा कि यह आयोजन सिर्फ स्त्रियों का होता तो ज्यादा प्रामाणिक तस्वीर उभरती। इस भावना में कम-से-कम एक सच्चाई है। सच्चाई यह है कि पुरुष लेखक कितनी भी संवेदनशीलता दिखाए, वह स्त्री का अपना वृत्तांत नहीं लिख सकता। स्त्री के पक्ष में लेखन पुरुष का आदर्शवाद है, जबकि अपने पक्ष में स्त्री का लेखन उसका यथार्थवाद है। आदर्श की तुलना में यथार्थ की जड़ें हमेशा मजबूत होती हैं, क्योंकि यथार्थ है, जबकि आदर्श भी है, किंतु वह अपने को यथार्थान्वित नहीं कर पाया है। इसलिए स्त्री लेखन की एक निजी प्रासंगिकता हमेशा बनी रहेगी।

यह सोचना गलत है कि स्त्री की यह इच्छा एक नई इच्छा है। सच यह है कि सभी सभ्यताओं में स्त्रियों के गीत और मुहावरे अलग रहे हैं। पीड़ा हो और व्यक्त न हो, ऐसा हो ही नहीं सकता। मनुष्य अगर रचनात्मक प्राणी है, तो उसकी यह रचनात्मकता सभी वर्गों में और सभी स्तरों पर प्रकट होनी चाहिए। बाधा वहाँ आती है, जब वर्ग चेतना धूमिल हो गई हो। मजदूरों या दलितों के साथ ऐसा होना संभव नहीं है, किंतु स्त्री के साथ यह सहज और स्वाभाविक है। वह स्वयं एक वर्ग है और विभिन्न वर्गों में विभाजित भी रही है। संपन्न वर्ग की उसकी सदस्यता की एक शर्त यह है कि वह स्त्री के वर्ग चेतना से अपने को काट ले। इसलिए आधुनिक युग के पूर्व शिष्ट भाषा और शिष्ट संस्कृति के दायरे में रहने वाली स्त्रियाँ अपना निजी-स्त्री-वृत्तांत अक्सर प्रकट नहीं कर पाती थीं। एक तरह से वे वर्ग-समझौते का शिकार थीं। पर सामान्य वर्गों की स्त्रियों के लिए यह मजबूरी नहीं थी। उन्होंने अपने गीत गाए और अपनी स्थिति को अभिव्यक्त किया। लोकगीतों का एक बड़ा हिस्सा ऐसा ही है। रामनरेश त्रिपाठी ने 'कविता कौमुदी' के भाग-3 में ऐसे अनेक लोक गीतों का संकलन किया है। हाल के वर्षों में कुछ और संकलन भी आए हैं। इनके आधार पर भारत में स्त्री के इतिहास को रूप-रंग दिया जा सकता है। लेकिन यह गाथा सिर्फ स्त्री गाथा नहीं है। वस्तुतः यह दो वर्गों की गाथा है। स्त्रीत्व और गरीबी की वेदनाएँ घुल-मिल गई हैं।

स्त्री साहित्य की तरह दलितों का भी अपना साहित्य रहा है। उनके अपने गीत हैं। ये गीत ठीक-ठीक वैसे नहीं हैं, जैसा हम उन्हें देखना चाहेंगे। इसका कारण यह है कि दलित समाज में अपनी स्थिति को आभ्यंतरीकृत कर दिया था। यह भारत में जाति प्रथा की बहुत बड़ी सफलता रही है। बिना इस आभ्यंतरीकरण के जाति प्रथा और अस्पृश्यता की व्यवस्था इतनी मजबूत और इतनी टिकाऊ नहीं हो सकती थी, वर्गों का अस्तित्व हमेशा वर्ग चेतना में व्यक्त नहीं होता। वर्ग एक दी हुई स्थिति है, जिसमें मनुष्य पैदा होता है या जिसकी ओर वह ले जाया जाता है। वर्ग चेतना का अपने अंदर विकास करना होता है। यह वर्ग अनुभूति से भिन्न चीज है। वर्ग अनुभूति पैदा नहीं करनी होती। वर्ग रहेगा तो उसकी अनुभूति भी होगी। इसके विपरीत वर्ग चेतना एक बौद्धिक और सामाजिक घटना है। वह वर्ग संघर्ष की ओर ले जाती है। इसके विपरीत वर्ग अनुभूति दीनता की ओर भी ले जा सकती है। शिष्ट भाषा के दायरे के बाहर स्त्रियों और दलितों का बहुत सा सृजन संभवतः इस दीनता की ही अभिव्यक्ति है।

यह आरोप सनसनीखेज ढंग से पेश नहीं किया जाना चाहिए कि आधुनिक हिंदी साहित्य मुख्यतः सवर्ण साहित्य है—इसमें दलित अभिव्यक्ति नहीं है। यह आरोप लगाने वालों ने दलित अभिव्यक्तियों के परंपरागत रूपों का कुछ अध्ययन किया होता तो उनका दलित प्रेम ज्यादा ठोस रूप में सामने आता। सच तो यह है कि आधुनिक सभ्यता बुर्जुआ वर्ग ने ही खड़ी की है। निश्चय ही इसके पीछे सर्वहारा का श्रम रहा है। लेकिन उसने इस श्रम का उपयोग अपनी इच्छा से नहीं किया है। वह इतिहास के रथ का घोड़ा रहा है, जिसकी बागडोर किसी और के हाथ में रही है। इसी अर्थ में आधुनिक हिंदी लेखन सवर्ण वर्ग का लेखन है। लेखन का शिल्प उसी ने विकसित किया है और वही उसका उपयोग कर रहा है। दलित को उसमें प्रवेश पाना कठिन लगता है, क्योंकि वह उन उपकरणों से सज्जित नहीं है जो साहित्य की मान्य परंपरा ने पिछले कई हजार वर्षों में विकसित किए हैं। यह शिल्प स्वायत्त करने में दलित को कुछ वक्त लग सकता है। लेकिन इससे घबराना नहीं चाहिए।

स्त्रियों के बारे में भी यही कहा जा सकता है। अभी तक का ज्यादातर साहित्य पुरुष का साहित्य है, क्योंकि स्त्री की सामाजिक स्थिति साहित्य रचने की छोड़ी नहीं गई थी। वर्जीनिया वूल्फ ने इस बारे में अत्यंत दिलचस्प कल्पना की है कि अगर शेक्सपियर की एक बहन होती और वह भी उतनी ही प्रतिभाशाली होती, तो क्या होता? शेक्सपियर ने स्कूली शिक्षा प्राप्त की, पर उसकी बहन को स्कूल नहीं भेजा जाता। वह कभी कोई किताब उठा लेती शायद अपने भाई की ही, तो उसके माँ-बाप उसको डाँट देते कि किताब छोड़ो, मोजों की मरम्मत करो। अगर वह कुछ लिखती भी, तो उसे छिपाकर रखना पड़ता। शेक्सपियर ने शादी की, एक बच्चा हुआ और फिर थिएटर की दुनिया में अपनी किस्मत आजमाने वह लंदन चला गया। उसकी बहन ने शादी की होती, तो गृहस्थी का जुआ हमेशा के लिए उसके कंधे पर आ जाता। अगर उसने कहा होता कि नहीं, मैं शादी नहीं करूँगी, थिएटर में अपनी किस्मत आजमाऊँगी, तो उसकी जबरदस्त पिटाई हुई होती। फिर अंततः समझौता हो गया होता तो वह अपने निजी सामान का बंडल बनाकर लंदन रवाना हो गई होती। थिएटर के

मैनेजर से उसने नाटककार होने का मौका माँगा होता तो वह उसे तुरंत घुड़क देता—यहाँ औरतों के लिए जगह नहीं है। चूँकि वह जवान होती, अतः मैनेजर को उस पर दया आ जाती और उसने उसे अपने घर में रख लिया होता। फिर जल्द ही वह पाती कि उसके पेट में मैनेजर का बच्चा पल रहा है। प्रतिभा होते हुए भी वह नाटक कब लिख पाती।

हिंदी में शूद्र और दलित साहित्य में एक साथ प्रवेश करते हैं। वह भक्ति आंदोलन का अनोखा समय था। लेकिन अभिव्यक्ति और साहित्य एक जैसी चीजें नहीं हैं। साहित्य कला भी है, जबकि रूखी-सूखी अभिव्यक्ति का भी सामाजिक या समाजशास्त्रीय महत्त्व है। यदि भक्ति युग की शूद्र या स्त्री अभिव्यक्तियाँ किसी टिकाऊ सामाजिक क्रांति का कारण बनतीं, तो इससे कला के चरित्र और सामाजिक आधार में क्रांतिकारी परिवर्तन आ सकता था। लेकिन ऐसा हो नहीं सका। कला के रूप में सााहित्य ने अलग रास्ता पकड़ा तथा शूद्रों और स्त्रियों की अटपटी वाणी हाशिए पर रह गई। स्त्री तो साहित्य में फिर भी आई—क्योंकि उसका एक वर्ग आधार भी था। लेकिन दलित को साहित्य की दुनिया में प्रवेश करने में, समय लग गया। अब भी वह हाशिए पर है। लेकिन वह हाशिए पर नहीं रहेगा, क्योंकि लोकतंत्र और आर्थिक क्रांति ने उसकी सामाजिक स्थिति में महान परिवर्तन ला दिए हैं। इस बीच दलितों का अपना साहित्य भी आएगा, लेकिन लक्ष्य यही होना चाहिए कि एक ऐसी मानव संवेदना का विकास हो, जिसके बाहर कोई न रहे।

स्त्री के वर्ग विभाजन ने कई प्रकार की समस्याएँ पैदा की हैं। चूँकि स्त्री का साहित्य उस वर्ग का भी साहित्य है, जो शोषण और दमन की मशीनरी का प्रभावशाली अंग रहा है, इसलिए स्त्री लेखन में अंतर्विरोध भी मिलता है। इसी बात को ध्यान में रखकर जयदेव ने अपनी ताजा कृति 'द कल्चर ऑफ पैशितिश' में मृदुला गर्ग के कुछ कमजोर उपन्यासों की सुंदर छीछालेदर की है। इसका अर्थ यह नहीं है कि स्त्री जिस आर्थिक या सामाजिक वर्ग का सदस्य होगी, अपने लेखन में उसी वर्ग के मूल्यों का प्रतिनिधित्व करेगी। लेखक की रचना प्रक्रिया इतनी इकहरी या सरलीकृत नहीं होती। वस्तुतः लेखक वही बन सकता है, जो अपनी स्थिति का—इसमें उसकी वर्ग स्थिति भी शामिल है—अतिक्रमण कर सके। यदि हम इस सच्चाई को स्वीकार नहीं करेंगे तो न केवल लेखन की उपयोगिता को सीमित कर देंगे, बल्कि साहित्य में भी वही कलह ले आएँगे जो दुर्भाग्यवश समाज में मौजूद है। लेखक का काम कलह को सुलझाना है, न कि बढ़ाना।

इसी तर्क से हम यह समझ सकते हैं कि सारा पुरुष लेखन पुरुषवादी लेखन नहीं है—जैसे सारा सवर्ण लेखन सवर्णवादी लेखन नहीं है। जिस तरह एक असावधान स्त्री लेखक पुरुषवादी मूल्यों का शिकार हो सकती है, उसी तरह एक सावधान पुरुष लेखक स्त्रीपक्षीय मूल्यों का विकास कर सकता है या उसमें सहायक हो सकता है। बात यह है कि सारी बुर्जुआ संस्कृति एक या समरूप नहीं है। उसके भीतर अंतर्विरोध हैं। मार्क्स स्वयं बुर्जुआ संस्कृति की उपज थे और उसके उपकरणों का उन्होंने प्रयोग किया था। सच तो यह है कि बुर्जुआ ने ही अभी तक संस्कृति तथा कला-कौशल का विकास किया है, क्योंकि उत्पादन के साधनों पर उसका

नियंत्रण रहा है तथा अपने लिए फुरसत का सृजन उसने ही किया है। यह संस्कृति पुरुष-प्रधान या पुरुष वर्चस्व वाली संस्कृति रही है। स्त्री उसका उपनिवेश रही है। लेकिन यह भी याद रखने की बात है कि मातृसत्तात्मक या स्त्री-प्रधान समुदायों ने कोई बहुत विकसित सभ्यता पैदा की हो—इसके उदाहरण नहीं मिलते। जिन परिवारों में स्त्री की स्थिति निर्णायक है, वे अनिवार्यतः बेहतर परिवार नहीं हैं। भग्नप्राय बाबरी मस्जिद को 'एक धक्का और' देने का आह्वान करने वाली साध्वी ऋतंभरा और उत्तराखंड की महिलाओं के साथ दुर्व्यवहार का मजाक उड़ाने वाली मायावती भी स्त्रियाँ ही हैं। यह सच है कि दमित समुदायों में अनेक मानवीय गुणों का विकास हो जाता है—क्योंकि इसके बिना उनका बच पाना कठिन है, किंतु यह परिस्थितिजन्य है। परिस्थिति बदलने पर इनमें से कितने गुण शेष रहेंगे—कह पाना कठिन है। यह इस पर निर्भर करता है कि दमित समुदाय कोई क्रांतिकारी दर्शन लेकर समाज के शक्ति-ढाँचे में प्रवेश करते हैं या उनमें सिर्फ सामाजिक गतिशीलता आती है।

क्या आधुनिक स्त्री के पास कोई क्रांतिकारी दर्शन है? है। नारीवाद, पर्यावरणवाद, मानव अधिकारों की चेतना—ये सभी आज के क्रांतिकारी दर्शन हैं। इसका अर्थ यह नहीं है कि पुराने क्रांतिकारी दर्शनों—मसलन साम्यवाद और समाजवाद की कोई उपयोगिता नहीं रह गई है। लेकिन वे नाकाफी जरूर साबित हुए हैं। इसका एक बड़ा कारण यह है कि उन्होंने सत्ता को विघटित करने का प्रयास नहीं किया है—सिर्फ सत्ता के ढाँचे को बदलने की कोशिश की है। इसलिए उनके बीच से नया मनुष्य पैदा नहीं हो सका। सोवियत प्रणाली की विफलता नया मनुष्य पैदा न कर पाने की क्षमता ही है। इसके विपरीत आज के क्रांतिकारी दर्शन सत्ता मात्र को ही चुनौती देते हैं। स्त्री यह काम बेहतर ढंग से कर सकती है, क्योंकि वह सत्ता और सत्ताहीनता के अधिकतम रूपों को जानती है। वह मानव संबंधों की राजनीति को सबसे अच्छी तरह समझती है, जबकि पर्यावरणवादी प्रकृति और मनुष्य के विध्वंसक द्वंद्व का निस्तार चाहते हैं। किंतु उत्पादन और पुनरुत्पादन के रिश्ते एक-दूसरे से अलग नहीं हैं। अतः यह अकारण नहीं है कि नारीवाद और पर्यावरणवाद की धाराएँ अब एक-दूसरे में विलय की इच्छुक हैं। मारिया माइस और वंदना शिवा की ताजा संयुक्त पुस्तक 'इकोफेमिनिज्म' इस दिशा में एक प्रशंसनीय प्रयास है। मानव अधिकारवाद की सीमा यह है कि वह राज्य के अतिक्रमण का विरोध तो करता है, किंतु मानव अधिकारों की रक्षा के लिए राज्य पर जरूरत से ज्यादा भरोसा भी करता है। राज्यवाद की सीमाएँ स्पष्ट हो चुकी हैं। अब लोग सामुदायिक जीवन की ओर ज्यादा आकृष्ट हो रहे हैं। सामुदायिकता के मूल्य नारीवाद और पर्यावरणवाद में सबसे ज्यादा हैं। भय सिर्फ यही है कि कहीं यह आधुनिकता की वास्तविक उपलब्धियों को भी नष्ट न करने लगे। जरूरत से ज्यादा वैयक्तिकता बुरी है तो सामुदायिकता की भी अपनी एक तानाशाही होती है। मनुष्य जाति के सामने वास्तविक चुनौती अब भी यही है कि स्वतंत्रता को उसके सभी पहलुओं में कैसे हासिल किया जाए।

शुलामिथ फायरस्टोन ने 60 के दशक में प्रतिपादित किया था कि स्त्री की असली स्वतंत्रता तब घटित होगी, जब वैज्ञानिक प्रगति उसे गर्भाशय जनित दायित्वों से मुक्त कर देगा। निस्संदेह

गर्भाशय के कारण स्त्री को बहुत सी कठिनाइयों का शिकार होना पड़ा है। यह दिलचस्प है कि नए नारीवाद में गर्भाशय के प्रति एक प्रकार की ममता दिखलाई पड़ती है। यह अपने शरीर के प्रति स्त्री की नई संवेदनशीलता का द्योतक भी है। लेकिन मनुष्य की सर्वोत्तम कामना यही रही है कि वह अपनी चमड़ी से बाहर जा सके। वेदांत इसका सबसे उत्कृष्ट रूप था। लेकिन चमड़ी से बाहर निकलने के लिए उसे आत्मा की कल्पना करनी पड़ी। आधुनिक मनुष्य को आत्मा के बगैर यह मुक्ति हासिल करनी है। वह त्वचा के द्वारा ही त्वचा से परे जा सकता है। इसमें साहित्य उसकी मदद कर सकता है। स्पष्टतः आशय संवेदना के विस्तार से है। वैसे अभी भारतीय स्त्री को अपनी त्वचा पर अपना अधिकार हासिल करना है। लेकिन हम इतिहास के ऐसे दौर में हैं, जब हमें अनेकानेक संघर्ष एक साथ करने होंगे। पहले यह कर लें, बाद में वह करेंगे—इस दर्शन से संवेदना का संकोच ही होगा। दलितवाद के बारे में भी यही सोच है। दलित मुक्ति और भारतीय मनुष्य की मुक्ति को बाँटकर नहीं रखा जाना चाहिए।

उत्तरकथा के अवसर पर पूर्वकथा का कुछ स्मरण उचित है। प्रेमचंद ने 'गोदान' में भारतीय समाज की लगभग हर समस्या को समझने का प्रयास किया था। यहाँ दो उद्धरण प्रासंगिक होंगे। चमार की बेटी सिलिया ब्राह्मण-पुत्र मातादीन से प्रेम करती है और दुख उठाती है। चमारों का झुंड मातादीन के मुँह में हड्डी का टुकड़ा डालकर उसे धर्म-भ्रष्ट कर देता है। फिर भी उसकी ऐंठ नहीं जाती। अंत में वह सिलिया की तपस्या से विगलित होकर उसके पास आता है और उसके साथ रहना शुरू कर देता है। सिलिया पूछती है कि मेरे हाथ का खाना खाकर तुम ब्राह्मण कैसे रहोगे, तो वह जवाब देता है, 'मैं ब्राह्मण नहीं, चमार ही रहना चाहता हूँ। जो अपना धरम पाले, वही ब्राह्मण है, जो धरम से मुँह मोड़े, वही चमार है।' मेहता और मालती की समस्या और भी गंभीर है। मेहता मालती से विवाह के लिए अनुनय करता है। मालती जवाब देती है, 'नहीं मेहता, मैं महीनों से इस प्रश्न पर विचार कर रही हूँ और अंत में मैंने यह तय किया है कि मित्र बनकर रहना स्त्री-पुरुष बनकर रहने से कहीं सुखकर है...अपनी छोटी सी गृहस्थी बनाकर अपनी आत्माओं को छोटे से पिंजड़े में बंद करके, अपने दुख-सुख को अपने ही तक रखकर क्या हम असीम के निकट पहुँच सकते हैं? वह तो हमारे मार्ग में बाधक ही बनेगा।

मनुष्यता ने अपनी सांस्कृतिक यात्रा कबायली जीवन से शुरू की थी। तब निजी संपत्ति न थी। अतः स्त्री-पुरुष के जीवन पर भी उसकी छाया नहीं थी। यह अविकास की क्षमता थी। अब संपत्तिशास्त्र इतना विकसित हो चुका है कि किसी को निजी संपत्ति की जरूरत नहीं होनी चाहिए। यह विकास की समानता है। इसे स्त्री-पुरुष अपने सामूहिक जीवन में और एक-दूसरे के बरक्स क्यों नहीं हासिल कर सकते?

# ऐसा जो मर्द नहीं लिख सकते

## सुधीश पचौरी

आज स्त्रियाँ दृश्य में अपेक्षाकृत जितनी उपस्थित हैं, और जिस हद तक वे अपनी जगह तलाश रही हैं (घर में और घर से बाहर) उतना इससे पहले संभव न था। ऐसा क्यों है? दलित जन, पिछड़े जन जो आज बोल पा रहे हैं (यद्यपि उनकी पहली वाणी ही आखिरी हिंसा और क्षोभ लिए है) वे पहले नहीं थे। ऐसा क्यों? जिसे ब्राह्मणवादी व्यवस्था कहा जा रहा है, जो राष्ट्र-राज्य के पीछे छिपा रहा है, या ईसाई, इस्लामी राज्य के पीछे छिपा रहा है, वह आधुनिक राष्ट्र राज्य इन नए उपकेंद्रों से अस्त-व्यस्त क्यों हो रहा है?

स्पष्ट सूचना के फैलाव और गोपनीय और दबे हुए अनुभव क्षेत्रों के उजागर हो सकने की नई स्थिति ने एक नई उपकेंद्रीय भाषा दी है। विज्ञापन में अपनी त्वचा के बारे में स्वयं मोहित, दर्शकों को मोहित करतीं, अनंत स्त्री छवियाँ, सीरियलों में पतियों को छोड़ती, निरंतर प्रेम तलाशती, अकेली स्त्रियाँ और माताएँ, दहेज की माँग करने वालों से भिड़ जाने वाली लड़कियाँ या आत्महीनता में आत्महत्या कर लेने वाली स्त्रियाँ, अरसे तक योनि-शुचिता के लिए ब्लैकमेल की जाती स्त्रियों का मुँहफट होकर बलात्कारियों के खिलाफ बोल उठना और ऐसे वे अनंत दैनिक दृश्य व सूचनाएँ जहाँ औरत होने का विशिष्ट, किंतु दबा हुआ अनुभव भाषा में, व्यवहार में आने लगा है। आने लगा है तो भाषा के, साहित्एतिहास के नर-संहार में खलबली-सी है। यही है नए उपकेंद्र के आगमन की सूचना जो भाषा के छिपे पुराने नर-संसार के एक-छत्रत्व को विकल विचलित किए देता है। इस स्त्री को जगह चाहिए।

स्त्री के नए उपकेंद्र के समक्ष और प्रत्यक्ष होने को जिस चीज ने संभव किया है वह पूँजीवाद का नया रूप है जो हर मनुष्य को श्रमिक और उपभोक्ता बनाए दे रहा है। समाज की आधी आबादी उस पर परजीवी रहे, यह संभव नहीं! सो उसने स्त्री को चौके और बाथरूम की कैद से बाहर निकालना शुरू कर दिया है। अब स्त्री की अनंत छवियाँ हैं, ऐसी जो प्रचलित रूप और परिभाषाओं में नहीं बँधतीं।

जो लोग फेमिनिज्म या नए स्त्री-क्षेत्र को पश्चिमी फैशन मानते हैं वे भी इंकार नहीं करते कि फेमिनिज्म एक नया सामाजिक क्षेत्र है और उसकी अनदेखी संभव नहीं। नए स्त्री-क्षेत्र का स्वीकार हमारी अर्थव्यवस्था के नए चरण का ही स्वीकार है। इस अर्थ में स्त्री-क्षेत्र और उत्तर-

आधुनिकता की अपनी 'अर्थव्यवस्था' है, सिर्फ राजनीति यह नहीं है, सिर्फ प्रचार यह नहीं है। यानी कि स्त्री केंद्र के जागरण के पीछे ठोस, किंतु अति चंचल उत्तर-आधुनिक कारण (अकारण) सक्रिय हैं जो आधुनिक भाषा से देखे नहीं जा सकते।

इसका मजेदार उदाहरण 'बैंडिट क्वीन' संबंधी विवाद है। शेखर कपूर कहते हैं कि वे 'बैंडिट क्वीन' में 'व्यापक सत्य' उद्घाटित करते हैं। फूलन कहती है कि वह 'सत्य' जो है सो उसका है, और वह शेखर कपूर का नहीं है। (न हो सकता है)। शेखर कपूर का रेप नहीं हुआ है। जिसका हुआ है वह औरत है और वह नहीं चाहती कि उसे इस रूप में दिखाया जाए, उसकी देह को दिखाया जाए।

शेखर ने चाहा कि वह नारी मुक्ति के प्रश्नों को उठाएगा। नारी देह के शोषण को सामने लाएगा। (यह उसकी आधुनिक अवांगार्द इच्छा थी। आधुनिक कलाकार की मुक्तिदाता बनने की इच्छा)। नारी को शर्मिंदा नहीं होना चाहिए। फिर उसे जाति-विद्वेष भी दिखाना था। लेकिन फूलन को यह ठीक नहीं लगा। अपनी देह का ऐसा पाठ उचित नहीं लगा। यह संभव है कि फूलन फिल्म वालों से सिर्फ धन माँग रही हो, लेकिन उसका मतभेद अचानक एक प्रश्न पैदा कर गया कि स्त्री देह पर शोषण के पाठ को अंततः स्त्री ही कर सकती है या पुरुष कर सकता है। शेखर ने स्त्री के क्षेत्र को हमदर्दी देकर जो उत्तर-आधुनिक स्त्रीवादी फिल्म बनाना चाही, वह स्त्रियों के क्षेत्र में बुरी तरह से अस्वीकृत हुई। अरुंधती राय ने स्वयं इसे 'स्त्री देह' का शोषण बताया, मृणाल पांडे ने भी इसे स्त्री-क्षेत्र का अवांछित हस्तक्षेप कहा।

पश्चिम में फेमिनिस्ट आंदोलन एवं चिंतन का रूप क्रमिक ढंग से विकसित हुआ है। भारतीय संदर्भ में उठने वाले स्त्री केंद्र के प्रश्न सीधे-सीधे उनसे व्याख्यायित नहीं किए जा सकते, यह तथ्य तीसरी दुनिया की स्त्री का अपना सत्य है। फूलन का हस्तक्षेप इसीलिए स्त्री-क्षेत्र के नए प्रश्न खड़े करता है जो योदोरोव के 'मातृत्व' से भिन्न रास्ते जाते हैं।

स्त्री प्रश्नों की एक बड़ी उत्तर समस्या यह है कि 'लिंग भेद' को केंद्र में लाकर स्त्रीलिंग ने जो क्षेत्र पुल्लिंग से भेद में खड़ा किया वह वैसा ही सर्वाश्लेषी समग्रतावाद माँगने लगा जैसा कि पुल्लिंगवादी समग्रतावाद रहा है। पश्चिम के स्त्रीलिंग वादी चिंतन बार-बार समग्रतावाद की ओर आते हैं और पश्चात्ताप करते हैं। लिंडा निकल्सन 'जैंडर एंड हिस्ट्री' में नैंसी फ्रेजर के साथ यही करती हैं। वे स्त्रीलिंग वादी चिंतन और उत्तर-आधुनिक बुद्धि को पूरक कहती हैं, लेकिन समग्रतावाद में फँसती हैं यानी अंततः आधुनिक हो उठती हैं।

विचित्र संयोग है कि शेखर कपूर स्त्रीमुक्ति के लिए फिल्म बनाते हैं, लेकिन स्त्रियों द्वारा 'शोषक' कहे जाते हैं। आधुनिक कलाकार ने जहाँ फूलन को सर्वोश्लेषी व्याख्या देनी चाही, वहीं अन्यों ने उसे अस्वीकृत किया। इसलिए तीसरी दुनिया के संदर्भ में स्त्रीलिंग की विकेंद्रीकरण की जबर्दस्त क्षमता को पहचाना जाना चाहिए, जिसे प्रायः राजनीतिक आंदोलन पर आर्थिक आंदोलन बनाकर रखे जाने की कोशिशें तमाम पुल्लिंगवादी दलों के यहाँ होती हैं। 'बलात्कार' तीसरी दुनिया के देशों में औरतों का यह 'सर्वाश्लेषी' अनुभव है जो आज भी बलात्कारी के

पक्ष से ही कहा जा रहा है। यदि इसे स्त्री के जरिए देखा जाए तो यह भाषा अधूरी होगी।

यानी 'लिंगभेदी' आग्रह ने जहाँ स्त्री अनुभव को प्रत्यक्ष किया एक विशिष्ट अनुभव की तरह, वही एक हद के बाद उसी तरह का सर्वाश्लेषी (एक्सक्लूसिविस्ट) हो उठता है। फूलन के तर्क या अरुंधती के तर्क यही कहते हैं। यानी स्त्री केंद्र की उत्तर-आधुनिकता अभी आधुनिकता की बयार में ही आलोचना कर पाती है। इसे ही 'लिंडा निकल्सन' ने फैमिनिज्म की पोस्ट माडर्निस्ट 'बैरीकेड' कहा है।

पश्चिम में हुई बहसें बताती हैं कि स्त्रीलिंगवादियों के लिए उत्तर-आधुनिकतावाद उनका सहज 'मित्र' है क्योंकि वह स्त्रीलिंगवादियों को पश्चिमी 'श्वेतमर्द' की दादागिरी के विमर्श के खिलाफ एक सशक्त कार्रवाई करता है। छठे-सातवें दशक से यहाँ तक आते हुए स्त्रीचिंतन में महिला शुभ, महिला सेक्स, मातृत्व, बाल पोषण आदि तमाम प्रश्नों पर बहस हुई है। इनमें सर्वाधिक निर्णायक 'लिंगभेदी' (जैंडर बायस) बहस है। जैंडर बायस में आकर ही पहली बार ज्ञात हुआ कि ज्ञानोदय की विश्वदृष्टि 'मर्दों' वाली ही है और इस महायान में स्त्रियों की वाणी नहीं है। दर्शन, समाजशास्त्रों में, कलाओं में इसकी अनुगूँज झलक गई है। यहाँ तक कि मार्क्स और सिमॉन द बोउआ तक हर दर्जे के आधुनिकतावादी मुक्तिदाता माने गए। यहीं से भाषा में लिंगभेद, अनुभव में लिंगभेद की बहसें निर्णायक हुईं।

स्त्रीलिंग भेद के नए केंद्र बनने से जाति, धर्म आदि के उपकेंद्र भी गड़बड़ाए हैं या कहें कि विराट उत्तर आधुनिक परिदृश्य में केंद्र विच्युति ने अनेक उपकेंद्रों को एक-दूसरे में उलझा दिया है, इनमें सबसे सक्रिय उपकेंद्र स्त्री का ही है। यहीं हमारी उत्तर-आधुनिकता पश्चिम से मेल खाती है।

पश्चिमी स्त्रीलिंगवाद आधुनिक आलोचना में अपना उत्स मानकर भी उससे बाहर निकलता है। नैंसी योदोरोव ने 'मातृत्व' पर अपने अध्ययन से बताया कि सीमॉन द बोउआ अधिकतम आधुनिकतावादी स्त्रीवादी हैं। नैंसी ने स्त्रीवादी और स्त्री के शरीर के 'पुनर्सृजन' (रिप्रोडक्शन) के भेदाभेद को 'मातृत्व' के संदर्भ में स्पष्ट किया तो ज्ञात हुआ कि शारीरिक लिंग भेद और सामाजिक विमर्श के भीतर, इतिहास और दर्शन के भीतर रक्षित 'लिंगभेद' में बुनियादी फर्क है। 'जैंडर' 'सेक्स' से भिन्न श्रेणी है। सेक्स शारीरिक भेद है, जैंडर (लिंग) सामाजिक भेद है, भाषा का भेद है, यहाँ वृतांतों में छिपे मर्दों के वृत्तांत का भेद है, इतिहास का भेद है, इसीलिए यह संस्कृति में एक बड़े 'लिंगानुभव' को खारिज किए चलता है। 'एमएस' 1987 के नवंबर अंक में ज्योर्ज्वी ओ कीथ ने मैबेल लुहान को एक पत्र में लिखा था कि मैं समझती हूँ कि तुम मेरे बारे में लिख सकती हो, ऐसा जो मर्द नहीं लिख सकते...मुझे लगता है कि औरत के बारे में बहुत कुछ ऐसे अनुद्घाटित रहा है जो एक औरत ही उद्घाटित कर सकती है!...

लिंग भेद के ऐसे स्पष्ट अहसास के बाद भाषा एवं वृत्तांत में शिश्नकेंद्रिकता (फैलोलोगोसैंट्रिज्म) के प्रश्न उठते हैं। लिंगभेद सिद्धांत की व्याख्याकार डिनरस्टीन, योदोरोव,

गिलीगन आदि ने संस्कृति के रूपों में जेंडर बायस को दिखाकर अनुभव को लिंगभेद से जोड़ दिया, जिसे अब तक गोल-मटोल 'संवेदन', 'ज्ञान' आदि से जोड़ा जाता रहा और उनमें आत्यंतिक ढंग से निहित 'पुल्लिंग' अर्थ को आदर्शीकृत किया जाता रहा। (इस संदर्भ में अपने पुल्लिंगी साहित्यशास्त्र, साहित्येतिहास और सांस्कृतिक इतिहास का विखंडन चुनौती भरा काम हो सकता है। अचानक हम पा सकते हैं कि लगभग निशंक सौंदर्यशास्त्र 'मर्दानगी का ऐश' है, साहित्यशास्त्र में मर्द साहित्य ही संभव है, इतिहास में स्त्रियों का जगत गायब है।)

औरत की इस उत्तरकथा में यह जानना जरूरी है कि शारीरिक भेद और लिंगभेद में 'मर्दों' का चिंतन फर्क नहीं करने देता। इसीलिए स्त्री पिसती है अलग, लेकिन उसके प्रति अतिचार नहीं दिखते। 'लिंग' चेतना के बाद ही भेद और अतिचार नजर आता है। लिंगभेद मर्द समाज ने दिया है, शारीरिक भेद प्राकृतिक है। प्राकृतिक भेद बना रह सकता है, लेकिन सामाजिक भेद 'ठीक' होना ही चाहिए। यही स्त्री विमर्श का नया योगदान है।

स्त्री विमर्श में 'मातृत्व' और 'पुनर्सृजन' की प्रक्रिया पर भी विचार हुआ है। परिवार के नए प्रश्न भी यहीं उठे हैं। यहीं स्त्री विमर्श की समस्याएँ भी उठी हैं। लिंगभेद के विमर्श मूलतः स्त्री-पुरुष के विरोधी या अनुरोधी युग्म बनकर उभरते हैं और या तो शाश्वत विरोध में या शाश्वत समझौते में खत्म हो जाते हैं। लिंगभेद सामाजिक और ऐतिहासिक प्रक्रिया से गुजरते हुए, इन प्रक्रियाओं को कहाँ कितना बदलता है, यह देखना स्त्री-विमर्श में अभी पूरी तरह संभव नहीं हुआ है। उत्तर-आधुनिक ज्ञानावस्था अवश्य ऐसी स्थितियाँ संभव करती है कि इधर सोचा जा सके।

स्त्री विमर्श जहाँ एक केंद्रीयता (मर्दवादी केंद्रीयता) को तोड़ता है वहाँ वह उत्तर-आधुनिक परिदृश्य का ही हिस्सा है। उसका एक झगड़ा उत्तर-आधुनिकता से तत्काल वहीं पैदा हो जाता है जहाँ वह स्वयं एकमेव केंद्र बनने की कोशिश करता है। स्त्री-विमर्श केंद्र-विहीनता की स्थिति में नहीं रह सकता। इसीलिए स्त्री विमर्श में बहस छिड़ी है कि वह अनेक केंद्र में अपनी सत्ता ढूँढ़े या नए केंद्र बनाए।

उत्तर-आधुनिक परिदृश्य का एक हिस्सा होकर स्त्री विमर्श ने संस्कृति के मर्द-केंद्रित सामान्य सिद्धांतों को लात मारी है। उससे तमाम सांस्कृतिक विमर्शों की चूलें हिल गई हैं। सत्ता के विमर्श की भी नई समस्याएँ बनी हैं। विज्ञान और दर्शन तक में स्त्री विमर्श ने नए उत्तर-आधुनिक उपकेंद्र बनाए हैं। स्त्री विमर्श में निहित 'निजानुभव के वैशिष्ट्य' पर जोर उन तमाम सर्वाश्लेषी-सार्वकालिक विमर्शों को चुनौती देना है जिनमें हमारा ज्ञान रहता है।

स्त्री विमर्श के नानाविधि विकास का नक्शा बनाने की जगह यहाँ साहित्य और संस्कृति के प्रकट रूपों में सक्रिय रूपों को ही देखना उपयोगी है।

स्त्री विमर्श 'लिंग भेद' को उलटकर अस्त्र की तरह उपयोग में लाता है। जो लिंगभेद 'स्त्रियों' के शोषण का औजार रहा है, वह उसे ही पलटकर मर्दों की भाषा और संस्कृति की

दुनिया में सक्रिय करता है। इसके नतीजे यद्यपि अभी परखे नहीं गए लेकिन जाने-अनजाने उन पर बात आती रही है।

हिंदी भाषा अभी मर्दों की ही भाषा है। दैनिक भाषा में मर्दों के द्विअर्थी संसार में स्त्रियाँ उसी तरह आखेट की शिकार होती हैं जैसी की जीवन में होती हैं। बचपन में पहली दूसरी कक्षा में बताए गए 'लिंगभेद' शब्द और विलोम शब्दों में जो 'लिंगभेदक' ज्ञान मिलता है, वह आगे तक मजबूत होता जाता है। 'स्त्रीलिंग' का समूचा सांस्कृतिक आशय हिंदी भाषा में स्पष्ट नहीं है। वह 'पुल्लिंगी भाषा' में ही बंद है, अनुशासित है। दफ्तरों में, सड़क पर, घर में, एकांत में, मेले-ठेले में स्त्रियों को जिस मर्दों वाली भाषा का उत्पीड़न झेलना पड़ता है, वह अभी हमारे स्त्री लेखन की अपनी समस्या नहीं बना है। मन्नू भंडारी, कृष्णा सोबती, मृणाल पांडेय, राजी सेठ या प्रभा खेतान या कुछ अन्य की कुछ कहानियाँ, भाषा के इस तिलिस्म को पूरी तरह तोड़ नहीं पाई हैं, यद्यपि चुनौती देती हैं। अभी भी स्त्री लेखन का एक बड़ा हिस्सा इस तथ्य को स्वीकार नहीं करता कि लेखन एवं पाठ का कोई दृढ़ और निश्चित स्त्री-केंद्र संभव है। बहुत सा स्त्री लेखन मर्दों की भाषा का आभ्यंतरीकरण ही कर चुका है और मर्दों वाली 'गालियों' को नया स्त्री विमर्श समझ विशेषाधिकार चाहता है।

स्त्री-विमर्श के जागरण के पीछे दो उत्तर-आधुनिक परिदृश्य सक्रिय हैं। एक स्त्री का दृश्य में अधिक होना और दृश्य में उसकी देह का होना। ये दोनों परिदृश्य उच्च या अति पूँजीवाद के परिणाम ही हैं जिन्हें हम उपभोक्ता संस्कृति के उपादानों के रूप में, माध्यमों में, विज्ञापनों में पाते हैं। यह एक नया सांस्कृतिक जनक्षेत्र बन रहा है। इसके निर्माण में उपभोक्ता-संस्कृति का योगदान है। टीवी और खुले बाजार का बड़ा योगदान है।

यहाँ दोहरा संकट बन रहा है। एक ओर स्त्री कर्म क्षेत्र और उपभोक्ता क्षेत्र दोनों में मर्द के दायरे (चौके) से बाहर निकलकर अपनी भाषा बना रही है, और इस तरह मर्दों की निरंकुश दुनिया को विचलित कर रही है तो दूसरी ओर ऐसा लगता है कि वह स्वयं उपभोक्ता वस्तु बनी जा रही है। रूढ़िवादी मर्दों की भाषा में यह हाहाकार प्रबल हो चला है कि घर की औरतें बाजारू हो रही हैं। उपभोक्ता संस्कृति के नितांत मर्दवादी विमर्श उपभोक्ता संस्कृति का ऐसा विरोध करते हैं कि नए स्त्री-केंद्र ही लुप्त हो जाएँ। समकालीन स्त्री-विमर्श को एक बड़ी चुनौती इधर प्रतिक्रिया में पैदा हो रहे मर्दवाद से है जो घर की बहू-बेटियों को भाषाविहीन करता रखता आया है और फिर चौके में बंद कर मार देना चाहता है।

मर्दों के केंद्रवाद में स्त्री एक पवित्र योनि है, एक प्रजनन-कोख है। समूचे शास्त्र, धर्म, दर्शन, परंपरागत ज्ञान-विज्ञान और आधुनिक ज्ञान-विज्ञान सब मूलतः यही सिद्ध करते हैं। उत्तर-आधुनिक स्थितियाँ उसे सिर्फ 'पवित्र योनि' या 'कोख' नहीं रहने दे रहीं। तो मर्दों की दुनिया में परम व्याकुलता है। काहिरा के जनसंख्या सम्मेलन के विवाद इसके नए उदाहरण हैं।

यही उत्तर-आधुनिक दृश्य में स्त्री के अधिक हो उठने का अर्थ समझा जा सकता है। आज हम स्त्री के अनेक रूप अपने बीच पाते हैं जो पहले नहीं थे। यही वे सांस्कृतिक नए

रूप हैं जहाँ नए अनुभव बनते हैं, प्रतिरोध के बिंदु बनते हैं। नई भाषा बनती है। मर्दों की भाषा के अतिचार समझ में आते हैं।

किसी दफ्तर में काम करने वाली स्त्री, किसी बस में, मेले में, सड़क पर चलती स्त्री, घरेलू स्त्री की भाषा से अलग भाषा माँगती है। उसके अनुभव नए बनते हैं। यहीं उसे नई भाषा मिलती है। यहीं से नया विमर्श शुरू होता है। उसके अनुभवों का 'बनना' ही वह नया है जो स्त्री का उत्तर-आधुनिक विमर्श है। शेखर कपूर को 'फूलन' रोक सकती है। तस्लीमा नसरीन इमामों की नींद उड़ा सकती है। लौटीना बौबिट अपने अत्याचारी पति के शिश्न का उच्छेद कर सकती है। और यह उनका अपना अपना 'गोपन' अनुभव नहीं रहता, वह सबकी सूचना बनता है। यह स्त्री के नए विमर्श का एक निर्णायक पहलू है कि स्त्री के अपने अनुभवों की 'सत्ता' अब प्रकट होने लगी है।

स्त्री अनुभव की सत्ता अलग है, वह पुरुष वर्चस्व के अनुभवों की शिकार होकर भी उससे अलग, अपने अनुभवों में अलग संभव है, यह चीज अब तक के सांस्कृतिक विमर्श में नदारद रही है, साहित्यशास्त्र में तो वह रही ही नहीं।

नया स्त्री विमर्श, जो नए मीडिया विमर्श के साथ-साथ आया है, में पहली बार स्त्री के अपने अनुभव 'सिद्ध' हो रहे हैं। जब कानपुर की तीन बहनें पंखे से लटक जाती हैं तो वे दहेज के विरुद्ध एक नया संवाद करती हैं। नलिनी सिंह या मृणाल पांडे टीवी पर स्त्रियों को नए अर्थ देती हैं। यह दुर्धर्ष, संघर्षरत विमर्श है जो अपने एकांत की जेल से वाकिफ है।

हिंदी लेखन में अभी इनकी इंदराजी होनी है। उसे अपनी भाषा खोजनी है। अपने अनुभवों की रक्षा करनी है। वे जो 'अपने अनुभवों' की विशिष्टता की अवधारणा नहीं मानतीं, पुरुषों के संसार की मुग्धाएँ बनी रह सकती हैं। लेकिन साहित्य में अभी एक बड़ा समर स्त्री केंद्र से उठना है। रससिद्धांत उलटना है, नायिका भेद टूटना है, वृत्तांत टूटने हैं।

हिंदी के समकाल में क्या यह सत्य नहीं है कि आलोचना का क्षेत्र नितांत मर्दों का क्षेत्र है? हिंदी साहित्य में मर्दों की भाषा और साहित्यशास्त्र का इतना वर्चस्व है कि यह सोच पाना कठिन है कि हिंदी में अपनी कोई गायत्री स्पिवाक या जूलिया क्रिस्टिएवा या सैला बैतहाबीब या जूडिथ बटलर हो सकती है जो बताए कि औरतों का सबसे पहला काम उस तत्त्वमीमांसा को खत्म करना है जिस पर आलोचना टिकी होती है। वह सार्वभौमिकता, सार्वदैशिकता, तकवाद आदि सबका संहार कर देती है।

हिंदी में स्त्री की मौजूदगी मर्दों की मुच्छड़ दुनिया में प्रायः गुड़िया या 'आज्ञा हो तो आएँ सर!' की रही है। स्त्री की उपस्थिति 'रक्षिता' जैसी बना दी गई है, परम स्त्रीवादी जन-जीवन में स्त्रियों को कपड़ों की तरह बदलने की ख्वाहिश रखते हैं। अनेक स्त्रियाँ भी इसी में अपने को धन्य समझती हैं। अनेक मीडिया की चकाचौंध में इधर गिरती हैं। जाहिर है कि मर्दों के जाल सब जगह हैं। कविता, कहानी सब जगह हैं। स्त्रीकेंद्र के जमने से ये सब डरे हुए हैं।

कथा का उत्तर-युग 'औरत' के केंद्र से ही शुरू हो सकता है। अब तक का वृत्तांत 'मर्द' का ही था। अब तक की भाषा मर्द की भाषा ही थी। इतिहास भी उसी का था। इसीलिए समीक्षा के प्रचलित संसार में औरतें गुलदस्तों से ज्यादह नहीं आई हैं। परिदृश्य में अधिकाधिक मौजूद होकर वे मर्दों के साहित्य को विकल करने लगी हैं। यह अच्छा है।

मर्दों को यह तो सहनीय हो जाएगा कि औरतों का अनुभव अलग और विशिष्ट है। वे उसे फिर बाँध लेंगे। लेकिन वे यह मुश्किल से बर्दाश्त करेंगे कि स्त्री की 'देह' उनकी पकड़ और नियंत्रण से बाहर हो जाए। उपभोक्तावाद और मीडिया ने उसे फिलहाल पकड़ से किसी हद तक स्वतंत्र कर दिया है। इसीलिए हड़कंप है।

और फिर एक लड़ाई इस उपभोक्तावाद से भी ठनती है। उपभोक्तावाद भी बाजार के केंद्र का परिणाम है। यानी एक झगड़ा स्त्री का स्त्री के उत्तर युग से भी होना है।

आगे चलकर संभवतः यह विचारणीय होगा कि बाजार का केंद्र क्या लिंग-तटस्थ या 'जैंडर न्यूट्रल' केंद्र है? बाजार में 'लिंग भेद' का परंपरागत रूप नष्ट हो गया है तो नया क्या बनता है? देह और बाजार क्या लिंग-तटस्थ माने जा सकते हैं? देह की उपस्थिति प्रचलित सांस्कृतिक (मर्दवादी) दुनिया को किस तरह तोड़ती है। उस भाषा को किस तरह चुनौती देती है जो उसे अब तक ढँके हुए थी और भाषा क्या हो सकती है, उसका नया वृत्तांत क्या हो सकता है? और अंततः लिंगभेद की नई व्यवस्था (परिवार) क्या हो सकती है?

लेकिन फिलहाल औरत की उत्तर-कथा कही जानी है। वह शुरू हो चुकी है। मर्दों का कहानी संसार विदा होना चाहिए। यहीं से उत्तर आधुनिक कथा बनती है।

# स्त्री कितना डराएगी?

## कृष्ण कुमार

वैसे तो हरेक सामाजिक घटना में हमारी दृष्टि और समझ को एक नई सतह पर ले जाने की क्षमता छिपी रहती है, पर ज़िंदगी का प्रवाह अक्सर यह मौका नहीं देता कि हम इस क्षमता का पूरा लाभ उठा सकें। ज़्यादातर घटनाएँ अपने वक्त की जटिल ज्यामिति को छिपाए ही हमारी याददाश्त की साप्ताहिक और मासिक हदें पार कर जाती हैं और हमें अपनी समझ संवेदना के पुराने धरातल पर छोड़ देती हैं। कुछ खास ही घटनाएँ ऐसी होती हैं जो हमें धक्का देती हैं, कभी-कभी काफी देर तक हिलाती रहती हैं। इस बात की संभावना वे पैदा कर देती हैं कि हमारे मन में टँगा झोला उलट जाए और उसमें इकट्ठा वे चीजें सड़क पर आ गिरें जिन्हें इस तरह यकायक खुले में बिखरा देखकर हमें पशोपेश ही नहीं, पश्चात्ताप और प्रायश्चित्त ही नहीं, परिवर्तन की इच्छा महसूस हो। ऐसी एक घटना इस समय महाराष्ट्र और मध्य प्रदेश की सीमा पर स्थित जलगाँव नाम के शहर में घटी है। घटना तो पिछले कई वर्षों से घटती चली आ रही थी, वह प्रकाश में अब आई है। पत्रकारिता के महात्म्य से ग्रस्त इस युग में किसी बात का प्रकाश में आना ही घटना माना जाता है। इस दृष्टि से जलगाँव की घटना इस लेख में लिखे जाने के समय घटती जा रही है। मेरा वास्ता घटना के इस हिस्से से नहीं है, और वैसे भी मेरा समाजीकृत मन कहता है कि कुछ होगा-हवाएगा नहीं, यानी लोग छूट-छाट जाएँगे और हम बाकी लोग भूल-भाल जाएँगे। पर जो पहले घट चुका है और अब प्रकाश में आया है, वह रहेगा और हम चाहें तो हमें वैसा कष्ट देता रहेगा जैसा द्रोपदी ने जीवन-भर पांडवों को दिया होगा। यह कष्ट है समाज की सबसे भ्रष्ट ताकतों के हाथों स्त्री को कुचले जाते हुए देखना और इस अनुभव के कारण अपनी निरुपायता के बोझ से दबे रहना।

जलगाँव की कहानी निराली कतई नहीं है, यदि थोड़ा अलग या चौंकाने वाली है तो सिर्फ इसलिए कि वहाँ की लड़कियों का शोषण कई वर्षों तक निर्बाध और इतने बड़े पैमाने पर हुआ। जलगाँव की घटना यह नहीं है कि वहाँ की लड़कियाँ जबरन वेश्यावृत्ति के धंधे में ले आई गईं, जैसाकि नेपाल, मुरैना या कि छिंदवाड़ा में आम होता है। जलगाँव में स्कूल और कॉलेज की छात्राओं को राजनीतिक ताकत रखने वाले जनप्रतिनिधियों और उनके दोस्तों

ने सुनियोजित ढंग से वर्षों तक अपनी हिंसक वासना का शिकार बनाया। ये शब्द—'हिसंक वासना का शिकार' अपनी अर्थवत्ता इस कदर खो चुके हैं कि इन्हें इस्तेमाल करते या पढ़ते हुए हम उस यंत्रणा का स्पर्श भी नहीं पाते जिसकी पीड़ा जलगाँव की लड़कियों ने वर्षों तक लगातार झेली होगी। स्त्री के प्रति हिंसक वासना की सैकड़ों कहानियाँ, तस्वीरें और उनसे जुड़ी धुनें हमारे मस्तिष्क में भरी हैं। उनकी बदौलत हमारी वह सहज अनुभूति कुंद हो चुकी है जो 'हिंसा' या 'वासना का शिकार' जैसे शब्दों के जरिए जाग सकती थी। जलगाँव का वृतांत किसी भी पत्रिका या अखबार में छपे, वह 'मनोहर कहानियाँ' या 'सत्यकथा' की रचनाओं के अभ्यस्त मन को भेद नहीं सकता। इन पत्रिकाओं का नाम ही बता देता है कि 'मनोहर' और 'सत्य' जैसे शब्द हमारे सामाजिक मन की कैसी घटनाओं से जोड़ दिए गए हैं। क्रूर संक्षेप में कहा जाए तो ये सारी घटनाएँ स्त्री के मनुष्य होने की अस्वीकृति से उपजी होती हैं। आधुनिक युग में यह अस्वीकृति एक रोगी मनोदशा न रहकर व्यावसायिक लाभ देने वाली एक वस्तु बन चुकी है और इस कारण उसकी हजारों अनुकृतियाँ नाना माध्यमों से बनाकर बेचना 'स्वस्थ' मनोरंजन की सामग्री का अनिवार्य हिस्सा मान लिया गया है। स्त्री का अमानुषीकरण पूँजी में केंद्रित हमारे युग की सबसे वीभत्स प्रक्रिया है जिसकी ओर हमारा ध्यान इसलिए नहीं जाता क्योंकि वह हर क्षण घटती रहती है। यदा-कदा, संयोग से जुड़े किसी नाटकीय घटनाचक्र की पृष्ठभूमि में उभरकर कोई माया त्यागी या रिंकू पटेल, गजरौला या जलगाँव हमें स्त्री के अमानुषीकरण की 'खबर' देता है तो हममें से कुछ थोड़ी देर के लिए क्षोभ या तैश में डूब जाते हैं। कुछ समय बाद ये भाव अपने आप हट जाते हैं और हम फिर अपने परिचित संसार में आत्मविश्वास के साथ तैरने लगते हैं।

इस 'परिचित' संसार की बुनावट पर गौर करें तो सबसे पहले हमारा ध्यान उस सांस्कृतिक विरासत पर जाता है जो सामंती व्यवस्थाओं से शुरू हुई और आज के पूँजीवादी वातावरण में पूर्णतः सुरक्षित पल्लवन पा रही है। इस निरंतरता की बदौलत आज साबुन या पलँग के गद्दे या गुसलखाने की फिटिंग बेचने वाली कंपनी आसानी से अपने विज्ञापन में बिहारी के किसी दोहे का इस्तेमाल कर सकती है। यदि वह ऐसा फिलहाल नहीं कर रही तो इसका कारण भाषा है, बिंब या विचार नहीं। (और यह अवरोध भी पेंग्विन प्रकाशन द्वारा बिहारी सतसई का अनुवाद छाप दिए जाने से दूर हो गया है। यह स्पष्ट ही है कि सूर, मीरा या तुलसी के मुकाबले बिहारी का अंग्रेजी अनुवाद प्रकाशित करना ज़्यादा मुफीद क्यों माना गया होगा) हमारी सांस्कृतिक विरासत में स्त्री की गरिमा के दृष्टांतों की कमी नहीं है, पर वे अधिकांशतः स्त्री के कौटुंबिक भूमिकाओं के दायरे में उभरे हैं। पुरुष के संदर्भ में ऐसा कतई ज़रूरी नहीं रहा है। स्त्री को केवल स्त्री होने के नाते स्वीकृति हमारी परंपरा में एक अमूर्त या सैद्धांतिक अर्थ में भले रही हो, समाज के मूर्त संदर्भों में ऐसी स्वीकृति के सबूत दुर्लभ रहे हैं और आज तक दुर्लभ हैं।

अपने रोजमर्रा के जीवन में हम स्त्री की भूमिकाबद्ध उपस्थिति ही पाते हैं। स्वीकृत भूमिकाओं से अलग किसी स्थिति में स्त्री का दिखना एक घटना मानी जाती है। इस बात की सच्चाई का अहसास प्रेमचंद की 'मनोवृत्ति' शीर्षक कहानी आज तक करा रही है। इस कहानी के केंद्र में एक युवती है जो पार्क की बेंच पर सारी रात सोती रही है। सुबह के वक्त पार्क में स्वास्थ्य-लाभ के लिए आने वाले लोगों का ध्यान इस स्त्री की तरफ इस प्रकार जाता है जैसे बैंच पर लेटा पाया जाना कोई अपराध हो। इन लोगों में युवक, बूढ़े और महिलाएँ भी शामिल हैं। उनकी बातचीत बैंच पर पड़ी स्त्री को तरह-तरह के संदेहों के घेरे में लाकर लांछित करती है और वे ऐसी बातचीत एकदम सहज होकर करते हैं। कहानी पढ़कर हम पार्क और उसमें पड़ी बैंच की सार्वजनिक उपयोगिता की अपनी आम धारणा को खंडित पाते हैं। हम जान लेते हैं कि बैंच पुरुषों के लिए ही 'सार्वजनिक' है। उस पर लेटकर जिस स्त्री ने 'सार्वजनिकता' को चरितार्थ करने का दुस्साहस किया है, वह समाज की दृष्टि से भयानक रूप से हेय हो जाती है। पार्क की बैंच एक बेहद साधारण चीज न रहकर समाज में स्त्री की आजीवन कैद का खुलासा करने वाला प्रतीक बन जाती है।

शायद ही कोई ऐसा पाठक इस लेख को पढ़ रहा हो जिसने कभी किसी पार्क की बैंच पर एक स्त्री को लेटे देखा हो। मैंने कभी नहीं देखा। बैंच पर लेटना तो शायद बहुत बड़ी बात है—तभी प्रेमचंद ने इस प्रसंग को चुनकर यह कहानी लिख डाली—सार्वजनिक बगीचे में अकेले टहलती हुई लड़की का उत्तर भारत में दिख जाना असंभवप्राय है। इस तरह से सोचता हूँ तो मुझे अपने बचपन के वे तमाम दृश्य याद आ जाते हैं जिन्हें मैं आज तक दिल्ली की सड़कों पर उसी रूप में देखता हूँ जिस रूप में वे टीकमगढ़ नाम के मेरे कस्बाई नगर की यादों में सुरक्षित हैं। हम लड़कों के लिए सड़क एक खुली जगह थी जहाँ हम चलते ही नहीं थे, खेलते थे, तरह-तरह के करतब करते थे, या यूँ ही खड़े रहते थे और दो-चार मिले तो गप करते थे। किसी लड़की के लिए यह सब एकदम नामुमकिन था। लड़कियों के लिए सड़क एक जगह से दूसरी जगह जाने का माध्यम थी—बस। उस पर निष्प्रयोजन दिखना एक असाधारण घटना थी। मैं वर्षों बाद सोच सका कि यह हमारे शहर की लड़कियों के जीवन की कितनी बड़ी और क्रूर विडंबना थी कि वे बचपन के छोटे-छोटे सुख लेने के लिए स्वतंत्र नहीं थीं। पता नहीं उनके समाजीकरण ने उन्हें किस हद तक इन सुखों के प्रति उदासीन और अपनी कैद के प्रति संजीदा बनाया था। वे हमें देखकर लगातार न तड़ें, इस उद्देश्य की खातिर ऐसा समाजीकरण आवश्यक था।

अनवरत सोद्देश्यता और जवाबदेही के कठोर साँचों में छुटपन से ही बँध जाना लड़कियों को समाज में स्वीकृत यानी पूरी तरह भूमिबद्ध जीवन जीने का पूर्वाभ्यास कराता है। इस पूर्वाभ्यास में जरा-सी चूक भी अपराध मानी जाती है। बचपन की आजादी और खासतौर से समयबोध से मुक्ति कस्बाई और शहरी लड़कियों को पाँच-छह साल की उम्र से ही मिलना बंद हो जाती है। वे अपना रोजमर्रा का जीवन भी किसी आसन्न दुर्घटना के प्रति आशंकित

रहकर जीती हैं। शुरू में इस दुर्घटना की कोई निश्चित तस्वीर नहीं होती, बस एक गहरी आशंका और दबी हुई बेचैनी और इन दोनों की अभिव्यक्ति के तौर पर काया को सिमटाए रखने, ज़्यादा न हँसने और कम बोलने की आदतें व्यक्तित्व में पैठती जाती हैं। इस पैठ के अनुपात में व्यक्तित्व यानी मनुष्य को व्यक्ति बनाने वाला तत्व तिल-तिल करके रोज कटता जाता है। अंततः किशोरावस्था आती है, एक अलग इनसान अर्थात व्यक्तित्व का बचा-खुचा भाव समाज से जूझने की एक आखिरी बड़ी कोशिश करता है। जिस दुर्घटना की आशंका में जीने का लंबा अभ्यास मन करता आ रहा था, उसकी तस्वीर स्पष्ट हो जाती है और तस्वीर स्पष्ट होने के साथ ही आशंका एक पक्के डर में बदल जाती है। उधर भूमिकाबद्ध जीवन की तैयारियाँ हर तरफ बढ़ती जाती हैं। तौर-तरीके, उठना-बैठना, कौशल, पढ़ाई, यहाँ तक कि दिलचस्पियाँ—सभी कुछ भूमिकाबद्ध जीवन के साँचे के अनुसार ढल जाता है।

बलात्कार वह दुर्घटना है जिसकी आशंका में जीना सीखने का अभ्यास स्त्री के समाजीकरण की धुरी है। मेरा ख़याल है कि स्त्री-पुरुष संबंधों के वे तमाम पहलू जिन्हें अपने दैनिक समाजीकरण के तहत बच्चे हमारी आज की संस्कृति में सीखते हैं, बलात्कार की अवधारणा में ढूँढ़े-पहचाने जा सकते हैं। बलात्कार के प्रतीकार्थों की टोह में जाने के लिए पौरुष और ब्रह्मचर्य की अवधारणाओं पर ध्यान देना ज़रूरी है। संभोग को पौरुष के लिए एक चुनौती मानने की परंपरा रही है और पितृसत्ता ने इस परंपरा को दुनिया के कई समाजों में ठोस सांस्कृतिक आधार दिया है। हमारे समाज में इस परंपरा को शास्त्र-सम्मत माना जाता रहा है, शायद इसी कारण उसके व्यावहारिक प्रभाव-क्षेत्र का दायरा नैतिक और, लोकप्रिय अर्थ में धर्म-सम्मत मान लिया गया है। पौरुष की संकल्पना का यह विस्तार ब्रह्मचर्य की अवधारणा में सबसे स्पष्ट रूप से दिखाई देता है। बचपन और किशोरावस्था में लड़कों की शिक्षा-दीक्षा कैसी हो, इस सवाल पर लोकमन में सबसे गहरे पैठी अवधारणा ब्रह्मचर्य की लोकप्रिय अवधारणा से पड़ चुका होता है, यह अवधारणा स्त्री को लेकर एक गहरा डर किशोर मन में पैदा कर देती है—इस बात का डर कि स्त्री वह सब छीन लेती है जो मेरे पुरुष होने की पहचान है। विवाह एक बड़ा जोखिम दिखने लगता है और स्त्री की निकटता की स्वाभाविक चाह स्त्री से निबट लेने की चुनौती में घुल-मिल जाती है। साधु-संतों और महान पुरुषों की कई कहानियाँ, आज समाज में प्रचलित कहावतें स्त्री की आखेटक छवि को पुष्ट करने में मदद करती हैं।

दूसरी ओर जीवन के दैनिक यथार्थ में लड़का स्त्री की भूमिकाबद्ध उपस्थिति के चारों ओर स्त्री की जिस 'स्वतंत्र' प्रतीकात्मक उपस्थिति से घिरा होता है, वह भी कम आक्रामक नहीं होती। इस प्रतीकात्मक उपस्थिति की रचना सिनेमा, टीवी और हर राह पर लगा विज्ञापन करता है। स्त्री की यह उपस्थिति मुख्यतः एक वस्तु के रूप में होती है, उसकी मनुष्यता बस इतनी रहती है कि वस्तुरूपा होने पर भी वह मनुष्य होने का भ्रम पैदा करे। सिनेमा की कहानियों में स्त्री की भूमिकाबद्ध उपस्थिति भी इस तरह दर्ज की जाती है कि 'वस्तुपक्ष' प्रधान रहे। फिर बंबइया फिल्म कथा जगत का तो साँचा ही ऐसा है कि स्त्री के वस्तुरूप को उभारने

वाली सामाजिक भूमिकाएँ हर कहानी में अनिवार्य रूप से रहें। विज्ञापन में स्त्री का वस्तु में रूपांतरण एकदम साफ रहता है क्योंकि वहाँ सामाजिक भूमिकाएँ या तो होती ही नहीं या फिर कहने-भर को होती हैं, जैसे कि कपड़े धोने के साबुन के संदर्भ में पत्नी की भूमिका। विज्ञापन में एक वस्तु होती है जिसे बेचा जाना है, दूसरी वस्तु होती है स्त्री की छवि जो हमारे संस्कारजगत में पहले से 'बिकी' हुई अवस्था में होती है। इस तरह एक बिकी हुई वस्तु एक अन्य वस्तु को बेचने में मदद देती है। स्त्री का यह सहज और निर्मम वस्तुकरण किशोर लड़के के मन में स्त्री के प्रति डर की भावना से उपजी आक्रामकता और प्रतिहिंसा को एक नई धार देता है। यह प्रक्रिया आधुनिक प्रसार माध्यमों की तरह निरंतर चलती है और स्त्री की मनुष्यता के अहसास के फूट निकलने की किसी भी संभावना पर रोक लगा देती है। ऐसी संकुल स्थिति में बलात्कार की पात्र के रूप में स्त्री का अंकन मनोरंजन का विषय बन जाए तो आश्चर्य की क्या बात है? स्थिति की बुनावट को समग्र रूप में देखें तो हम इस सत्य को पहचान सकेंगे कि बलात्कार और ब्रह्मचर्य की अवधारणाओं में पूरकता का रिश्ता है।

उधर लड़की की दृष्टि से पुरुष के ब्रह्मचर्य के बारे में सोचें तो एक ही निष्कर्ष हाथ लगता है। स्त्री का कौमार्य और उससे जुड़ी यौन-शुचिता व अस्मत जैसे संस्कार पुरुष की कृपा को जीवन का सर्वोच्च तथ्य ठहराते हैं। जिस आशंका और डर से घिरकर लड़की अपना बचपन क्षण-क्षण माँगी जाने वाली जवाबदेही को निभाते हुए बिताती है। वह आशंका किशोरावस्था के आने पर एक निश्चित रूप ले लेती है। यह रूप होता है बलात्कार का जिसकी सैकड़ों छवियाँ आधुनिक प्रसार माध्यमों में पुरुष मन के मनोरंजनार्थ दिखाई जाती हैं। फिल्मी कहानियों में बलात्कार की घटना से आने वाले निर्णायक मोड़ किशोर लड़की को इस कठिन सामाजिक सत्य को एक आखिरी कड़वे घूँट की तरह पी जाने के लिए तैयार करते हैं कि उसके जीवन की सार्थकता उसके अपने वश में नहीं है। यह सत्यदर्शन ही शायद उस हृदयविदारक आज्ञाकारिता का रहस्य है जो जलगाँव की शिक्षित लड़कियों ने अत्याचारी व्यभिचारियों के सामने वर्षों निभाई।

# सूरत, सावरकर और द्रोपदी

## पुरुषोत्तम अग्रवाल

'औरतों की यौन-जागरूकता की स्वीकृति और उसका समर्थन निरंकुश विचारधारा के पूर्ण विनाश का कारण बन सकता है।'

विल्हेल्म रीख़[1]

अपने वैयक्तिक संदर्भ में भी, बलात्कार, महज कामुकता का विषय नहीं है। कभी सचेतन तो कभी अचेतन ढंग से, यह नारी को क्रीड़ा-विलास की वस्तु मानने वाली समझ तथा पुरुष की शक्ति का रेखांकन है। अपने सामूहिक संदर्भ में बलात्कार घोषित रूप से एक राजनीतिक चाल बन जाता है और संगठित आक्रमण के क्रम में, वह एक प्रदर्शनीय कृत्य बन जाता है, शत्रु समुदाय के 'स्वायत्त प्रतीक' (अर्थात् औरत) को अपवित्र करना एक अनुष्ठान बन जाता है।

सूरत से मिली प्रारंभिक खबरों ने सामूहिक बलात्कार की वीडियो रिकार्डिंग का समाचार सुनाया। सौभाग्यवश, इसकी पुष्टि नहीं हुई, हालाँकि इससे तथ्य का खंडन नहीं हो जाता कि जहाँ वैयक्तिक संदर्भ में बलात्कार एक वासनापूर्ण कृत्य है वहीं अपने सामूहिक संदर्भ में एक प्रदर्शन, क्योंकि इस बात के प्रमाण हैं कि सूरत में मुसलमान नारियों का सामूहिक बलात्कार पूरी रोशनी और चमक-दमक में हुआ था।[2]

पर दुखद बात यह है कि मध्यमवर्ग एवं बुद्धिजीवी दोनों ही ऐसी घटनाओं को नज़रअंदाज करना और यहाँ तक कि उचित ठहराना चाहते हैं। सूरत की घटना का जायजा लेने वालों ने यह रेखांकित किया है कि इन घटनाओं को लेकर लोगों में 'ग्लानि, शर्म अथवा क्षोभ' जैसी कोई भी भावना नहीं थी। इसके विपरीत, अनेक हिंदुओं ने मुसलमानों की हत्या को, यह कहकर तर्क-संगत बताया कि अपनी हैसियत से बाहर निकलने वाले मुसलमानों के लिए यह उचित सज़ा थी।

सांप्रदायिकता को सिर्फ धार्मिक असहिष्णुता और सामाजिक, आर्थिक टकराव के परिप्रेक्ष्य में देखने की अनुचित प्रथा के कारण बहुत सारे उदारवादी समीक्षक सांप्रदायिक दंगे को सिर्फ एक दंगे के ही रूप में लेते हैं जबकि दंगाइयों या दंगा भड़काने वालों के लिए हर दंगा दो धार्मिक समुदायों के बीच नहीं, बल्कि दो 'राष्ट्रों' के बीच चल रहे अपूर्ण संघर्ष की एक छोटी-सी कड़ी मात्र है। इसी राष्ट्र-युद्ध की अवधारणा को मद्देनजर रखते हुए सांप्रदायिकता

सामूहिक स्मृतियों का उपयोग करती है और अपने वर्तमान राजनीतिक आचरण को न्यायोचित बतलाने के लिए झूठे ऐतिहासिक आख्यान गढ़ती है। यह नैतिकता की समानांतर अवधारणाएँ गढ़ती हैं—युद्धकालीन नैतिकता और सामान्य दिनों की नैतिकता में फर्क बताते हुए।

युद्धरत समुदाय की आत्म-छवि, सांप्रदायिक मनोवृत्ति की जटिल निर्माण प्रक्रिया का एक महत्त्वपूर्ण पहलू है। मुसलमानों के सफाए की भयावह कहानियों, बलात्कार के महिमा-मंडन, लूट-पाट और नोच-खसोट में मध्यमवर्गीय स्त्री-पुरुष की प्रत्यक्ष हिस्सेदारी के कारण दक्षिणी गुजरात का प्रमुख व्यापारी केंद्र, सूरत इसी युद्धकालीन नैतिकता के आत्मसातीकरण का प्रतीक बन गया है। सवाल यह है कि विकृत हिंसा के ऐसे आत्मसातीकरण के बौद्धिक-स्रोत कहाँ हैं? क्या समकालीन सांप्रदायिक विमर्श के घटियापन और फूहड़पन के लिए सिर्फ विनय कटियार और ऋतंभरा जैसे लोग ही जिम्मेवार हैं?

अयोध्या के बाद की भारतीय राजनीति और संस्कृति की स्थिति पर टिप्पणी करते हुए जाने-माने विद्वान और नाटककार जी.पी. देशपांडे लिखते हैं :

"अगर आप, 1923 में, 'हिंदुत्व' पर लिखी गई सावरकर की किताब और विनय कटियार के किसी भी भाषण को देखें तो इन दोनों के बीच की विभाजक दुनिया नज़र आएगी। कई धर्मनिरपेक्ष विचारकों को इसकी जानकारी तक नहीं। दूसरे शब्दों में कई कारणों के फलस्वरूप धर्मनिरपेक्ष आख्यान में एक ठहराव आ गया है और वहीं दूसरी ओर 'हिंदू' आख्यान का ह्रास हो गया है। यह सब कुछ समानांतर ढंग से चल रहा है। और आप एक को दोष दिए बिना दूसरे को दोषी नहीं ठहरा सकते। आप धर्मनिरपेक्ष आख्यान के ठहराव का जायजा लिए बगैर हिंदू आख्यान के ह्रास की निंदा नहीं कर सकते।"[3]

यह चिंता का विषय है कि सारवरकर को मर्यादित और संतुलित 'हिंदू' आख्यान का प्रतीक मान लिया गया है। वस्तुतः सावरकर ही विनय कटियारों में व्यक्त होने वाली ह्रासोन्मुखता और विकृति को सैद्धांतिक सुनिश्चितता एवं मूर्तता के साथ ही नैतिक स्वीकृति भी दिलवाना चाह रहे थे। यह उनके 'शिष्ट' आख्यान का विशिष्ट योगदान है।

अपने अनुयायियों तथा आलोचकों दोनों द्वारा समादृत व्यक्ति के लिए ये शब्द निश्चित रूप से अप्रिय हैं। उदारवादी धर्मनिरपेक्ष बुद्धिजीवी सावरकर को इतना आदर देते हैं कि एक सम्मेलन में जब मैंने यह उल्लेख किया कि सावरकर ने शिवाजी की निंदा इसलिए की है क्योंकि उन्होंने 'मुसलमान स्त्री की पवित्रता का सम्मान करके सद्‌गुण विकृति का परिचय दिया है,' तो हिंदुत्व वालों ने संबद्ध किताबों को प्रस्तुत करने की चुनौती दी और जाने-माने उदारवादियों ने बड़ी भद्रता के साथ यह कह दिया कि मैंने शायद सावरकर का कोई घटिया अनुवाद पढ़ लिया है। खैर!

सारी पुरुष सत्तात्मक विश्व-दृष्टियों में पारिवारिक और सामुदायिक सम्मान की प्रतीक नारी का स्थान सर्वोपरि है। उसकी काम-भावना पर उसके वैध 'स्वामी' का एकाधिकार इस सम्मान की धारणा का व्यावहारिक पहलू है। अतः आदर्श नारी से यह अपेक्षा की जाती है

कि अपवित्र हो जाने पर वह प्राण त्याग देगी। समुदाय का सवाल सामने आ जाने पर तो अपवित्रता की थोड़ी-सी संभावना होते ही आदर्श स्त्री को प्राणों का बलिदान करने के लिए तैयार रहना चाहिए। उर्वशी बुटालिया ने दिखाया है कि सामूहिक स्मृतियों में यह बलिदान किस प्रकार गर्व और गौरव का विषय बन जाता है।[4] इसी तर्क के आधार पर दो समुदायों (समुदाय माने पुरुष) के संघर्ष में नारी पवित्रता और अपमान दोनों का रूपक बन जाती है। और, औरत की काम-भावना को अपना माध्यम बनाकर, समुदाय विशेष की मर्दानगी अपने सम्मान की रक्षा तथा दूसरे का अपमान करती है। चौपड़ में पांडवों की करारी हार पर बल देने के लिए दुर्योधन के पास द्रोपदी के सार्वजनिक चीर-हरण का आदेश देने से बेहतर दूसरा कोई तरीका नहीं था। पांडव दुर्योधन के इस निंद्य कार्य का विरोध नहीं कर सकते थे क्योंकि वह पुरुष सत्तात्मकता समाज के उसी नैतिक प्रतिमान से बँधे थे जो दुर्योधन की आज्ञा को न्यायसंगत ठहराता था।

नारी-शरीर की प्रतीकात्मकता के बावजूद हर परंपरागत विश्व-दृष्टि में बलात्कार नैतिक रूप से घृणास्पद कार्य है और कुछ हद तक वह स्वयं बलात्कारी के लिए लज्जा का भी विषय है। बलात्कारी की मान्यता और अव्यक्त स्वीकारोक्ति के बावजूद (खासकर अस्वाभाविक परिस्थितियों के बीच) उसके सैद्धांतिकीकरण एवं उसे न्यायोचित और आवश्यक ठहराने की कल्पना नहीं की जा सकती। जटिल मानवीय मूल्यों और धारणाओं के ताने-बाने में सभी कुछ स्याह या सफेद नहीं रहता। बलात्कारी भी अपने शिकार को ही दोषी ठहराना चाहता है। इसे कोरा पाखंड समझना मूर्खता होगी। वस्तुतः यह नैतिक अपर्याप्तता के बोध को प्रतिबिंबित करता है जो अपने अमूर्त रूप में एक व्यवहार-नियंत्रक के साथ-साथ पूर्ण नैतिक व्यवहार की उपलब्धि के प्रेरक का भी काम करता है। यह नैतिक आत्म-दंभ का शक्तिशाली काट होने के साथ-साथ समुदाय एवं आत्म की किसी भी अवधारणा या संरचना पर मौलिक प्रश्नचिन्ह लगाने का एक प्रस्थान बिंदु भी है।

आत्म संदेह और नैतिक अपर्याप्तता का यह बोध समाप्त हो जाए तो क्या होगा? यदि कोई 'राष्ट्र' या कोई विचार स्वयं को हर तरह की नैतिक पड़ताल के परे मान ले, बल्कि नैतिक और अनैतिक के अर्थ ही उलटने पर तुल जाए तो क्या होगा? यदि कोई राजनीतिक विमर्श सजग रूप से यह सिद्ध करने पर तुल जाए कि बलात्कार के संदर्भ में नैतिक-अनैतिक का नहीं, बल्कि 'संघर्षरत' राष्ट्र की राजनीतिक ज़रूरतों का सवाल ही महत्त्वपूर्ण और प्रासंगिक है तो क्या होगा?

सावरकर के राजनीतिक विमर्श और ऐतिहासिक आख्यान में उपरोक्त सवालों के दिल दहला देने वाले जवाब मिलते हैं।

इस संदर्भ में, यह रोचक और स्वाभाविक दोनों ही है कि सावरकर को परिष्कृत हिंदू विमर्श के प्रतीक के रूप में पेश किया गया है। यह स्वाभाविक है क्योंकि आम आदमी और बुद्धिजीवी वर्ग, दोनों ही के मन-मस्तिष्क में सावरकर का एक विशिष्ट दर्जा है। और सभी

हिंदू सांप्रदायिक विचारकों की अपेक्षा सावरकर पर सभी की विशेष श्रद्धा रही है। वह ब्रितानी साम्राज्यवाद के खिलाफ लड़ने वाले निर्भीक योद्धा के रूप में जाने जाते हैं। (एक ऐसा शख्स जिसे लंबी जेल-यातना भुगतनी पड़ी) वह प्रगतिशील नज़रिया रखते थे, वही तो थे जिन्होंने औद्योगिकीकरण का पुरजोर समर्थन और छुआछूत की प्रथा का घोर विरोध किया। पर सबसे अहम बात यह है कि 1857 के गदर को राष्ट्रीय दृष्टिकोण से व्याख्यायित करने का श्रेय इन्हें हासिल है।

इसी के साथ यह भी पूरी निष्पक्षता के साथ कहा जा सकता है कि नैतिकता-निरपेक्ष राजनीतिक विमर्श की शुरुआत करने का श्रेय भी सावरकर को ही जाता है। 'हिंदुत्व' शीर्षक वाले निबंध, (जिसकी तुलना विनय कटियार के भाषणों से की गई है) में वो सारी मूल प्रवृत्तियाँ मौजूद हैं जो विनय कटियार तथा उसके जैसों का प्रतीक बन गई हैं। (वस्तुतः 'हिंदुत्व' सावरकर के सोच सागर में जल-विभाजक का काम करता है।) इसके प्रकाशन के पूर्व, सावरकर के ऐतिहासिक वृत्तांत ने मध्यकालीन भारत के हिंदू-मुस्लिम वैमनस्य का लेखा-जोखा प्रस्तुत किया था, फिर भी वह शांतिपूर्ण सह-अस्तित्व और यहाँ तक कि आपसी सहयोग की भी बात करते रहे। पर 'हिंदुत्व' के साथ-साथ सावरकर के भाषणों और लेखों में एक नितांत भिन्न किस्म का इतिहास जन्म लेने लगता है, जिसका चरमोत्कर्ष उनकी मुख्य कृति, 'भारतीय इतिहास के छह स्वर्णिम युग', में होता है (यह 1963 में पूरी हुई)। इस किताब के अंग्रेजी अनुवादक की हैसियत से एस.टी. गोडबोले (यह किताब मूल रूप से मराठी में है) की टिप्पणी है—"वीर सावरकर की किताब अकादमिक या शैक्षिक अर्थों में इतिहास नहीं हैं, वरन् हमारी हिंदू प्रजाति के विकास और संघर्ष का विस्तृत जायजा लेती हुई हमारे राष्ट्रीय जीवन की महत्त्वपूर्ण घटनाओं और युगों पर की गई टीका-टिप्पणी है।"[5]

सच पूछें तो इस पुस्तक का असली महत्त्व तब समझ में आता है जब इसका पठन-पाठन सावरकर के राजनीतिक रंग-ढंग के मद्देनज़र रखकर किया जाए। वास्तविक रूप में इतिहास के इस टीका-ग्रंथ में अतीत से वर्तमान का जन्म नहीं होता। बल्कि, अतीत ही का विकास उनके समकालीन उद्देश्यों से परिचालित है और उसका काम उनके वर्तमान राजनीतिक नज़रिए को न्यायोचित ठहराना है। सावरकर के राजनीतिक नज़रिए तथा नपुंसक हिंदू 'मैं' और कामुक दुराचारी मुसलमान 'वह' की लोकप्रिय अवधारणा की भावसाम्यता बड़ी खतरनाक है। और, सावरकर की शैली की विशिष्टता के अनुरूप, न तो इन अवधारणाओं को व्याख्यातित किया जाता है और न ही इन पर प्रश्नचिन्ह लगाया जाता है, बल्कि सारा आख्यान इन्हीं को प्रतिपादित कर इन्हीं का समर्थन करता है। अतः अतीत का अन्वेषण उसकी हदो-हुदूद को व्यापक करने की आवश्यकता से प्रेरित न होकर लोगों की भावनाओं का फायदा उठाने की इच्छा से परिचालित है। यही उसकी प्रेरक शक्ति है और इस लक्ष्य को हासिल करने के लिए इन्हीं भावनाओं को ऐतिहासिक नज़रिए का जामा ओढ़ा दिया जाता है। विल्हेल्म रीख़ जिसे 'राजनीतिक रहस्यवाद' कहते हैं उसकी सर्वोत्कृष्ट या निकृष्ट झाँकी यहीं देखने को मिलती

है, यह आप पर निर्भर है कि आप उसे कैसे देखते हैं। इस नजरिए की कुछ प्रवृत्तियाँ काफी सोची-विचारी हुई हैं। नैतिक निर्णयों के लिए निर्णायक संदर्भ बिंदु के रूप में ईश्वर की बजाय 'राष्ट्र' को स्थापित करने का प्रयास इनमें सबसे ज़्यादा गौरतलब है। हिंदू प्रजाति की अवधारणा को 'धार्मिक सैद्धांतिकता एवं रूढ़िवादिता से मुक्त कराने की ललक' इसलिए महत्त्वपूर्ण है क्योंकि इससे धार्मिक रूढ़िवादिता के नैतिक पक्षों को दरकिनार और यहाँ तक कि रद्द करने के भी प्रयास जाहिर हो जाते हैं। ईश्वर की बजाय राष्ट्र नैतिकता का केंद्र बिंदु बन जाता है और जैसा कि यौन-भावना के खास संदर्भ में जाहिर हो जाएगा, सांप्रदायिक फासीवादी विश्व-दृष्टि के लिए यह परिवर्तन अत्यावश्यक है।

सावरकर के चरित लेखक धनंजय कीर के शब्दों में, ''उन्होंने कहा कि हिंदुस्तानी औरतों का अपहरण और बलात्कार जैसी पाकिस्तान की अमानवीय और नृशंस गतिविधियों पर तभी रोक लग सकती है जब उसके साथ जैसे को तैसा सुलूक किया जाए। इससे दो साल पहले सावरकर ने अपनी राय प्रकट करते हुए कहा था कि मुसलमान औरतों के मामले में शिवाजी द्वारा अपनाई गई नीति गलत थी क्योंकि इस सुसंस्कृत और मानवीय व्यवहार से उन आततायियों के दिल में हिंदू औरतों के लिए वही भावनाएँ, वही ज़ज्बात नहीं उभर पाएँगे। उन्होंने बिना किसी लाग-लपेट के यह कहा कि उन यातनाओं की पीड़ा का अहसास कराने के लिए उनके साथ जैसे को तैसा बर्ताव करना ही उचित था।''[6]

अहिंसा और 'नपुंसकता' की भर्त्सना के साथ-साथ शिवाजी की नीति का विरोध इन सबमें गहरे संबंध हैं। अगर नारी की यौन अस्मिता का ऐसा प्रयोग ह्रासोन्मुखता का प्रतीक है, तो यह तथ्य है कि सावरकर का ऐतिहासिक आख्यान ह्रसोन्मुख सांप्रदायिक आख्यान का जनक और उसकी उपज दोनों हैं।

यौन-अस्मिता की लाक्षणिकता और प्रतीकात्मकता से असीम लगाव के अलावा एक स्वदेशी दुश्मन का सृजन फासीवादी आख्यान की एक और विशेषता है। 'छह स्वर्णिम पृष्ठ' के मुताबिक मुसलमान-पूर्व भारत में, स्वदेशी दुश्मन का यह दर्जा बौद्धों को प्राप्त था। अतः सावरकर की राय में, ''जब तक, यानी 200 ईसा पूर्व तक, सम्राट अशोक अपने को वैदिक मतानुयाई मानते रहे तब तक मौर्य साम्राज्य के उत्तर-पश्चिमी सीमा प्रहरी अपराजेय और हथियारों से पूरी तरह लैस थे। पर जिस दिन अशोक ने बौद्ध धर्म अपना लिया, साम्राज्य की यह सुरक्षा टुकड़े-टुकड़े होकर बिखर गई।''[7]

अपने खास लहजे का इस्तेमाल करते हुए सावरकर भगवान बुद्ध की बड़ी प्रशंसा करते हैं। पर जहाँ तक उनके अनुयायियों का सवाल है, उन्हें बहुत खरी-खोटी सुनाई जाती है। अध्याय तीन के एक समूचे अनुच्छेद का शीर्षक है—'बौद्धों की पुश्तैनी गद्दारी।'[8] स्वाभाविक है, इनके यहाँ भारत में बौद्ध धर्म के ह्रास का कारण, बौद्धों की दगाबाजी के फलस्वरूप उनके प्रति उपजी वैदिकों की घोर घृणा है। बौद्धों के उत्पीड़न के जटिल इतिहास को इस प्रकार व्याख्यायित किया गया है :

''पुष्यमित्र एवं उसके सेनापतियों को, युद्ध के दौरान, परिस्थितिवश राज्य-विरोधी गतिविधियों में लिप्त भारतीय बौद्धों को फाँसी देनी पड़ी और उन संघों को नष्ट करना पड़ा जो राज्य विरोधी गतिविधियों का केंद्र बन गए थे। यह भारतीय साम्राज्य और उसकी स्वाधीनता को सुरक्षित रखने के लिए, दुश्मनों से किए मेल-जोल तथा दगाबाजी की, न्यायोचित सज़ा थी। यह कोई धार्मिक उत्पीड़न नहीं था।''[9]

तथापि, सावरकर का असली अंदाज, आख्यान में मुसलमानों के प्रवेश के साथ शुरू होता है। 'हिंदू-मुसलमान के विकट युद्ध' की चर्चा के पहले विल डयूरा का एक उद्धरण है जिसके अनुसार ''भारत पर मुसलमानी चढ़ाई, इतिहास की सबसे खूनी चढ़ाई है।'' सावरकर दूसरे आक्रमणकारियों एवं मुसलमानों में एक स्पष्ट भेद रखते हैं—

''...ग्रीक, शक, हूण और अन्य आक्रमणकारी, जो पंजाब के मैदानी इलाकों में बेधड़क प्रवेश करते गए उनका एकमात्र मकसद इस देश पर राजनीतिक प्रभुत्व कायम करना था। इस राजनीतिक उद्देश्य के अलावा उनके आक्रमणों में कोई सांस्कृतिक या धार्मिक विद्वेष की भावना नहीं थी। दूसरी ओर, ये नए इस्लामी दुश्मन न केवल हिंदू राजनीतिक शक्ति को कुचलकर उसके स्थान पर समूचे भारत में मुसलमानी प्रभुसत्ता स्थापित करना चाहते थे, बल्कि उनके दिमागों में एक और खूँखार धार्मिक उद्देश्य धधक रहा था, जिसकी कल्पना तक भारत के किसी भी पुराने दुश्मन ने नहीं की थी। राजनीतिक लक्ष्यों से कहीं अधिक दानवीय, अपने धार्मिक उद्देश्यों की मद में चूर, पूरे एशिया के लाखों मुसलमान आक्रमणकारी सदी-दर-सदी अपनी पूरी आक्रमकता के साथ हिंदू धर्म—जो इस राष्ट्र की जीवनधारा था—को नष्ट करने के उद्देश्य से भारतभूमि पर पिल पड़े।''[10]

यह हिंदू सांप्रदायिक आख्यान की प्रकृति में है जबकि अन्य प्रजातियों की धार्मिक व्याख्या नहीं की जाती, वहीं इस्लाम को अपना धर्म मानने वाली अनेकानेक प्रजातियों को एक प्रजातीय इकाई, अर्थात् मुसलमान में तब्दील कर दिया जाता है। आज के हिंदू राष्ट्र के प्रमुख शत्रु के रूप में आज के मुसलमान को खड़ा कर उसे ऐतिहासिक प्रामाणिकता देने के लिए ऐसा करना ज़रूरी है और यही प्रामाणिकता एक 'दंगे' को सांप्रदायिक दिमाग के लिए एक 'युद्ध' बना देती है।

इस 'युद्ध' के प्रसंग में सावरकर 'सद्गुण विकृति' की चर्चा की शुरुआत अपनी विशिष्ट शैली में करते हैं :

''वर्ण-व्यवस्था से संबंधित हिंदुओं की हास्यास्पद रूढ़ियाँ, खान-पान पर लगे अनेक प्रतिबंध, विजातियों की शुद्धि में हिचक आदि-आदि, जिसकी चर्चा हम पहले ही कर चुके हैं, और जिसने मुसलमानों की धार्मिक-राजनीतिक आक्रमण की दुधारी नीति से कहीं अधिक क्षति पहुँचाई। उसके अलावा हिंदू जेहन पर एक और आत्मघाती विकृति का पूर्ण कब्जा था। इस विकृति ने उनके घात-प्रतिघात की क्षमता को कुंद कर दिया था। विकृत सदाचारी हिंदुओं के कारण हुई हार की चोट मुसलमानों द्वारा किए गए प्रयासों से कहीं अधिक थी। अगर इस

मोह के लिए एक अपेक्षाकृत नरम शब्द का प्रयोग किया जाए तो हिंदुओं को ही करारी हार पहुँचाने वाले इस मानसिक असंतुलन को हिंदू की 'सद्गुण विकृति' कहेंगे।''

'सद्गुणों' की विशेषता और आवश्यकता पर दार्शनिक चिंतन के बाद, सावरकर इस बात पर खेद प्रकट करते हैं कि—

''रट-रटकर यह सद्गुण सीख लेने से कि भूखे को भोजन और प्यासे को पानी देना चाहिए, हिंदू जहरीले गेहुँअन साँपों और काले नागों को दूध पिलाते रहे। जिस समय मुसलमान राक्षस हिंदू मंदिरों को ध्वस्त कर रहे थे और सोमनाथ जैसी पवित्रतम प्रतिमाओं के टुकड़े-टुकड़े कर रहे थे, उन्होंने उन धूर्त मुसलमानों पर कोई कहर नहीं बरपाया, जबकि उन्हें ऐसा करने का सुनहरा अवसर प्राप्त था और ना ही उन्होंने मस्जिद की दीवारों से एक भी ईंट निकाली क्योंकि उनके धार्मिक गुरुओं एवं पंडितों ने पर-पीड़ा का पाठ नहीं पढ़ाया था।''[12]

यहाँ एक रोचक प्रक्रिया काम कर रही है। पहले बड़े ही मनमाने ढंग से एक सहिष्णु हिंदू की आत्म-छवि गढ़कर उसकी तुलना प्रचंड असहिष्णु 'दूसरे' से की जाती है और फिर हिंदू को भी समान रूप से खूँखार बनने को कहा जाता है। इससे सद्गुणों की परंपरागत धार्मिक अवधारणाओं और 'आधुनिक राष्ट्रवादी' आख्यान का फर्क, स्पष्ट हो जाता है।

सावधानीपूर्वक रचित वृत्तांत के कारण, और लोकप्रिय रूढ़ छवियों तथा अचेतन पूर्वग्रहों से इसके द्वंद्वात्मक संबंधों के कारण सावरकर द्वारा प्रयुक्त भूतकाल उनके अभिप्रेत पाठक वर्ग के लिए वर्तमान काल में रूपांतरित हो जाता है जो उनकी वर्तमान अवधारणाओं का संदर्भ-बिंदु तथा वर्तमान आचरण का नैतिक औचित्य निरूपक बन जाता है। नैतिक हिचकिचाहट की आखिरी रुकावट को भी तोड़ने की खातिर, सावरकर, हिंदू स्त्रियों के प्रति अत्याचार और अपमान में मुस्लिम औरतों की दानवीय भूमिका की भी चर्चा करते हैं। वे कहते हैं :

''अपने जघन्य पाप के लिए मुसलमान औरतों को कभी भी किसी हिंदू के प्रतिशोध या सज़ा का सामना नहीं करना पड़ा। नारी के प्रति उदारता को लेकर हिंदुओं की मनोवृत्ति बड़ी विकृत थी।

मुसलमान औरतें इस बात के प्रति निश्चिंत थीं कि घनघोर युद्ध और उसके बाद की आपाधापी में भी न तो हिंदू सरदार और न ही कोई आम सिपाही या आम लोग, उनका बाल बाँका करेंगे।''[13]

इसके बाद सावरकर एक बुनियादी सवाल उठाते हैं :

''अगर रणक्षेत्र में विजई हिंदुओं ने मुसलमान नारियों के साथ वैसा ही बर्ताव किया होता या उन्हें दूसरे तरीके से दंड देने की सोची होती; (जैसे, जबरन धर्म-परिवर्तन) तो ऐसा भुगतने के बाद वे हिंदू नारी के प्रति अपने बुरे ख़यालात और तरीकों का प्रयोग नहीं करते।''[14]

सावरकर को इस बात का गहरा दुख है कि : ''नारी के प्रति उदार दृष्टि और शौर्य-प्रदर्शन के अद्भुत विचार-बोध से पीड़ित, उस काल के हिंदुओं ने देश, काल, परिस्थितियों को नज़रअंदाज़ कर दिया और माना कि हिंदू औरत पर की गई ज्यादतियों का बदला नहीं लेना

चाहिए। उन्होंने मुसलमान औरतों को उस वक्त भी अपवित्र करने की बात नहीं सोची जब वे उनके रहमो-करम पर थीं।''[15]

सावरकर की घृणा इतनी गहरी है कि मुसलमान औरतों की भर्त्सना करते वक़्त वह एक स्थान पर 'फेयर सेक्स' पदबंध के बीच में एक प्रश्नचिन्ह लगा डालते हैं। (फेयर)? (सेक्स)। अतः इस समस्या के प्रति सावरकर की अवधारणा बिल्कुल साफ हो जाती है। मुसलमान स्त्री और पुरुष दोनों ही हिंदू औरतों की पवित्रता को नष्ट कर रहे थे, पर 'सदाचारी विकृत' हिंदू, उनसे वही बर्ताव नहीं कर रहे थे। और फिर, यह समस्या अतीत तक ही सीमित नहीं है। हम सावरकर की उस उक्ति की पहले ही चर्चा कर चुके हैं जिसमें 1965 के भारत-पाक युद्ध के संदर्भ में शिवाजी की आलोचना करते हैं और जिसका हवाला उनके चरित-लेखक ने ही दिया है।

सद्‌गुण की विकृत अवधारणा और अनुचित शौर्य की भर्त्सना के लिए शिवाजी का चयन बहुत महत्त्वपूर्ण है। एक लोकप्रिय नायक के अतिरिक्त, मध्यकालीन भारतीय इतिहास की सांप्रदायिक हिंदू पुनर्व्याख्या में भी शिवाजी एक महत्त्वपूर्ण पात्र हैं। वह एक पूज्य पात्र हैं जो अपने चरित्र और नायकत्व के कारण परम आदरणीय हैं। कल्याण के मुसलमान सूबेदार की पुत्रबधू के साथ किया गया व्यवहार एक शूरवीर का राजोचित व्यवहार था, जो लोकप्रिय स्मृतियों, साहित्य और वृत्तांतों में बड़े आदर के साथ याद किया जाता रहा है। ऐसे आदर में अंतर्निहित नैतिकता और पवित्रता को चुनौती देते हुए सावरकर शिवाजी के इसी व्यवहार की भर्त्सना करते हैं। यहाँ शिवाजी तथा उनके व्यवहार के बारे में सावरकर के अपने उद्‌गार पढ़ें—

''हम अभी भी छत्रपति शिवाजी और चिम्माजी अप्पा के उन नेक कार्यों को गर्व से याद करते हैं जब उन्होंने कल्याण के मुसलमान सूबेदार की पुत्रवधू और बसई के पुर्तगाली सूबेदार की पत्नी को ससम्मान वापस कर दिया था। पर क्या यह आश्चर्यजनक नहीं है कि ऐसा करते वक्त न तो शिवाजी को और न चिम्माजी अप्पा को दाहिर की राजकुमारी, कर्णवती की कर्णराज की पत्नी कमलादेवी और उसकी अत्यंत सुंदर पुत्री, देवल देवी जैसी अनेकानेक हिंदू स्त्रियों और लड़कियों की याद नहीं आई जिन पर महमूद गजनवी, मुहम्मद गौरी, अलाउद्दीन खिलजी और कइयों ने अनेक जुल्म-ओ-सितम ढाए, उनका अपमान किया और उनका बलात्कार किया। क्यों देश के कोने-कोने तक गूँजती लाखों पीड़ित हिंदू नारियों की करुण पुकारें और चीख, शिवाजी और चिम्माजी अप्पा के कानों तक नहीं पहुँचीं?

''उन लाखों उत्पीड़ित स्त्रियों की आत्माओं ने शायद यह ज़रूर कहा होगा— 'हे छत्रपति शिवाजी, और हे महामहिम चिम्माजी अप्पा मुसलमान सुल्तानों, सरदारों तथा हजारों मुसलमान प्रजा ने हम पर जो अकथनीय जुल्म और अत्याचार किया है उसे भूल न जाइए। उन सुल्तानों और उनके साथियों को यह समझने दीजिए कि हिंदू विजय की स्थिति में हमारे अत्याचार और बलात्कार का बदला, मुसलमान स्त्रियों से लिया जाएगा। एक बार उन्हें इस भयानक खतरे की भनक मिल जाए कि हिंदू विजय की स्थिति में मुसलमान स्त्रियों के साथ वही बर्ताव

किया जाएगा तो भावी मुसलमान आक्रमणकारी हिंदू औरतों के साथ छेड़खानी करने की जुर्रत नहीं करेंगे।'

''पर नारी संबंधी विकृत धार्मिक विचारों के प्रचलन के कारण न तो शिवाजी और न ही चिम्माजी अप्पा मुसलमान स्त्रियों के साथ ऐसा व्यवहार कर पाए। अंततः यह हिंदू समुदाय के लिए बहुत घाटे का सौदा साबित हुआ।

''इस आत्मघाती हिंदू-बोध ने मुसलमान स्त्रियों को (सिर्फ इसलिए कि वह स्त्री थी) बचा लिया। उनका नारीत्व उनका कवच बन गया जो उनकी रक्षा करने में पूर्णतः सक्षम था।''[16]

ऐसे आख्यानों के आधार पर सचेत या अचेत रूप में अपनी छवि गढ़ने वालों के लिए, यहाँ प्रतिशोध तथा जैसे को तैसा देने की भावना और 'दूसरी' स्त्री का बलात्कार कर अपनी शक्ति को प्रमाणित करने के लिए उकसावा मौजूद है। ऐसे प्रलोभनों को वास्तविक रूप देने में बहुत लोगों का मूल्यबोध आड़े आ जाता है। अत्यंत पतित इनसान के ज़ेहन में भी नैतिक मूल्यों का बोध बड़े जटिल ढंग से व्यवहार पर नियंत्रक का कार्य करता है। बलात्कारी भी बलात्कार को 'नैतिक कार्य' का दर्जा देने में हिचकिचाता है। 'सद्‌गुण विकृति' की धारणा के जरिए सावरकर इस हिचकिचाहट का झटके से अंत कर डालते हैं। वे बेझिझक सद्‌गुण को बड़े व्यवस्थित ढंग से 'विकृति' कहते हैं और वह भी शिवाजी की निंदा करते हुए।

स्पष्ट है कि सावरकर के सोच में, (जो देशपांडे जी को 'परिष्कृत' प्रतीत होता है) औरत की यौन-भावना एक माध्यम, एक प्रतीक, एक रणक्षेत्र के अतिरिक्त कुछ भी नहीं है। जिस प्रकार आप राष्ट्रीय ध्वज के सम्मान में अपनी जान दे सकते हैं और शत्रु से उसकी रक्षा करना अपना राष्ट्रीय कर्तव्य मानते हैं, ठीक वैसे ही विचार औरतों के प्रति भी होने चाहिए अर्थात् अपनी स्त्रियों के सम्मान की रक्षा करें और प्रतिशोध या पूर्वनियत प्रतिक्रिया की खातिर पराई औरतों को अपवित्र करें। 'छह स्वर्णिम पृष्ठ' अकादमिक दृष्टि से एक ऐतिहासिक कृति नहीं है। वह तो एक नीतिशास्त्र है, जिसमें एक पारलौकिक और रहस्यात्मक किस्म का राष्ट्र, ईश्वर का स्थान ग्रहण कर नैतिक आख्यान का मुख्य संदर्भ-बिंदु बन जाता है। एक स्तर पर तो यह नैतिक फलसफा, अपराध के सहभागी और अपराधकर्ता तथा, दूसरे स्तर पर प्रलोभन और झिझक की दूरियों को न केवल घटाने का काम करता है, बल्कि उन्हें पूरी तरह नष्ट कर डालता है। जब कोई ऋतंभरा या कोई उमा भारती 'अहिंसक', 'धर्मनिरपेक्ष', 'सदाचारी', और 'नैतिक' हिंदुओं को 'हिजड़ा' बुला रही होती है तो वह इन सद्‌गुणों के लिए हिंदू समाज की निंदा और भर्त्सना के लिए गाया जाने वाला 'राग सावरकर' ही तो अलाप रही होती हैं। इस 'राग सावरकर' में बड़े ही स्पष्ट और निश्चित ढंग से ग़लत को सही और सही को गलत करार दे दिया गया है।

यह एक विडंबना है कि 'छह स्वर्णिम पृष्ठ' के आखिर में सावरकर बताते हैं कि 'इंडियन वार ऑफ इंडिपेंडेंस, 1857' (1909) नामक पुस्तक हिंदू राष्ट्र के दृष्टिकोण से लिखी गई थी।[17] वस्तुतः हिंदू राष्ट्र का वह तथाकथित 'दृष्टिकोण' सावरकर की उत्तरोत्तर कृतियों में

विकसित हुए दृष्टिकोण से बिल्कुल भिन्न है। उस किताब में सावरकर मौलवी अहमद शाह की चर्चा इन शब्दों में कर सकते थे :

"इस साहसी मुसलमान का जीवन इस बात का प्रमाण है कि इस्लामी सिद्धांतों पर विवेकसम्मत श्रद्धा और भारतीय भूमि के प्रति गहरा प्रेम, इन दोनों में कोई वैषम्य या विरोध नहीं। और एक सच्चा मुसलमान अपनी मातृभूमि के लिए प्राण देकर गौरवान्वित महसूस करेगा।"[18]

व्यावहारिक स्तर पर सूरत में जो हुआ, सावरकर ने वैचारिक स्तर पर उसे बहुत पहले ही कर दिखाया था। उन्होंने मुसलमान को समाज-निकाला देकर उसे एक अमानवीय जाति बना दिया जिसे मानवीय मूल्यों और गुणों के फायदे नहीं मिलने चाहिए। इस प्रक्रिया में एक अत्यंत सरल और खास नैतिक बिंदु को प्रमाणित करने भर के लिए ही इतिहास का प्रयोग किया जाता है। सीधे शब्दों में 'बलात्कार' अपराध नहीं है। वस्तुतः यह मुसलमान के खिलाफ प्रयुक्त किया जाने वाला मान्य हथियार है।

इस दृष्टि के मुताबिक देश, काल, परिस्थिति, व्यक्ति और संदर्भ निरपेक्ष होकर बलात्कार को हर-हाल में नैतिक रूप से घृणास्पद समझना, 'सद्‌गुणों की विकृति' है और इसी विकृति पर हिंदू राष्ट्र के पराजय और अपमान का ऐतिहासिक उत्तरदायित्व है।

अतः सूरत के सूरमा अपनी शर्म के लिए उत्तरदाई, इस विकार को दूर करने का प्रयास कर रहे थे और उन्हें इसकी पूरी अनुमति थी। वे निर्दोष औरतों का बलात्कार नहीं कर रहे थे, वे तो हिंदू राष्ट्र और खासकर हिंदू नारियों के प्रति अत्याचार के सहभागी रह चुकी औरतों को दंड दे रहे थे। वे बलवा नहीं कर रहे थे, वे तो सहस्राब्दि पुराने युद्ध में एक लड़ाई लड़ रहे थे। उनका यह कार्य कोई 'धार्मिक अनुष्ठान' नहीं था, उस पर तो 'उग्र राष्ट्रवाद' की छाया थी। तस्लीमा नसरीन की तरफ़दारी करने वाले जिन जाने-माने बुद्धिजीवियों ने सूरत पर चुप्पी साध ली वे 'उचित दंड' के रूप में इस कार्य को न्यायसंगत ठहराकर सावरकर और उनके जैसों की ही भाँति उचित को अनुचित और अनुचित को उचित ठहराने की दार्शनिक योजना में अपना योगदान कर रहे हैं।

अपनी बहस के क्रम में हमने द्रोपदी का उल्लेख किया था। द्रोपदी की क्षुब्ध पुकार, नारीत्व और नैतिकता के कोण से पुरुषसत्तात्मक संरचनाओं से किए गए उसके प्रश्नों को महाभारत ने बहुत सहेजकर रखा है। जब उसे राजसभा में निर्वस्त्र किए जाने की तकलीफ़देह सजा सुनाई जाती है तो उस सभा से प्रश्न करती है। जहाँ कोई धर्म की बात नहीं करता वहाँ धर्म को चुनौती देती है। जो सत्य पर आधारित नहीं है। उस सत्य से जिरह करती है, जो छल और कपट से बिंधा पड़ा है।

द्रोपदी, यौन-जागरुक नारी की मान्यता एवं स्वीकृति का मिथकीय आद्य-रूप है। पुरुषसत्तात्मक सांस्कृतिक आख्यान को ऐसी ही यौन-जागरूक नारियों से डर लगता है। यह एक सारगर्भित संयोग है कि सीताओं, सावित्रियों और पद्‌मिनियों के इस देश में, शायद ही किसी लड़की का नाम द्रोपदी मिले।

यौन-जागरूक नारियाँ अपनी संख्यात्मक शक्ति के बल पर ही फासिस्टों की ताकत को ऐन आधा कर दे सकती हैं, और इसी कारण सांप्रदायिक और फासीवादी विश्व-दृष्टियों को इनसे खतरा है। ऐसी स्त्रियाँ इतिहास, संस्कृति और नैतिक मूल्यों के सारे फासिस्ट ढाँचे को रद्द कर देती हैं। वे अपने आप को केवल सम्मान का प्रतीक तथा प्रजनन का माध्यम मानने से इंकार करती हैं। ऐसी खतरनाक संभावनाओं का पत्ता साफ करने हेतु सांप्रदायिक-फासीवादी आख्यान के लिए यह लाजिमी हो जाता है कि वह नारी के इसी दर्जे को रेखांकित और पुनः रेखांकित करे कि वह सिर्फ सम्मान का प्रतीक और प्रतिशोध का माध्यम है। विरोधी-सी जान पड़ने वाली यह मान्यताएँ वस्तुतः परस्पर पूरक हैं। ठीक उसी प्रकार से जैसे बलात्कार को राजनीतिक अस्त्र मानने वाली 'परिष्कृत विचारधारा और राजनीतिक प्रेरित बलात्कार के उत्सव के सहभागी एक ही वर्णक्रम के दो रंग हैं और दोनों यौन-जागरूक नारी अर्थात् द्रोपदी से डरते हैं—इसीलिए उसका दमन, उसका बलात्कार उनके लिए एक नैतिक कर्तव्य और सांस्कृतिक अनुठान का दर्जा रखता है।

**संदर्भ**


1. 'दि मॉस साइकॉलाजी ऑफ फासिज़्म', पेलिकन बुक्स, लंदन 1975, पृ. 138.
2. असगर अली इंजीनियर, 'बैशन ऑफ कम्यूनल एमिटी क्रमबल्स', 'इकॉनोमिक एंड पालिटिकल वीकली' (इपॉवी) फरवरी 13, 1993, पृ. 263.
3. जी.पी. देशपांडे, 'पॉलिटी एंड कल्चर इन दि वेक ऑफ अयोध्या', इपॉवी, फरवरी 6, 1993, पृ.-219.
4. उर्वशी बुटालिया, 'कम्यूनिटी, स्टेट एंड जेंडरः ऑन वीमेंस एजेंसी ड्यूरिंग पार्टिशन', रिव्यू ऑफ विमेन स्टडीज़, इपॉवी, अप्रैल 24, 1993।
5. विनय दामोदर सावरकर, 'द सिक्स ग्लोरियस एपॉक्स ऑफ इंडियन हिस्ट्री', पृ.-124, राजधानी ग्रंथागार, नई दिल्ली 1971, 'ए वर्ड इन कॉन्फिडेंस' (अनुवादक की टिप्पणी)।
6. धनंजय कीर, 'वीर सावरकर,' पॉपुलर प्रकाशन, बंबई, 1966, पृ.-539.
7. द सिक्स ग्लोरियस एपॉक्स ऑफ इंडियन हिस्ट्री, पृ.-71.
8. वही, पृ.-103.
9. वही, पृ.-85.
10. वही, पृ.-129-30.
11. वही, पृ.-167.
12. वही, पृ.-169.
13. वही, पृ.-178.
14. वही, पृ.-180.
15. वही, पृ.-181.
16. वही, पृ.-179-80.
17. वही, पृ.-461.
18. द इंडियन वार ऑफ इंडिपेंडेंस 1857, राजधानी ग्रंथागार, नई दिल्ली, 1986, पृ.-456.

# उसकी अपनी बात : दो

# बाहर और भीतर की दुनिया

**प्रभा खेतान**

आज की स्त्री पुरुष और स्त्री एक ही साथ होना चाहती है। यानी उसकी राजनीतिक चेतना में केवल स्त्री होना निहित नहीं होता। जब तक वह निष्क्रिय है तब तक वह स्त्री है, पुरुष सत्ता के प्रति पूर्ण समर्पित, किंतु कर्म जीवन में उसे आक्रामक रुख अपनाना पड़ता है, पुरुष की तरह बहुत से कामों को करना पड़ता है। यहाँ पर उसकी अपनी आत्म-तस्वीर विभक्त एवं टुकड़ों में बँटी हुई होती है। नतीजा यह है कि स्त्री की भाषा सकारात्मक के बदले नकारात्मक अधिक है।

माँ के गर्भ से ही स्त्री को अस्वीकृति मिलती है। नाभि टटोलकर, चेहरा निरखकर, खट्टा या मीठा पूछकर, उल्टियाँ जल्दी शुरू हुईं या देर से आदि जाँच-परखकर परिवार और समाज की बड़ी-बूढ़ी औरतें यह एलान भी कर देती हैं कि वह बेटे की माँ होगी या बेटी की।

...अतः ढोल-ताशों एवं हर्षध्वनि के बीच एक बच्चे का जन्म होता है और... कौन है यह पुरुष संतान?

वंश-परंपरा की लकीर को बढ़ाने वाला तथा तमाम धार्मिक व सामाजिक अनुष्ठानों का अधिकारी...पितृ-ऋण चुकाने वाला पितरों को तर्पण देने वाला। आखिर पितृपक्ष में ही तो एक बार पितर जल-ग्रहण करते हैं और यदि इन्हें भी तर्पण नहीं दिया जाए तो पुरखों की आत्मा परलोक में भी तड़पड़ाती रह जाएगी। पितर स्त्री के हाथ से भोज ग्रहण नहीं करते। अतः पुरुष संतान तो चाहिए ही।

वेद-पुराण, संहिताएँ, सामाजिक ग्रंथ हर जगह इसी पुरुष-संतान की प्रशस्ति है। हमारे जातीय सामूहिक अचेतन में पुरुषों की श्रेष्ठता की यह धारणा इतनी अधिक रची-बसी है कि हम इससे भिन्न सोच ही नहीं सकते। स्त्री पैदा होती है ठंडे उच्छ्वासों के बीच। उसकी पहली रुलाई सुनकर एक ही आवाज गूँज उठती है—बेटी आ गई। आज के युग में तो बेटी के पैदा होने की भी जरूरत नहीं क्योंकि स्कैनिंग के द्वारा भ्रूण के सेक्स का निर्धारण गर्भावस्था में ही हो जाता है। यदि लड़की है तो समाज की, परिवार की, पिता की और बहुधा स्वयं गर्भ धारण करने वाली जननी की पहली प्रतिक्रिया है—हटाओ इसे, खत्म करो, दूसरी हुई

तब किसी भी हालत में नहीं चाहिए। और औरत बच्चा पैदा करने की मशीन के सिवा है ही क्या? क्या फर्क पड़ता है, फिर पेट रह जाएगा, तीसरी या चौथी बार, कभी-न-कभी गर्भ में बेटा तो आएगा ही और यदि नहीं आया तो टेस्ट-ट्यूब में लड़का पैदा करेंगे।

पितृ-सत्ता अपने को मजबूत बनाने के लिए पहले धर्म का सहारा लेती थी, आज विज्ञान का सहारा लेती है। विज्ञान की मदद से हजारों लाखों की संख्या में लड़कियों की भ्रूण हत्याएँ हो रही हैं। कहीं भूल से भी वह पैदा हो ही गई तो कुपोषण की शिकार हो मरे किसी तरह।

विज्ञान भी स्वीकारता है कि स्त्री के गर्भ की संतान किस पुरुष की देन है इसका निर्धारण करना कठिन है। पुरुष, जिसके हाथों शक्ति, सत्ता और संपत्ति रही है उसने कभी नहीं चाहा कि उसकी मृत्यु के बाद यह सब कुछ किसी अन्य पुरुष की संतान को मिले। इसीलिए पितृ-पुरुष के मन में सत्ता और संपत्ति के बीच नैरंतर्य की चाह बनी रहती है। इसी के वशीभूत पुरुष न केवल इस लोक को भोगना चाहता है, बल्कि परलोक की कल्पना से ओत-प्रोत नई व्यवस्थाओं और नए संस्कारों को भी जन्म देता है। सोचता है कि मैं दुनिया से चला भी जाऊँ तो कोई तो मेरी संपत्ति की देख-रेख करता रहेगा। स्वर्ग में भी मेरा खर्चा-पानी भेजता रहेगा। जिन शत्रुओं को मैं मार नहीं सका, जिन जमीनों को मैं हड़प नहीं सका, मेरे जो काम अधूरे रह गए उन्हें कौन पूरा करेगा? मेरी अपनी पुरुष-संतान ही तो, निःसंदेह किसी और का बीज तो मेरे लिए पेड़ की छाया नहीं हो सकता। इसके लिए सबसे पहली जरूरत यह है कि स्त्री (पत्नी) केवल अपने पति के ही बीज धारण करे। अपने आप में यह एक बहुत कठिन शर्त थी...क्योंकि स्वभाव से स्त्री भी पुरुष जैसी स्वच्छंद है। लेकिन पत्नी की स्वच्छंदताओं को नियंत्रित और नियमित करना अनिवार्य है। पुरुष को तो अपनी स्वच्छंदता के चलते केवल एक ही पत्नी काफी नहीं थी। बहुपत्नी और बहुसंतान की चाहत की एक अन्य वजह संपत्ति अर्जित करने के लिए अधिक संख्या में अपने ही खून के हिस्सेदारों, विश्वस्त हाथों की ज़रूरत थी। स्त्री को नियंत्रण में रखना इसलिए भी जरूरी हो गया कि स्त्री की शक्ति से पुरुष भयभीत हो गया था। जरूरी था कि पहले इस स्त्री नामक जीव को कमजोर बनाया जाए। एक बार सर पर बैठा लोगे तो नीचे नहीं उतार पाओगे। मजा यह कि स्त्री शक्ति का ऐलान भी पुरुष ने ही सबसे पहले किया; वह देवी है, आद्यशक्ति है, दुर्गा का स्वरूप है। शक्ति उद्घोष करने वाले ये सभी मिथक दुनिया-जहान के विरोधाभासों से भरे पड़े हैं। इन मिथकों की शल्यक्रिया करने की जरूरत है। उमा की तपस्या से खुश होकर विधाता ने वर माँगने को कहा। उसने बंधन माँगा, शिव का सान्निध्य माँगा क्योंकि उमा अपने में संपूर्ण नहीं थी। तर्क कहेगा कि शिव भी तो अर्द्धनारीश्वर हैं, वे भी तो संपूर्ण नहीं थे। मगर शिव ने उमा के लिए तपस्या नहीं की। वे तो जगत के लिए, महत के लिए ध्यान करते हैं जबकि उमा सिर्फ उनके लिए करती हैं। केवल उमा में अधूरेपन और निर्भरता का यह भाव कहाँ से आया? क्या देव—समाज में भी स्त्रियों की स्थिति

अधीनस्थ थी? लगता तो ऐसा ही है। शिव जब तांडव नृत्य करते हैं तो पैरों के नीचे बिछी काली कैसी असहाय लगती है? नहीं? विष्णु के चरणों को दबाती महालक्ष्मी, कृष्ण के प्रेम में चिरविरहिनी राधा या दारुण अपमान को सहन करती हुई सीता। यहाँ तक कि शक्ति स्वरूपा दुर्गा के सारे अस्त्र-शस्त्र भी देवताओं द्वारा ही प्रदत्त हैं। देवताओं ने न केवल अपने अस्त्र-शस्त्र दिए, बल्कि दुर्गा से राक्षस को मारने की माँग भी की। इस मिथक में एक बहुत बड़े सच से साक्षात्कार होता है कि देवलोक और असुरलोक का भेद, सही और गलत का नैतिक मापदंड भी देवताओं ने ही किया। जो अस्त्र-शस्त्र देवताओं ने दिए वह सब उनके द्वारा प्रदत्त नजरिया था। युद्ध करने को आतुर देवी-शक्ति, देवताओं के सामने हुँकार उठती है, लेकिन क्या वह शक्ति यह भी सोचती है कि मैं तो मातृस्वरूपा हूँ और कम-से-कम मुझे तो देवताओं और राक्षसों की असमानता दूर करने का प्रयास करना चाहिए? राक्षसों ने यदि देवलोक की कामना कर भी ली तो क्या गलत हो गया? क्या यहाँ उनके संहार की भूमिका का कोई औचित्य सिद्ध किया जा सकता है?

किंतु जो दलित हैं वे हमेशा खामोश ही क्यों रहते हैं? शायद परिवर्तन की अवधारणा को ही दलितों ने आत्मसात् नहीं किया। हो सकता है, परिवर्तन की जरूरत को हम समझते तो हैं लेकिन हम स्त्रियों के पास वे शब्द नहीं जिसके माध्यम से हम अपने असंतोष को अभिव्यक्त कर सकें। स्त्री खामोश रहती है। हाँ जब उसकी खामोशी टूटने लगती है तो बहुत कुछ ऐसा अभिव्यक्त होता है जिसे अब तक शब्द ही नहीं दिए गए। दुनिया में जितने भी स्थान हैं और जितनी भी भाषाएँ हैं, वे सभी मानों स्त्री के अंतर्जगत से दूर कहीं बाह्य जगत में स्थित हैं। स्त्री इसे केवल छू सकती है। वह चाहे देवी हो या मानवीय, दुनिया को समझने का उसका नजरिया अनिवार्यतः पुरुष-प्रदत्त ही होगा। बाह्य जगत की गतिशीलता के साथ अपने आंतरिक-जगत का संबंध स्थापित करने का पुरुष-प्रदत्त मूल्यबोध एवं मानक के अलावा स्त्री के पास दूसरा कोई साधन नहीं है। यदि दुनिया भरी-पूरी है, समुद्र है तो उसके निर्माण में स्त्री की कोई महती भूमिका नहीं रही। स्त्री की खामोशी ने उसे यही समझाया कि परिस्थितियों में बदलाव संभव नहीं है। जब अपने असंतोष को व्यक्त करने के लिए उसके पास शब्द ही नहीं हैं तो क्या यह खामोशी ही अच्छी नहीं हैं? एक चुप्पी सौ बला टली। मगर मेरी समझ में अपनी खामोशी से जूझते हुए हम स्त्रियों ने ऐसा बहुत कुछ सुना है जो पुरुषों ने नहीं सुना। हमने यह भी जाना कि अनुभवों के जगत को सिर्फ बाहर से टटोल रहे हैं। हमारे आंतरिक जगत और बाहरी जगत में आंतरिक संगति नहीं है। बाहरी संबंधों के आधार पर किसी भी आंतरिक संबंधों को बनाने में हमारा कोई योगदान नहीं है। उधार ली गई अवधारणाओं का लेखा-जोखा, बार-बार दुहराई गई भाषा का बासीपन वास्तविक समस्याओं को कहीं कोई नए अर्थ नहीं देता। अभी तक हमें क्या कुछ विशेषणों से ही परिभाषित नहीं किया जाता रहा है? गुड़िया, लड़की, सुहागिन, विधवा, श्रीमती, विदुषी या आधुनिका। हमसे कहा तो यह जाता है कि यह रहा तुम्हारा मंच, लेकिन

मंच पर जाते ही शुरू हो जाता है कठपुतली का नाच। वहाँ धागे खींचने वाला हमेशा सत्ता में बैठा पुरुष ही है। हम तो बस रटी-रटाई भूमिकाओं का प्रलाप ही करने को अभिशप्त हैं। नतीजा सामने है। मंच पर जाते ही हमारा आत्मविश्वास लड़खड़ा जाता है और हम फिर पुराने ढर्रे की ओर भाग खड़ी होती हैं। मंच पर हमें आमंत्रित जरूर किया जाता है, पास बैठाया भी जाता है, लेकिन हर क्षण हमें यही सुनाया जाता है कि अब और आप कितना अपने बारे में प्रलाप करेंगी? हम आपको अब और कितनी छूट दें? क्या 'छूट' शब्द अपने आप में कृपादृष्टि का द्योतक नहीं है? उपकृत होकर हमने भी तो यही किया कि या तो कृतार्थ होकर खामोश रहीं या फिर हम उनकी ही भाषा में बातें करने लगीं। हम यह जानती थीं कि अपने स्वर में बात की जाएगी तो सुनवाई नहीं होगी। हम बिना बुलाए मेहमान जो ठहरे। बिना अनुमति के यदि हमने अपने या दुनिया के बारे में कुछ कहना चाहा तो हमें बड़े कायदे से समझा दिया जाएगा कि हमारा स्थान कहाँ है। हमें उनके शब्दों और विचारों से खेलने का अधिकार है, हम पुरुष संस्कृति का हिस्सा भी हैं, मगर सब कुछ उसी समय तक जब तक हम उनकी पुरुषोचित मर्यादा को बनाए रखें। देवी दुर्गा ने देवताओं की बात मानी तभी तक उनकी जय-जयकार हुई। यदि महिषासुर के बदले उन्होंने इंद्र को मारा होता तो? क्या कहते सब? निगाहें बदल गई होतीं, व्यंग्य से होंठ टेढ़े हो गए होते और श्रुतिगान के बदले देवता कह उठते—"स्त्रीचरित्रं पुरुषस्य भाग्यम् दैवो न जानाति कुतो मनुष्यः" यहाँ उनसे, यानी सत्ता से जुड़ने की चेष्टा में हम क्या खुद टुकड़ों में विभाजित नहीं हो जातीं? और हमारे उस टूटने को हँसते हुए पुरुष ही नहीं, बल्कि उनकी सहपराधी स्त्रियाँ तक कहती हैं: लो अब समझो, और मजा देखो, ज्यादा उड़ने का क्या नतीजा होता है? जब तक सत्ता की सुविधा और उसी के अनुसार खेल खेलते रहे सभी हमारे पक्षधर हैं। शायद इसलिए बहुतेरी स्त्रियाँ घर में ही रहना पसंद करती हैं। कौन बाहर निकलकर जोखिम मोल ले। स्वयं को टुकड़ों में टूटना झेले। बेहतर है चूल्हे-चक्की की परंपरा में ही सुख-शांति तलाश करो। किंतु वे जो घर में ही रहती हैं अपने बचाव में और अधिक कड़वी हो जाती हैं। वे स्वयं को पसंद नहीं करतीं। संपर्क में आने वाली हर स्त्री पर संदेह करती हैं। खासकर वे उन स्त्रियों को ज्यादा शक और ईर्ष्या की निगाह से देखती हैं, जो पारिवारिक सफलता के बावजूद बाहरी दुनिया में नई भूमिकाओं का निर्वाह ठीक-ठाक कर रही हैं। इन स्त्रियों ने कभी यह समझने की चेष्टा नहीं की कि वे जो बाहर बहुत सफल नजर आ रही हैं, वे भी तो कहीं पुरुष जगत में स्वयं को अजनबी पाती हैं। उनकी भी पहचान लकवाग्रस्त है। संपूर्ण रूप से वे घर की हैं, न बाहर कीं। प्रश्न उठता है कि स्वयं के बारे में इस दुहरी चेतना की उत्पत्ति कैसे हुई? ऋषि याज्ञवल्क्य से मैत्रेयी प्रश्न करती है, तुमसे मिली संपत्ति और घर को पाकर क्या मैं अमर हो जाऊँगी? ऋषि का उत्तर था—इन भौतिक वस्तुओं से अमरता की संभावना नहीं है। तब? जिससे मैं अमर नहीं हो सकती उसे लेकर मैं क्या करूँगी? और अमरता की खोज में मैत्रेयी एक नई विद्या की अधिकारिणी होती है।

सरफरोशी की तमन्ना लेकर आज की औरत भी प्रश्न पूछती हुई, परंपरा की खामोशियों को तोड़ती हुई मीडिया की सुर्खियों में नजर आ रही है...चाहे वह तस्लीमा नसरीन हो या मेधा पाटकर, किरण बेदी या फूलन देवी...

वे जो सत्ता में बैठे हैं, केंद्र की धुरी पर आसीन हैं...परिधियों पर उभरती इन इकाइयों को देखकर कहेंगे आखिर आप क्या चाह रही हैं? इन्हें देखिए, आज की नारी को? क्या पहले स्त्री को कभी ऐसी स्वीकृति मिली थी? क्या हमारे भारतीय समाज में स्त्रियाँ पश्चिम की तुलना में कहीं अधिक स्वीकृत नहीं हैं?

दो-चार पटाखे इधर-उधर फूट गए तो क्या हुआ? कुछेक फुलझड़ियों से क्या हम यह मान लें कि अँधेरा हमेशा के लिए दूर हो गया? इतिहास में कब ऐसा नहीं घटा? मैत्रेयी, गार्गी, सुलभा, लोपामुद्रा, कुंती, द्रौपदी, चित्रांगदा, मीरा...न जाने ऐसी कितनी इकाइयों ने तो अपनी-अपनी लड़ाई लड़ी हैं...चाहे वह रजिया सुल्ताना हो या झाँसी की रानी...इंदिरा गांधी...या फिर आज की कुछेक उभरी हुई हस्तियाँ।

पुरुष कहेगा अब और कितनी छूट दी जाए? मुझे इस 'कॉन्सेस' शब्द से चिढ़ है क्योंकि यह शब्द अपने आप में कृपादृष्टि का परिचायक है। स्वतंत्रता हमारा जन्मसिद्ध अधिकार है...जरूरी नहीं कि दो स्वतंत्र व्यक्तियों को बराबरी का ही अधिकार मिले। ऐसे में क्या बराबरी के अधिकार की माँग गलत है? नाजायज है? क्या केवल स्वतंत्र होकर ही हम स्त्रियाँ संतुष्ट हो जाएँ? यहाँ एक प्रश्न और। आप अधिकार देने वाले हैं कौन? आपको किसने कुर्सी पर बैठाया? आप श्रेष्ठ कब तक हैं? तभी तक न, जब तक हम सिर झुकाए अपनी हीन स्थिति को स्वीकारते हैं...या जब तक हम अपने द्वारा निर्धारित सीमाओं का उल्लंघन नहीं करतीं, तभी तक न?

यदि कुछेक ने ऐसा किया भी और आपके बराबर बैठने का हक हासिल कर लिया तो बड़ी जल्दी आप उसे महसूस करवा देते हैं, समझा देते हैं कि आपको स्वीकृति देकर हम आप पर कितना एहसान कर रहे हैं। सत्ता का निर्माण और नियंत्रण तो पुरुष ने किया है। जब तक आप इस पुरुषोचित स्वभाव को हासिल नहीं कर पातीं यानी वही प्रतिस्पर्धा, हिंसा, आक्रामकता, दोहन, तब तक आप सफल भी नहीं कहला सकतीं, आपकी अपनी कोई जगह नहीं। मूल्यबोध, दृष्टिकोण, कद्र कुछ भी नहीं...क्या औरतों जैसी बात कर रही हो? प्रश्न उठता है कि अब औरत होकर पुरुषों जैसी बात ही क्यों की जाए? किसने यह तय कर दिया कि पुरुष के मूल्य ही श्रेष्ठतर हैं। इनका खान-पान सही है और स्त्री दूसरी स्थिति की हकदार है।

संजय गांधी की मृत्यु पर इंदिरा गांधी की आँखों में आँसू थे, मगर वे जनता के सामने फूट-फूटकर नहीं रो सकीं। बड़ा अहम मसला है। सत्ता में बैठते ही करुणा, ममत्व सभी को तिलांजलि दे दो...

आखिर सत्ता का स्वरूप क्या है? अमानवीयता का चरम...सफलता का अर्थ यदि यही दोहरा अमानवीयकरण है तो क्यों हम इसे स्वीकार करें? मेधा पाटकर का कहना है—वे

औरतों के पचड़े से दूर रहना चाहती हैं। बहुतेरी स्त्रियाँ ऐसा ही कहेंगी। क्या यह अपने स्वरूप को भूलने की प्रक्रिया नहीं है?...अपना स्वरूप भी तो हम अन्य हजारों-लाखों स्त्रियों के माध्यम से ही स्वीकारते और समझते हैं।

इंदिरा गांधी को सत्ता ने ज्यादा भ्रष्ट किया; उन्होंने खुलकर कभी स्त्री-समस्या पर चर्चा नहीं की, स्त्री के लिए राजीव गांधी ने ज्यादा काम किया। शायद इंदिरा जी डरती थीं कि औरतों का पचड़ा उठाने से पार्टी के अन्य सदस्य नाराज हो जाएँगे, नेतृत्व खतरे में पड़ जाएगा। बहुत-सी महिलाएँ भी इस बात को स्वीकारेंगी, फिर सौलिडैरिटी (एकत्व) की अपेक्षा इन औरतों से कैसे करें? पुरुष दोस्ती निभा ले जाता है, मगर ये औरतें; भगवान ही बचाए। साहित्य के क्षेत्र में भी...इनका जलना, कुढ़ना बे-मिसाल है...औरत जितनी अधिक शिक्षित हैं, आधुनिका हैं...सत्ता के केंद्र की ओर बढ़ रही है, उतनी अधिक अन्य स्त्रियों पर विश्वास करने के मामले में शंकालु हैं। पर घबराती है, असुरक्षित है...फिर पुरुष सत्ता की दोगली चाल कि खुद अपने आप ही अपने मानसिक संतुलन को तोड़ो, क्योंकि टूटे, छिटके हुए अलग-अलग टुकड़ों का नियमन करना आसान है। नियंत्रण नहीं किया. तो चल चुकी व्यवस्था। यार, कैसी सिरफिरी बातें कर रही हो? घर चलाना है, देश चलाना है...हमें सत्ता में रहकर पुरुषों पर भी शासन करना है, औरतों पर भी करें तो क्या आफत हो गई? पार्टी भी तो यही करती है...अब दे तो दिया आरक्षण। क्या पुरुष स्त्री की तरह, स्त्री दोहरे दलन से पीड़ित है? शायद नहीं।

स्त्री को महज स्त्री होने के कारण जिस दलन को झेलना पड़ता है वहाँ उसे कैसे मुक्ति मिले? फर्क समझिये...एक दलन सामाजिक विषमताओं के कारण आरोपित है, जाति भेद आदि, जबकि यह दूसरा दलन तो उसके महज़ स्त्री होने के कारण है।

उपभोक्ता संस्कृति सर्वाधिक रूप से स्त्री विरोधी है, क्योंकि अपनी नजर में स्त्री पुरुष की तरह स्वयं उपभोक्ता भी है और समाज की नजर में भोग्य वस्तु है। उपभोक्ता संस्कृति साधारण और विशिष्ट स्त्री के बीच दरार को अधिक बढ़ाती है। यह कुछ के पक्ष में जाती है...मसलन तकनीक की सुविधा, प्रशासन की...मगर दूसरों के लिए यह प्रतिकूल है, हानिकारक और असुविधाजनक है। जो स्त्रियाँ काम काज में पहले से लगी हुई हैं वे तो बाजारू संस्कृति के कारण और अधिक लाभान्वित होंगी...मगर प्रश्न है—क्या आर्थिक और तकनीकी सुविधा समाज की निचली गहराइयों को छू पाएगी? वे जो असहाय और मूक हैं, जिनके पास शिक्षा नहीं है, रोजगार नहीं है, वृद्धावस्था की सुरक्षा नहीं है... उधर हैं टूटते हुए और तेजी से बदलते हुए ये सामाजिक ढाँचे...क्या वे इस बदलते हुए सांस्कृतिक परिवेश का धक्का सँभाल पाएँगी?

यहाँ हम एक ऐसा विभाजन पा रहे हैं जो अपने में जातीयता, राष्ट्रीयता, स्थितिजनित असमर्थता एवं अयोग्यता तथा लिंग भेद को समाहित किए हुए हैं। समाज जब व्यक्तिगत सफलता को प्रोत्साहन देगा, आपसी स्पर्धा और होड़ के औचित्य को ही स्थापित किया

जाएगा तो वे, जो शताब्दियों से शोषित और दलित हैं, कहाँ जाकर ठहरेंगे? कुएँ के मेढक ने बहती नदी में छलाँग लगा ली...अब आगे राम ही मालिक हैं।

एक को सफलता और आर्थिक सुरक्षा, दूसरे को विषम और अकारण सजा...पीड़ित हैं उनके प्रति क्या सत्ता की कोई जिम्मेवारी नहीं? क्या किसी भी पार्टी ने अपनी शीर्षस्थ स्थिति में महिलाओं को रखा है?...यदि आज स्त्रियों विशेषकर नए-नए मुद्दे उठाने वाली स्त्रियों को स्वीकारा जा रहा है तो मैं कहूँगी कि स्वीकारने वाली सत्ता मजबूर है, यह उसकी मजबूरी है...हो सकता है हमारी सरकार पर पश्चिम का दबाव पड़ रहा हो। पड़ रहा है और काफी तेजी से...भारत यदि विश्व-संस्कृति को स्वीकारता है तो स्त्रियों को भी दुनिया की नजर में ऊँचा उठना होगा...मानवीय अधिकारों की माँग करने वाली औरतों ने वाशिंगटन में कितना झमेला मचाया? कारण, बी.बी.सी. ने यहाँ की दलित स्त्रियों की दयनीय और शोषित स्थिति को दिखा दिया। अब लाओ, खोजो सफल स्त्रियाँ मिलती हैं तो जो हैं उन्हें लायक बनाओ ताकि विश्व-मंच पर हमारी भी कुछ साख बने।

लेकिन भीतर कुछ चटक रहा है...कहीं हम अपनी असली लड़ाई तो नहीं भूल रहे? असली लड़ाई तो नारी मुक्ति की है...इन अधूरे समझौतों से काम नहीं चलने का...संस्कृति में आमूल परिवर्तन लाना होगा और नारी-विरोधी संस्कृति को खत्म करना होगा। स्त्री समस्याओं को समझने के लिए यह जरूरी हो जाएगा कि हम अपनी जातीय स्मृतियों को दूर-दूर तक टटोलें। कुछ सवाल हैं जो पूछे ही नहीं गए। हमारा जो कुछ भी वैयक्तिक या निजी था, वह आज तक दबा ढका ही रहा। हमारे पास तो भाषा ही नहीं थी। सत्ता भाषा को सँभालकर अपने संस्कारों को जामा पहना देती है। पुराने दिनों में पागलों की जीभ काट दी जाती थी, ताकि वह ऊटपटाँग बातें करके लोगों को भ्रमित न कर सकें। आज का समाज जीभ तो नहीं काट सकता, मगर चुप रहने की हिदायत जरूर देता है। मगर दलित के पास संवेदनशीलता कम तो नहीं है। स्त्री हवा को सुन सकती है, वातावरण को सूँघ सकती है, और खतरों के समय अपना बचाव भी कर सकती है। उसके बावजूद स्त्री की बालसुलभ निर्भरता आज भी पितृसत्ता के ऊपर बनी हुई है। अपने बचाव में समर्थ होते हुए भी वह आशंकित और असमर्थ बनी रहती है। अपने ही खिलाफ, अपनी सीमाओं में कैद रहती है। दूसरी ओर स्त्री आंदोलन के मुक्ति-सिद्धांतों की भाषा जिस ओर इंगित करती है वह सत्ता में बैठे पुरुष का सत्य है। हम स्त्रियों का इससे लेना-देना नहीं है। जरूरत तो यह है कि किसी माध्यम से नहीं, बल्कि हम स्त्रियाँ सीधे बाहरी दुनिया से संपर्क स्थापित करें, ताकि मुक्ति के सिद्धांतों के ऊपर पितृसत्ता का नियंत्रण कम हो सके। जहाँ पुरुष समूची मानवता का प्रतिनिधि है, वहाँ औरत केवल औरत है और न मालूम क्यों स्वयं को समझने की प्रक्रिया में वह अपने आप को पुरुष की सत्ता में विलीन कर लेती है। प्रश्न उठाया जाता है कि औरत क्या चाहती है? वह जो कुछ भी कहती है उससे परे का सत्य अछूता है। सवाल पुरुष वर्चस्व के औचित्य का नहीं, यह तो औरत है जो शुरू से ही कहीं गलत हो गई है, वह गलत

सिद्ध कर दी गई है, स्त्री ने जब जब भी अपने अनुभवों से कुछ कहना चाहता तो पुरुष समझ के सिद्धांतों पर आधारित सत्य को ही कहती रही...वे सत्य वास्तव में सत्ता की सनक पर ही निर्भर करते थे। ऐसा केवल स्त्री ही अनुभव नहीं करती, बल्कि अनुसूचित जाति, पिछड़े वर्ग, साधारण श्रमिक और किशोरों को भी पितृसत्तात्मक व्यवस्था में महसूस होता है। इस सबके लिए उपभोक्ता संस्कृति के अलग-अलग चमकीले तयशुदा खाके हैं जिनके साथ इनको अपने अनुभवों का तालमेल बिठाना पड़ता है। व्यवस्था तो स्वयं को हमारे लिए नहीं बदलेगी। हमें ही उसके लिए बदलना होगा क्योंकि इसमें रहना पड़ता है। पर यह भी तो सच है कि हजारों सालों से पितृसत्तात्मक व्यवस्था, बिना डगमगाए दिन-प्रतिदिन और अधिक हालाँकि दोगले साधनों का उपयोग करती रही है। रही स्त्री तो उसने अपने ऐतिहासिक विकास में उपभोक्ता संस्कृति को ही आत्मसात् कर लिया है। नतीजा यह है कि अन्य आंदोलनों की तुलना में स्त्री-मुक्ति का प्रश्न आज भी सार्वजनिक स्वीकृति नहीं पा सका है। वह अब तक यही नहीं कह पा रही है कि वास्तव में वह क्या चाहती है। सार्वजनिक मंचों पर अलग व्यवस्था की माँग और मुक्ति का दावा और घर में पति के सामने शर्तहीन समर्पण कहीं उसे भीतर से तोड़कर रख देता है। जैविक भिन्नता के कारण, पारस्परिक आकर्षण को नकारा नहीं जा सकता है, किंतु वहाँ केवल शरीर तो नहीं होते। पुरुष से भिन्नता का अनुभव क्या सिर्फ फितूर ही है? मेरी समझ में तो चेतना का आंतरिक अनुसंधान आज एक राजनीतिक आवश्यकता बन चुकी है। महज चेतना के इस अंतर्जगत का नाम लेने से बहुतेरे पुरुष छिटककर अलग हो जाते हैं। कहते हैं हमने तो न कभी आप की उपेक्षा की और न किसी समझौते के लिए कहा। आप क्यों बिना वजह इन अंतरंग संबंधों में दलित और दलनकर्ता का राजनीतिक सवाल उठा रही हैं। क्रांतिकारी पुरुष के लिए तो दलित-दलन स्थिति मात्र है। और वहीं वह परिवर्तन लाना चाहता है। शेष अगर स्त्री उससे प्रेम करती है तो उसकी समस्त इच्छाओं को स्वीकारना होगा। मगर क्या चेतना को इस तरह बाहर और भीतर से विभक्त किया जा सकता है?

स्त्री मनुष्य है और एक जीवित मनुष्य है। व्यवस्था को उसे संपूर्णता में ही देखना होगा। इसी व्यवस्था में भोक्ता ही नहीं, वह कर्त्ता भी है। हम यदि उसको पहचानने का दावा करें तो उसे उसकी संपूर्णता में टोटालिटी में उसे पहचानना होगा। आज वह खंडित जीवन जी रही है। सिर्फ बच्चे पैदा करने से ही वह संपूर्ण नहीं हो जाती। हम जिस यथार्थ का चित्रण करते हैं वह उसके खंडित जीवन का यथार्थ है। अतः ऐसी स्थिति में अखंडित व्यक्तित्व या इंटिग्रिटी की कल्पना करना यथार्थ के किसी पूर्व कल्पित स्वरूप को उस पर आरोपित करना है।

आज स्त्री संबंधी जितने भी मुद्दे उठाए जा रहे हैं वे मानवीय रिश्तों में, स्त्री के खुद आंतरिक जगत में, उसके मनोविज्ञान में हो रहे बदलावों को नजरअंदाज करते हैं। कोशिश है स्त्री-समस्या एवं मुक्ति के प्रश्न को अन्य दूसरी चुनौतियों के साथ जोड़कर ही देखा

जाए। शायद यही वह बिंदु है जहाँ स्त्रियाँ अपने मूल प्रश्न से विमुख हो जाती हैं। प्रगति के नाम पर उनके हाथ में शार्टकट से निकलने की फूहड़ नसीहत के सिवा और कुछ नहीं बचता। उसके पास उसका निजीपन नहीं रह जाता। बल्कि विकास के नाम पर वह नए-नए सामाजिक दबावों के अधीन ही अधिक होती जा रही है। मैं यहाँ पर पुरुषसत्ता के विकल्प में मातृसत्ता की बात नहीं उठा रही हूँ, मैं तो साझे के जीवन में विश्वास करती हूँ...जब तक स्त्री स्वयं को, अपने समाज को अपनी निजी विशिष्टताओं के संदर्भों को अधिक गहराई से अभिव्यक्त नहीं करेगी तब तक वह पितृसत्ता की नकल में इस अंधी दौड़ और उससे पैदा होने वाली तमाम विकृतियों के प्रतिरोध में एक वास्तविक शक्ति का विकास नहीं कर पाएगी।

# और मत रखो अँधेरे में, देखने दो मुझे

## तसलीमा नसरीन

मेरी इच्छा है कि सुबह से दोपहर, दोपहर से रात तक अकेली घूमती रहूँ। नदी के किनारे, गाँव के मैदान में, रोशनी में, शहर के फुटपाथ पर, पार्क में, अकेली, सिर्फ अकेली चलती रहूँ। बहुत इच्छा होती है कि सीताकुंड पहाड़ पर जाऊँ। मन करता है, एक दिन अचानक बिहार के सालवन में जाकर पूरी दोपहर बिताऊँ। मन करता है कि सेंट मार्टिन के समुद्र में उतरकर गाँगचील (एक समुद्री पक्षी) का खेल देखूँ। इच्छा होती है कि गहन उदासी भरे क्षणों में घास पर लेटे-लेटे आकाश देखती रहूँ। मन करता है कि संसद भवन की किसी सीढ़ी पर अकेली बैठी रहूँ, किसी खुशनुमा शाम में पेड़ से पीठ टिकाए यों ही अलसाई खड़ी रहूँ, क्रिसेंट झील के पानी में पूरी शाम पाँव डुबोए पड़ी रहूँ और फिर अचानक शीतलक्षा नदी में नौकाविहार करूँ।

मैं जानती हूँ, बहुत अच्छी तरह जानती हूँ कि यदि मैं अपनी इच्छाएँ पूरी करने लगूँ तो मुझ पर लोग पत्थर बरसाएँगे, थूकेंगे, धिक्कारेंगे। मुझे अपमानित होना पड़ेगा, बलात्कार का शिकार होना पड़ेगा। मुझे कोई 'पागल' कहेगा, कोई बदचलन कहेगा, यद्यपि यही सब करते हुए किसी पुरुष को किसी के व्यंग्यबाण से आहत नहीं होना पड़ता। किसी पुरुष के साथ अपहरण, धोखाधड़ी, बलात्कार, हत्या जैसे हादसे नहीं गुजरते। हादसे सिर्फ स्त्री के साथ ही गुज़रते हैं। पूछा जाता है—स्त्री एक हमसफर पुरुष के बगैर क्यों घूमती है? पुरुष स्वभाव की विचित्रताएँ उसे शोभा देती हैं, लेकिन एक स्त्री फुटपाथ पर क्यों टहलेगी, क्यों पेड़ की छाँव में खड़ी रहेगी, कैसे सीढ़ी पर अकेली बैठी रहेगी और क्यों घास पर लेटेगी? स्त्री के लिए ऐसी तमाम इच्छाएँ पालना उचित नहीं है। स्त्री को तो घर पर बैठे रहना चाहिए। उसके लिए घर में रोशनदान की व्यवस्था है। उस रोशनदान की भेदती हुई जो रोशनी और हवा उसके शरीर में लगती है, क्या वही जिंदा रहने के लिए काफी नहीं है।

हाँ, काफी है। जिंदा रहने के लिए उतनी हवा-रोशनी काफी है। सभी पुरुष, स्त्री के सिर्फ जिंदा रहने तक को ही पसंद करते हैं, क्योंकि स्त्री की उन्हें जरूरत है। भोग के लिए, वंशबेल को बनाए रखने के लिए। स्त्री के बगैर न तो पुरुष का भोग संभव है और न ही वंश रक्षा। स्त्री के बिना पुरुष के लिए अधिकार जताने, ताकत आजमाने, ऊँचे स्वर में बोलने और

शारीरिक बल दिखाने की कौन-सी जगह रह जाएगी! 'ऊपरवाले' अपने ही बनाए नीति-नियमों के मुताबिक 'नीचेवालों' का शोषण करते हैं। सबल हमेशा दुर्बल पर चढ़ाई करता है। उच्चवर्ग हमेशा मौका ढूँढ़ता है—निम्नवर्ग या निर्धनों को फूँककर उड़ा देने का। इसीलिए स्त्री पर हमेशा से पुरुष का अधिकार चला आया है—उसे जी-भर उपभोग और उससे प्यास बुझाने का, उसे आहत करने का। स्त्री निम्न श्रेणी का प्राणी है, दुर्बल है; असहाय, असंगत, शरणार्थी है। इसीलिए स्त्री को जिंदा बनाए रखकर उस पर चढ़ाई करने की इच्छा सभी सज्जनों में रहती है।

जैसे पिंजड़े में पंछी के लिए भी रोशनी आने की व्यवस्था रहती है, उसको समय पर दाना-पानी दिया जाता है, चंद शब्द सिखाए जाते हैं, वैसे ही स्त्री के लिए भी किया जाता है। स्त्री के लिए भी एक रोशनदान का इंतजाम रहता है, सुबह-शाम खाना दिया जाता है और कुछ तयशुदा सामाजिक व्यवहार सिखाया जाता है। स्त्री को उसकी सीमित बातचीत, सीमित राह, सीमित सपनों के बारे में सम्यक् ज्ञान दिया जाता है। पिंजड़े में बंद पंछी की ही तरह स्त्री खुले आकाश, खुले मैदान, वन-जंगल और अनंत हरियाली के आनंद से वंचित रहती है।

स्त्री को दुर्बल कौन समझते हैं? जो कहते हैं कि स्त्री शारीरिक रूप से दुर्बल है, वे गलत कहते हैं। वे झूठ बोलते हैं। आज भी अगर एक नर और एक नारी शिशु को भरे तालाब में छोड़ दिया जाए तो जिस शिशु की मौत होगी, वह नर शिशु ही होगा। यदि नारी शिशु का फेफड़ा या हृदय नर शिशु से ज्यादा शक्ति शाली है, यदि प्रतिरक्षा या जिंदा रहने की क्षमता नारी शिशु में अधिक है, तो कैसे एक झटके में यह राय दे दी जाती है कि स्त्री दुर्बल, कोमल, भीरु और लाजवंती होती है।

दरअसल ये सब स्त्री पर आरोपित किए गए सामाजिक विशेषण हैं। स्त्री यदि विवेक-बुद्धि से परिचालित होने और ममत्व या प्यार धारण करने की अधिक क्षमता रखने के कारण हिंसक युद्ध में नहीं कूदती, तो इसका यह अर्थ नहीं है कि वह अबला है। आदिम युग में स्त्री-पुरुष दोनों नोंच-खसोटकर ही जीव-जंतुओं का मांस खाते थे। कहीं भी यह प्रमाणित नहीं हुआ कि स्त्री दुर्बल है, इसलिए वह नोंचकर नहीं खा सकती। स्त्री को गर्भवती होना पड़ता है, इसलिए गर्भरक्षा के उद्देश्य से उसे कम परिश्रम का भी अभ्यस्त होना होता है। शिकार पर कम जाना पड़ता है, छीना-झपटी कम करनी पड़ती है। देहबल की अपेक्षा वह बुद्धि के द्वारा जीवन-निर्वाह करती है। संतान के प्रति उसमें ममता पनपती है। प्यार के सामने वह झुक जाती है, उसमें डूब जाती है। लेकिन इसका अर्थ यह नहीं कि स्त्री दुर्बल, डरपोक और लाजवंती है।

स्त्री को डरना एवं लज्जालु होना पुरुष-प्रधान समाज ने सिखाया है, क्योंकि भयभीत एवं लज्जालु रहने पर पुरुषों को उस पर अधिकार जताने में सुविधा होती है। इसीलिए डर और लज्जा को स्त्री का 'आभूषण' कहा जाता है। समाज में कुछ ही लोग होंगे जो निर्भीक और लज्जाहीन स्त्री को बुरा नहीं कहते हों।

चूँकि डर एवं लज्जा को ही स्त्री का मुख्य गुण समझा जाता है, चूँकि स्त्री के लिए सीमित रास्ता ही निर्धारित किया जाता है, इसीलिए यदि वह रास्ते में, गलियारे में, रेस्तराँ में अकेले चलती या बैठती है, तो जोग उसकी ओर हैरत से देखेंगे, सीटी बजाएँगे, उससे सटकर खड़े होंगे और परखेंगे कि यह लड़की 'वेश्या' तो नहीं, क्योंकि वेश्या के अलावा कोई भी लड़की निडर होकर नहीं चलती। वेश्या के अलावा पूरे शहर में कोई भी अकेला, स्वच्छंद, सीमा लाँघकर रास्ते में नहीं निकलता।

जो स्त्रियाँ घर पर बैठी रहती हैं, जो अभिभावक या पुरुषों के साथ निरापद घर से बाहर जाती हैं, या अकेले ही मान्य सीमा के अंदर घूम-फिरकर जरूरत पूरी करते हुए घर लौट आती हैं, समाज उन्हें भली औरत का दर्जा देता है। इस 'भद्रता' का अतिक्रमण करने पर स्त्री को 'वेश्या' कहकर गाली दी जाती है। पुरुष गण 'वेश्या' को गाली जरूर देते हैं, लेकिन वेश्या के बगैर उनका काम भी नहीं चलता। अपने स्वार्थ के लिए उन्होंने खुद ही अपने दायरे में वेश्यालय खोल रखे हैं।

पुरुष 'वेश्या' न कह दें, इसलिए स्त्री दोपहर के समय किसी खुले मैदान में अकेले नहीं घूमती। इच्छा होने पर भी वह चंद्रनाथ पहाड़ पर नहीं जाती। चाहकर भी स्त्री नदी-तट से लगे हिजला पेड़ की छाया में बैठकर दो-एक पंक्तियाँ गा नहीं सकती। इच्छा के बावजूद निर्जन फुटपाथ पर अकेले नहीं चलती। स्त्री 'वेश्या' संबोधन से बहुत डरती है, इससे वह अपने को बहुत बचाकर रखती हैं। पुरुष की नजरों में खुद को आकर्षक बनाए रखने के लिए स्त्री साज-सिंगार करती हैं। आँखों में, गालों और होंठों पर रंग चढ़ाती हैं। पूरी दुनिया में शृंगार के प्रसाधनों का उत्पादन जिस रफ्तार से बढ़ रहा है, मुझमें यह क्षमता नहीं है कि मैं इसका अंदाजा भी लगा पाऊँ। वेश्याएँ शृंगार करती हैं असामाजिक ग्राहक की आशा में और भद्र महिलाएँ सजती हैं सामाजिक ग्राहक की आशा में। उद्देश्य दोनों का ही ग्राहक पाना है। जिसे जितना अच्छा ग्राहक मिलता है, उसको इस लोक की सुविधाएँ भी उतनी ही अधिक मिलती हैं। स्त्री को वे सुविधाएँ दे रहे हैं, खाने-पीने, पहनने-ओढ़ने को दे रहे हैं, इसीलिए स्त्री के पैरों में वे जंजीरें पहनाते हैं। वैसे ही, जैसे बकरी को मैदान में चराने के लिए छोड़कर उसके गले की रस्सी को एक खूँटे से बाँध दिया जाता है। स्त्री को गाय, बकरी, भेड़ की तरह ही एक नपे-तुले दायरे में चलने-फिरने दिया जाता है। पुरुष वर्ग रस्सी से बँधी स्त्री का स्वाद भी पाना चाहता है और रस्सी तुड़ाई हुई स्त्री का भी। मुख्य रूप से पुरुष-रसना को तृप्त करने के लिए ही स्त्री को एक बार घर में बंदी होना पड़ता है, तो एक बार घर छोड़ना पड़ता है। स्त्री आखिर स्त्री ही है, चाहे वह वेश्या हो या कुलवधू। कष्ट झेलने के लिए ही उसका जन्म हुआ है।

समाज की स्त्रियाँ, पुरुषों के डंक मारने के डर से, इस डर से कि लोग उसे 'बुरा' कहेंगे, चाहत के बावजूद एक बार महास्थानगढ़ घूमने नहीं जा सकतीं, श्रीमंगल के चाय बागान में निर्द्वंद्व होकर टहल नहीं सकतीं। ब्रह्मपुत्र के पानी में खुशी से तैर नहीं सकतीं,

सुंदरवन में पूर्णिमा की चाँदनी में नहीं नहा सकतीं। एकांतिक मानुष जीवन। यह जीवन वह मन-मर्ज़ी से नहीं जी सकती। इस जीवन को वह मनुष्य के पास, आकाश और नक्षत्रों के पास, जल और हवा के पास, हरे-भरे जंगलों के पास, निर्जन नदी के पास लाकर नहीं पहचान सकती। वह अपने सभी अरमानों, सभी चाहतों और सपनों के घर को जलाकर पुरुष के घर को आलोकित करती है।

स्त्री के इस अर्थहीन जीवन के प्रति शोक-संताप से भरी हुई मैं लज्जित हूँ। पाठकगण, आप में यदि इनसानियत नाम की कोई चीज़ है तो इस पर आप भी लज्जित हों।

# एक सफर–बसमतिया से भँवरीबाई तक

## मणिमाला

भटेरी में हूँ मैं। भटेरी भँवरी बाई का गाँव। उसे गाँव से निकलने के लिए कहा जा रहा था। उस पर 'कुलटा' होने का आरोप था। उस पर जुबान खोलने का आरोप था। उस पर सपने देखने का आरोप था। वह खड़ी थी—दृढ़ता से। यही उस पर लगाए गए आरोपों का सबसे बड़ा सबूत था। पुलिस, प्रशासन और समूचा गाँव इस लुगाई को झूठी ठहरा रहे थे।

भँवरी की आँखों में आँसू तैर रहे थे। पर वह कोरों से बाहर नहीं आने देती थी। जैसे कह रही हो, 'बात-बात में यूँ मत छलको, क्या जाने क्या तुम्हें छलकता देख कहे यह क्षुद्र समाज।' उसने साहस करके कहा था, "मुझे भी गंगाजली दो। मैं गंगाजली लेकर कसम खाऊँगी। मैं जो भी कह रही हूँ सच कह रही हूँ।" उसने गंगाजली लेने के लिए हाथ बढ़ाया। रामकरण गूजर ने गंगाजली का लोटा खींच लिया। पुलिस ने कहा, "तेरा हाथ लगा तो गंगाजली भी अपवित्र हो जाएगी।"

भँवरी बाई एकबारगी काँप गई थी। वह सोचने लगी, रामकरण गूजर, बद्री गूजर, ग्यारसा गूजर सबने गंगाजली लेकर ही तो कसम खाई थी? उन पर पुलिस और गाँव के लोग इसलिए तो यकीन कर रहे हैं। उसने धीरे से पूछा, "वे गंगाजली से कसम खा सकते हैं। मैं क्यों नहीं?" जवाब वही—"कुलटा हो।"

दुखी भँवरी बाई ने अपने बेटे के सिर पर हाथ रखकर कसम खाई कि वह जो कुछ कह रही है सच कह रही है। कि बद्री गूजर और ग्यारसा गूजर ने उस पर बलात्कार किया है। कि उसने बस्सी थाने में जो रपट लिखवाई है, वह सच है। बिल्कुल सच। उसने पूछा था, अगर वह झूठ बोल रही होती तो बार-बार पुलिस के हाथ-पाँव क्यों जोड़ती कि डाक्टरी जाँच जल्दी करवा दो?

किसी ने नहीं सुनी थी उसकी। बेटे के सिर पर हाथ रखकर कसम खाना बेकार गया। भँवरी के खिलाफ आरोप पत्र पढ़ा गया। सबसे पहला आरोप नीच जाति की औरत होकर गाँव के बड़ों के मामलों में दखलअंदाजी करती है। दूसरा आरोप कुलटा है। उसकी इज्जत लूटी जा चुकी है। तीसरा आरोप इस बदनाम औरत की वजह से पूरा गाँव बदनाम हो रहा

है। उसे आदेश दिया गया कि वह पुलिस थाने में दर्ज कराई गई रिपोर्ट वापस ले और गाँव छोड़कर चली जाए।

भँवरी एक बार फिर रोने-रोने को हो आई थी। पर रोई नहीं। असहाय-सी लग रही थी। पर हुई नहीं। उसने भी अपना फैसला सुनाया, चाहे जिंदा दफन ही क्यों न कर दिया जाए, न तो वह रपट वापस लेगी, न गाँव छोड़ेगी। वह इस गाँव की 'साथिन' है। इसी गाँव में रहेगी। गाँव को नागवार गुजरा। सो, अगला फैसला सुनाया गया, भँवरी का आर्थिक-सामाजिक बहिष्कार। उसका हुक्का-पानी बंद। उसके साथ भोज-भात बंद। बोलना-बतियाना बंद। उसके बर्तन खरीदना बंद। 25 सितंबर 1992 से भँवरी अपने ही गाँव में बेगानी हो गई। 22 सितंबर की शाम को पति की मौजूदगी में बद्री और ग्यारसा गूजर ने उसके साथ बलात्कार किया था।

सामने खड़ी है भँवरी। पर मुझे बसमतिया दिखाई देने लगी। भँवरी के गाँव में बैठे-बैठे मैं पश्चिम चंपारण के एक गाँव में पहुँच गई। छौड़ादानों प्रखंड के एकडारी गाँव में। वही गाँव जहाँ 1980 में गंभीरा का शरीर पुलिस की गोलियों से छलनी हुआ था। पुलिस वालों ने उसे घसीट-घसीटकर मारा था। नौजवान था। दलित। चमार कहते थे लोग उसे। पुलिस ने उसे नक्सलवादी कहकर मारा था। उसी गाँव की चर्चा कर रही हूँ। इस गाँव की परंपरा रही है जब कभी कोई औरत सच बोलने का साहस करती है तो उसे कुलटा और दलित सच बोलने का साहस करता है तो नक्सलाईट कहा जाता है।

बात कुछ और पहले की है। 1975 की। इसी गाँव में एक औरत को जिंदा जलाया गया था। घर के अंदर नहीं। छिप-छिपाकर नहीं। सार्वजनिक तौर पर। सरे पंचायत। कहानी बिल्कुल भँवरी बाई वाली। बिल्कुल एक-सी। फर्क सिर्फ इतना कि भँवरी बाई जिंदा बच गई, बसमतिया को जला दिया गया।

बसमतिया के साथ उसके मालिक ने बलात्कार किया था। उसी के पास वह बंधुआ मजदूर थी। विधवा थी। बलात्कार से उसे गर्भ ठहर गया था। वह चाहती थी कि मालिक उसे अपना नाम दे। मालिक ने इंकार कर दिया। उसने गुहार लगाई। घर-घर गई। पंचायत बैठाने का आग्रह किया। पंचायत बैठी। फैसला हुआ—बसमतिया पतित हो गई है। गिर गई है। उसके गर्भ में किसी का नाजायज बच्चा पल रहा है। बसमतिया ने चीख-चीखकर कहा था कि बच्चा उसके मालिक का है। बच्चा उसकी जिम्मेदारी है, लेकिन मालिक स्वयं पंचों में शामिल थे। उस पर पंच की अवमानना का आरोप भी लगाया गया। आदेश दिया गया कि वह गर्भपात करवा ले। फिर उसे गाँव से नहीं निकाला जाएगा। उसने इंकार किया था। उसने साफ-साफ कहा था कि वह गर्भपात नहीं करवाएगी। तब आदेश दिया गया कि वह गाँव छोड़ दे। उसने फिर इंकार कर दिया। वह चीखती रह गई थी यह बच्चा मेरे मालिक का है। कहो कि इस बच्चे को अपना नाम दे। नाम देने का साहस किसमें था? जिन्हें सच सुनने की आदत नहीं थी, जिनमें सच बोलने का साहस नहीं था, वह अपनी 'नाजायज' संतान को अपना नाम कैसे दे सकता था? पंचायत ने उसे सजा-ये-मौत दी। उसे जलाकर मार डाला गया था। पूरे गाँव

की सहमति से। गाँव की इज्जत बचाने के लिए। एक बेइज्जत औरत राख बनकर इज्जतदारों में बँट गई थी। गाँव की इज्जत बच गई!

बीस साल पहले बसमतिया थी। बीस साल बाद भँवरी बाई है। कितना साम्य है बसमतिया और भँवरी बाई में। फिर भी कितना फर्क है दोनों घटनाओं में। नतीजों में। दोनों गरीब। दोनों दलित। दोनों एक ही अपराध की शिकार। दोनों ने गाँव के फैसले को मानने से इंकार किया। लेकिन एक जिंदा जला दी गई। एक ने दोबारा जीवन हासिल किया। एक हार गई गाँव में, समाज में। दूसरी जीत गई—अपने आप में। गाँव में। समाज में। अदालत में। सब जगह। मुझे याद आता है सुप्रीम कोर्ट ने इसी अगस्त में अपने फैसले में कहा था कि भँवरी सच बोल रही है। भँवरी के साथ अत्याचार हुआ है। उसके बहिष्कार से उसे घाटा हुआ है। कई तरह की दिक्कतें आई हैं। राजस्थान सरकार को अदालत ने आदेश दिया था कि उसे पच्चीस हजार रुपए देकर उसकी भरपाई करे। भँवरी पर जो अत्याचार हुआ उसकी भरपाई तो कभी नहीं हो सकती। हाँ, बहिष्कार की वजह से आर्थिक घाटा हुआ है, उसकी भरपाई की जाए। फैसले पर भँवरी ने कहा था, उसकी भरपाई हो गई। उसके गाँव ने, उसके समाज ने, इंसाफ के मंदिर ने कह दिया भँवरी बाई झूठी नहीं। भँवरी बाई सच्ची है। सही है। उसकी भरपाई हो गई।

बसमतिया मार डाली गई थी। भँवरी बाई जिंदा है। उसी गाँव में। उसी समाज में उन्हीं अपनों के बीच। यह सब कैसे हुआ? मौत से ज़िंदगी तक का यह सफर सिर्फ बीस सालों के वक्त के टुकड़े ने तो नहीं किया? बसमतिया से भँवरी बाई के बीच, मौत से ज़िंदगी के बीच पता नहीं कितनी बचिया, सुमित्रा, बुधिया, मथुरा, माया त्यागी की कब्रें हैं? पता नहीं कितनी आवाजें, कितनी संघर्ष यात्राएँ और कहानियाँ बिखरी पड़ी हैं।

1975 में जब बसमतिया जलाकर मार डाली गई थी तब देश में कोई स्त्री आंदोलन नहीं था। स्त्रियों की संगठित आवाज नहीं थी। स्त्रियों के सवाल पर कोई बोलने वाला नहीं था। इक्के-दुक्के स्थानीय नौजवान कभी-कभार बोलने की कोशिश करते। उन्हें मार डाला जाता। गंभीरा ने भी बोलने की कोशिश की थी। बसमतिया की मौत से सवाल सहेजे थे। उठाए थे। बसमतिया को गाँव के 'बड़ों' ने मार डाला था। गंभीरा को पुलिस से मरवा डाला था। उन दिनों अखबार भी ऐसी घटनाओं पर मौन ही रहा करते थे। गाँव से चलकर शहर के अखबारी दफ्तरों तक ऐसी खबरें आ ही नहीं पाती थीं। किसी तरह आती थीं तो बहुत देर हो चुकी होती थी। अक्सर ही पुलिस या गाँव-शहर करने वाले 'बड़ों' के जरिए ही आ पाती थी। बसमतिया की मौत के बारे में खबर छपी थी, 'संदेह के आधार पर एक औरत की हत्या।' रूटीन खबरों की तरह लोगों ने पढ़ा और अखबार रख दिए।

हाँ, गंभीरा की मौत चर्चा का विषय बनी थी। उन दिनों बिहार में काफी लोकप्रिय हो रहे 'दिनमान' साप्ताहिक पत्रिका ने गंभीरा की मौत को गंभीरता से लिया था। 1974 को बिहार आंदोलन शुरू होकर अब बिखराव की तरफ जा रहा था। इस बिखराव की एक खासियत

यह रही कि इसके अंदर के विचार और धाराएँ स्पष्ट होने लगी थीं। राजनीति और सत्ता से आकर्षित होने वाले युवक अपने लिए पार्टियों का चुनाव लगभग कर चुके थे। बाकी नौजवानों ने भी अपनी भूमिका तय कर ली थी। 1975 में ही एक नया छात्र-युवा संगठन उभरकर सामने आया—'छात्र-युवा संघर्ष वाहिनी' के नाम पर। मार्क्सवादी और नक्सलवादी विचारधाराओं से जुड़े युवा संगठन भी इस दौर में थोड़े मजबूत होने लगे थे। गाँवों की समाज व्यवस्था छात्रों और शहरी युवाओं के बीच चर्चा में आने लगी थी। गंभीरा की मौत पर भी चर्चा हुई थी। लेकिन बसमतिया और गंभीरा की मौत के बीच जो सूत्र थे, वह पूरी तरह सामने न आ सके थे।

1980 के शुरुआत में ही परसबीघा और पीपरा कांड हुए थे। दोनों ही गाँव तब के पटना जिले और अब जहानाबाद जिले के हैं। परसबीघा में 12 गड़ेरियों और यादवों को जिंदा भून दिया था भूमिहार सामंतों ने। पीपरा में 14 दलितों (चमारों) को भूना था कुर्मियों के नए सेठों ने। यूँ तो दोनों जगह मजदूर अपनी मेहनत की कीमत माँग रहे थे, पर ये घटनाएँ जिन घटनाओं की तात्कालिक प्रतिक्रिया थीं वे किसी-न-किसी रूप में औरतों से जुड़ी थीं। 5 फरवरी, 1980 को परसबीघा के गड़ेरिया और यादव जले थे। एक गड़ेरिया लड़की को भूमिहार सामंत ने जबरन अपने पास रख लिया था। गड़ेरिया लोग उसका विरोध कर रहे थे। वे कह रहे थे कि अगर वह रखना ही चाहता है तो बजाप्ता बीवी बनाकर रखे। समाज के सामने शादी करे। रखैल बनाकर नहीं रख सकता। गड़ेरिए संगठित होने लगे थे। कुछ यादव भी उनके साथ थे। दलितों जैसी या दलितों से भी बदतर स्थिति होने के बावजूद गड़ेरिए पिछड़ी जातियों की सूची में हैं। इसी 'सह-अनुभूति' की वजह से यादव गरीब भी उनकी इस लड़ाई में शामिल हो गए थे।

दूसरे ही दिन इस घटना की भी भयानक प्रतिक्रिया हुई थी। बचे हुए गड़ेरिए तो मारे डर के गाँव ही छोड़ गए थे उस वक्त। यादवों ने भूमिहार बहुल गाँव दोहिया के भूमिहारों पर हमले कर दिए। बदले की कार्रवाई की आशंका थी। सो मर्द भाग चुके थे। पास-पड़ोस के गाँवों में छिपे बैठे थे। यकीन था कि कोई औरतों पर हाथ नहीं उठाएगा। हालाँकि इस यकीन की सारी बुनियादें पहले ही ध्वस्त हो चुकी थीं। औरतों की इज्जत पर लगातार हाथ उठाने वालों को पता नहीं कैसे यह यकीन था। शायद सिर्फ इसलिए कि वे ताकतवर थे। औरत की इज्जत को लेकर ही तो गड़ेरिए उठ खड़े हुए थे। यादवों ने भूमिहार औरतों के साथ बलात्कार तो नही किया, लेकिन उनके कपड़े फाड़ डाले थे। बदसलूकी की थी। कानूनन यह बलात्कार नहीं है। दूसरे दिन अखबारों में बड़ी-बड़ी खबरें छपी थीं।

औरत की इज्जत की रक्षा के नाम पर जो उठे थे वही हाथ औरत की इज्जत उतारने लगे थे। बारह निरीहों और निर्दोषों को जिंदा भूनने का अपराध और औरत के शरीर पर से कपड़े उतारने का अपराध ज़्यादा असामाजिक अपराध कौन-सा है? ज्यादा भयंकर अपराध कौन-सा है? इस तरह की चर्चा होने लगी थी। उसी के बीस दिन बाद 25 फरवरी की रात को पीपरा

गाँव के 14 चमार जिंदा जला दिए गए थे। वहाँ भी परसबीघा जैसा ही तनाव था। एक चमार लड़की को बिन ब्याहे एक कुर्मी सामंत ने अपने घर बिठाया हुआ था। चमार टोली के लोग जुलूस लेकर गए थे कि या तो उनकी लड़की को आजाद किया जाए या समाज के सामने सामंत उससे शादी करे। नतीजा हुआ पीपरा कांड।

औरत की आजादी के सवाल उन दिनों नहीं उठ पा रहे थे। औरत की इज्जत और उसके अधिकारों के सवाल उठने लगे थे, बेशक सीमाएँ बड़ी तंग थीं। लेकिन उठ रही थीं। उन्हें उससे बड़ा अपराध करके दबाया जा रहा था। उन दिनों गाँव-गाँव में दलित नौजवानों के संगठन बनने लगे थे। मुख्य मुद्दों में एक मुद्दा अवश्य ही औरत की इज्जत से जुड़ा होता था।

अस्सी के शुरुआती दशक में मध्य बिहार के कुछ खास क्षेत्रों में सशस्त्र संगठन बन गए थे। आपस में प्रतिद्वंद्विता भी खूब थी। नक्सलवाद के नाम पर खड़े हुए कुछ संगठनों ने औरत की इज्जत के सवाल पर बड़ा ही कड़ा रुख अपना रखा था। लेकिन औरत की भागीदारी के सवाल पर वही नकारात्मक रुख बनाए रखा उन्होंने। बलात्कारी को कठिन दंड देने लगे। उनके हाथ-पाँव भी काटे गए कहीं-कहीं। कहीं नाक-कान काटे गए। पर कहीं-कहीं तथाकथित नक्सलवादियों ने जमीदारों की नई-नवेली बहुओं की डोली रोक ली। उन्हें डोली से उतारा। उनकी इज्जत उतारी। बलात्कार किया और वापस पहुँचा दिया। ऐसा करने वाले गाँव के वे दलित नहीं होते थे, जिनकी बहुओं की डोलियाँ अपने घर आने से पहले सामंतों की ड्योढ़ी पर रुकती थीं। पति अपनी नई-नई पत्नी को वहाँ छोड़कर अकेला अपने घर लौट आता था। जब सामंतों का मन भर जाता था तब उसके पति को बुलावा आता था कि अपनी पत्नी को ले जाए। पति-पत्नी के बीच ताउम्र रिश्तों में खट्टापन रहता था। एक-एक रोटी के लिए जद्दोजहद, एक ही तरह के दुखों का बोझ उन्हें यह महसूस तो कराता था कि वे दोनों एक ही व्यवस्था के मारे हुए थे। फिर भी पति यह न भूल पाता कि उसकी पत्नी 'जूठी' है तो पत्नी यह न भूल पाती थी कि पति ने उसे अपने घर लाने के बजाय उसकी डोली सामंत के घर पहुँचाई थी। यह सब सिर्फ जिंदा रहने के लिए। सिर्फ इसलिए कि उनके झोंपड़े न जलें। उनकी आधी-अधूरी मजदूरी न छिने। जिंदा रहने के लिए उन्होंने ज़िंदगी ही गिरवी रख दी थी। सदियों से इस जलालत का जहर पी रहे दलितों को जब खबर मिलती थी कि किसी सामंत बहू की डोली रास्ते में रोक दी गई। बहू को अगवा कर लिया गया। उसके साथ बलात्कार हुआ। कलेजा कहीं जरा-सा ठंडा भी होता था। हालाँकि दलित न अगवा करने वालों में से होते थे, न ही बलात्कार करने वालों में से। जब कभी मैंने उनसे बातचीत की तो वे उसे गलत ठहराते थे। कहते थे—'सही नहीं है। हमारे नाम पर हमारे रहनुमा बनने वाले हमें बदनाम करते हैं। हमारी बहुएँ सामंतों की ड्योढ़ियों पर उतारी जाती रहीं हैं। हम इस पीड़ा को समझते हैं। हम नहीं चाहते कि किसी और की बहू-बेटी के साथ ऐसा हो। लेकिन इसी से वे सीखेंगे।'

पता नहीं सीखकर या डरकर दलितों की बहुओं व बेटियों को अपने यहाँ बैठाने की घटनाओं में जरा-सी कमी तो आई लेकिन बलात्कार जैसी घटनाओं में नहीं। 1984 में तो

बिहटा (आरा) में बजाप्ता एक पंचायत में पंचों ने यह फैसला सुनाया था कि भाई अपनी बहन के बलात्कार का इंसाफ बलात्कारी की बहन से बलात्कार करके स्वयं ले ले। भाई ने बलात्कारी की बहन से बलात्कार किया भी था। हाँ, इतना ज़रूर हुआ था कि इस 'इंसाफ' के विरोध में बलात्कार पीड़ित पहली औरत अपने भाई का घर छोड़कर चली गई थी। दोनों एक ही सवर्ण जाति के थे। एक-सी आर्थिक हैसियत वाले थे।

पीछे की बात क्यों करें? दो साल पहले की ही तो बात है। मध्य प्रदेश के महिला सामाख्या कार्यक्रम की एक सखी राजू के साथ उसके बेटे के उम्र के लड़के बिसाती ने बलात्कार किया। राजू ने पुलिस थाने में इसकी रपट दर्ज करवाई। महिला कार्यक्रम की सभी सखियों तथा अधिकारियों ने उसके इस संघर्ष में साथ रहने का फैसला किया। सामूहिक दबाव की वजह से पुलिस सक्रिय हुई। बिसाती को गिरफ्तार करने पहुँची। वह भाग गया। दूसरे दिन सवेरे राजू के घर पहुँचा। उसने कहा कि वह समझौता करना चाहता है। माफी माँगना चाहता है। राजू ने कहा, ''बेटा बलात्कार करते हो। वह भी अपनी माँ की उम्र वाली औरत से। फिर माफी माँगते हो? कई अपराध ऐसे होते हैं जिनके लिए माफी माँगना ही अपने आप में अपराध होता है। रही समझौते की बात। तो ऐसे मामलों में क्या समझौता हो सकता है? कैसा समझौता हो सकता है?'' उस वक्त तो वह चला गया। दोपहर को फिर आया। पुलिस को साथ लेकर। पुलिस बीच-बचाव करने आई थी। समझौता करवाने आई थी। पुलिस ने राजू को समझाना चाहा कि कोर्ट कचहरी से क्या फायदा? एक ही गाँव में रहना है। झगड़ा-झंझट, कोर्ट-कचहरी में उलझकर गाँव बरबाद हो जाएगा। गाँव की बदनामी हो रही है। आगे भी होगी सो अलग। क्यों न समझौता कर लिया जाए। वह भी तब जब बिसाती स्वयं समझौते के लिए तैयार है।

राजू समझ नहीं पा रही थी कि समझौता कैसे हो सकता है ऐसे मामलों में। माफी तो दी जा सकती है। पर समझौता? उसने कहा कि उसकी समझ से बाहर की बात है बलात्कार के सवाल पर कोई भी समझौता। उसकी मोटी बुद्धि में नहीं आ रही यह बात।

बिसाती ने समझौते का अर्थ यूँ समझाया, ''मासी तेरा एक बेटा है न। मेरी ही उम्र का। मेरी एक माँ है तेरी ही उम्र की। समझौता कैसे नहीं हो सकता। अपने बेटे से कह कि मेरी माँ के साथ वही करे जो मैंने तेरे साथ किया। यानी मेरी माँ पर तेरा बेटा बलात्कार कर ले। मामला बराबर हो जाएगा।''

राजू ताव में आ गई। उसने लगातार कई झापड़ बिसाती के गाल पर तो जड़े ही पुलिस वालों को भी नहीं छोड़ा। उसे यह 'समझौता' कतई कबूल नहीं था। वह हाँफती हुई अपने घर वापस आ गई थी।

राजू से मेरी मुलाकात पिछले साल अप्रैल में सहारनपुर में हुई थी। महिला कार्यक्रम की सखियों के साथ वह भी वहाँ आयोजित नशा विरोधी सम्मेलन में हिस्सा लेने आई थी। मैंने उससे पूछा था उसे यह बात उतनी बुरी क्यों लगी थी? उसने छूटते ही कहा, ''बलात्कार

औरत पर होता है। बलात्कार की पीड़ा औरत भुगतती है। पर इंसाफ पुरुष को दिया जाता है। बलात्कारी को सजा देने की बजाय एक और पुरुष को बलात्कार करने का अधिकार दिया जाता है। क्या फर्क पड़ता है जो बलात्कार राजू के साथ हो या बिसाती की माँ सुनीता के साथ हो? यह समझौता पुरुष को बलात्कार का अधिकार देता है। बलात्कार के खिलाफ नहीं बोलता। पुरुष ही बलात्कार करते हैं। पुरुष को ही इंसाफ मिलता है। इंसाफ? इंसाफ कहाँ? किसी को अन्याय-अत्याचार करने का हक देना किसी के साथ न्याय करना थोड़े ही होता है।''

बलात्कारी को दंड देने का यह जो विधान है कि बलात्कार पीड़ित का पुरुष रिश्तेदार बलात्कारी की स्त्री रिश्तेदार के साथ बलात्कार करे, यानी बुनियादी मान्यता यह है कि किसी पुरुष की स्त्री रिश्तेदार के साथ बलात्कार हुआ है, औरत के साथ नहीं। यह व्यवस्था औरत के वजूद को ही नकारती है। राजू ने मुझसे पूछा था कि मान लो, मेरा बेटा न होता तो बिसाती क्या कहता? या उसकी माँ न होती तो मेरा बेटा किस पर बलात्कार करता? दरअसल हमारी इस 'अ' पारंपरिक सामाजिक न्याय व्यवस्था में दोनों ओर से औरत को ही दंड भुगतना होता है। बिसाती को बलात्कार का दर्द मालूम ही कहाँ? उसे यह भी अंदाज नहीं कि अगर उसके साथ राजू समझौता कर लेती तो उसकी माँ पर क्या गुजरती? बिसाती के किए की सजा उसकी माँ क्यों भुगते? बलात्कार उसकी माँ ने नहीं किया था, बिसाती ने किया था।

हमारे यहाँ दो पुरुष अक्सर एक-दूसरे के खिलाफ खुंदक इसी तरह निकालते हैं। हमारी सभ्य जुबान से, अंग्रेजी बोलने वाली जुबान से आज भी तो अक्सर 'तुम्हारी माँ की...', 'तुम्हारी बहन...' जैसी गालियाँ सुनाई पड़ती हैं। इस पर कोई आपत्ति तक नहीं की जाती। संस्कृति का हिस्सा मानी जाती हैं।

ऐसी घटना आज भी हो रही हैं। हाल ही में हरियाणा की एक पंचायत ने ऐसी ही सजा सुनाई थी। अमल भी हुआ था इस फैसले पर। लेकिन इसके विरोध की भी एक स्पष्ट धारा रही है। छोटे-छोटे स्तरों पर इस मनोवृत्ति का विरोध हुआ है।

राजस्थान के करौली में एक बलात्कार पीड़ित औरत की गुहार पर पंचायत बैठी थी। इत्तिफाक से उन दिनों रिपोर्टिंग के सिलसिले में मैं करौली ही गई हुई थी। पता चला कि पंचायत हो रही है। मैं भी चली गई। यह पंचायत मैंने अपनी आँखों देखी थी। बहस भी सुनी थी।

बसंती की बात से सभी पंच सहमत थे। यह मानने से किसी को भी इंकार नहीं था कि बसंती पर बलात्कार हुआ है, पूरी पंचायत में बसंती अकेली औरत थी। यही कोई 24-25 साल की थी। शादी-शुदा। बच्चा भी था एक। फरियादी बसंती के अलावा एक भी औरत न थी। बहस करने वाले भी पुरुष थे। न्याय देने वाले भी पुरुष थे। फैसला हुआ कि बसंती का पति राजा महेश की पत्नी के साथ वही सलूक करेगा जो महेश ने बसंती के साथ किया है। बसंती को यह फैसला नामंजूर था। उसने प्रतिवाद किया। कहा कि अपराध महेश का है। सजा उसकी पत्नी क्यों भुगते। बसंती और महेश की पत्नी बचपन की सखियाँ थीं। एक ही गाँव में ब्याही गई थीं।

पंचों ने कहा कि बसंती को यह फैसला इसलिए नामंजूर है कि महेश की पत्नी बसंती की सखी है। सखी के प्रति प्रेम में वह यह तर्क दे रही है। वरना कौन-सी औरत यह चाहेगी कि जो कुछ उसके साथ हुआ है वह अपराधी की पत्नी के साथ न हो।

पंच अपनी बात को पूरी तरह सही मानते थे। उनका कहना था कि इससे कड़ी सजा दूसरी हो नहीं सकती। अगर गाँव में बलात्कार जैसा अपराध आगे नहीं होने देना है तो ऐसी ही सख्त सजा देनी होगी। पंचों में से एक रामदास जी ने कहा कि मान लो मैं किसी की बेटी पर बलात्कार करता हूँ। सजा स्वरूप में मेरी आँखों के सामने उसका बाप मेरी बेटी के साथ वही सब कुछ करता है, तो क्या मैं फिर कभी यह पाप कर सकता हूँ? महाशय यह मानते थे कि बलात्कार अपराध नहीं, पाप है। पाप को पाप ही काट सकता है। इसलिए उसके किसी स्त्री रिश्तेदार के साथ वही पाप किया जाता है तो 'अलजबरा' के सामान्य नियमों के तहत पाप और पाप मिलकर पुण्य हो जाते हैं। औरत को भी अन्य औरतों की सुरक्षा के लिए इसके लिए तैयार रहना चाहिए।

बसंती ने पूछा था कि महेश की पत्नी के साथ बलात्कार किए जाने के बाद उसे भी इंसाफ चाहिए होगा। वह भी गाँव के बड़े-बुजुर्गों से गुहार लगाएगी। उसके लिए भी पंचायत बैठेगी। पंच बैठेंगे। पर फैसला क्या होगा? वही? एक बार फिर महेश राजा की पत्नी पर बलात्कार करे? क्योंकि उसकी पत्नी पर बलात्कार हुआ? यानी यह फैसला उसी व्यक्ति को एक बार फिर उसी के साथ वही अपराध करने का हक देगा, अपनी पत्नी की कीमत पर।

यही चक्रव्यूह है हमारे समाज का। जो अपराधी है उसे ही अधिकार मिलता है। वही न्याय करता है। अपने लिए इंसाफ और अपराध करने का हक आरक्षित कर लेता है। अपनी पत्नी को बेचने का हक पा लेता है। दूसरे की बीवी को भोगने का हक पा लेता है। उसने कहा कि उसे इस चक्रव्यूह से निकलना है।

पंचों को दूसरा कोई रास्ता नहीं दिख रहा था इंसाफ देने का। बसंती ने कई रास्ते बताए थे। कहा कि उसका सामाजिक बहिष्कार किया जाए। उसका हुक्का-पानी बंद हो। उसे कुछ दिनों तक गाँव से बाहर कर दिया जाए। गाँव के किसी भी सामूहिक निर्णय में सामूहिक उत्सव में उसे भाग न लेने दिया जाए। उस पर जुर्माना किया जाए। और अगर वे इंसाफ नहीं कर सकते तो कम-से-कम इतना तो कर ही सकते हैं कि उसे पुलिस के हाथों सौंप दें। पंचायत स्वयं उसे पुलिस के हाथों में सौंपे। गवाही दे। कहे कि उसने अपराध किया है। उसे सख्त सजा मिलनी चाहिए।

इसमें से किसी भी बात से पंचायत सहमत नहीं हुई। सबसे पहली बात तो यह थी कि गाँव की पंचायत में एक औरत या तो फरियादी होकर खड़ी हो सकती थी या अपराधी होकर। बहस करने वालों और सुझाव देने वालों में उसकी कहीं कोई जगह नहीं थी। इसीलिए तो उस भरी पंचायत में, जिसमें आस-पास के छह गाँव के लोग शामिल थे, एक अकेली औरत थी। सिर्फ बसंती। गाँव की औरतें आस-पास के घरों के बरामदे से सुनने की कोशिश

कर रहीं थीं। आने-जाने वालों से पूछ रही थीं कि क्या बातें हो रही हैं। बसंती की बात उन्हें अच्छी लगी थी। वे आपस में कह रही थीं कि बसंती ठीक कह रही है। महेश की बीवी पर तो जोश सवार हो रहा था। उस दिन वह गाँव की तमाम मान्यताओं को तोड़कर पंचायत में पहुँच गई। बार-बार रोकने और लौट जाने के आदेशों के बावजूद उसने बोला। उसने कहा कि वह बसंती को सही मानती है। उसके पति को कोई भी सजा दी जाए उसे बुरा नहीं लगेगा। लेकिन अगर उसे बसंती के पति के सामने कर दिया कि वह अपनी बीवी के साथ हुए सलूक का बदला ले तो वह जान दे देगी। वह हरगिज नहीं मानेगी।

गाँव वाले अवाक् रह गए थे। किसी ने सपने में भी नहीं सोचा था कि जिसे वे अपनी समझ में 'ईमानदारी' से सबसे सख्त सजा मान रहे हैं, मन-ही-मन खुश हो रहे हैं कि वे अपराधी को सख्त सजा सुना सकते हैं, उसके खिलाफ वही पक्ष क्यों उठ खड़ा हुआ जिसे इंसाफ दिलाने के लिए यह सब किया जा रहा है। कहाँ तो ये उसकी बीवी और उसकी बीवी की बातें कर रहे थे। यहाँ दोनों की बीवियाँ एक साथ खड़ी हो गईं थीं। कह रही थीं कि वे किसी को बलात्कार का हक नहीं देना चाहतीं। वरना गाँव की औरतों की इज्जत सुरक्षित नहीं रहेगी। बसंती और उर्मिला को देखकर औरतें थोड़ी और नजदीक आ गई थीं, धीरे-धीरे वे भी पंचायत में जा बैठीं। मर्दों से जरा दूर हटकर बैठी हुई थीं। पंचों का देह-दिमाग इतना जल रहा था कि उन्हें यह सब दिखा ही नहीं। उनके लिए अब ज़्यादा महत्त्वपूर्ण यह बात हो रही थी कि ये दोनों बीवियाँ इतना बोल कैसे रही हैं। इन्हें तो कभी बोलना सिखाया ही नहीं गया। इन्हें बोलने का अवसर ही नहीं दिया गया। फिर इन्होंने पंचों के फैसले का विरोध करने का साहस कहाँ से सँजोया। वे कभी बसंती को घूर रहे थे, कभी उर्मिला को। दोनों आस-पास एक दूसरे को सहारा देकर खड़ी थीं। एक का दुख दूसरे का दुख था। वे फिलहाल एक-दूसरे की हमदर्द थीं। दो इन्सान थीं। किसी की बीवी नहीं। उन्हें सिर्फ किसी की बीवी होना गवारा न था। भले ही वे ऐसी कोई व्याख्या न कर रहीं हों। कोई ऐलान न कर रही हों। जो कुछ कर रही थीं उसका मतलब यही था। इस मतलब को पंच समझ रहे थे। पंचायत समझ रही थी। सब समझ रहे थे। पंचों का खून उबल रहा था कि गाँव की मर्यादा डूबी जा रही है। हमारे गाँव में जघन्य अपराध से गाँव की मर्यादा खतरे में नहीं होती, जब औरत मुँह खोलती है तब मर्यादा पर खतरा मँडराने लगता है। पंच उठ गए। वे कहते गए कि जब उनके फैसले की कोई कद्र ही नहीं, तब वे पंचायती क्यों करें? पंचायत ठिसुआए हुए बैठी रह गई।

औरतें जो अब तक थोड़ी दूर-दूर बैठी थीं वे और पास आ गई थीं। घर के दरवाजों के अंदर से झाँक रही औरतें भी आ गई। बसंती रो पड़ी। उसे पता न था कि उसका बोलना इस भाव पड़ेगा। वह उर्मिला के पाँव पर गिर पड़ी। कहने लगी, ''बहन, तू ही फैसला कर दे। तू औरत है। औरत का दर्द समझती होगी। अगर पंचों का फैसला मान लेते हैं तो तुझ पर गाज गिरेगी। हम इस चक्रव्यूह से कभी नहीं निकल सकेंगे।''

जिस बात की दूर-दूर तक उम्मीद नहीं थी वह हुआ। उर्मिला पंचों के आसन पर जाकर बैठ गई। ऐसा लगा, जैसे धरती डोल गई हो। सभी के मुँह से एक बार एक ही शब्द निकला, ''औरत पंच?'' उर्मिला ने कहा, ''हाँ, औरत पंच। जब मर्द पंचायती न कर सके तो औरत को करनी पड़ी।''

बात इतनी तेजी के साथ फैली कि पंच भी वापस आ गए। जो लोग नाउम्मीद होकर लौटने लगे थे वे भी वापस आ गए। एक औरत को पंच के आसन पर बैठे देख गाँव से गुजरने वाले राही भी रुक गए। सबको लगने लगा कि गाँव को ग्रहण लग चुका है। धारा एकदम से उल्टी बहने लगी है। कुछ अनहोनी होने वाली है। शुक्र है कि पंचों के आसन पर से उर्मिला को हटाने की जुर्रत किसी ने नहीं की। यहाँ तक कि पंच भी पास के एक पेड़ की छाया तले खड़े हो गए। थोड़ी देर बार वहीं चबूतरे पर बैठ गए। उर्मिला ने दो टूक फैसला सुनाया। उसने कहा, ''चाहती तो मैं बहुत कुछ हूँ। पर मुझे भरोसा नहीं है कि मेरा पति मेरी बात मानेगा। मैं चाहती हूँ कि मेरा पति महेश भरी पंचायत में बसंती के पाँव पकड़कर माफी माँगे। और एक साल के लिए गाँव से बाहर चला जाए। गाँव से जाने के पहले वह पूरे गाँव की परिक्रमा करे। घर-घर जाकर औरतों से कहे कि वह उनका अपराधी है। उसने अपराध किया है। वह गाँव से बाहर जा रहा है प्रायश्चित् करने...'' थोड़ी देर रुककर लंबी साँस लेकर उसने कहा था, ''मैं जानती हूँ, यह फैसला लागू नहीं होगा। इसलिए अब वह फैसला सुनाऊँगी जिसे लागू करना मेरे हाथ में है। आज से वह मेरा पति नहीं। मैं उसे पति मानने से इंकार करती हूँ। कोई बलात्कारी मेरा पति नहीं हो सकता। मैं उसका घर छोड़कर अपनी बच्ची लेकर जा रही हूँ।'' इतना कहकर वह आसन से उतर आई थी। सबको जैसे साँप सूँघ गया था। कोई कुछ बोल नहीं रहा था। शांति थी। रह-रहकर चिड़ियों की चहचहाहट सुनाई पड़ रही थी। पत्तों के उड़ने की भी आवाज़ सुनाई दे जाती थी। लगा, जैसे कोई पिंजरा टूटा है और परिंदे पंख फड़फड़ाने लगे हैं। चहचहाने लगे हैं। सालों से चली आ रही गाँव की बंद जुबान महिला की जुबान खुलने और पिंजरे के टूटने में क्या फर्क है?

आज जब भँवरी बाई को देखती-सुनती हूँ तब लगता है कि हमारे गाँव में संघर्षों का यह अनवरत सिलसिला पता नहीं कब से जारी है। ये खबरें बड़े घोटाले की नहीं होतीं। राजनीति की नहीं होतीं। बाज़ार की नहीं होतीं। अपराध की नहीं होतीं। इसलिए सुदूर गाँवों से चलकर शहरों तक, अखबार के दफ्तरों तक नहीं पहुँच पातीं। नतीजा होता है हमारी समृद्ध संघर्षशील व सृजनशील परंपरा के ये मोती यूँ ही बिखर जाते हैं। औरत के साथ बलात्कार हुआ, यह खबर तो बनती है। लेकिन औरत पंच बनी, उसने फैसला दिया। वह भी अपने ही पति के परित्याग का, यह खबर नहीं बनती। पर ऐसे ही साहस और शक्ति की कहानियाँ मिलकर भँवरी बाई बनती हैं। एक बार बातचीत के दौरान उसने कहा था, 'भँवरी कहाँ नहीं है? वह हर गाँव में है। हर गाँव की भँवरी लड़ती है। हर गाँव की भँवरी पर जुल्म होते हैं। इसीलिए सरकार द्वारा मिले 25 हजार रुपए को वह गाँवों में उन औरतों के पास पहुँचाना चाहती है जिन्हें उसकी ज़रूरत है।'

भँवरी बाई, राजू, बसंती और उर्मिला में थोड़ा-बहुत फर्क है। भँवरी बाई अपने गाँव की साथिन है। साथिन की व्याख्या करते हुए वह कहती है कि जब तुम भी किसी गाँव की, किसी शहर की, किसी कस्बे की, किसी कमजोर जमात की साथिन बन जाओगी, तब तुम्हें भी डर नहीं लगेगा। डर तब तक लगता है जब तक इनसान अपने लिए जीता है। जब वह किसी बड़े सपने को सच करने के लिए जीता-मरता है, तब न वह जीने से घबराता है और न ही मरने से डरता है। वह गाँव की साथिन है। गाँव छोड़कर नहीं जा सकती थी। चाहे गाँववाले जलील करें या सम्मान दें। चाहे वह भूखी ही क्यों न मरे। कोई 'साथिन' दुर्दिन में अपना गाँव छोड़कर कैसे जा सकती है।

सरकार के हिसाब से 'साथिन' का मतलब होता है 'राजस्थान महिला विकास कार्यक्रम' की सबसे निचली पायदान पर काम करने वाले कर्मचारी। जिन्हें पूरी तरह सरकारी कर्मचारी नहीं माना जाता। पगार नहीं मिलती। सिर्फ दो सौ रुपए दरमाह मानदेय मिलता है। लेकिन भँवरी बाई के लिए 'साथिन' होने का मतलब होता है गाँव का साथ देने वाली।

इसी तरह सखी राजू कभी एकदम अनपढ़, गँवार, दलित औरत हुआ करती थी। उसे अपने अधिकारों के बारे में, गाँव के अधिकारों के बारे में कुछ नहीं मालूम था। जब आठ सौ साथिनों ने राजस्थान के आठ सौ गाँवों में अपना परचम लहराया तो कई राज्य सरकारों को समझ में आया कि एक औरत जब 'साथिन' बन जाती है तब वह कितनी ताकतवर बन जाती है। राजस्थान के 'महिला विकास कार्यक्रम' की ही तर्ज पर मध्य प्रदेश में चार साल पहले 'महिला समाख्या कार्यक्रम' शुरू किया गया। जन संस्कृति में से एक प्यारा शब्द चुना गया—सखी। गाँव की सखी। गाँव का भला चाहने वाली। गाँव को न्याय दिलाने वाली। राजस्थान में जिन आठ सौ कार्यकर्त्ताओं को 'साथिन' कहा गया, उन्हें मध्य प्रदेश में 'सखी' कहा गया। मानदेय वही दो सौ रुपए दरमाह।

राजू सखी बन गई थी। थी तो वह अब भी दलित और गँवार। पर अनपढ़ नहीं रह गई थी। उसने अक्षर को पहचानना सीखा। अक्षर को हथियार बनाकर लड़ना सीखा। बदले की भावना को बदलकर बदलाव के लिए लड़ना सीखा।

लड़ी तो बसमतिया भी थी। बसंती और उर्मिला भी। लेकिन उनके साथ संगठन की ताकत नहीं थी। भँवरी के साथ संगठन की ताकत थी। सारी साथिनें साथ। पति मोहन साथ। हर दिन अपमान का घूँट पीने के बाद भी उसके बच्चे साथ थे। सूबे के सभी महिला और नागरिक संगठन साथ थे। भँवरी बाई अड़ी रही। भँवरी बाई लड़ती रही। भँवरी बाई जीत गई। सर्वोच्च अदालत ने भँवरी को सच और सही माना। हाईकोर्ट पहले ही मान चुका था। गाँववालों ने बहिष्कार वापस लिया। गाँव फिर से अपना हो गया। अब वह फिर अपने गाँव को शोषण मुक्त बनाने का सपना देखने लगी। फिर गाँववाले उषा के साथ थे। उन्होंने उस परिवार का बहिष्कार कर दिया था। यहाँ तक कि उसके भतीजे की शादी में भी गाँव से सिर्फ बारह जन गए थे। रिश्तेदारों तक ने इंकार कर दिया था। गाँव के लोग ट्रालियाँ भरकर पुलिस थाने जाते

थे यह कहने कि अपराधी को गिरफ्तार करो। उषा धीमन ने एक सवाल के जवाब में कहा था, ''नहीं, मैं मर्द बनना नहीं चाहती। मैं जानती हूँ कि मेरे साथ यह सब इसलिए संभव हो पाया कि मैं औरत हूँ। लेकिन मैं औरत ही रहना चाहती हूँ। मेरे साथ जो कुछ हुआ मैं नहीं चाहती कि मैं कभी उस जमात में शामिल होऊँ जो नंगा करते हैं। अगर हमारे सामने केवल दो चुनाव हों, या तो बलात्कारी बनना है या बलात्कार की पीड़ा भुगतनी है। मैं बलात्कार की पीड़ा भुगतना बेहतर समझूँगी।''

गाँव-गाँव में बिखरे पड़े हैं ऐसे दृढ़ विचार। इतनी मानवीय परंपराएँ। पर असंगठित हैं। इसीलिए दर्ज नहीं हो पातीं। कितने स्नेह, शोक, अपमान, सम्मान, दुख-सुख के बाद एक औरत इनसान बनकर खड़ी हो पाती है, और बसमतिया से भँवरी बाई तक का सफर तय होता है।

# मिथ और वास्तविकता

## सिमॉन द बोउआ

स्त्री-संबंधी कहानियों का साहित्य में बहुत महत्त्व है, पर साधारण जीवन में इनका महत्त्व क्या है? किस सीमा तक मनुष्य के आचरण और रीति-रिवाजों को प्रभावित और प्रमाणित करती हैं? इस प्रश्न का उत्तर देने से पहले इन कहानियों और वास्तविकता के संबंधों पर विचार कर लेना उचित होगा।

प्रायः कहानियाँ अनेक प्रकार की कल्पनाओं से भी मिलती हैं। स्त्रियों से संबंधित कहानियों में प्रायः जीवन का एक अपरिवर्तनीय रूप सजाकर रखा जाता है। इस प्रकार मानवता दो वर्गों में विभाजित की गई है। इस तरह की कहानियाँ मानवीय आदर्शों के जगत में एक ऐसी वास्तविकता प्रस्तुत करती हैं जिसका अनुभव प्रत्यक्ष रूप से किया जा सकता है और अनुभव के आधार पर जिसके विषय में सोचा जा सकता है। ये कहानियाँ सत्य, मूल्य, विशेषता, ज्ञान और अनुभव पर आधारित कानून के स्थान पर एक सर्वोपरि विचार, जो समय से परे और अपरिवर्तनीय है, प्रस्तुत करती हैं। प्रत्यक्ष से परे होने के बावजूद इनमें असीमित सत्य निहित रहता है। इस प्रकार वास्तविक स्त्रियों के सापेक्ष और विविधतापूर्ण करता है। यदि वास्तविक स्त्री का व्यवहार इस विचार पर आधारित परिभाषा का खंडन करता है तो इसमें दोष स्त्री को दिया जाता है। यह कहा गया है कि स्त्रीत्व एक मिथ्या अस्तित्व है, किंतु उन स्त्रियों में स्त्रीत्व नहीं है जो विरुद्ध आचरण करती हैं। अनुभव के विरुद्ध ये बातें इस प्रकार की कहानी के सम्मुख जम नहीं पातीं। वास्तव में इनकी उत्पत्ति अनुभव से होती है। यह सत्य है कि स्त्री पुरुष से भिन्न होती है। उसकी यह भिन्नता उसके प्रति उत्पन्न इच्छा से ही प्रतीत होती है। इसका आभास आलिंगन-प्रेम आदि में भी होता है। किंतु वास्तविक संबंध परस्परता का है जो एक सच्चे नाटक को जन्म देता है। वासना, प्रेम, मित्रता और उनके विपरीत रूप, छल, घृणा और प्रतिस्पर्धा आदि के आधार पर स्थापित दो चेतन व्यक्तियों के बीच का संबंध संघर्षपूर्ण होता है। दोनों ही अपने को मुख्य मानते हैं। यदि वे एक-दूसरे को स्वतंत्र व्यक्ति मानें तो एक दूसरे की स्वतंत्रता स्वीकार कर सकते हैं। इस प्रकार वे घृणा से दूर हटकर एक साथ काम करने की प्रवृत्ति की ओर बढ़ते हैं। स्त्री स्पष्ट रूप से अन्या है, इसमें परस्परता नहीं होती ऐसा कहना मानो उन अनुभवों को अस्वीकार करना है जिनके अनुसार स्त्री की अपनी सत्ता होती है, क्योंकि वह भी चेतन होती है।

वास्तव में स्त्री भिन्न-भिन्न रूपों में प्रकट होती है। स्त्री-संबंधी प्रत्येक काल्पनिक कहानी उसे अद्वितीय रूप से प्रदर्शित करती है। परिणामस्वरूप इन कहानियों में समता नहीं मिलती और पुरुष को विवेक से विचार करना पड़ता है कि वास्तव में 'स्त्रीत्व' से कौन-सा भाव व्यक्त होता है? प्रत्येक स्त्री में इन आदर्श रूपों का कुछ-कुछ अंश व्याप्त रहता है, इसलिए हर स्त्री यह दावा करती है कि उसमें स्त्रीत्व निहित है। आज का पुरुष भी अपनी महिला संगी का यह भिन्न रूप देखकर आश्चर्य में पड़ जाता है, जिस प्रकार प्राचीनकाल में मिथ्या तर्कवादी यह नहीं समझ सकते थे कि एक ही व्यक्ति गोरा और काला कैसे हो सकता है। स्त्री संपूर्ण है, यह विचार बहुत पहले सामयिक परिस्थिति से व्यक्त होता था। स्त्री-पुरुषों के संबंध वर्गों में विभिन्न कार्यों में उसी प्रकार स्थित हो जाते हैं जिस प्रकार बच्चों की मानसिक अवस्था का संबंध वस्तुओं में स्थित हो जाता है। पुरुष-प्रधान समाज में पैतृक संपत्ति को संचित करने की प्रथा थी। उस समाज में संपत्ति का स्वामी संपत्ति को उत्तराधिकार के रूप में देता था। पुरुष और स्त्री जो संपत्तिशालियों से संपत्ति प्राप्त करते थे उसे प्रयोग में लाकर अन्यों के मध्य भी पहुँचाते थे। यह वर्ग दुस्साहसियों, दंगेबाजों, चोरों या अनुमान लगाकर कार्य करने वालों को स्वीकार नहीं करता है, पर स्त्रियाँ अपने काम-सौंदर्य से केवल नवयुवकों को ही नहीं, परिवार के वयस्क पुरुषों को भी संचित संपत्ति नष्ट करने के लिए उकसा सकती हैं। उनका यह कार्य कानून के भीतर माना जाता है। कुछ स्त्रियाँ अपने प्रेमियों को प्रभावित करके धन प्राप्त कर लेती हैं और कुछ उत्तराधिकार द्वारा संपत्ति पर अधिकार प्राप्त करती हैं। यह एक निंदनीय कार्य माना जाता है और ऐसा करने वाली स्त्री बुरी स्त्री कहलाती है। ऐसी स्त्रियाँ दूसरे रूपों में भी प्रकट होती हैं। ये घर में पिता, भ्राता, पति और प्रेमी के साथ संरक्षिका के रूप में आती हैं। इनका रूप वेश्या का रूप भी हो सकता है, जो धनी आसामी का धन लेती हैं। ये कलाकारों और लेखकों की महान प्रशंसक भी होती हैं। अस्पेसिया या मदाम द पंपाद का यह रहस्यमय रूप समझना वास्तव में कठिन नहीं है, किंतु जब नारी को राक्षसी के रूप में प्रस्तुत किया जाता है, तब यह समझना कठिन हो जाता है कि वही नारी काव्य देवी (ईश्वर-रूप) और भलाई करने वाली का रूप कैसे बन जाती है।

वर्ग प्रतीक और समूह प्रतीक को प्रायः विरोधी शब्दों के द्वारा व्यक्त किया जाता है। इस दृष्टि से शाश्वत स्त्री में विरोधी गुणों का होना मानो उसकी स्वाभाविक स्थिति है। वह जहाँ आदर्श माता है, वहाँ विमाता भी है। इसीलिए कहा जाता है कि माता जीवन रूप है, माता मृत्यु रूप है। हर कुमारी कन्या आत्मा रूप हो या देह रूप, शैतान के चंगुल में रहती है।

यह स्पष्ट है कि वास्तविकता समाज और व्यक्तियों को दो विरोधी वर्गों से अपनी पसंद छाँटने का निर्देश नहीं देती, बल्कि समाज और व्यक्ति अपनी आवश्यकता के अनुसार अपनी पसंद छाँट लेते हैं। बहुधा पुरुष जिन संस्थाओं और मान्यताओं को सम्मान देते हैं, स्त्री से भी वे उन्हें सम्मानित करने की आशा रखते हैं। जिन परिवारों में पिता प्रधान है और स्त्री का क्षेत्र घर तक सीमित है, उनमें स्त्री को भावना, अंतःरूप और विश्वव्यापक आदि विशेषणों द्वारा

वर्णित किया जाता है। प्रत्येक अस्तित्व के दो रूप होते हैं—विश्व व्याप्त और विश्वातीत। जब मनुष्य का जीवन में कोई लक्ष्य नहीं रहता या वह अपने लक्ष्य को प्राप्त नहीं करता तब उसका सर्वोपरि रूप नष्ट हो जाता है। वह साधारण धरातल पर आ गिरता है। पुरुष-प्रधान समाज में स्त्री का योग कुछ ऐसा ही था—पर यह स्त्री का कार्य क्षेत्र उसी प्रकार नहीं था, जिस प्रकार गुलामी, गुलाम का पेशा नहीं होती। अगस्ट काम्टे ने स्त्री के इस रूप का पूर्ण विकास दिखाया है। यदि यह कहा जाए कि स्त्री निःस्वार्थ होती है तो मानो पुरुष को उससे श्रद्धा प्राप्त करने का पूरा अधिकार मिल जाता है। ऐसा कहना स्त्री को स्पष्ट आदेश देना है या फिर उस पर आदेश लादना है।

स्त्री संबंधी इस मत को उस मत से नहीं मिलाना चाहिए जो कि स्त्री की विशेषता को स्वीकार करता है। विशेषता हमेशा वस्तुनिष्ठ होती है—और व्यक्ति अपने अनुभव द्वारा उसे समझता है। यह मिथ एक सर्वोत्तम विचार है जो कि व्यक्ति की मानसिक शक्ति से परे है। माइकेल लीविस ने अपनी 'द आज द होम' में स्त्री के अंगों को स्वप्न में देखा। वह उन अंगों की विशेषताएँ बतलाता है, उन पर कहानी नहीं गढ़ता। स्त्री के शरीर को देखकर उसे आश्चर्य हुआ, किंतु जब उसने मासिक धर्म का रक्त प्रवाह देखा तो उसे घृणा हुई। इस अनुभव में कल्पना का स्थान नहीं और न ही यह स्त्री की कामुकता ही बताता है, यदि कोई इसका वर्णन पत्थरों और फूलों से तुलना करके करे तो यह कहानी गढ़ना नहीं कहलाएगा। यह कहना कि स्त्री देह रात्रि है और मृत्यु है और या यह कहना कि स्त्री विश्व की जगमगाहट है, आकाश में शून्य में उड़ान लगाने के समान है। यह कथन पार्थिव सत्य से बहुत दूर है। इस प्रकार तो पुरुष भी स्त्री केवल देहमात्र नहीं है। प्रत्येक शरीर का एक विशेष व्यक्ति के लिए विशेष महत्त्व होता है। प्रत्येक अनुभव का भी एक पृथक् महत्त्व होता है। इस तरह यह भी सत्य है कि स्त्री और पुरुष दोनों का ही जन्म प्रकृति के द्वारा होता है। स्त्री में अपनी विशिष्ट जाति के गुण पुरुष से अधिक पाए जाते हैं। स्त्री की पाशविकता पुरुष की पाशविकता से अधिक प्रदर्शित होती है, यद्यपि जीवन धारण करने के कारण यह गुण दोनों में ही होता है। स्त्री भी मानव जगत की प्राणी है। उसको प्रकृति के साथ जोड़ना, कुछ पक्षपात करना होगा।

स्त्री के अलावा भी कुछ ऐसे सत्य हैं जो पुरुष को विशेष सुविधा प्रदान करते हैं। वे पुरुष की सभी सुविधाओं को उचित बताते हैं और उसके अवगुणों को ढँक लेते हैं। प्रकृति ने स्त्री के शरीर को इस प्रकार गठित किया है कि सभी दर्द और दुःख उसके ही भाग्य में हैं। पुरुष को उन दुःखों और दर्दों की तीव्रता नहीं महसूस होती। न तो पुरुष को स्त्री से पशु की तरह काम लेना चाहिए और न उसमें जाग्रत रति आनंद की इच्छा को नष्ट करना चाहिए।

स्त्री का रहस्यमय रूप ही पुरुष को सबसे अधिक मान्य है। उससे उसे अनेक लाभ होते हैं। जिसका हम वर्णन नहीं कर सकते, उसे 'रहस्यात्मक' बता देते हैं। वास्तव में पुरुष स्त्री को समझ नहीं सकता, इसलिए उसके प्रतिरोध को वह एक व्यक्तिगत मानसिक शिथिलता का रूप देता है। वह अपनी अज्ञानता को स्वीकार नहीं करता। वह स्त्री में अपने से अलग

एक रहस्य की उपस्थिति देखता है। इस प्रकार मानो एक अपराधी अपने अहम् और आलस्य की भावनाओं को तुष्ट करता है। एक प्रेम की चोट खाया हृदय बहुत-सी निराशाओं को भूल जाता है। यदि उसकी प्रेमिका का व्यवहार सनकी का-सा है, उसकी बातें मूर्खतापूर्ण हैं तो वह उसे रहस्यमय कहकर क्षमा कर देता है। स्त्री को रहस्यमय मानने से उसके साथ के नकारात्मक संबंधों की भावना को ज्यादा पुष्टि मिलती है जो कीर्केगार्द के मतानुसार आधिपत्य स्थापित करने की भावना से श्रेयस्कर है। ऐसा गूढ़ अर्थ रखने वाली स्त्री के साथ भी पुरुष अपने को एकाकी महसूस करता है। उसे ऐसा प्रतीत होता है मानो अपने स्वप्न, प्रेम, आशा, भय और दंभ के साथ वह अकेला है। बहुत से पुरुषों को स्त्री के साथ वास्तविक संबंध में उतना आनंद नहीं मिलता जितना उन्हें उसके बारे में तरह-तरह की कल्पना करने से मिलता है। कभी वे स्त्री को 'पाप' के रूप में देखते हैं, कभी रहस्यमय आनंद के रूप में। वास्तव में इस प्रकार के भ्रम उत्पन्न करने वाले प्राणी के अस्तित्व का आधार क्या है?

किसी अर्थ में स्त्री रहस्यमय अवश्य है, जिस प्रकार माटरलिंक के मतानुसार सारा संसार ही रहस्यमय है। वह व्यक्ति अपने ही अस्तित्व को जानता है। इस संसार में वह अपने को ही समझ सकता है, दूसरा हमेशा ही उसके लिए रहस्य होता है। पुरुष की दृष्टि में स्त्री इतनी अपारदर्शक है कि वह उसके अनुभवों को समझ नहीं सकता। सहानुभूति भी पुरुष को स्त्री के समीप नहीं ले जाती। स्त्री को रति-सुख और आनंद कैसे मिलता है, रजस्वला होने पर उसे क्या असुविधा होती है, और प्रसव-पीड़ा कितनी तीव्र होती है, वह यह सब नहीं जानता। वास्तव में दोनों ही एक-दूसरे के लिए रहस्य होते हैं। प्रत्येक पुरुष का अपना एक भीतरी स्वरूप होता है, जो स्त्री के लिए बोधगम्य नहीं होता है। स्त्री भी पुरुष की काम-इच्छा से अपरिचित रहती है। पुरुष अपने दृष्टिकोण से संपूर्ण है। वह हर जगह अपने को 'पूर्ण' देखता है। परस्परता उसे मान्य नहीं। यद्यपि स्त्री पुरुष के लिए रहस्य है, पर वह सोचता है कि स्त्री का वास्तविक रूप ही रहस्यपूर्ण है।

वास्तव में पुरुष की इस धारणा के लिए स्त्री ही जिम्मेदार है। उसका शारीरिक गठन बड़ा ही जटिल है। वह स्वयं अनुभव करती है कि उसका शरीर उसके स्वरूप को व्यक्त नहीं करता। वह अपने अंदर ही किसी विचित्र स्थिति का अनुभव करती है। जीव मात्र में आत्मा और शरीर किस बंधन सूत्र में बँधा है, यह समझना कठिन है। स्त्री के संबंध में तो यह सचमुच जटिल से जटिलतम हो जाता है।

स्त्री को रहस्य इसलिए नहीं कहा गया है कि वह एक भिन्न चेतन जीव है और उसका शरीर भी भिन्न है। स्त्री का अस्तित्व ऐसा नहीं है, जिसे हम पूर्ण मौन, पूर्णतम या फिर पूर्ण रिक्तता कहें, बल्कि वह तो एक ऐसी हकलाती हुई उपस्थिति है जो कि अपने रूप को न तो व्यक्त कर सकती है और न स्पष्ट। स्त्री को रहस्य कहते हैं, इसलिए नहीं कि वह शांत और मौन है—बल्कि इसलिए कि उसकी भाषा समझ में नहीं आती। वह उपस्थित है—पर घूँघट के भीतर छिपी है। वह हर निश्चित रूप से परे है। वास्तव में वह क्या है? देवी, अप्सरा,

दानवी, प्रेरणा या अभिनेत्री? या तो यह सोचा जा सकता है कि इन प्रश्नों का उत्तर पाना कठिन है या कोई भी उत्तर ठीक नहीं होगा क्योंकि स्त्री में ऐसा ही अस्पष्ट गुण है। वह स्वयं मानो अपनी व्याख्या नहीं कर सकती। वह पशु और मनुष्य दोनों का मिश्रण है।

स्त्री की अस्तित्वगत वास्तविकता का निश्चय कर पाना बहुत परेशानी और असमंजस-भरा कार्य है। इसका कारण यह नहीं है कि छिपा सत्य बड़ा ही अस्पष्ट है और उससे पता लगाना कठिन है, बल्कि यह कि जिस क्षेत्र में स्त्री विचरण करती है, वहाँ सत्य नहीं है। हर अस्तित्व जो कुछ करता है उससे अधिक वह और कुछ नहीं। वह संभव सत्य व वास्तविक से परे नहीं है, अस्तित्व के पहले अस्तित्व के मूल तत्त्व नहीं परिलक्षित होते। नितांत व्यक्तित्व के रूप में मनुष्य कुछ भी नहीं है। उसे तो उसके कार्य-कलापों द्वारा ही मापा जाता है। किसान वर्ग की किसी भी स्त्री के लिए हम यह कह सकते हैं कि वह अच्छा या बुरा काम करने वाली है। किसी भी अभिनेत्री के लिए यह कह सकते हैं कि उसमें बुद्धिकौशल नहीं है। बाहरी रूप के आधार पर यदि हम स्त्री का अंतर्मन देखना चाहें तो उसके बारे में कुछ भी कहने में असमर्थ रहेंगे—क्योंकि इस रूप में उसमें कोई भी ऐसी विशेषता नहीं होती जिसके द्वारा उसका वर्णन किया जाए। स्त्री प्रेम और प्रणय संबंधों में पुरुष की पूर्ण दासी होती है। उसके साथ वह जैसी विश्व में दिखाई पड़ती है, वैसा ही बर्ताव होता है। यह विचारणीय विषय है कि स्त्री साथी सहकर्मियों और संग रहने वाले के लिए रहस्य नहीं होती। यदि सेवक और दास पुरुष हो तो वह अपने से अधिक उम्र वाले पुरुष और स्त्री की दृष्टि में, और अपने से अधिक संपन्न वर्ग की दृष्टि में एक गौण व्यक्ति ही रहेगा। उसका व्यक्तित्व एक रहस्य में छुपा रहेगा। इसी रूप में स्त्री भी एक रहस्य बनी हुई है।

भाव और भावना को व्यक्त नहीं किया जा सकता। जींद ने कहा है कि भावना के जगत में यह कहना मुश्किल है कि कौन-सी 'भावना' सच्ची है और कौन काल्पनिक। अमुक प्रेम करता है और अमुक प्रेम में है, इन कथनों में प्रायः अंतर नहीं। यदि कोई वास्तव में प्रेम में है तब यह कहना कि वह कल्पना करता है कि वह प्रेम करता है मानो उसके प्रेम को कम कर देना है। सत्य और काल्पनिक के बीच का अंतर व्यवहार द्वारा प्रदर्शित होता है। इस संसार में कुछ लोगों की परिस्थिति अच्छी है। उन्हें विशेष सुविधाएँ प्राप्त हैं। वे अपने प्रेम को प्रदर्शित कर सकते हैं। वे स्त्री से विवाह करके उसे आर्थिक और अन्य सहारा देते हैं। विवाह द्वारा वे उसे समाज में सम्मान देते हैं। वे उसे उपहार देते हैं। उनकी सामाजिक और आर्थिक स्वतंत्रता ही उन्हें ऐसा करने में सहायक होती है। मदाम द विलपारिसी से जब एम.द. नोरपोआ बिछुड़ जाता है जो उससे मिलने के लिए 24 घंटों की यात्रा करता है। प्रायः पुरुष व्यस्त रहता है और स्त्री के पास अवकाश रहता है। जो समय वह स्त्री के साथ व्यतीत करता है मानो उसे वह समय देता है और स्त्री वह समय स्वीकार करती है। क्या वह उसे अपना समय आनंद, वासना या मनोरंजन के लिए देता है? स्त्री पुरुष द्वारा प्रदान किए गए लाभों को प्रेम के वशीभूत होकर स्वीकार करती हैं या स्वार्थ भावना से प्रेरित होकर। क्या उसे अपने

विवाह और पति से प्रेम है? इस संबंध में पुरुष द्वारा दिए गए प्रमाण भी बड़े अस्पष्ट हैं। पुरुष प्रेम के वशीभूत होकर विशेष उपहार देता है या दया के वशीभूत होकर? स्वभावतः स्त्री को पुरुष के साथ संबंध स्थापित करने में अनेक लाभ होते हैं, पर पुरुष जब स्त्री के साथ संबंध स्थापित करता है, तब उसे एक ही लाभ है कि वह उसे प्यार करता है। वह किस सीमा तक प्यार करता है, यह उसके रुख से व्यक्त होता है।

अपने हृदय की भावनाओं को व्यक्त करने के लिए स्त्री के पास मुश्किल से ही कोई साधन होता है। अपनी मानसिक अवस्था के अनुसार ही वह अपनी भावनाओं को भिन्न-भिन्न रूपों में देखती है। चूँकि स्त्री मौन समर्पण करती है, इसलिए उसका एक निष्कर्ष उतना ही सच्चा होता है जितना कि दूसरा। उन विशेष परिस्थितियों में जिनमें स्त्री को विशेष सामाजिक और आर्थिक सुविधाएँ प्राप्त होती हैं, उनमें 'रहस्य' का रूप भी दूसरा होता है। स्त्री ही केवल रहस्य नहीं होती, पुरुष भी रहस्यमय हो सकता है। वास्तव में रहस्य विशेषण परिस्थिति सापेक्ष होता है। स्त्रियों के लिए ऊँचे उठने के रास्ते बंद हैं, क्योंकि वे कुछ नहीं करतीं, वे अपने को कुछ बना पाने में असमर्थ हैं। वे निरंतर सोचती रहती हैं कि वे क्या हो सकती थीं—और यह विचार उनके हृदय में यह प्रश्न उत्पन्न करता है कि वे क्या हैं? यह एक व्यर्थ प्रश्न है। यदि पुरुष स्त्री के रहस्यमय तत्त्व का पता नहीं लगा सकता तो इसका एकमात्र यही कारण है कि ऐसा कोई रहस्यमय तत्त्व है ही नहीं। संसार में रहने वाली स्त्री का हम संसार से पृथक् किसी रूप में वर्णन नहीं कर सकते। उसके रहस्य के पीछे उसकी शून्यता के सिवाय और कुछ भी नहीं छिपा है।

हर दलित के सदृश स्त्री भी अपनी वास्तविकता छिपाती है। गुलाम, सेविका और दरिद्र स्त्री ने जो कि अपने स्वामी पर आश्रित है, पुरुष को देखकर एक अपरिवर्तित मुस्कान देना और एक गूढ़ार्थक मौन रखना सीखा है। वह अपनी वास्तविक भावनाएँ और व्यवहार बड़ी सावधानी से छिपा रखती है। किशोर अवस्था से ही स्त्री को सिखाया जाता है कि वह पुरुष के सम्मुख झूठ बोले, अपनी योजना गुप्त रखे और चालाकी का बर्ताव करे। वह पुरुष के साथ संभाषण के समय अपने मुखमंडल पर एक कृत्रिम भाव रखती है। वह बड़ी ही सतर्क और बनावटी बनी रहती है मानो कोई नाटक कर रही हो।

स्त्री रहस्य, जिसका वर्णन अनेक काल्पनिक कहानियों में मिलता है, बड़ा गंभीर विषय है। यह संपूर्णतः पुरुषों की कल्पनाओं में निहित है। यह मानना ही पड़ेगा कि गौणचेतनशील जीव का भी अपना व्यक्तित्व होता है, उसमें भी चिंतन की क्षमता होती है। अब यह भी स्वीकार करना पड़ेगा कि यह चेतन प्राणी भी पूर्ण स्वतंत्र होता है और उसे मुख्य के प्रति खींचती है, जिससे परस्परता नितांत असंभव मालूम पड़ती है। अपर के लिए यह आवश्यक है कि वह अपने से भी अन्य रहे क्योंकि इस प्रकार उसका अपना व्यक्तित्व उसकी 'अन्यता' से प्रभावित होगा। यह 'चेतना' विश्व-व्याप्त चेतना से पृथक् एक वास्तविक रहस्य है। यह स्वयं में रहस्य है, क्योंकि वह स्वयं के लिए रहस्य है। यह पूर्ण 'रहस्य' है।

यद्यपि यह सत्य है कि स्त्रियाँ अपने वास्तविक रूप को अप्रकट रखकर रहस्यात्मक बन जाती हैं। चाहे स्त्री काली जाति की हो या पीली जाति की, वह एक रहस्य है—क्योंकि वह गौण है, 'अन्या' है। प्रायः अमेरिकन स्त्रियाँ रहस्यमय नहीं समझी जातीं—बल्कि बड़ी विनम्रता से लोग कह देते हैं कि वे उन्हें समझ नहीं सके। इसी प्रकार स्त्रियाँ कभी-कभी पुरुष को नहीं समझ सकतीं, पर कभी भी पुरुष को 'रहस्य' नहीं कहा गया। बात यह है कि संपन्न अमेरिका और पुरुष दोनों ही स्वामी रूप हैं और 'रहस्य' तो दासों और गुलामों का होता है।

इस रहस्य के वास्तविक रूप के संबंध में हमारे विचार बहुत धुँधले हैं। स्त्री की अवस्था वैसी ही है जैसी कि किसी भ्रमोत्पादक वस्तु की। हम ज्यों ही उसे ठीक से देखने की चेष्टा करते हैं, वह अदृश्य हो जाती है। साहित्य कभी भी रहस्यमय स्त्रियों का वर्णन नहीं कर सकता। वे उपन्यास के प्रारंभ में ही विचित्र, अजनबी और गूढ़-अर्थी प्रकट होती हैं, पर कहानी समाप्त होने से पहले ही वे अपना रहस्य त्याग देती हैं और अंत में बड़ी निर्मल और अनुकूल रूप हो जाती हैं। मीटर चेने की पुस्तकों के नायक स्त्रियों की विचित्र सनक पर आश्चर्य प्रकट करते हैं। कोई भी नायक यह अनुमान नहीं लगा सकता कि नायिका इस प्रकार के कार्यकलाप करेगी। वे सब कुछ सोचा-विचारा पलट देती हैं। एक बार उनके कार्य का प्रारंभिक रूप सामने आ जाने पर पाठक सहज में उन्हें समझ लेते हैं। वे समझ जाते हैं कि कौन-सी स्त्री जासूस थी और कौन चोर थी। चाहे लेखक द्वारा कथावस्तु कितने ही कौशल से क्यों न उपस्थित की गई हो, पाठक उसको समझने की क्षमता रखता है। यदि लेखक के पास कला का पूर्ण कौशल और कल्पना हो तो यह स्त्री-रहस्य रहस्य नहीं दिखता, यह तो मृगतृष्णा है, इसके जितने करीब जाओ, यह उतनी पीछे हटती जाती है।

इस प्रकार यह मिथ पुरुष के लिए उपयोगिता की ही दृष्टि से वर्णित किया जाता है। स्त्री संबंधी कल्पना मानो विलासिता है। यह तो तभी प्रकट होती है जब पुरुष अपनी आवश्यकताओं की माँगों से भागता है। संबंध जितने अधिक वास्तविक होते हैं, उतनी कम कल्पना और आदर्श रूप की आवश्यकता होती है। मिस्र देश का किसान, मध्य युग का कारीगर, और आज का श्रमिक भी अपने कार्य की आवश्यकतानुसार और दरिद्रता को दृष्टि में रखते हुए, स्त्री से संबंध स्थापित करता है। वे संबंध इतने स्पष्ट और निश्चित होते हैं कि उन्हें किसी प्रकार सजाने की आवश्यकता नहीं है और न उन्हें शुभ या अशुभ वातावरण देने की आवश्यकता है। उन युगों में और उन सामाजिक वर्गों ने, जब मनुष्य के पास काफी अवकाश था, स्त्री के रूप के बारे में अच्छी और बुरी धारणा बनाई। ऐसी कल्पना के लाभ भी थे। लोगों की कल्पनाएँ उनकी रुचि प्रदर्शित करती हैं। मनुष्य का जैसा रुख स्वयं अपने अस्तित्व और विश्व के प्रति रहा, उसी के अनुसार उसने स्त्री के रूप की कल्पना की। पुरुष-प्रधान समाज ने अपने कार्य को युक्ति-संगत सिद्ध करने के लिए ही अनुभव क्षेत्र से बाहर के सर्वोपरि का समर्थन किया है। इस प्रकार इस समाज ने कथाओं और कल्पनाओं के माध्यम से अपने कानूनों और रीति-रिवाजों को बड़े ही सुंदर व प्रभावोत्पादक ढंग में लोगों पर लागू किया है।

इस प्रकार एक काल्पनिक कथा के माध्यम से एक वर्ग का आदेश सिद्धांत का रूप लेता है जो कि प्रत्येक के लिए मान्य बनता है। इस प्रकार धर्म, परंपरा, भाषा, कहानियाँ, संगीत और चलचित्रों के द्वारा ये मिथ उन लोगों तक पहुँचा दिए गए जो पूर्ण रूप से भौतिकवादी हैं। इसमें प्रत्येक अपने नीरस अनुभव को एक उत्कृष्ट रूप दे सकता है। यदि पुरुष उस स्त्री द्वारा छला जाता है जिसे वह प्यार करता है तो वह उसे सनकी और गर्म कहता है, नपुंसक पुरुष उसे दुष्टा का रूप कहता है। ऐसे ही पुरुष होते हैं जिन्हें अपनी पत्नी का साथ अति आनंददायक लगता है। वे उसे शांति, विश्राम और अच्छी धरती जैसे नाम देते हैं। शाश्वतता जिसे मानो सौदे पर रखा हो, के प्रति कुछ संपूर्ण कहे जाने वाले व्यक्तियों की रुचि को ये कल्पनाएँ संतुष्ट करती हैं। अधिकांश व्यक्तियों को ये मान्य भी होती हैं। थोड़ी-सी भावुकता और जरा-सी घबड़ाहट को अनंत सत्य का प्रतिबिंब माना जाता है। एक भ्रम बड़े ही सुंदर ढंग से पुरुष के दंभ को संतुष्ट करता है।

मिथ मानो उन मिथ्या-वस्तुओं का जाल होता है, जिसमें स्थापित 'मूल्यों' पर आस्था रखने वाले व्यक्ति सहज ही फँस जाते हैं। यहाँ हम भी देखते हैं कि एक वास्तविक अनुभव के स्थान पर एक मूर्ति स्थापित कर दी गई है, पर यहाँ निष्पक्ष न्याय की आवश्यकता है। स्त्री का मिथ मानो एक स्वतंत्र व्यक्ति के वास्तविक संबंधों को मृगतृष्णा पर आधारित विचार में परिणत कर देता है। लाफोरग्यू स्त्री को देख 'मृगतृष्णा' चिल्ला उठता है। वह कहता है, "हम तुम्हें समझ नहीं सकते इसलिए हम तुम्हें मार डालेंगे, शांत कर देंगे, आदेश देंगे, तुम्हारी आभूषणों के प्रति जो रुचि है उसे नष्ट कर देंगे, तुम्हें अपना सच्चा साथी बनाएँगे, घनिष्ठ मित्र बनाएँगे, सहयोगी बनाएँगे, तुम्हें दूसरे ढंग से पोशाक पहननी पड़ेगी, केश छोटे कराने पड़ेंगे, और तब हम तुम्हें सब कुछ देंगे। यदि पुरुष भेष बदलने वाली स्त्री को, जिसे वह प्रतीक मानता है, त्याग दे, तो उसका कुछ नुकसान नहीं होगा। अधिकारी वर्ग के स्वप्नों और कल्पनाओं से तुलना में वास्तविकता अधिक सरस लगती है। सच्चे स्वप्न देखने वाले कवि की आँखों को कौतूहल की अपेक्षा स्त्री अधिक आकर्षक लगेगी। वह उसकी कल्पना के लिए एक उदार स्रोत होती है। सामंती वीरता का समय या 19वीं सदी वह समय नहीं है जब स्त्री को बड़ी मूल्यवान संपत्ति माना जाता था। यह तो 18वीं शताब्दी का समय है, जब पुरुषों ने स्त्रियों को अपने साथी के रूप में देखा। वास्तव में उस समय स्त्री का रूप बड़ा आकर्षक माना गया। यदि स्त्री को एक मानव माना जाए तो इससे पुरुष के अनुभव तुच्छ नहीं हो जाएँगे और न उनकी विविधता कम होगी। कल्पनाओं को त्याग देना दो सेक्सों के बीच के नाटकीय संबंधों को तोड़ देना नहीं होता। इससे स्त्री के अस्तित्व का महत्त्व नष्ट नहीं होता। इस प्रकार कविता, प्रेम, साहस, सुखीपन और स्वप्नों को त्याग देना नहीं होगा। इसका अभिप्राय सिर्फ यह है कि स्त्री का आचरण वास्तविक भावनाओं पर आधारित होना चाहिए।

स्त्री खो गई है। स्त्रियाँ कहाँ हैं? आज की स्त्री, स्त्री नहीं है। इन रहस्यमय वाक्यांशों का अर्थ हम समझते हैं। स्त्री का शरीर प्राप्त कर लेना ही पर्याप्त नहीं और न केवल स्त्री का

कार्य पत्नी और माता के रूप में करना ही स्त्री होने का सही परिचय है। काम-क्रिया और मातृत्व धारण करने के नाते स्त्री अपने को एक स्वतंत्र व्यक्ति कह सकती है, परंतु सच्चे रूप में स्त्री होने के लिए उसे अपने को अन्या रूप में मानना ही पड़ेगा। आज के पुरुष स्त्री के प्रति दोहरा दृष्टिकोण रखते हैं। वे स्त्री को अपने बराबर के साथी के रूप में देखना चाहते हैं और साथ ही उसे गौण भी मानते हैं। यह रुख स्त्री को अच्छा नहीं लगता। इन दोनों विचारों में एकरसता नहीं है। स्त्री इन दोनों दृष्टिकोणों के बीच पिसती है। वह अपने को किस विशेष दृष्टिकोण के अनुकूल बनाए, यह नहीं समझ पाती। इसलिए वह संतुलन खो बैठती है। मनुष्य के व्यक्तिगत और सार्वजनिक जीवन में कोई अंतर नहीं। पुरुष अपने क्रियाकलापों द्वारा संसार पर जितना ही अधिकार जताता है, उतना ही वह वीर प्रतीत होता है, उसमें मानवीय और मुख्य मान्यताओं का सुंदर समन्वय मिलता है, किंतु स्त्री की सफलता मानो उसके स्त्रीत्व के विरुद्ध होती है क्योंकि सच्ची स्त्री हमेशा अन्या और वस्तुनिष्ठ होती है।

संभव है कि इस विषय में पुरुष की भावना और काम-वासना को कुछ सुधारा गया हो। एक नए सौंदर्यशास्त्र का सृजन हुआ है। यदि कुछ दिन लोगों ने स्त्री के हल्के नितंबों और उभारहीन स्तनों को पसंद किया, तो कुछ दिन ऐसे भी रहे जबकि भारी भरकम शरीर वाली स्त्री पसंद की जाती थीं। यद्यपि स्त्री की देह में मांस होना चाहिए। लेकिन यह विवेकपूर्ण ढंग से वितरित होना चाहिए। स्त्री का शरीर हल्का होना चाहिए। चर्बी से भरा नहीं होना चाहिए। उसमें लचक होनी चाहिए। उसे माँसल होना चाहिए। ऐसा ही शारीरिक रूप सर्वोपरि के भाव को पुष्ट करता है। स्त्री का शरीर उष्ण कमरे में बढ़े पौधे की तरह पाला हुआ और सूखा-सा नहीं होना चाहिए, बल्कि कारीगर की उस कृति की तरह होना चाहिए, जो जीवन के उतार-चढ़ाव को बर्दाश्त कर सके। स्त्री की पोशाक उसकी व्याहारिक आवश्यकता है। वह ऐसी नहीं होनी चाहिए जिसे पहनकर स्त्री ही न लगे। इसके ठीक विपरीत देखा जाता है कि ऊँचे और छोटे स्कर्ट पहनने से स्त्री की टाँगें और जाँघें दिखाई देती हैं, जैसा कि पहले नहीं होता था। यदि स्त्रियाँ कार्य क्षेत्र में उतरें तो इसका अर्थ यह नहीं कि उनका स्त्री सुलभ आकर्षण ही नष्ट हो जाए। स्त्री को एक साथ दो रूपों में, सामाजिक व्यक्ति और काम-वासना शांत करने का साधन, देखना जरा उलझन पैदा कर देता है। स्त्री 'पुरुष' की स्थिति भी ग्रहण करे और पुरुष की चाहत भी बनी रहे—इस संबंध में काफी दिनों से अश्लील मजाक किए जाते रहे हैं, लेकिन धीरे-धीरे यह व्यंग्य और अनौचित्य कम होता जा रहा है और एक नए प्रकार का प्रेम-संबंध स्थापित हो रहा है। शायद यह नया रूप किसी नई कहानी व कल्पना को जन्म देगा।

आज की स्त्री की सबसे बड़ी परेशानी यह है कि वह अपने को 'अभिशप्त' स्त्री और साथ ही समाज में विशेष स्थान प्राप्त स्वतंत्र व्यक्ति, दो रूपों में स्वीकार नहीं कर सकती। यह उसके लिए परेशानी और अशांति का विषय है। इसीलिए तो कभी-कभी स्त्री को खोया हुआ सेक्स कह उसकी जटिल स्थिति की ओर संकेत किया जाता है। उद्धार के लिए प्रयत्नशील

रहने की अपेक्षा चुपचाप गुलामी की स्थिति को स्वीकार कर लेना अधिक आसान होता है। जीवित से अधिक मृतक अपने को पृथ्वी के अनुकूल बना लेते हैं। किसी भी रूप में अतीत की स्थिति को स्वीकार करना न तो वांछित है और न संभव। आज जो परिस्थिति आ रही है, यदि पुरुष उसे निःसंकोच स्वीकार कर ले तो स्त्री भी बिना किसी कष्ट का अनुभव किए उस स्थिति में रहना स्वीकार कर लेगी। तभी मानो लाफोरग्यू की प्रार्थना सार्थक होगी—''ओ युवा नारी! तुम कब हम लोगों का भाई बनोगी? कब हम में घनिष्ठ भाई-चारे का संबंध होगा और शोषण हमारा उद्देश्य नहीं रहेगा। कब हम सच्चे रूप में एक-दूसरे का हाथ पकड़ेंगे? उस समय ब्रेता की मेलुसिन पर पुरुष अत्याचार नहीं करेगा। मेलुसिन स्वतंत्र हो जाएगी। वह मानव-जगत में अपने को पुनः प्राप्त कर लेगी। तब वह पूर्ण रूप से मानव कही जाएगी—जैसा कि रिंबा ने लिखा है—''स्त्री पर लगे बंधन टूट जाएँगे। स्त्री अपने लिए ही जिएगी। पुरुष उसे स्वतंत्र रूप से रहने देगा।''

# समन्वित नारीवाद और भारतीय देवियाँ

अनामिका

जैसे वनस्पतियाँ अश्मीभूत (फॉसिलाइज्ड) होकर संग्रहणीय हो जाती हैं, स्त्रियाँ देवत्व के चौखटे में उतरकर किसी को जीते-जी मार डालने का सबसे सरल उपाय है उसे देवता घोषित कर देना। किसी को कोई खास नाम देकर दरअसल हम उसे छवि विशेष के ऐसे जटिल व्यूह में बाँध देते हैं जिससे बाहर निकलना खुद उसके वश में नहीं रह जाता।

लंबी मिथकीय परंपरा वाले देशों में संज्ञाएँ अक्सर विशेषण बनाकर ताख पर चढ़ा दी जाती हैं और फिर उनका किसी क्रिया-प्रतिक्रिया से कोई लेना-देना नहीं रह जाता। एक अँधेरे कोने में 'पियरी' ओढ़े वे चुपचाप बैठ जाती हैं और हर उस नए रंगरूट को सपनों में बिल्ली की आँख बनकर डराती हैं जो लकीर का फकीर होने से इंकार करता है।

यह खासा रोचक है कि यूनानी देव-देवियाँ और भारतीय देवता भी ईर्ष्या, प्रतिशोध भावना, कामुकता आदि दोषों के शिकार दिखाए गए हैं—पर देवत्व जब मनुष्य और खासकर स्त्री पर घटित दिखाया जाता है तो उससे उम्मीद की जाती है कि इन सब दोषों से परे वह हो करुणा, क्षमा, औदार्य और परदुखकातरता की विनम्र प्रतिमूर्ति। ये भाव तो खैर, वरेण्य हैं भी, पर नख-दंत गलित जिस कातर सहिष्णुता का आदर्श स्त्रियों को घुट्टी में पिलाया जाता है—वह उन्हें ऐसी मरियल देवियाँ बना छोड़ता है, मिथकीय देवियों का तेज जिन्हें छू तक न गया हो।

इससे बड़ा सांस्कृतिक षड्यंत्र कोई हो नहीं सकता कि सीता-सावित्री, जैसी बागी स्त्रियों को मूक आज्ञाकारिता से एकाकार करके देखा जाए। न सीता कठपुतली थी, न सावित्री। दोनों के स्वतंत्र व्यक्तित्व थे और समय आने पर दोनों ने निर्भीक निर्णय का तेज दिखाया, यह विडंबना ही है कि अन्याई-असंस्कृत और भ्रष्ट पति की भी मूक प्रतिच्छाया बनकर रहने वाली दीन-हीन स्त्रियों को सीता-सावित्री कहा जाता है।

सीता और सावित्री—दोनों सुलझे हुए चरित्र हैं, पर वे घरपोसू या पालतू (डोसाइल) कहीं से भी नहीं। सीता के बारे में सबसे बड़ा मिथ निःशब्द समर्पण (डोसिलिटी) का है। सीता अपने समय की पहली महिला थी जिसने पति के साथ ही सही घर की चौखट लाँघकर अपनी आँखों से दुनिया देखी। (वैसे, कैकेई भी रणभूमि तक दशरथ के साथ हो आई थीं,

पर यह सिर्फ कुछ दिनों का चक्कर था।) सीता के सामाजिक सरोकार इतने अच्छे थे कि वन-प्रदेश का एक-एक व्यक्ति—ग्राम-वधुओं से लेकर केवट तक—उनसे पूरा ममत्व पाता रहा। रावण की वाटिका जैसी विकट (हॉस्टाइल) जगह में भी उन्होंने त्रिजटा जैसी सखी पा ली। उनका व्यक्ति-नियोजन (मैन-मैनेजमेंट) कितना अच्छा था, इसका सबसे बड़ा प्रमाण है कि रावण जैसे जटिल व्यक्ति को भी एक दूरी से वे लगातार साधे रहीं। ठीक है कि रावण के भी अपने सिद्धांत थे, पर बिना व्यावहारिक खपच्चियों के छूँछे सिद्धांत किस तरह भहरा गिरते हैं—यह कौन नहीं जानता।

फिर सीता को मूक आज्ञाकारिता के कठघरे में जड़ने वाले यह क्यों भूलते हैं कि सीता का सबसे बड़ा सच है लक्ष्मणरेखा लाँघ जाना—यानी आपातस्थिति में अपने विवेक के हिसाब से नियमावलियों में परिवर्तन का साहस। निर्णय गलत भी हो जाए तो भी क्या, निर्णय लिए गए—यही बड़ी बात है। दस में से एक निर्णय किसका गलत नहीं होता! अपने हिसाब से उन्होंने ठीक ही निर्णय किया—किसी को भिक्षा दी, भूखे को भोजन दिया...और इस तथाकथित गलत निर्णय का तेज ही था जो बाद में रावण के वध का निमित्त बना! न होता इस निर्णय का तेज तो रावण का वध कैसे होता! सीता कठपुतली होती तो रावण कैसे मारा जाता। जीवन में दो-चार निर्णय गलत ही लेने चाहिए, वे अक्सर किसी बड़े प्रयोजन का द्वार सिद्ध होते हैं।

इस संदर्भ में शूर्पणखा की चर्चा भी आवश्यक है। वह बेचारी सोलह साल की लड़की थी। आज का जमाना होता तो मैट्रिक का इम्तिहान दे रही होती! इतनी बड़ी लड़की को होश ही कितना होता है। इस उमर में मोहांधता (इन्फैचुएशन) कोई बड़ी घटना भी नहीं। जंगल जैसी रहस्मय जगह में एक सुंदर पुरुष इधर से उधर टहलता हुआ दिखे और एक सोलह साल की लड़की उससे मोहाविष्ट हो जाए तो समझा-बुझाकर उसे घर भेजने के स्थान पर सीधे उसके नाक-कान काट लेना कहाँ का न्याय है! लक्ष्मण दरअसल पुरुष-प्रधान समाज के उस बेबुनियाद तर्क का संवहन करते दिखते हैं कि स्त्री की अपनी यौन-संवदेनाएँ तो होती ही नहीं, और वह निर्लज्ज (?) बनकर अपनी ओर से प्रणय-निवेदन करती है तो दाल में जरूर कुछ काला होता है—विषकन्या आदि का कोई राजनीतिक षड्यंत्र, जिसका निराकरण होना ही चाहिए! (विषकन्याएँ अलग यौन-शोषण की एक करुण कहानी कहती हैं, पर फिलहाल हम सीता पर ही आएँ)

वर्जिन मेरी और शकुंतला की तरह सीता ने भी एकल अभिभावक (सिंगल पेरेंट) का दायित्व निभाया और इतने होनहार बच्चे राम के और इस धोबी संसार के सामने एक चुनौती के रूप में खड़े किए कि लोग देखते रह गए (और यह भी एक अजब संयोग है कि क्राइस्ट, भरत (शकुंतलावाला भरत), जाबाल और शिवाजी से लेकर अब तक जितने महापुरुष हुए हैं—उनमें से अधिकांश अकेली माँओं के ही बेटे थे)! किसी को प्रायश्चित्त का मौका दिए बिना सीता जो धरती में समा गईं—वह भी एक मुखर प्रतिरोध (प्रोटेस्ट नोट) ही था।

सावित्री का तेज भी कम विलक्षण नहीं है। यम अपने ठेठ अर्थ में एक परपुरुष ही तो था, कायदे से उसकी छाया भी जीते-जी उन पर नहीं पड़नी थी, पर उन्होंने हिम्मत की, नियमावलियाँ ताख पर रखीं, उसके पीछे गईं, उसे बहस में हराया और अभीप्सित प्राप्त करके लौटीं। यदि वे अंतर्मुखी बन घुटती रहतीं जैसे आम स्त्रियाँ घुटती हैं—अपने दुख के दुर्ग से बाहर नहीं निकलतीं—दुख के निराकरण के लिए कुछ करती-धरती नहीं, सिर्फ आँसू बहातीं तो उनकी नियति बदलती भला?

एक अन्य रोचक चरित्र पार्वती का है। उन्होंने सबसे पहली बगावत तो पिता से की, फिर उस पूरी संभ्रांतवादी (इलीटिस्ट) व्यवस्था से जो अविकसित जातियों-जनजातियों को भूत-पिशाचादि से एकाकार करके देखती है और किसी सामाजिक समारोह (यज्ञादि) में उसे बराबरी का दर्जा नहीं देती। पिता के जिस असंगत व्यवहार के प्रतिकार में वे आग में कूदीं—उसमें पति ही नहीं, उनके सब गण-दूतों की अवज्ञा शामिल थी। सीता के धरती में समा जाने जैसा ही प्रतिरोध यह भी है : ''अब पछताओ हाथ मलके और आगे सावधान रहो' —कुछ ऐसी ही ध्वनि इससे आती है! विरोधी पक्ष की आत्मा पर चाबुक चलाता-सा यह सत्याग्रह इतना तो जरूर मानकर चलता है कि प्रतिपक्षी की भी आत्मा है, वह जड़ नहीं हुआ और उसमें अभी विकास की संभावनाएँ शेष हैं।

शिव बेचारे तो खुद ही औढर दानी हैं—आशुतोष, पर उन्हें और सदय होने के पाठ पढ़ाती पार्वती हमें लोककथाओं में लगातार दिख जाती हैं—''और दो, और दो...इसका भाग्य पलटो, उसका पलटो...!'' कहीं वे चुप्पा बाबा बनी नहीं नजर आतीं; फिर किस तर्क से परंपरा स्त्रियों को चुप्पा बाबा बना रहने का परामर्श देती हैं? पारंपरिक आदर्श (रोल मॉडेल) भी तो वैसे नहीं हैं तो फिर क्या चुप सहने के आदर्श का यह चक्कर मैकाले की शिक्षा-नीति के उस षड्यंत्र की बू नहीं देता कि कुछ ऐसा किया जाए कि तेज पनपे ही नहीं, औसत बैलों की जमात खड़ी हो रहे बस, जो चुपचाप सिर झुकाए आपका जुआ ढोएँ? आज किसी भी जगह यदि चार सीताएँ, चार सावित्रियाँ, चार पार्वतियाँ अपनी पूरी प्रतिरोध-शक्ति के साथ उठ खड़ी हों तो समाज का नक्शा ही बदल जाएगा; पर मूल की तो यहाँ बात की ही नहीं जाती, सीता-सावित्री और पार्वती के निष्प्रभ, सिनेमाई संस्करण सामने खड़े कर दिए जाते हैं जिनसे कोई तेज ही नहीं फूटता।

''बंदगी में भी वो आजादोवो खुदबी हैं कि हम उल्टे फिर आएँ दरेकाबा अगर वा न हुआ।'' गालिब की इस 'खुदबी' की खनक पार्वती में तो इतनी थी कि जिस शिव को उन्होंने इतनी तपस्या से पाया, नाराज होकर एक दिन उन्हें भी छोड़ चलीं—प्रायः दौड़ती हुई, पीछे मुड़कर भी नहीं देखा। पर शिव तो शिव थे, नंगे पाँव उनके पीछे दौड़े और उन्हें मना ही लिया। इसी पुनर्मिलन के स्मृतिचिन्ह के रूप में झेलम नदी की सृष्टि हुई। 'पेरिस रिव्यू' के ताजा अंक में आगा शाही अली की एक कविता आई है जो झेलम नदी की इस पृष्ठभूमि के इर्द-गिर्द बुनी गई है :

“बट आलरेडी ऐज शी रैन अवे—
रिफ्यूजी फ्रॉम हर लॉर्ड—द रूइंस ऑफ
द सी फ्रोज़, इन ग्लेशियर्स...एण्ड देयर
इन द वैली बिलो द रिवर बिगाइल्ड
इट्स बैंक इनटू पेट्रिफाइड लॉन्गिग”

जड़ीभूत कामना ('पेट्रिफाइड लॉन्गिग') के मिथ से सर्वथा अलग, सचेतन शक्ति के दो बिंब दुर्गा-काली के भी हैं, पर 'चंडी' एक तरह की गाली ही है जो थोड़ा क्रोध दिखाने पर स्त्रियों को दी जाती है। एक खास बात यह है कि मजबूत स्त्रियाँ होने के बावजूद दुर्गा-काली व्यक्तित्व के रूप में स्वतंत्र नहीं हैं। इनके जन्म की कथा सर्वविदित है कि समस्त देवतागण अपना तेज संचित कर इनकी मूर्ति गढ़ते हैं, फिर इन्हें निर्देश देते हैं कि ये क्या करें, क्या न करें! एक खास तरह के अभियोजित (प्रोग्राम्ड) चरित्र के रूप में ये सामने आती हैं और ठीक वही करती हैं जो करने के लिए इन्हें भेजा गया है—दुष्टदलन। अपने लक्ष्य से टस से मस न होने वाली स्त्री रोबो के रूप में इनकी छवि उभरती है। लोक-तत्त्व दशहरे में इनके नैहर-ससुराल आने-जाने की कल्पना जोड़कर थोड़ी मानवीय गरिमा इन्हें जरूर देता है, पर वैसे, अपने उग्र प्रतिक्रियावाद के कारण इनका रूप प्रथम चरण के फेमिनिस्टों से मिलता-जुलता है, जबकि पार्वती और सीता-सावित्री का तीसरे चरण की समन्वयवादी, सुस्थिर (इंटिग्रेटेड) फेमिनिस्टों से!

सरस्वती ब्रह्मा की पुत्री थीं, पर ब्रह्मा ने उनसे समागम किया! 'इनसेस्ट' का यह आदिकालिक उदाहरण है और अपने-आप में बड़ा सांकेतिक भी। जो विद्या का वरण करती हैं, उनके पथ का सबसे बड़ा कंटक उनका अपना परिवार सिद्ध होता है। यहाँ आकर हम बलात्कार के बड़े प्रश्न से भी आ जुड़ते हैं। बलात् किसी की देह पर काबू पाने की कोशिश शरीर पर उतने घाव नहीं छोड़ती, जितने मन पर। यह अहसास कि मुझे व्यक्ति नहीं, वस्तु समझा गया और एक ऐसे कार्य में भी मेरी सहमति जरूरी नहीं समझी गई जिसमें मुझे देह—जैसे बड़े यथार्थ के साथ घसीटा जाना था—अपने आप में बहुत मारक है। दैहिक हिंसा से कहीं अधिक यह मानसिक हिंसा है—खासकर वहाँ जहाँ पुरुष ने कम-से-कम यह सावधानी बरती हो कि जिस स्त्री के साथ वह मनमानी कर रहा है, उसके गर्भ न ठहरे। अमरीका में इन सावधानियों के साथ रेप करने वालों की सजा उनकी तुलना में कम है जो पशुता के चरमोत्कर्ष पर ठहरे हुए ये सावधानियाँ भी नहीं बरतते।

देह के स्तर पर यह वैसी ही दुर्घटना है जैसी किसी के लंगी लगाने पर औंधे मुँह गिर पड़ना। अब एकाध बार औंधे मुंह गिर भी गए तो वैसे ही पड़े तो नहीं रहेंगे! आखिर देह-हाथ झाड़कर उठना ही होता है। देवी सरस्वती ने भी यही किया होगा और इसीलिए वे संपूज्य हुईं और ब्रह्मा की आज तक कहीं पूजा नहीं होती। इस तरह के हादसों से व्यक्तित्व में जो एक संजीदगी आती है, वह उनके विद्याभ्यास के लिए अपेक्षित दृढ़ता का अवलंब ही हुई होगी। एक वितृष्णाकारी हादसे से किसी की शुचिता बाधित होने का प्रश्न ही नहीं उठता।

गौतम ऋषि ने जिस पर इतना बड़ा बवंडर उठा दिया और आज तक जीवन में एक हादसे के कारण औरतें जितनी लांछित-प्रताड़ित होती हैं—कुछ मिनटों का वह तन-घर्षण क्या उतना ही बेमानी और महत्त्वहीन नहीं जितना बस या ट्राम में कंधे से किसी का कंधा टकरा जाना? जहाँ प्रेम होता है, वहाँ समर्पण—जैसे बड़े भाव के एक प्रतीक (टोकेन) के रूप में दैहिक संस्पर्श एक महत्त्वपूर्ण घटना के रूप में जीवन की आह्लादकारी लय बन जाता है, वरना देह से देह लड़ जाने का क्या मतलब? लोकजीवन में अंगों के कुछेक अमानवीय झटकों को इज्जत जाना या इज्जत लुट जाना कहते हैं, पर मेरी समझ में बिल्कुल नहीं आता कि इज्जत जैसी बड़ी चीज के साथ अंगों के अमानवीय घर्षण का हादसा क्यों जोड़ा जाता है? देह पर कीचड़-बिष्ठा पड़ जाने से उसकी इज्जत नहीं जाती तो आखिर किस तर्क से एक ताकतवर पशु के अंग-विशेष के बीमार स्राव की कुछ बूँदें गिर जाने से उसकी इज्जत चली जाएगी? यौन-शोषण का शिकार लड़कियों के सामने सरस्वती बहुत बड़ा आदर्श है।

और लक्ष्मी तो शुरू की आधुनिक हैं क्योंकि वे कभी कैद नहीं रहतीं और उल्लू की सवारी करती हैं जो बहुत सांकेतिक है। सांकेतिक तो दरअसल अपने यहाँ का सारा मामला है। देवी-देवता, शास्त्र-पुराण के सारे मिथक, कर्मकांड और त्योहार आदि भी गौर से देखने पर एक बड़े कवि की नटखट लिमरिक के बिंब-प्रतीक दिखते हैं। इस संदर्भ में बिहार और पूर्वी-उत्तर प्रदेश में प्रचलित गोधन-पूजा की चर्चा हो सकती है!

भैयादूज के दिन मुहल्ले की सब औरतें गोल घेरा बनाकर बैठ जाती हैं और रेंगनी के काँटे उँगलियों-नाखूनों से खूँटकर दबे जुबान घर के सभी पुरुषों का नाम ले-लेकर उनके मरने की दुआ करती हैं कि ये मरें, वो मरे, भाई मरे, पिता मरे, पति मरे, ससुर-ननदोई-देवर और जेठ मरे...धीरे-धीरे काका-ताऊ-फूफा-मौसा सबको मार गिराया जाता है—दूर-दराज के भी सब मर्द-रिश्तेदार इस बहाने याद कर लिए जाते हैं, किसी को भी बख्शा नहीं जाता और इस 'सराप' का अंत होता है इससे कि 'दूसरे-बिसरे' सब लोग मर जाएँ यानी भूले से भी 'अत्याचारियों' की फेहरिस्त से कोई छूट गया हो तो वह भी मर जाए! अचेतन के स्तर पर यह एक तरह का मानसिक प्रतिशोध है या एक तरह की मानसिक शुद्धि की साल-भर में संचित जितनी भड़ास है--सब एक बार में निकल जाए। बचपन में मैं अक्सर यही सोचने लगती थी; पर अब इसी श्राप-यज्ञ के आगे की प्रक्रिया पर ध्यान ज्यादा जाता है, जो इंटिग्रेटेड फेमिनिज्म के निकट है। आगे की प्रक्रिया यह है कि एक-एक कर सबको जिलाया जाता है कि ये जिए, वो जिए...दूसरे-बिसरे सब लोग जी जाएँ और जिस जीभ से हमने आत्मीय जनों की मृत्यु-कामना की, उस नीच जीभ में काँटे गड़ें और सचमुच ही रेंगनी का काँटा उठाकर जीभ में चुभा लिया जाता है। फिर बालों की एक लट उँगलियों से सामने खींची जाती है, उस पर सामने बैठी कोई औरत लुटिया से जल डालती है और पूछती है कि क्या पी रही हो तो आर्त्त कंठ से औरतें कहती हैं—''बाप-भाई-दूल्हे की रोग-बलाएँ और यमराज का खून!'' अब इस बाप-भाई-दूल्हे में अन्य रिश्तेदार भी आ गए। जाहिर है कि इसके पीछे

भावना यह है कि जीवन देने वाली जीवन ले कैसे सकती है, समय आने पर वह आत्मीयजनों पर असमय झपटने वाले यमराज का ही खून पी लेगी और उन्हें सब रोग-बलाओं से बचाए रखेगी! जॉन डन के 'डेथ, दाउ शैल्ट डाई से भी बड़ी यह प्रकल्पना है। यमराज का खून पीने वाली मृत्यु पर विजय की उर्ध्वबाहु घोषणा करने वाली इन देहाती स्त्रियों का तेज देखते ही बनता है।

मिथकों की एक बड़ी भूमिका यह है कि वे लोकजीवन में गूढ़ स्थितियों का आदर्श निराकरण करने वाले पेटेंट चरित्र (रोल मॉडेल्स) देते हैं। कोई भी काल हो, कोई भी भूखंड—कुछ दुरूहताएँ होती हैं जिनसे समाज बार-बार टकराता है—इनमें कुछ प्रेम की पेचीदगियों से संबद्ध होती हैं, कुछ प्रशासन की पेचीदगियों से (दुष्टदलन, दलितोद्धार, भिन्न सामाजिक-आर्थिक-राजनीतिक, धार्मिक और सांस्कृतिक संगठनों के बीच सामंजस्य की स्थापना आदि)! प्रशासन की पेचीदगियों से संबद्ध बातों में तो नहीं, पर प्रेम की पेचीदगियाँ निबटाने में मिथकीय स्त्री चरित्र अक्सर आगे कर दिए गए हैं—क्यों—यह समझने की कोशिश भी जरूर करनी चाहिए।

सिर्फ भारत नहीं, रोम और यूनान के मिथकीय चरित्रों के अध्ययन से भी यह मजेदार तथ्य सामने आता है कि जो प्रमुख नायक हैं : एकिल्स, एनीज, अपोलो, प्रोमिथियस, हैक्टर, थीयस और पिलोसेट्स—वे विश्व-हित की बात सोचते हैं, एक बड़ा मिशन उनके सामने हैं और उनके एकल संघर्ष और अंतर्दाह मुख्यतः उसी से संबद्ध हैं। यदि वे प्रेमी भी है तो प्रेम उनके जीवन का सिर्फ एक पक्ष है (बकौल बायरन : 'एन एपिसोड')! दूसरी ओर मिथकीय महिला चरित्रों (हेरा, इको आदि) का आदि-अंत बस प्रेम ही है। संस्कृति यहाँ कठघरे में खड़ी किसी धर्मग्रंथ की शपथ लेती-सी दिखती है कि स्त्रियाँ जब करेंगी प्रेम ही करेंगी, प्रेम के सिवा कुछ नहीं करेंगी! और जो किया तो वह बस विनाश हो सकता है—विनाश, जैसा 'नेमेसिस' (प्रतिशोध-भावना) मचाती है या कुछ और क्रूर भावनाएँ जिनका प्रतिनिधित्व मिथकीय महिला चरित्रों के सिर डाल दिया गया है! गनीमत यह है कि कम-से-कम कला-विभाग सात म्यूजेज़ के हाथ में है, जो स्त्रियाँ हैं, पर इन कलाओं का अंतिम ध्येय भी आखिर क्या है—प्रिय को प्रसन्न रखना।

माधवी, शकुंतला, दमयंती, वासवदत्ता हों या राधा, रुक्मिणी, द्रौपदी, जीवन के प्रति इनका रुख खुला हुआ है, और वे नायिकाएँ हैं तो इसलिए कि उनमें पिटी-पिटाई लकीर लाँघने का तेज है, क्योंकि अपने सिद्धांत पर अटल रहने की दृढ़ता, पर यह दृढ़ता कभी उनके व्यक्तित्व को अनावश्यक कठोरता और कटुता नहीं देती। अपवाद एकाध है—जैसे द्रौपदी का दुर्योधन के गिर पड़ने पर किया गया यह हृदयहीन कटाक्ष कि अंधे का बेटा अंधा ही तो होगा। सबका आत्मसम्मान प्रखर है, पर मन उदार—इस दृष्टि से भी वे फेमिनिज्म के तीसरे चरण, इंटिग्रेटेड फेमिनिज्म के निकट दिखती हैं। मथुरा और वृंदावन के बीच दूरी ही कितनी है, पर गोपिकाएँ आत्मसम्मान धो-पोंछकर कृष्ण से मिलने नहीं चल पड़तीं। वे रो

लेती हैं, पर काम-काज छोड़कर पस्त नहीं पड़ जातीं, इसलिए त्रिकोण की आधुनिक स्थितियों में भी उनसे तादात्म्य संभव है।

अभंग साहचर्य और एकनिष्ठ समर्पण ही प्रेम का एकमात्र सच नहीं है। व्यक्तित्व की अनेक अंतर्धाराएँ हो सकती हैं और उन अलग-अलग धाराओं का जुड़ाव अलग-अलग बिंदुओं से हो सकता है—मिथकों की सारी परकीया नायिकाएँ इस बड़े सत्य का संवहन करती दिखती हैं। उनका द्वंद्व आधुनिक जीवन का बड़ा द्वंद्व है, और राधा के साथ कृष्ण की पूजा भारतीय समाज की बड़ी स्थापना। राधा, ऐना केरिनिन और चेखव की 'डार्लिंग' आदि को किस छल-छद्म और 'फ्रेल्टी' के घेरे में बाँधा जा सकता है भला? प्रेम की उन 'एमोरल' (नैतिक-अनैतिक से परे) स्थितियों का ये प्रतिनिधित्व करती हैं जिनसे उत्तरशती की स्त्री को बार-बार जूझना पड़ता है।

भारतीय मिथकों का एक अन्य रोचक वर्ग अप्सराओं का है। कल्पना है कि यौवन उनसे रूठता नहीं और वे किसी से बँधकर नहीं रहतीं, ललित कलाओं में दक्ष होती हैं और पत्नी-माँ आदि के दायित्वों से सर्वथा मुक्त। मॉडेलिंग आदि सौंदर्यधर्मी व्यवसायों से संबद्ध स्त्रियों के चाकचिक्य पूर्ण (ग्लैमरस) जीवन की एकाध तस्वीर पेश करने वाली मीडिया के बराबर की मक्कारी यहाँ मिथक करते दिखते हैं।

यूनान में विश्वास है कि केऑस (शोरोगुल) नामक भीमाकार दैत्य के पहाड़ से लुढ़क पड़ने पर उसका सिर फट गया और उससे एक धुएँ का बादल उठा जिसमें से उसकी पत्नी इरिकस (कालिमा) और बच्चे इथर और हैमेरा (रोशनी और दिन) उभरे। हैमेरा की बेटी जिया (धरती) थी जिसने अपनी कल्पना एकाग्र कर यूरेनस (स्वर्ग) की सृष्टि की और फिर उसके समागम से बाहर टाइटनों की माता बनी जो मनुष्यों की पहली जाति थी और मिथकीय चरित्रों का अंडकोष! केऑस से मनुष्य गढ़ने का बड़ा दायित्व जो महत् स्त्री-तत्त्व निभाता है—मिथक भी उसका सम्मान करते हैं, पर यह सम्मान क्या मिथकीय प्रकल्पना का घेरा कभी नहीं लाँघेगा?

डायनों का मिथ और प्रताड़नापूर्ण है। सभी जानते हैं कि जो भी औरत चोरी-छुपे कुछ पढ़ जाती थी और ज्ञान का प्रभुत्व गाहे-बगाहे लोगों पर जमा भी देती थी—लोग उसे डायन कहकर जाति-बहिष्कृत कर देते थे, तरह-तरह की अफवाहें उसके चारों ओर बुन दी जाती थीं, उसकी विद्या काली विद्या घोषित हो जाती थी, उसे पुत्रहंता, पतिद्रोहिणी और भयावह बताते हुए कई बार उसे सार्वजनिक रूप से जिंदा जला भी दिया जाता था।

आज भी स्थिति बहुत बदली नहीं है। पढ़ी-लिखी, तेजस्वी स्त्रियाँ बहुधा आजीवन अकेली रह जाती हैं। लोग उनसे खार खाते हैं और उनके साथ कटखनी कटुता का जो मिथ जोड़ दिया जाता है—वह डायनपने का आरोप से बहुत भिन्न तो नहीं! आज अखबार में है कि बहुत जल्द विज्ञान पुरुषों को उस प्रविधि से भूषित कर देगा जिससे वे अपना X-फैक्टर ज़ब्त कर सिर्फ Y-फैक्टर स्त्रियों के गर्भ में भेज सकें! न आएगा X-फैक्टर, न पैदा होंगी बेटियाँ! न रहेगा बाँस, न बजेगी बाँसुरी! मगर सोचिए, बाँसुरी का बजना क्या इतना बुरा है? जरूरी है कि हर बाँस का फट्टा ही बन जाए?

उत्तर-आधुनिक आलोचना-शास्त्र जिस संदर्भीकरण (कॉन्टेक्स्चुअलाइजेशन) पर इतना जोर देता है—अंतर विद्याशास्त्रीय (इंटरडिसिपलिनरी) सांस्कृतिक अध्ययन उसका इकलौता उपाय है। मिथक और इतिहास हो या दर्शन, साहित्य मनोविज्ञान या अर्थशास्त्र—सबकी हस्ती अंततः एक सिग्निफायर (सूचक) की हो जाती है—अपने-आप में वे क्या हैं—एक सम्मिलित, अविरल महापाठ (सुपर टेक्स्ट) के सिवा—जिनका विसंरचनावादी विश्लेषण मनुष्य की मूलभूत यातनाएँ और उनसे जुड़ी विडंबनापूर्ण स्थितियाँ रेखांकित कर हमें उस महाशून्य में अकेला छोड़ देता है जिसे बौद्ध 'गोल्डेन जीरो' कहते हैं और जहाँ सब विलीन हो जाता है। इस सचेतन प्रज्ञा में कि कोई किसी पर हावी न हो—न ज्ञान अनुभव पर, न अनुभव ज्ञान पर, व्यक्ति व्यक्ति पर, न बुद्धि हृदय पर, न हृदय बुद्धि पर—तत्त्व और तत्त्वेतर (मैटर एंड स्पिरिट) समतोल (इक्विलिब्रियम) में रहें। ठीक है कि यह स्थिति एक खास तरह के यूटोपिया का संकेत देती है और सामान्य जगत की स्थिति में इसका रूपांतरण प्रायः असंभव है, पर अभीष्ट पर स्तर सामान्य से कुछ ऊपर तो होता है, वह ऊपर न रहे तो अभीष्ट ही न हो! इसीलिए मध्यमार्ग की युक्ति भी सुझाई गई! पर हमारी त्रासदी है कि हम आज तक अतिरेकों में जी रहे हैं, पर हमारा जो आने वाला कल है, वह विशेषकर स्त्रियों के संदर्भ में प्रचलित, सारे मिथक ऐसे तोड़ेगा जैसे कभी निराला की नायिका ने पत्थर तोड़े थे।

स्त्रियों से संबद्ध बहुत सारे मिथक तो पहले ही टूट चुके हैं—पर जो होने वाला है—वह बहुत ही रोचक है। परिवार तेजी से टूट रहे हैं—आधुनिकता के पहले दौर में संयुक्त परिवार टूटे, टूटने ही थे; आज न्यूक्लियर परिवार के एलेक्ट्रान, प्रोटोन, न्यूट्रान (पति-पत्नी और बच्चे) भी अक्सर तीन दिशाओं में छिटक गए-से दिखते हैं जो अपने आप में बहुत बड़ा विस्फोट है—बच्चे छात्रावासों या डे-केयर केंद्रों में और माँ-बाप अलग-अलग नौकरियों पर—बहुधा अलग-अलग शहरों में। भारत में भी रिमोट-कंट्रोल विवाहों का प्रतिशत कुछ कम नहीं जहाँ महीने-दो महीने में एक बार दंपत्तियों को मिलना होता है और फिर अपनी-अपनी घरौंदा गृहस्थी (एकल परविारः सोलो फैमिली) में वे मग्न हो जाते हैं। भारतीय पुरुषों के लिए अकेले डेरे ('भूत के डेरे') की बात कुछ नई नहीं—'परदेशी पिया' कलकत्ता में, रंगून में, बनारस में और पटना में अपनी एकाध कमरे की मर्दाना (कामचलाऊ) गृहस्थी बसाए हुए, बीच-बीच में गाँव-घर से चूड़ा-ठेकुआ-शकरपाड़े-नमकपाड़े-चावल-अचार और तेल तक ढोते-ढवाते और फिर वापस सिंदूर-टिकुली-चुनरी-जंपर-दिलरुबा-चोली-झुमके और चूड़ियाँ पहुँचाते हुए एक अर्से से दिखते रहे हैं (रेल-विभाग इन्हीं के आसरे तो चलता है)—पर स्त्रियों का संयुक्त परिवार के संरक्षण के बाहर पति से वियुक्त रहते हुए नौकरी करना और पारिवारिक संबंधों की अंतर्व्यवस्था (इन्फ्रास्ट्रक्चर) निभाए चलना अपेक्षाकृत नई घटना है। समन्वयवादी (इंटिग्रेटेड) फेमिनिस्ट मॉडेल का मिथ इसी स्थिति से आकर जुड़ता है, पर यह स्थिति कब तक चल पाएगी—कहा नहीं जा सकता! नया मुल्ला बहुत प्याज खाता है और तुरत-तुरत स्वतंत्र हुआ व्यक्ति भी। ''मैं सब सँभाल लूँगा'' के आदर्शवाद की चपेट में जी-धुन के काम करता है,

पर कब तक? आज तो ज्यादातर घरों में स्त्रियाँ नव-स्वातंत्र्य के उल्लास में तिहरे दायित्व निभा रही हैं। वे नौकरी करती हैं, गृहस्थी चलाती हैं और बच्चों को पढ़ा-लिखाकर बड़ा भी वे ही करती हैं। ऐसा नहीं है कि पुरुष निखट्टू है और वे नौकरी के सिवा कुछ कर नहीं सकते, पर उन्हें चौका-चूल्हा चलाना और रोता हुआ बच्चा डुलाना हेय और उबाऊ दिखता है, और शरीर-बल के आधिक्य के दावे के बावजूद वे स्त्रियों की तरह खट नहीं पाते। जिन घरों में स्त्रियाँ नौकरी करती हैं—बिजली-पानी-टेलीफोन का बिल जमा करवाना, बैंक-पोस्ट आफिस- एल.आई.सी. के सारे काम, बच्चों के स्कूल आना-जाना, उनकी फीस भरना, आए-गए को देखना-भालना, सौदा-सुलुफ करना—ज्यादातर उन्हीं के जिम्मे रहता है और इसके समर्थन में एक सीधा तर्क यह दिया जाता है कि अधिकारों के साथ कर्त्तव्य क्यों नहीं बढ़े भला!

हो सकता है कि यह स्थिति बहुत दिन न चले और मातृत्व के मिथ पर शहीद होना स्त्रियाँ भी छोड़ दें। तो क्या पुरुष ये सारे दायित्व उठा लेंगे—नौकरी, गृहस्थी, बाल-बच्चों? फीमेल इन्फेंटिसाइड (बालिका-वध) जिस तरह बढ़ रहा है, उसके हिसाब से वह दिन दूर नहीं कि एक स्त्री के कई-कई पति हों और सब मिल-जुलकर एक कम्यून-सा बना लें कि यह काम तेरा, यह तुम्हारा। यह भी हो सकता है कि किराए के गर्भ से बच्चे खरीदकर मर्द स्त्रियों के बिना ही जीने की सोचें। अमरीका के तीन-चार टेलीविजन-सीरियलों ने इधर स्त्री-विहीन घरों का माहात्म्य खूब बखाना है और वे लोकप्रिय भी बहुत हुए हैं—'माई थ्री संस', 'द राइफलमैन', 'बोनान्ज़ा' और 'बैचेलर फादर'! समलैंगिकता पर जोर है ही, किराए के गर्भ मिल ही जाएँगे—फिर 'यूनिवर्सल सिस्टरहुड' की तरह 'यूनिवर्सल गेहुड' क्यों न पनपे! ऐसा भी हो जाना असंभव नहीं कि रक्त-संबंध परिवार को बाँधने वाला तत्त्व न रह जाए और दोस्तों की तरह कुछ 'रिश्तेदार' भी साथ रहने के लिए चुन लिए जाएँ जिसमें कुछ बच्चे भी शामिल हों—कुछ घर के, कुछ बाहर के परित्यक्त अकेले बच्चे। वर्किंग विमेंस हॉस्टलों के सुखद परिवेश देखते हुए कहा जा सकता है कि यह व्यवस्था वैसी बुरी भी न होगी। आज महानगरों में नए तरह के एक लॉज-बेस्ड परिवार का विकास भी तेजी से हो रहा है जिसमें गाँव या छोटे शहरों के अलग-अलग कोने से पढ़ने या नौकरी-व्यवसाय आदि करने आए नवयुवक-नवयुवतियाँ अच्छे सामंजस्य के साथ गृहस्थी चला रहे हैं। तेजी से फैलती हुई इस दुनिया में ऐसे कम्यून-सदृश परिवारों का चलन बढ़ेगा ही जिसमें स्त्रियों की भूमिका किसी अलग 'श्रेणी' की मुखापेक्षी नहीं होगी, और बाबा मनु 'मनु स्मृति' की चेतावनियों के साथ अतल विस्मृति (ऐमनीसिया) के गर्भ में जा धँसेंगे। स्त्रियाँ वैसी ही होंगी—उतनी ही अच्छी, उतनी बुरी, जितने पुरुष, और कुछ दिन अधिकार, कर्त्तव्य सब साझे चलेंगे। इससे जीवन का रस-तत्त्व कम भी हो सकता है, एकरूपता एकरसता को जन्म देती ही है—वैविध्य है, तभी सौंदर्य है; पर कुछ दिन ऐसा हो भी सकता है कि स्त्री-पुरुष के बीच किसी यूनिसेक्स मल्टीपर्सन की धारणा बलवती हो उठे। ऐसा थोड़े ही है कि करुणा, क्षमा, ममता, प्रेम आदि मानवीय गुण सिर्फ स्त्रियों का ट्रेडमार्क हो, पुरुषों में भी ये गुण होते हैं—उन्हें सिर्फ धरातल पर लाने

की आवश्यकता है। यदि वे धरातल पर आ गए तो 'नई स्त्री' से समायोजन में उन्हें कोई कष्ट न होगा और वे उतने ही संतृप्त रहेंगे जितने मिथकीय स्त्रियों के पुरुष रहते थे।

नारीवाद के आग्रह से स्त्रियों का स्नेह तत्त्व मर गया हो, यह भी गलत है। पहले की स्त्रियाँ संबंध निभाती थीं तो आर्थिक परतंत्रताजन्य विवशता उनके साथ रहती थी। पति आदि से विरोध भी है तो चुप सहना है, निभाना है—इसके सिवा उपाय भी क्या है। अब आर्थिक स्वतंत्रता है तो उपाय बहुतेरे हैं। ब्यूटीकल्चर आदि के जोर से और बच्चे कम होने के कारण भी स्त्रियों का दैहिक आकर्षण अधिक दिनों तक बरकरार रहता है; और पढ़ी-लिखी होने के कारण आत्मिक-बौद्धिक और नैतिक परिष्कार भी उनमें आया ही है—पति अनेक न भी हों तो अक्सर उनके प्रशंसक अनेक होते हैं—इसके बावजूद ज्यादातर स्त्रियाँ परिवार सँजोकर रखना चाहती हैं—क्यों—साहचर्य-जन्य स्नेह से आग्रह से ही तो, और इस आरोपित चिंता के भार से भी कि पति-बच्चे उनके बिना गिर पड़ जाएँगे। कोई किसी के बिना गिर-पड़ नहीं जाता, गिरता-पड़ता भी है तो कुछ दिन पर हाँ—स्नेह का यह आग्रह अपने-आप में एक बड़ी उपलब्धि है कि साथ रहा जाए और एक-दूसरे के दोष-गुण और दुख-सुख जहाँ तक संभव हो झेल लिए जाएँ। वैसे, साल-दो साल की विवाह-शृंखलाओं (मैत्री-करार चेन मैरेज) का चलन यहाँ भी हो सकता है जिसके बारे में ब्लैक अमेरिकन सिविल राइट की एक कार्यकर्ता ने हाल में ही एक दिलचस्प वक्तव्य दिया, ''किसी हॉलीवुड सिनेमा के अंत की तरह विवाह गोरी चमड़ी वाले प्रतिष्ठित समाज में जीवन की संभावनाओं का भी 'द एंड' होता है...अपने पूरे जीवन का वादा एक बार में कर देने की हिम्मत मुझमें नहीं। इस साल, हो सकता है, मैं विवाहित रहना चाहूँ—पर अगले साल? ऐसा नहीं है, कि विवाह नामक संस्था में मैं अनास्था व्यक्त कर रही हूँ, बल्कि यह दृष्टिकोण उसके प्रति मेरे विनम्र सम्मान का प्रतिफल है और सिविल राइट्स मूवमेंट की सीख कि चीजों और पदों को अस्थाई समझो और उनसे तब तक ही जुड़ो जब तक तुम्हें लगे कि तुम इन्हें अपने व्यक्तित्व का सर्वोत्तम दे रहे हो!''

यह स्थिति और सब दृष्टियों से ठीक भी हो, पर बच्चों के समुचित विकास की दृष्टि से घातक है—ऐसा मानना ही होगा। और मुख्यतः बच्चों के प्रति जिम्मेदारी का अहसास ही है जो इंटिग्रेटेड फेमिनिज्म की धारणा ऐसी लोकप्रियता पा रही है। टिली ऑलसन ने बहुत मजेदार, किंतु सोच को उकसाने वाले ढंग से यह बात अपनी पहली कहानी में रखी थी! प्रसंग है कि स्त्री बहुत जल्दी में है, हजार काम उसके सिर पर सवार हैं और लोग हैं कि हर दिशा से उससे कुछ पूछते ही हुए प्रकट होते हैं, लंबी चुप्पी के बाद उसकी पहली पंक्ति है, ''आइ स्टैंड हियर आयरनिंग, एंड वॉट यू आस्क्ड मी मूव्स टॉरमेंटेड बैक एंड फ्रंट विद् द आयरन!'' मैंने इसके अनुवाद की हिम्मत नहीं की, ज्यों-का-त्यों इसे उद्धृत कर दिया है इस आशा के साथ कि स्त्री की गरम इस्तिरी युगों से गठरिआए पड़े प्रश्नों की सिलवटें शायद कुछ सीधी कर पाएँ! आधुनिक स्त्री का दुर्भाग्य देखिए कि उसे तो अपनी लड़ाई खुली सड़क पर लड़नी पड़ रही है। इब्सन की वोरा की तरह न उसका कोई 'गुड़िया-घर' है

जिसका दरवाजा वह किसी के मुँह पर बंद कर सके, और न ही महाराष्ट्र की भक्त कवि जानाबाई की तरह का कोई 'हरि' है उसके पास जिससे वह मन खोलकर कह पाए :

''ऐ माधव, देखा न–
कितने तो काम धरे हैं सिर पर,
इतना आटा गूँधना है अभी,
इतने कपड़े कूटने हैं–
आओ भी, हाथ बँटा दो थोड़ा
या फिर तुम हेर हो जुएँ ही जरा–
कुछ तो करो न, कुछ करो!''

(अनुवाद: प्रभा खेतान)

# पुनश्च

# आखिर बो कौन सी चीज होवै है जिसे तुम माडर्न कहोगे?

## मनमोहन ठाकौर

प्यारे भाई राजेंदर,

दसैहरे की राम-राम।

माफ करना भैया, पर अपनी जेइ तौ एक बुरी आदत है कै हम अंधे के अंधाई कैह बैठे हैं। हमसै बिसै सूरदासजी नइं कैहया जावै है। बिसी आदत की वजैह सै हम आज तुम्हैं जे चिट्ठी लिखनै बैठ गए हैं। नईं तौ हमैं क्या पड़ी थी तुम्हैं कुछ अकल की बात समझानै की? और बैसै भी भैया, बुरा मती ना मानना, तुमनै किस साले अकलमंद की कौन सी बात मान कै दीनी है? बोइ करा है जो तुम्हारी खोपड़ी मैं धँसा बैठा है।

अब जे भैंचो... बैयरबानियों पैं तुम्हैं अंकइ नईं, बिसेस अंक निकालनै की ऐसी कौन सी जरूरत आन पड़ी थी? पर नईं साब, तुम्हैं तौ बो खुजली मचा करै है न—तमासा घुस कै देखनै की। तौ भोगना भैया अपनै किए का नतीजा।

हमनै तौ बड़े-बूढ़ौं से जेइ सुन रक्खा है कै :

परनारी पैनी छुरी, तीन तरह सै खाय
द्रव्य लेय, यौवन हरै, मुए नरक ले जाए।

सो भाई साब, हमनै तौ इस सुसरी औरत जात को अपनै सै हमेसा हाथ-भर दूरइ रक्खा है। हाँ, जे बिलकुल दूसरा मुद्दा है कै कभी बिसै हाथ-भर सै जादा दूर भी नइं चला जानै दिया है, इस उम्मीद पै कै ना जानै किस भेस में लछमीजी मिल जाएँ। हमैं तौ बचपन सैइ सिखाया गया था कै 'एकै साधे सब सधै, सब साधे सब जाए।' सो तुम देखइ रए हो कै आज पचास बरस सै हम एक को इ साधते चले आ रए हैं। न कभी डगमगाए, न लड़खड़ाए। बड़े जतन सै ओढ़ी है भैया हमनै भी अपनी चदरिया। नैक-सी भी दाग-दगीली नइं हौनै दी है। अब सत्तर पार किए बाद क्या खा कै मैली होयगी साली। रख दैंगे हम भी बिसै ज्यौं की त्यौं और कैह दैमैंगे बिस सै खम ठोक कै और सीना तान कै कै देख ले प्यारे, कबीरदास के बाद इत्ती बेदाग चादर तौ तुझै खुद गांधीजी सै भी बापस नइं मिली होयगी।

मैं इत्ता सब इसलिए लिख रैह्या हूँ भैए क्योंकि इस औरत जात के चक्कर मैं जो भी सुसरा पड़ा, बो साला गया काम सै। न रैह्या दीन का, न दुनिया का। सच्ची कैह रैह्या हूँ,

राजेंदर। हमनै अपनै जे बाल कोइ धूप मैं थोड़ेइ सफेद करे हैंगे। भौतेरी देखी हैं साब हमनै भी। एक-सै-एक खपसूरत, एक-सै-एक पढ़ी-लिखी, एक-सै-एक धाकड़। पर भाई मेरे हमैं तौ उनमैं मुस्किल सै उन्नीस-बीस काइ फरक दीखा है। जैसे नागनाथ, बैसैइ साँपनाथ। ऐमे-बीए पासौं को करुआ चौथ का बरत करते देखा है, बच्चे के कपाल पै काला टीका लगाते और पाँमों मैं बिछिए पैरते देखा है।

अभी कुछ दिन पैहले इ एक बड़ी धाकड़ देबीजी यहाँ हमारे कलकत्ता में भी आईं थीं। तुम्हारी तरियाँ बो भी एक अखबार निकाला करैं हैं, महिनै-के-महिनै। पर राजेंदर भाई, हमैं तौ बो तुमसै नैक जादाइ अकलमंद लगी थी। बो अपना रिसाला अंगरेजी मैं निकालै है। तुम्हारी तरियाँ हिंदी-फिंदी का रट्टा नइं पाला है बिसनै। पैलै जरूर हिंदी में कुछ बखत भी निकाला था। पर देखो, बिसकी बुद्धी कै कुछइ दिनौं बाद बिसनै बिसै बंद कर दीनाँ। क्यौं कै हिंदी के अखबार तौ सुसरे घाटे मैं इ चला करैं हैं। न भैंचो... कभी फूलैं, न फलैं। और फूलैं-फलैं सकैं भी कैसे? आज अपनै देस में हिंदी के जानकार रैहइ कित्ते-से गए हैं? अब तौ पिल्ला माँ के पेट सै निकलैगा बाद मैं, बिसका नाम प्हैलै सैइ किसी-न-किसी कनमैंट मैं दर्ज करा दिया जाएगा। सो भैया अब तौ अपनै देस की राष्ट्रभासा, राजभासा कै संपर्क भासा, जो भी कहो, अंगरेजी इ रैह् गई है बिड़चो...।

पर साब अपने तौ बात कर रए थे बिस धाकड़ देबीजी की। बिसकी बातौं सै हमैं तौ जेइ लगा साब कै बिसनै दिल्ली के भरे दरबार मैं बीड़ा उठा लीना था कै बो अपनै देस की औरतौं का जड़मूल सै उद्धार कर कैइ दम लेगी। इसी चक्कर मैं बो बिचारी रात-दिन दौड़ती-भागती रैह्वै है। देस-देस की खाक छानती फिरै है। आज इंगलैंड तौ कल जापान। परसौं जरमनी तौ अतरसौं अमरीका। बिसै तौ घर का खाना भी मुहाल हो गया है। बोइ हालत हो गई है जो अकबर इलाहाबदी नै बताई थी कै :

> क़ौम के ग़म में डिनर खाते हैं हुक्काम के साथ,
> फ़िक्र लीडर को बहुत है, मगर आराम के साथ।

पर भैए, एक बात की तौ दाद दैनीइ पड़ैगी बिकी कै बो बोलै भौत बढ़िया थी। एक बार जो बोलना सुरू कर दीनाँ तौ बस फर्राटे सै बोलती इ चली गई थी बो तौ—राजामंडी सै ठेठ टूंडले तक। लेकिन बैसै सोचो तो जे कोई भौत बड़ी, कै नई बात तौ है नइं इन औरतौं के बास्ते। हमनै तौ आज तलक एक भी ऐसी औरत नइं देखी जो बोलनै पै आ जाऐ तौ अच्छे-अच्छौं की घिग्घी न बँधबा दे। बो अपनै मदन बाबू थे न? कैसे किचकिचा कै कई थी बिनौंने उस दिन हमारे-तुम्हारे सामनैइ कै उनका बस चलै तौ अपनी बीवी की जबान पै एक बोल्ट फिट कर दैं। घर मैं घुसते टैम बोल्ट खोल कै जबान अपनी जेब मैं रखलैं और दफ्तर जाती बखत बापस बो बोल्ट कस जावैं कै ले भगबती, बोल लियो अब, जित्ता तुझै बोलना होय।

बैसे यार तुम भी किसी साले सै कम खेले-खाए तौ हो नइं। सो तुम्हीं धरम सै, अपनी छाती पै हाथ धर कै एक भी ऐसी महिला का नाम हमैं बता दो जिसै मौका मिला होय और

फिर भी जिसनै बोलनै सै गुरेज करा होय। तुमनैं तो नइं देखी हौंयगी। सरोजनी नायडू और बिजैलक्ष्मी पंडित। हमनै भौत सुनै हैं बिनके भासण। पर तुमनै म्हादेबी बरमा को तौ सुनाई होगाय। कैसा सन्नाटा खींच कै रख दिया करै थी।

हम भी इस कलकत्ते मैं रोज देखते रैह्मैं हैं बिस ममता बनरजी को। क्या बात है साब, अच्छे-अच्छौं की हुलिया टैट करकै रख दीनी है उस एक अकेली नै। सौ कम्युनिस्ट और कांग्रेसी नेता भैंचो... एक तरफ और बो इकल्ली दूसरी तरफ। पासंग मैं भी नईं तुलैंगे सब मिल कै। और भैया माल डाला इंदिरा गांधी को, तौ बिससै क्या हुआ? आज भी सौनिया-प्रियंका के तेवर देखते इ तौ दिन निकलै हैं कै नइं तुम्हारे राव साब के? अरे जिस यू.पी. मैं कभी डंके बजा करैं थे जवाहरलाल नेहरू और लालबहादुर शास्त्री के नाम के, म्हाँ पै आज चाएे कोई सुसरा फौलाद-सा सख्त होय, चाएे मौम-सा मुलायम होय, बिस मायावती के सामनै तौ अच्छे-अच्छे यादवौं को नाक रगड़नी पड़ रई है कै नईं? और तौ और जे चड्डी-टोपी बाले रामजी के नाम पै अपनी दूकानदारी चमकानै बाले कागजी सूरमाँ, अडबानी, अटलबिहारी और मुरली मनोहरौं को भी बिन उमा भारती और ऋतंभराओं की जै-जैकार करनी पड़ै है, जब जा कै बिन की झोली मैं बुद्धुओं के बोट गिरैं हैं कै नईं?

दूसरौं की क्या, हम तौ खुद अपनी ई बात करैं। तुमनै तौ खुद देखा था बरसौं तलक कै हम—जिनके नाम से भैंचो... सिंधिया कंपनी के बड़े-बड़े मैनेजरौं-डाइरैक्टरौं की कँपकँपी छूट जाया करै थी—बो साले हम खुद कौफी हाउस सै लौटती बखत तुम्हारे चक्कर मैं देर हो जानै पै, तुम्हारी भाभी के डर के मारे कैसे तुम्हैं और चंदर को अपनै संग ले कै घर लौटा करैं थे। सोचैं थे कै सायद तुम्हारे लिहाज सै इ बो घर प्होंचते खैम हमारा दिन-भर का खाया-पीया न निकाल दे।

हाँ, तौ साब बिस धाकड़ पत्रकार देबीजी नै एक बड़ी मजेदार बात बताई थी। बिनौंने प्हैलैं कौल भरा था कै जिस ब्या-सादी मैं दहेज का लैन-दैन किया जाबैगा, बिसमैं बो कभी भी सामिल नईं हौंयंगी, चाएे खुद बिनके अपनै भाई-भतीजौं की ई सादी क्यौं नईं हौवे। औंरों को तौ उनकी इस प्रतिग्या सै कोई फरक नईं पड़ा। बिनौंनैं कैह् दीनाँ कै नईं आबैंगीं आप तो मत्ती आना। नारी रूठेगी तौ सुहाग लेगी, किसी का भाग थोड़े इ ना लेगी। पर भैया बिसै तो कुछी दिन मैं अपनी जे भीस्म प्रतिज्ञा भंग कर दैनीं पड़ गई थी। मालूम है क्यों? क्यौंकै बिसके पास अच्छी-अच्छी अंगरेजी पढ़ी-लिखी, अपटूडेट, तेज-तर्रार छोरियौं नै आ-आ कै बिनकी नाक मैं दम कर दीनाँ था। छौरियौं का कैह्ना था कै भैजनी आप तौ जे दहेज के खिलाफ आंदोलन चला कै खूब बाहबाही लूट रई हो, पर हमारी तौ साली ऐसी-तैसी हुए जा रई है। जो दस-पंद्रै जोड़ी साड़ी-कपड़े और एक-दो सौनै-चाँदी के सैट हमारे माँ-बाप हमैं दे दिया करैं थे, और भौत हुआ तो जे जो फ्रिज, टी.वी. वगैरा हमैं मिल जाया करैं थे, आप तौ उसके भी बारै बजवा देगी। दया करो भैन जी, हम पै दया करो। रैहम खाओ हम पै। और तुम्हारी मर्जी पड़ै सो आंदोलन चलाती रहौ, हमारा दहेज बंद करवानै का नाम मती लो।

उनकी इस बात पै मुझे भी याद आ गई थी मेरे एक दोस्त की। तुम भी बिनै खूब अच्छी तरै जानै थे। तुमनै तौ बिन के सब बिस मंथली मैं काम भी करा था। समाज सुधारनै के नाम पै बो भी अपनी लौंडया को कोरा आसीरबाद दे कै अपने घर सै टरका दैनै के गुंताड़े बैठा रए थे।

बिनकी छोरी थी भी हजारौं मैं एक जिसै कोई भी सुसरा झोली फैला कै माँग ले जाता। देखनै-सुननै मैं, बोलनै-बतियानै मैं, काम-काज मैं—किसी बात मैं बिसकी सानी का दूर-दराज तक नईं था। तौ जब बिसकी सादी का बखत आन प्हौंचा तौ साब बो छोरी जो अड़ी सो ऐसी अड़ी भैया राजेंदर कै डिग कै इन नईं दी। बस अंगद का पाँम समझ लो। सब कुछ धरवा लीना था बिसनै तौ। अपनै बाप की जोड़ी जमा-पूँजी इ नईं, अपनी माँ सै बिसके गैहने-गाँठे, घाघरे-ओढ़नी—जो भी याद आता गया बो तौ म्हौं फोड़ कै, पाँच जनौ के सामनै इ माँगती चली गई और बो बिचारे, आँख की सरम की खातिर, झख मार कै, म्हौं पै मसनूई मुसकराहट चिपका कै देते चले गए। निचौड़ कै रख दीना था लौंडिया नै नीबू की तरियाँ।

तौ भैए, इन 'मोडर्न' कही जानैं बाली छोरियौं का जब जे हाल है तौ इन्हें देख-देख कै मेरे मन मैं एक सबाल भौत दिनौं सै सामन-भादौं के बादलौं की तरै उमड़-घुमड़ कै उठ रैह्या है कै आखिर बो कौन-सी चीज होवै है जिसै तुम 'मोडर्न' कहोगे? मेरे ख़याल सै तौ बो न इस बात पै मुनहस्सर करै है कै आप किस जबा मैं बोलो-बतियाओ हो, और न इस बात पै कै आप बिना नाक-भ्हौं सिकोड़े मांस-मछली चबा सको हो कै नईं? और इस पै तौ हरगिजइ नईं कै आप सूरज गुरुब हुए बाद चाय पियो हो कै भिस्की? मेरी समझ मैं तौ जब आप उन सब झूठे बँधनौं सै निजात पा लोगे जो तुम्हें धरम के नाम पै, जात-पाँत के नाम पै और खानदान की इज्जत के नाम पै पैदा हौने के संग-संग ऐसै जकड़ लै मैं हैं कै कै कोई अजगर जकड़ैगा, तब तुम आज के कैहलानै के लायक बन सकोगे। क्यौंके जे सारी चीजैं आदमी को आदमी सै नफरत करना सिखा मैं हैं। खुद को दूसरौं सै ऊँचा समझना सिखा मैं हैं। आपको 'हम चौड़े, बजार संकड़ा' बना डालैं हैं।

एक और भी बात भौत जरूरी है इसके बास्ते। तुम्हें जे मान कै चलना पड़ैगा कै न तौ बीत चुका कल तुम्हारा था और न आगै आने बाला जमानाइ तुम्हारा होयगा। तुम्हें तौ आज सैइ सरोकार हौना चइयै। सपनै जरूर देखो, मन मैं पक्का बिस्वास रक्खो कै हम हौंगे कामयाब। पर भैया आज का पूरा ध्यान रक्खो। हमारे देस मैं हमनै दो तरै की औरतौं कौ खूब देखा है। कुछ है जो 'हमारे बाप-दादा नै घी खाया था, लो सूँघ लो हमारे हाथ' बाली जहनियत सै अपनै बाल-बच्चों को हमैसा पचास साल पीछै की ई बातौं मैं उलझाए रक्खैं हैं। और अब ऐसौं की भी तादाद बढ़ती चली जा रई है जिनकी निघाहैं अपनै देस पै नईं अमरीका और इंग्लैंड पै जमी रैहवैं हैं। न्यूयार्क मैं बरफ गिरै और बिनैं दिल्ली मैं बैठे-बैठे ई जुखाम हौनैं लग जावै है।

सच्ची बात तौ जे है भाई साब कै हर देस की तरियाँ अपनै देस मैं भी हर जमानै मैं, हर बखत, कम-से-कम तीन पीढ़ियाँ तौ एक संग जिंदा रैहवैंइ हैं—दादी, माँ और बेटी तीनौं।

अब इनमैं सै कौन तौ 'मोडर्न' कही जावैगी और किसै तुम पुरानी करार दे कै बुहार फैंकोगे? जाहिर है कै सबसै प्हैलै कंडम होयगी तौ बिचारी दादी इ होयगी। और भौत करी तुम जैसौं नै, तौ मौका देख कै अम्मा का भी पत्ता काट फैंकोगे।

ऊपर-ऊपर से देखा जाए तौ सभी कैहमैंगे कै हाँ साब, जो पैलै पैदा हो गई और जादा जी गई पुरानी तौ बोइ कही जानी चइयै। पर राजे भैया, मैं तौ जब अपनैइ घर मैं निघा घुमा कै देखूँ हूँ तौ भैंचो... खुद मेरा दिमाग चकरघिन्नी काटनै लग जावै है क्यौंके भैया हमारे घर मैं तौ अगर कोई सच्ची मैं आजकी है तौ बोइ है जिसे हम पचास बरस प्हैलै घोड़ी पै चढ़ कै बैंड बाजे बजवा कै और बाकायदा सात फेरे डाल कै घर लाए थे। तब बो साड़े पंद्रै बरस की थी। आज तौ उस उमर की छोरियौं को पूरी सी नाक पौंछनै की भी तमीज नइं हौवै है।

पर साब तुम मतौ खूब अच्छी तरियाँ जानौ हो कै आज इकल्ली बोइ है हमारे यहाँ जिसे कायदे की बात समझानै मैं दो मिनिट नईं लगैं हैंगे। बिसै न तीज-त्योहारों की चिंता सतावै है, न दूसरे सुसरे क्या कैहंगे, कै सोचैंगे, बिसका डर लगता रैहवै है। बिसकी अकल को जो ठीक जँचैगा, बो तौ बेधड़क बोई करैगी। तुम्हें पसंद तौ बाह-बा और नईं समझ मैं आया तौ भैया दो रोटी ज्यादा खा लैनाँ।

इसी बजेह से अब पचास बरसौं मैं तौ बिसनै हमारा तख्ताइ पलट के रख दीनाँ है। आज तौ हालत जे हो गइ है कै हमारे दौनौं लौंडे और उनकी दौनौं एम.ए. पास बीबियौं की जबान जीजी-जीजी करती सूखै है। काका को तौ जभी पूछा जावै है जब बैहेस इस बात की हो रइ होय कै इराक मैं अमरीका जो कर रैह्या है बो सही है कै गलत। अब तौ यहाँ तक हालत आ गई है कै बोई बतानै लग गई है कै इदन्नमम मैं क्या खासियत है जो उसै दूसरे उपन्यासौं मैं नईं मिली। नतीजे मैं तुम्हारी तरियाँ हमारे सभी यार-दोस्त और जानकार तक अब तौ जेइ कैहवै लग गए हैं कै हमारे घर मैं बस बोई एक मरद है। ठीक जैसै इंदिरा गांधी के बाबत कैह्या जावै था कै बिसके दरबार मैं इकल्ली बोई मूँछौ बाली थी।

और अब हम भी इस बात पै भड़कैं नइं हैं क्यौंकै बात कइं है तौ सच्ची इ। हमनै तौ भैया इस कलकत्ते मैं अपनी जनम-जिंदगी कै तौ अपनै दफ्तर मैं भासण देते, नेतागीरी छाँटते बिता दीनीं और नइं तौ बिताई कौफी हाउस मैं साहित्यकारौं के संग चूतियापंती की भैस करते। जिंदगी की आँख मैं आँख डाल कै दो-दो हाथ तौ बिसैइ करनें पड़े हैं। तौ तजुर्बा भी तौ उसै ही जादा हौना चइयै। और बिसके तजुर्बे नै बिसै जेइ सिखाया है कै खुद को बखत के हिसाब सै नइं ढाला तौ जिंदगी आगै बढ़ जावैगी। तुम पीछै रैह जाओगे और फिर न तुम्हें खुदा ई मिलैगा न साले सनम के संग बिसाल हो पाएगा। धोबी के गधे जैसे न घर के रहोगे, न घाट के।

जे सब बातैं तुम्हें एक खास वजैह से लिख रैह्या हूँ। तुम औरत की उत्तरकथा की चरचा करौ चाए दक्खिन कथा की, प्हैलै एक बात अपनै दिमाग मैं अच्छी तरियाँ बैठा लैना कै जे चीज बड़ी है मस्त-मस्त। इसके दिमाग का अंदाज खुद देबताऔं को भी नईं हो सकै है।

सीधी रहैवै तौ गैया भी बिसके आगै हार मान जाए। परजो एक बा अपनी पै आ गई तौ फटाक सै काली माई बन जावै है। फिर बिसके पाँम के नीचै खुद म्हादेबजी भी आ गए तौ बिनका भी बो कचड़घान निकाल देगी।

इसीसै राजेंदर भाई, हमारी नेक सलाह जेई है तुम्हैं कै तुम इस चक्कर मैं नईं पड़ो तो अच्छा है। तुम्हारी सेहत के बास्ते जेई ठीक रहैगा कै तुम और जो भी करो, औरतौं के बारे में चुप्पई रहो। और बैसे भी मैंने दिल्ली में तुम्हारे भौत से खास दोस्तौं सै जेइ सुना था कै 'हंस' का तौ हर अंक नारी अंक इ हौवै है जिसमैं चटनी की तरियाँ एकाध आदमी का लिखा भी छाप दो हो। मैं क्या झूठ कैह् रैह्या हूँ?

थोड़ा लिखा भौत समझना।

—तुम्हारा मनमोहन ठाकौर

*(एक पुरुषशासित समाज में)*

# नारी : उत्तरकथा : कुछ क्लास नोट्स

**गौतम सान्याल**

## ब्लैक बोर्ड पर–

1. इस पुरुषशासित समाज में आखिरकार नारी है क्या?
2. नारी के व्यंजनार्थ पर प्रकाश डालिए।
3. महाकाव्यों में वस्त्रहरण का यथार्थ विश्लेषित कीजिए।
4. नारी की तात्विक व्याख्या कीजिए।
5. दांपत्य-रूपक पर संक्षिप्त टिप्पणी लिखें।

## 1. नारी क्या है?

हाँ तो मित्रो—

नारी धरती की कल्पना है, नारी आकाश का यथार्थ है। कभी युद्ध की उत्सवी बर्छियों पर फहराती तो कभी भर्त्ता के बिस्तर पर बिछ-बिछ जाती नारी वह वस्त्रखंड है जिससे पुरुष सदैव अपने दुष्ट-कारनामे ढँकता आया है—कभी झंडा, कभी पगड़ी तो कभी लँगोट के रूप में।

ठीक-ठीक कहें तो नारी मांस की बोटी है—नारी वक्ष है, नितंब है, निर्वस्त्र स्कंध है, नंग-जंघ है। इसके अतिरिक्त नारी क्या है? इसके अतिरिक्त नारी सेवा है। नारी वह जीव है जो आजीवन पुरुष की सेवा में लगी होती है। अवैतनिक। वरना वह 'नारी' ही नहीं हो पाती। प्रेम का अर्थ नारी के लिए सेवा है, पुरुष के लिए मेवा। प्रेम का अर्थ नारी के लिए तर्पण है, समर्पण है, त्याग है, वर्जन है जबकि पुरुष के लिए ग्रहण है, मात्र ग्रहण है और ग्रहण है।

नारी जहाँ सेवा में लगी होती है, उसे घर कहते हैं। यही उसकी परिणति है, यहीं उसे निष्पन्न होना है। नारी पति की मति है और तभी तो वह 'श्रीमति' है। कभी-कभार नारी भटक जाती है। मसलन इंगलिश चैनल तैर जाती है, एवरेस्ट पर चढ़ जाती है, जंबो जेट चलाती है। अंततः घर लौट आती है। जैसे बीच समुद्र में—उड़ि जहाज कौ पंछी पुनि जहाज पै आवै। 'श्रीमति' जुंको ताँबई अभी पोते खिलाती है, 'श्रीमति' दूर्वा मुखर्जी (जंबो जेट वाली) अपने

संयुक्त परिवार में अभी बेहतरीन रसोइया मानी जाती है, सद्प्रयात 'श्रीमति' आरति साहा अपने परिवार में अंततः ममतामई दादी के रूप में प्रतिष्ठित हुई थी।

पुरुष वास्तविक जगत का सम्राट है, नारी प्रजा है। नारी अजा है, नारी सजा है, नारी जुए का दाँव है, नारी शायरी की धूप-छाँव है। नारी वह डबल रोटी है जिसे कभी पाँव से गूँथा जाता था, आजकल मशीन से—लेकिन जिसे आज भी पुरुष शादी की आँच में सेंककर, एकपत्नीत्व का मक्खन लगाकर खाता है—कुड़मुड़-कुड़मुड़!

विषयांतर हो जाने के डर से अब सूत्रों में कहूँगा—नारी देवताओं का भोग है, नारी सामंतों का उपभोग है, नारी मध्यवर्ग का व्यायोग है, नारी सबअलटर्न का संयोग है—जैसे करि राम रचि राखा! नारी कवियों का प्रयोग है चाहे वह नाक पोंछता छायावादी हो कि लार टपकाता हालावादी। नारी विज्ञापन की गुड़िया है जो जैम, जेली, चॉकलेट के फॉयल से लेकर शेविंग ब्लेड की तेज धार पर नंगी लेटी होती है। नारी शील की पुड़िया है जिसे पति के अतिरिक्त किसी ने खोला कि जमीन पर गिरी, पतिता हो गई!

## 2. नारी के व्यंजनार्थों पर प्रकाश

हाँ तो मित्रो—

सीधे-सीधे प्रकाश नहीं डाल सकते। इस मणिभ-शब्द के इतने कोण हैं कि प्रकाश स्वयं चौंधिया जाए! देखने वाले की बिसात ही क्या? कभी अबला तो कभी सबला, कभी बल्लभा तो कभी लुगाई, कभी सिंहवाहिनी चंडिका तो कभी ममतामई ज्योत्स्ना, तो कभी झिलमिल नग-सी सहचरी, कभी सौदामिनी-सी क्षणप्रभ चपला तो कभी परिणीता-सी प्रशांत प्रमदा, कभी सुभद्रा तो कभी जोरू! कहाँ तक गिनाएँ कि कभी झरझर-निर्झर विमल-विपाशा तो कभी गढ़पोखर की अन-उर्मिल ठहरी हुई ठंडी-हताशा, कभी कामाक्षी, कभी वरदायिनी कुंदेंदु-शुभदा तो कभी अजनबी शहर केऽऽ। अजनबी रास्तेऽऽ। तुम भी चलते रहोऽऽ। हम भी चलते रहेंऽऽ। कभी जीवंत कविता तो कभी प्राणवंत चिखचिखिता, कभी महागौरी अन्ना तो कभी दक्ष पॉकेटमार...! कहाँ तक गिनाएँ? नारी वह जो अक्सर पुरुष को अपनी देह सौंपकर बेवजह खुद से दूर-दूर रहने निकल जाती है? या कि कविता वह जो गणित की तरह ठीक-ठीक कभी समझ में नहीं आती है?

नारी के एक पक्ष अर्थात् पत्नी के अभिरूपों को ही लें। प्रौविडेंट फंड या बीमा पालिसी में नॉमिनी कर रहे हो तो अर्द्धांगिनी कहें, परफ्यूम अधिक लगाती हो तो कांता, घर में उसी की अधिक चलती हो तो गृहस्वामिनी, घर में अधिक रहना पसंद करती हो तो गृहिणी, तनिक घूंघट में रहती हो तो जनाना, अधिक घूँघट में रहती हो तो जोरू। गाँव छोड़ आए हों, ताकि नागरिक-ललनाओं के साथ खुलकर वैश्विक समस्याओं पर गंभीर विचार-विमर्श कर सकें तो उसे लुगाई कह लीजिए, अयोध्यावादी हो तो भार्या, सदैव आपके बाएँ चले तो वामा, अधिक सटकर चले तो वामांगिनी, ऑफिस से लौटें और प्रत्येक दिन सजी-धजी मिले तो सजनी, आप आर्यपुत्र हों तो वह सहधर्मिणी, आप अधिपति हों तो वह जोरू, आप निशीथ हों तो

वह तमिस्रा, आप भर्त्ता हों तो वह भामिनी! कहाँ तक गिनाएँ—गिनाना बजमुरखाई होगा—कहिबे कूँ शोभा नहीं, देख्या ही परमाण! शीशे का पारदर्शी गिलास, आधा पानी भरा हुआ—या आधा खाली कह लें उसे।

## 3. नारी और काव्य : यानी वस्त्रहरण और गैट...

हाँ तो मित्रो—

हमारे प्राचीन काव्यों में नारी के वस्त्र अक्सर उतारे गए हैं—पुरुषों के कदापि नहीं। ऊपर से देखें तो वह वस्त्रहरण वाला मामला किसी पुरुष-शासित समाज में किन्हीं अबलाओं पर अत्याचार वाला मसला लगता है। यानी बंबई की मसाला फिल्मों वाला, जब हाथ जोड़कर थरथर काँपती अबला कहती है कि भगवान के लिए छोड़ दो और दुष्ट विलेन तिर्यक् हँसकर कहता है—इतनी अच्छी चीज भगवान के लिए छोड़ दूँ! लेकिन गहराई से बाँचें तो यह प्रथम विश्व और तृतीय विश्व के बीच का आर्थिक गड़बड़झाला ही है। इस तथ्य की तनिक व्याख्या अपेक्षित है।

कृष्ण-कथा को लें। याद रखें कि कृष्ण दो हैं—महाभारत के वसुदेव कृष्ण जो प्रथम विश्व के नागरिक हैं और उच्चकोटि के राजनीतिज्ञ तथा ऋषि-धर्मोपदेशक—और गोपालकृष्ण जो कि तृतीय विश्व के। वसुदेव कृष्ण यथार्थ है, गोपालकृष्ण लीला। जैसे आज के सर्वभारतीय नेता कभी-कभार वोट के निमित्त अपने निर्वाचन-क्षेत्र में भूले-भटके चले आते हैं—ठीक उसी प्रकार गोपीकृष्ण क्षणिक लीलाएँ करते हैं, वृंदावन में।

ध्यातव्य है कि राम ने कभी लीलाएँ नहीं की—अर्थात् बाँसुरी नहीं बजाई, मटकी ना फोड़ी, गोपियों के वस्त्र नहीं चुराए या उनके साथ मधुकुंजों में नियमित कत्थक नहीं नाचे—इसीलिए वे लोकरंजन के शीर्ष पर विराजमान न हो सके, कृष्ण हो गए, मुझे तो लगता है कि कृष्ण अगर आज होते तो प्रधानमंत्री ही होते, राम अधिक-से-अधिक मानव संसाधन विकास मंत्री या इलेक्शन कमिश्नर।

अब वस्त्रहरण पर ध्यान टिकाएँ। गोपीकृष्ण घाट पर नहाती सबअलटर्न गोपियों के वस्त्रों का हरण करते हैं और बाद में उन्हीं वस्त्रों को वसुदेव रूप में संभ्रांत द्रौपदी को सप्लाई कर देते हैं। दोनों हरण-स्थितियों के बैकग्राउंड म्यूजिक पर ध्यान टिकाएँ तो मामला और भी साफ नजर आएगा। घाटकोपर दृश्य के पीछे बाँसुरी से मधुर 'देसराग' बजाया जाता है तो द्रौपदी-प्रसंग के पीछे दुंदुभी-तूर्य-मृदंग-नगाड़े। एक में 'देसभक्ति' भाव निहित है तो दूसरे में विश्वबैंक को ऋण चुकाने की युद्धकालीन तत्परता!

अब सारे उलझे हुए समीकरणों को आज के संदर्भ में झाड़-पोंछकर फिट कर लें। दुःशासन है विश्वबैंक, वसुदेवकृष्ण प्रधानमंत्री, द्रौपदी है भारतीय अर्थव्यवस्था और घाटकोपर ठंड में ठिठुरती औरतें हम-आप हैं। अगर आपको भारतीय जीवन में कहीं संभवामि युगे-युगे वाली सिचुएशन दिखाई दे अर्थात् द्रौपदी को वस्त्र सप्लाई वाला—तो निश्चित जान लें कि ठीक उसी वक्त इस देश के अनगिनत घाटों पर असंख्य गोपियाँ दोनों हाथों से अपनी लज्जा को

ढाँपकर ठंड में ठिठुर रही होंगी। वह होगा, तो यह भी होगा ही। वस्त्र छोटा हो तो सिर ढँकने की बलात् अपचेष्टा में पाछ तो उघाड़ होगा ही।

लेकिन मामला इतना स्थूल और आसान नहीं है। मामला नियंत्रण और संतुलन के सुनियोजित नाटक का है। इस तथ्य की भी तनिक व्याख्या अपेक्षित है।

दुःशासन की खींचन-कला यूनीक है। तनिक और खींच देते, तो? मगर नहीं, अद्‌भुत नियंत्रण से वे द्रौपदी को लगभग नग्न और मुमुर्षु कर देते हैं, लेकिन 'लगभग' की नियंत्रण-रेखा को कभी नहीं लाँघते। इसी में सबका भला है, हर्षद-टाइप दर्जी-जीवों का तो है ही। कृष्ण ने असंख्य घाटों में वस्त्र चुराए जिसे द्रौपदी को सप्लाई किया जो अंततः दुःशासन के हाथ लगा। अरबों मीटर के इस उथल-पुथल में चंदेक हर्षद टाइप करोड़ों मीटर कतर गए—आठ सौ हजार करोड़ मीटर! कम्युनिस्टों का ध्यान दुःशासन के एकाउंट पर टिका था, कांग्रेसियों की कृष्ण लीला पर—अयोध्यावादियों का नग्न होती भारतीय नारी पर तो निर्दलियों का संजय पर, जातिवादियों का कर्ण-द्रोणाचार्य पर तो पुराने गांधीवादियों का भीष्म पर—किसी ने यह नहीं देखा कि वस्त्रों के उस अंबार से चंदेक हर्षद-टाइप कैसे करोड़ों मीटर कुतर गए! सभी ने वस्त्र-हरण देखा, किसी ने वस्त्र-कतरन नहीं देखा।

इसीलिए कहता हूँ मित्रो कि काव्यों में जब भी वस्त्रहरण दिखे तो अपना ध्यान नग्न होती नारीदेह पर ही न टिकाएँ, यह भी देखें कि वस्त्र कहाँ जा रहा है और पूरा-का-पूरा पहुँच रहा है या नहीं। अगर किसी महान लोकनायक की कोई महान पतिव्रता पत्नी अग्निपरीक्षा दे रही हो तो यह भी सोचें कि कहीं यह इलेक्शन स्टंट तो नहीं। संक्षेप में—दृश्य ही न देखें, दर्शन को समझें!

## 4. नारी की तात्त्विक व्याख्या

हाँ तो मित्रो—

लगभग असंभव है। इतना कह लीजिए कि पुहुप वास तैं पातरा, ऐसा तत्त्व अनूप। या गूँगे का गुड़ कह लीजिए—जिसने टेस्ट लिया, खाई कि बैठि-बैठि मुसकाई, भाखा में बरनी न जाई! जिसने रचा, वह विरंचि—रचकर दंग रह गया! वह देखता ही रहा—जिधर-जिधर घूमी वह, उसने गर्दन घुमाई। विरंचि की गर्दन की बाल-बियरिंग टूट गई। चहुँदिस घूमती रही भनाभन। विश्वकर्मा की मदद से चरक ने किसी तरह फिक्स किया, मगर तीन और मुँह लगाने पड़े। नारी को रचकर स्वयं विरंचि चौमुँहे हो गए। इसीलिए कहता हूँ कि कुतो मनुष्यः हाँ, आज के संदर्भ में तनिक संकेत दे सकता हूँ—कथा की शक्ल में, वो भी आंशिक रूप से।

इलाहाबाद में मेरा एक मित्र उन दिनों त्रस्त था—सास बनाम बहू अर्थात माँ बनाम पत्नी के रोजाना चिखचिख से परेशान। सैंडविच की दशा थी उसकी। कॉफी हाउस में अक्सर हमें रिपोर्ट देता था—आज तीन राउंड हो गया। आज गनीमत समझो, एक ही राउंड। वह उन दिनों सीरियसली हिमालय की खोह-कंदराओं का पता ढूँढ़ रहा था। उसकी हालत को समझाने

के लिए उदय प्रकाश की यह काव्य-पंक्ति पर्याप्त रहेगी—जंगल में/जब दो हाथी लड़ते हैं/तो सबसे ज्यादा नुकसान/जंगल को ही पहुँचता है।

एक रविवार को वह कॉफी हाउस दनदनाता हुआ पहुँचा—आज तो दोनों में से किसी को मार ही डालूँगा, कसम से। पूछने पर पता चला कि चिखचिख के मार्निंग सेशन में गजब हो गया था। सास ने अंततः बहू को धक्का दे दिया तो बहू कुछ नहीं बोली, किचेन में चाय बनाने लगी चुपचाप। कुछ ही देर में चाय ले आई और एक प्याला गर्म चाय सास के पैरों पर उड़ेल दिया। इसके बाद क्या-क्या हुआ—उसे नहीं पता क्योंकि वह यहाँ चला आया है। ठीक उसी वक्त मेज पर एक नेपाली खुखरी रखी हुई थी जिसे मेरा एक अन्य मित्र उन्हीं दिनों काठमाँडू से लाया था। हम सब उसी की धार परख रहे थे।

मित्र ने वही खुखरी अचानक उठा ली—दोनों में से अभी तक कोई बच गया होगा तो उसे मैं मार दूँगा। वह चल पड़ा। उसका चेहरा शूरवीर की तरह दमक रहा था। अन्य मित्रों ने मुझे उसके पीछे भेजा, वह कोई कांड न कर बैठे।

स्कूटर स्टार्ट करता हुआ वह बुदबुदाया—दोनों में से एक...आज फाइनल मैच है। वह स्टार्ट करके उड़ चला। मैं उसकी कमर से चिपका हुआ उसे समझा रहा था कि जल्दबाजी का काम शैतान का होता है। उसने पलटकर मुझे अद्‌भुत दृष्टि से देखा, फिर स्कूटर रोक दिया, मद्रास कैफे के सामने। उसने एक बड़ा-सा पत्थर उठाकर डिक्की में डाल लिया, फिर स्कूटर से उड़ चला। पूछने पर कि इस पत्थर का क्या करोगे, उसने निर्विकार भाव से बताया—जो बीच में बोलेगा, मैं उसका सिर इस पत्थर से फोड़ दूँगा! मेरी बोलती बंद हो गई, वह अब सीटी बजा रहा था। मेरे सारे बदन पर चींटियाँ रेंगने लगीं—पता नहीं, आज क्या-क्या देखना पड़े?

फ्लैट के सामने स्कूटर खड़ा करके उसने मेरे कंधे से झोला झपट लिया और उसमें खुखरी-पत्थर रखकर चीते की तरह निःशब्द सीढ़ियाँ चढ़ने लगा, पीछे-पीछे मैं। मेरे मन में था कि हो, न हो, यह खून-वून नहीं करेगा और ऐसा करने की कोशिश भी करेगा तो मैं झपट पड़ूँगा। बाहर का दरवाजा खुला हुआ था। वह सीधे किचेन की तरफ बढ़ा, साथ में चस्पाँ मैं। तभी अंदर किचेन की तरफ से तेज हँसी-ठठकार सुनाई दी। मैंने चौंककर मित्र को देखा। वह हतप्रभ था क्योंकि अंदर से दो औरतों की सम्मिलित खिलखिलाहट तैर रही थी।

भाभी अंदर से निकल आई आँचल से हाथ पोंछती हुई—नमस्ते भाई साब, रास्ता भूल गए क्या? मँगौड़े खाइएगा? एकदम गर्म-गर्म माँ ने बहुत अच्छी पुदीने की चटनी बनाई है...चट् चिट् चट्...उन्होंने जीभ से चटखार निकालकर पुदीने की चटनी की आस्वादपरक व्यंजना समझाई। मैंने हामी भर दी। मित्र ने चुपचाप अपना दाहिना हाथ झोले के अंदर से निकाल लिया। हम दोनों सोफे पर आकर बैठ गए। मित्र का हतवाक् चेहरा मुझसे देखा न जा रहा था।

मैं पुदीने की हरी-गाढ़ी चटनी में बोर-बोरकर सारे मँगौड़े जैसे-तैसे हाऊफ्-आऊफ् करता हुआ लील गया। मित्र हाथ में प्लेट लिए डिसीजन नहीं ले पा रहा था—क्या खाए, चटनी या

मँगौड़े? इतने में माताजी हँसती हुई बाहर निकल आईं। चरण छूने को मैं झुका तो मैंने देखा, दाहिने पैर पर अब भी ढेर सारा बर्नाल लगा हुआ था।

मित्र मुझे गेट तक छोड़ने आया। इस बार झोला मेरे कंधे पर था। मित्र बिल्कुल चकरा गया था—जैसे कोई छोटा-सा बिल्ली का बच्चा ऊन की गेंद से खेलता हुआ उलझ गया हो। उसकी एक आँख में लातूर था तो दूसरी आँख में उत्तराखंड। अंततः उसने कहा—मेरी कुछ समझ में नहीं आता। मैंने गंभीरतापूर्वक समझाया—

जल में कुंभ, कुंभ में जल बाहर भीतर पानी।
फूटा कुंभ, जल जलहि समाया यह तथ्य कहौ ज्ञानी।

तू पुरुष है नासमझ बच्चा, तू है तो विरोध है, युद्ध है—वरना तत्त्व समान। सास भी कभी बहू थी, बहू भी सास बनेगी किसी दिन। दोनों एच-टू-ओ—कुंभ है तू! हो सके तो तू फूट जा—हो सके, तो! मैंने कहा था उससे।

## 5. दांपत्य-रूपक

कबीरा बैठे थे जमकर पालथी लगाए, तत्त्व-बाँचने। सामने असंख्य श्रोता। ध्यानमग्न-शिवनेत्र कबीरा बोले—ब्रह्म सत्य है, जगत मिथ्या...और नारी? नारी है पापिणी, विष की बेल...माया है माया! इतने में लोई (कहते हैं कि कबीर की पत्नी थी) दौड़ती हुई चली आई—हाथ में बेलन-सा कुछ लिए। भगदड़ मच गई। कुछ लोग उठ भाग खड़े हुए क्योंकि और भी पत्नियाँ हहराने लगी थीं चौपाल पर, तभी तक। फिर देखा कि कबीर भी भाग रहे हैं!

बीस मिनट बाद लोई को डॉज देकर कबीरा हाँफते हुए आए और आसन पर विराजमान हुए। एक श्रोता ने कहा—महाराज, आप कहते थे कि नारी माया है माया, तो लोई भी माया हुई, फिर आप भाग खड़े क्यों हुए?

कबीरा मुस्कराकर बोले—मूरख! लोई का आक्रमण भी माया है...मेरा भाग जाना भी माया है। बूझे?

तो कहता हूँ कि यह बूझ-कथा उतनी ही झूठ है, जितनी की सच्ची। जे बूझै, जनमु फलु पावै, न बूझे सो दौड़त रहावै! इति।

# पार्टी के हाशिए से क्रांति की चौखट तक कम्युनिस्ट आंदोलन में स्त्री

अभय कुमार दुबे

औरत को हम केवल श्रमिक की तरह स्वीकार नहीं कर सकते। उसकी उत्पादन क्षमता जितनी महत्त्वपूर्ण है, उतनी ही उसकी प्रजनन शक्ति भी...गर्भ धारण और फौज की नौकरी को एक जैसा काम नहीं माना जा सकता। औरत की जिंदगी बच्चों के दायित्वों के कारण ज्यादा गंभीरता से और ज्यादा गहरे टूटती है...अपनी परिस्थिति को समझने के लिए उसके लिए अनिवार्य हो जाता है कि वह ऐतिहासिक भौतिकवाद की उन सीमाओं का अतिक्रमण करे, जो औरत या मर्द को केवल आर्थिक इकाई के रूप में देखती हैं... अतः समाजवाद की स्थापना मात्र से स्त्री मुक्त नहीं हो जाएगी। समाजवाद भी पुरुष की सर्वोपरिता की विजय बन जाएगा। यह ठीक है कि काफी हद तक स्त्री-पुरुष का संघर्ष वर्ग-संघर्ष का ही प्रतिरूप लगता है, किंतु इन दोनों संघर्षों को एक ही रूप में रखकर देखना ठीक नहीं होगा। पहली बात तो यह है कि वर्ग भेद का कोई जैविक आधार नहीं होता...अतः औरत... केवल सेक्सुअल भिन्नता के कारण बनी कुछ उत्तरकथाओं को मिटा देना चाहती है।

—सीमोन द बोउवा

**'स्त्री : उपेक्षिता'** (द सेकंड सेक्स)

## पार्टी के हाशिए पर

चालीस के दशक के अंत में जब सीमोन अपनी पुस्तक 'द सेकंड सेक्स' की रचना कर रही थीं, उसी समय के आस-पास भारत में तेलंगाना सशस्त्र किसान संघर्ष नई मंजिलें छू रहा था। इस संघर्ष का एक विशिष्ट पहलू यह था कि उसमें महिलाओं ने सचेत ढंग से हिस्सा लिया था। सचेत इन अर्थों में कि अतीत के आदिवासी-किसान विद्रोहों में भी कमोवेश महिलाओं की भागीदारी होती रही थी लेकिन वे विद्रोह अपनी प्रकृति में स्वतःस्फूर्त थे और उनमें राजनीतिक चेतना और संगठन का स्तर काफी निम्न था। तेलंगाना की खास बात यह थी वहाँ कम्युनिस्ट पार्टी के नेतृत्व में, विशेषतौर से चंद्र राजेश्वर राव की प्रेरणा से, एक स्त्री संगठन पहले से ही काम कर रहा था। इसलिए क्रांतिकारी राजनीति में महिलाओं को दीक्षित करने की जमीन तैयार पड़ी थी। जैसे ही निजाम के रज़ाकारों के मुकाबले विद्रोह फूटा, महिलाएँ लड़ाई में

कूद पड़ीं। बाद में जब स्त्री शक्ति संगठन ने इन वीरांगनाओं की जीवनियाँ छापीं तो पता चला कि अपने अद्भुत प्रयासों के बावजूद वे कम्युनिस्ट कतारों में बराबरी का दर्जा पाने से केवल इसलिए रह गईं क्योंकि वे पुरुष नहीं, बल्कि औरत थीं। चंद्र राजेश्वर राव ने स्वीकार किया, ''जब महिलाएँ आगे आईं तो हमने उन्हें हाथों-हाथ लिया, लेकिन हमने उन्हें आगे बढ़ने के लिए प्रेरित करने हेतु कुछ नहीं किया क्योंकि उनकी सुरक्षा एक समस्या थी। वे बहादुरी से लड़ीं...पर पार्टी ने उन्हें आकर्षित करने के लिए कोई विशेष प्रयास नहीं किए। जबकि कई महिलाएँ पार्टी में शामिल होना चाहती थीं।'' कम्युनिस्ट पार्टी महिलाओं के बारे में किसी तरह की नीति विकसित करने में नाकाम रही। पार्टी का एक दस्तावेज तेलंगाना के गाँवों में महिलाओं के राजनीतिकरण के विकास की चर्चा करते हुए बताया है, ''हमने हमेशा उनकी समस्या को अलग मसला माना। इस रवैए के कारण हम उन्हें आंदोलन के प्रति हमदर्द तो बना पाए, लेकिन संघर्ष में एक प्रत्यक्ष शक्ति के रूप में उनका योगदान नहीं हो पाया।'' राजेश्वर राव की यह ईमानदाराना आत्मस्वीकारोक्ति ठीक वही समस्या सामने रखती है—स्त्री का पुरुष से कुदरती रूप से भिन्न होना। राजेश्वर राव और उनके कामरेड, स्त्रियों को संगठित करने के लिए तो तैयार थे, लेकिन उन्हें मन में कहीं लगता था कि रजाकारों के हाथों में पड़कर वे यौन उत्पीड़न और बलात्कार की शिकार हो जाएँगी। वे स्त्रियों को इस दरिंदगी से बचाना चाहते थे। दरअसल, तेलंगाना की वीरांगनाओं की कहानी भी उसी उत्तरकथा को मिटाने की एक कोशिश थी जो उसके पुरुष से जैविक रूप से भिन्न होने के कारण उभरी है। लेकिन कम्युनिस्ट नेतृत्व अपनी सदिच्छाओं और समतामूलक आग्रहों के बावजूद उस उत्तरकथा को कायम रखने का औजार बन गया।

यदि तेलंगाना की नारियों के मन में झाँका गया होता और यदि झाँकने वाले के पास एक संवेदनशील आँख होती तो वह देख लेता कि उन्हें बलात्कार और यौन उत्पीड़न की चिंता नहीं है। वे जागीरदारी के बंधन तोड़ने के लिए अपने बच्चों की सुरक्षा के प्रति भी आँख मूँदने को तैयार हैं। कई महिलाएँ तो ऐसी थीं जो अपने परिवार और खासतौर से पति की आपत्ति के बावजूद लड़ाई में कूदी थीं। तेलंगाना के संग्राम में मल्लु स्वराज्यम की वीरता आज दंतकथा का रूप ले चुकी है। अपनी आपबीती सुनाते हुए उन्होंने कहा, ''परेशानियों से हमें ज्यादा तकलीफ नहीं हुई। हमारी तकलीफ का कारण तो वह बदनामी थी जो हमें झेलनी पड़ी। जिस समय हम मैदानों में संघर्ष से पीछे हटे, हमारे पति जेल में थे और हमें जंगलों में रहना पड़ा—ऐसे में हमारी गलतियों से कुछ लोगों ने बेजा फायदा उठाया। इस धक्के को भी हमें ही सहन करना था।'' स्वराज्यम का यह कथन बताता है कि राजेश्वर राव जिस यौन उत्पीड़न से अपनी महिला कार्यकर्ताओं को बचाना चाहते थे, उसी ने दूसरे रूप में उन पर उस जगह हमला किया जहाँ वे खुद को सबसे सुरक्षित मानती थीं, अर्थात् पार्टी की अपनी कतारों में।

पुरुष से अपनी जैविक भिन्नता के कारण जागीरदारी के खात्मे से जुड़े वर्गीय स्वार्थ की समानता के बावजूद महिलाएँ चाहकर भी खुद को उस स्तर तक नहीं उठा पाईं जहाँ कम्युनिस्ट

पुरुष स्वाभाविक रूप से बैठे हुए थे। सारा जीवन कम्युनिस्ट पार्टी में काम करने, कम्युनिस्ट साथी से शादी करने और सशस्त्र संघर्ष में भागीदारी करने के बाद प्रमिला ताई को लगा कि जो काम पुरुष कर सकते हैं वह काम वे नहीं कर सकतीं, ''बहुत से पुरुष नौकरियाँ करते हुए पार्टी की जिम्मेदारी उठाते थे... लेकिन काम करने की क्षमता की कोई सीमा भी तो होती है। परिवार का ख़याल रखना, नौकरी करना और राजनीति में सक्रिय रहना, एक साथ बहुत मुश्किल है। मैं यह नहीं कर पाई...आप पूछते हैं कि महेंद्र (पति) घर की जिम्मेदारियों में हाथ बँटाते थे...वे क्या हाथ बँटाते? वे कभी समय से घर नहीं आते थे। लगातार बाहर रहते—कभी रात के दो बजे आते, कभी तीन बजे। मुझे उनकी देखभाल करनी पड़ती—उनके खाने, कपड़े और स्वास्थ्य की चिंता करनी पड़ती।'' आखिर प्रमिला ताई और महेंद्र में क्या फर्क था? दोनों कम्युनिस्ट थे, दोनों संगठन में थे, दोनों ने साथ-साथ क्रांति करने का बीड़ा उठाया था और दोनों ने ही बराबर परेशानियाँ झेली थीं। लेकिन महेंद्र पर प्राकृतिक रूप से एक जिम्मेदारी कम थी—घरेलू काम-काज की। यह वही घरेलू काम-काज था जिसके ऐतिहासिक भौतिकवादी विश्लेषण के जरिए हम जानते हैं कि इसे सामाजिक काम-काज से कमतर माना गया था और जिसके साथ महिलाओं की संलग्नता उन्हें हमेशा से एक कमतर भूमिका में डाल देती रही है। कम्युनिस्ट पार्टी इस समस्या से निपटने में न केवल असमर्थ रही, बल्कि उसने महिलाओं की इस मजबूरी को बढ़ावा ही दिया। तेलंगाना की एक अन्य वीरांगना वृज रानी ने यही सवाल पूछा था कि आप ही बताइए, हथियार सँभालने वाली महिलाओं से जब सिलाई की मशीन के सामने बैठने के लिए कहा गया होगा (संघर्ष की वापसी के बाद) तो उन्हें कैसा लगा होगा?

कितनी विचित्र बात है कि मार्क्स-एंगेल्स के अनुयायियों ने घर की देहरी लाँघकर क्रांति में उतर आई औरतों को वापस रसोईघर में भेज दिया। वासवपुन्नैया जैसे सिद्धांतकारों के सामने जब महिला कामरेडों ने सवाल उठाया कि क्या उन्हें संघर्ष वापसी के बाद अन्य तरह के राजनीतिक काम नहीं दिए जा सकते तो उन्हें रूखा जवाब मिला, ''तुम लोग क्या करोगी? हम भी तो हाथ-पर-हाथ रखे बैठे हैं। घर जाओ और वहीं रहो।'' मल्लू स्वराज्यम पर जो बीती वह इन शब्दों में वर्णित है, ''उन्होंने हमारा इतना लंबे अरसे तक इस्तेमाल किया और अब वे हमें घर जाने और वहीं रहने के लिए कह रहे थे। उन्हें कैसे पता कि घर में क्या परिस्थिति होगी? उन्हें कोई कैसे बताता यह सच्चाई? किस कदर मानसिक यातना थी वह—मैं वास्तव में व्यथित हो उठी। तब मुझे पहली बार तकलीफ का अहसास हुआ।''

वासवपुन्नैया और आमतौर पर समग्र कम्युनिस्ट पार्टी के इस रवैए को अगर मार्क्स-एंगेल्स और लेनिन की सैद्धांतिक शिक्षाओं को बराबर रखकर देखें तो साफ हो जाता है कि यह किसी भी दृष्टि से कम्युनिस्ट रवैया नहीं था। क्रांतिकारी विचारधारा के इन पुरोधाओं ने साफतौर पर कहा था, ''नारी मुक्ति तब संभव होगी जब महिला सामाजिक स्तर पर व्यापक तौर पर उत्पादन में भाग लेगी और बहुत ही अल्पमात्रा में उसका ध्यान घर की जिम्मेदारी पर होगा।''

लेनिन ने क्लारा जेटहिन से बातचीत में कहा था कि सर्वहारा वर्ग के पति भी अपनी पत्नियों के काम में हाथ नहीं बँटाते। लेनिन के अनुसार पति की 'गुलाम पत्नी' छिपे रूप से उसी से बदला लेती है। वह अपने पति के क्रांतिकारी उद्देश्यों को नहीं समझती और उसके जुझारूपन, उसके जुझारू संकल्प को पीछे खींचती हैं। लेनिन का मानना था कि महिला मुक्ति के लिए महिलाओं को तो शिक्षित करना ही चाहिए, लेकिन पुरुषों के बीच भी काफी शैक्षणिक कार्य करने की जरूरत है।

मजबूरियाँ चाहे जो भी रही हों, कम्युनिस्ट पार्टी उस समय रीति-नीति के लिहाज से कितनी भी भटकी हुई हो और तेलंगाना की संघर्ष वापसी से उसकी पाँतों में कितनी भी निराशा हो, लेकिन महिला कार्यकर्ताओं के प्रति उसका यह रवैया महिलाओं को राजनीति में इस्तेमाल कर लेने की प्रवृत्ति का ही द्योतक था। यह प्रवृत्ति ज्यादातर अचेत रूप से काम करती थी क्योंकि आखिर कम्युनिस्टों ने सचेत रूप से महिलाओं को राजनीति में उतारने के लिए संगठन बनाए थे; कोशिशें की थीं। लेकिन आंदोलन में महिलाओं की भागेदारी को लेकर आई समस्याओं के प्रति उन्होंने चलताऊ परिवारगत दृष्टिकोण ही अपनाया और जब आंदोलन को पहला झटका लगा तो वे महिलाओं को राजनीति के लिए सिर्फ इस्तेमाल करते हुए पाए गए।

महिलाओं की जैविक भिन्नता को न समझना, क्रांतिकारी अड्डों पर रहने वाली महिलाओं के लिए गर्भनिरोध के तरीकों की व्यवस्था करने की चेतना न होना, पार्टी में महिला कार्यकर्ताओं की स्त्रीगत एकता के खिलाफ पार्टी के झंडे का इस्तेमाल करना, आदि समस्याएँ तो थीं ही, लेकिन कम्युनिस्ट पार्टी इस बुनियादी मान्यता का भी पालन क्यों नहीं कर पाई कि औरत को चूल्हे-चक्की से मुक्त कराना चाहिए। तेलंगाना के संघर्ष में तैयार महिला कार्यकर्ताओं को यूँ ही कुम्हला जाने के लिए क्यों छोड़ दिया गया? ये सवाल बड़े गहन-गंभीर हैं। चालू शब्दावली और चिंतन के अनुसार उनका जवाब तलाशना मुश्किल है। इसके लिए कम्युनिस्ट पार्टी और मार्क्सवाद को एक नए विमर्श की आवश्यकता है। आइए देखें कि तेलंगाना की महान परंपरा के उत्तराधिकारी इस नए विमर्श के लिए क्या-क्या तैयारी कर रहे हैं। तेलंगाना के अंदर ही देवुलपल्ली वेंकेटेश्वर राव के रूप में भविष्य के गर्भ में छिपे हुए नक्सलबाड़ी विद्रोह का नेतृत्व तैयार हो रहा था। तेलंगाना सर्वमान्य नेताओं पी. सुंदरैया, रविनारायण रेड्डी, भीमी रेड्डी और सी. राजेश्वर राव की कतार में पाँचवाँ नाम डी. वी. राव का था जो सशस्त्र किसान संघर्ष की परंपरा को नक्सलवाद तक ले गए।

## क्रांति की चौखट पर

क्रांतिकारी कम्युनिस्ट आंदोलन और स्त्री के अंतर्संबंधों की जाँच-पड़ताल के साथ पहली समस्या यह है कि वहाँ जुझारूपन बहुत सी समस्याओं और खामियों को ढँक लेता है। औरत ने जैसे राइफल उठाईं, और पुलिस से मोर्चा लिया वैसे ही उसे मुक्ति के रास्ते पर चलता हुआ मान लिया जाता है। स्वाभाविक रूप से लाजवंती नारी के जीवन में आए उस जबरदस्त बदलाव का श्रेय कम्युनिस्ट पार्टी ले लेती है। लेकिन हम तेलंगाना के अनुभव से देख चुके हैं कि पार्टी

महिलाओं को राजनीति और क्रांति में उतारती ही नहीं, उन्हें वापस भी भेज देती है। पार्टी के दस्तावेजों और समर्थकों द्वारा की गई समस्याओं में से इस अगति के कारण तलाशना रेत में तेल निकालने के समान होता। 'वर्ग संघर्ष' और नारी मुक्ति पर प्रकाशित सामग्री पढ़ने पर चित्र यह उभरता है कि हर जगह नारी लाल झंडा हाथ में उठाए क्रांतिकारी वाहिनियों में उमड़ती चली जा रही है। वह विप्लव के बारे में क्या सोचती है, पुरुष के मुकाबले उसका सोच कहाँ भिन्न है और कहाँ समान, वह किस हद तक वर्ग संघर्ष का अंग रहेगी और कब किस बिंदु पर नारी को अलग से अपना संघर्ष चलाने की स्वायत्तता देनी होगी—यह चिंतन और समीक्षा दुर्लभ ही है। नक्सलवादी आंदोलन के दस्तावेज खँगालने पर भी इसी समस्या से दो-चार होना पड़ता है। क्रांतिकारी महिला संगठनों के प्रपत्रों और आलेखों के सैकड़ों पृष्ठ उलटने के बाद स्त्रीवाद और उदार जनवादी आंदोलन की धाराओं की कठोर आलोचना तो थोक में मिलती है, लेकिन कम्युनिस्ट नारी का जो चित्र उभरता है वह आत्म-ऊहापोह से मुक्त क्रांति के प्रति समस्याहीन ढंग से समर्पित दिखाया जाता है।

नक्सलवाड़ी के विद्रोह से प्रभावित होकर आंध्र के श्रीकाकुलम एजंसी एरिया में आदिवाटला कैलासम और वेंपटापु सत्यनारायणम के नेतृत्व में एक महाविद्रोह हुआ था। इस इलाके में दो आदिवासी कबीले बसे हुए थे—जातापू और सवारा, लेकिन कैलासम और वेंपटापु मैदानों से थे, पढ़े-लिखे कामरेड थे। उन्होंने आदिवासियों के बीच इतना काम किया कि उन्हीं के समाज में रच-बस गए। वेंपटापु ने आदिवासियों में ही शादी की और 'गप्पा गुरु' के नाम से मशहूर हुए। उनकी वीरता और नेतृत्व की कहानियाँ आज देवकथाओं के रूप में वर्णित की जाती हैं। इन्हीं वेंपटापु ने आंदोलन के आखिरी दौर में दूसरी आदिवासी लड़की से शादी रचा ली थी। दोनों लड़कियाँ अलग-अलग कबीलों की थीं। श्री काकुलम इलाके के पुराने कम्युनिस्ट क्रांतिकारी जानते हैं कि वेंपटापु अपनी दोनों पत्नियों के साथ रहते थे और कभी-कभी उनमें से किसी एक की पिटाई भी करते थे। उनकी इन हरकतों के खिलाफ श्री काकुलम की क्रांतिकारी कमेटी में बड़ा रोष था। इस कमेटी ने वेंपटापु की आलोचना करने और उन्हें इस कुकृत्य से वर्जित करने की कुछ कोशिशें जरूर की थीं, लेकिन उनकी तीव्रता कितनी थी—इसका कोई दस्तावेजी प्रमाण उपलब्ध नहीं है। हाँ, वेंपटापु अपनी इस आलोचना का जवाब देने के लिए जिस तर्क की आड़ लेते थे वह 'वर्ग शत्रु का नाश' वाली राजनीति का तर्क था। वेंपटापु का कहना था कि जो कामरेड 'वर्ग शत्रु का नाश' वाली लाइन नहीं मानते, वे ही उन पर इस भाव से ऐसा इलजाम लगाते हैं। बहरहाल, उसी दौर के कानपुर-उन्नाव पट्टी के एक नक्सलवादी नेता परिवार नियोजन के किसी भी उपाय के सख्त खिलाफ थे। उनका घर-परिवार 'नक्सली' था, लेकिन बीवी बच्चे जनने के अलावा कोई और काम नहीं कर पाती थी। वे आखिर तक अपनी पत्नी की नसबंदी करने का प्रतिरोध करते रहे। पार्टी ने जबरदस्ती की। उनकी पत्नी की नसबंदी करा दी, लेकिन पार्टी उनकी नसबंदी नहीं करा पाई। हालाँकि पुरुष की नसबंदी अधिक आसान और महिला के मुकाबले कम तकलीफदेह होती है।

ये दोनों उदाहरण आदिवासी और हरिजन समाज के हैं और ये दोनों सशस्त्र संघर्ष से जुड़े हुए भी हैं। यहाँ हमारा तात्पर्य दोनों नेताओं के क्रांति में योगदान को कम करके आँकने का नहीं है। अगर उनसे महिला मुक्ति पर भाषण देने के लिए कहा जाता तो वे निश्चित रूप से परंपरागत मार्क्सवादी धारणाओं को इस्तेमाल करके एक अच्छा वक्तव्य जारी करते।

इससे जाहिर होता है कि नक्सलवादी क्रांति के शुरुआती दौर में उसका नेतृत्व स्त्री आंदोलन की समस्याओं पर कोई ध्यान नहीं दे पाया। उन्होंने तेलंगाना से कोई सबक नहीं सीखा। दरअसल, उसके पास तेलंगाना के संघर्ष में स्त्रियों की भागीदारी को लेकर किसी अलग से अध्ययन का अभाव ही था। लगता है, उन्होंने पी. सुंदरैया, डी.वी. राव, रवि नारायण रेड्डी और रेणु चक्रवर्ती द्वारा लिखे गए महिलाओं के क्रांतिकारी योगदान के विवरणों को भी ध्यान से नहीं पढ़ा था। इन्हीं विवरणों में वे उत्तरकथाएँ बिखरी पड़ी हैं जो क्रांतिकारी महिलाओं के जीवन में उनकी पुरुष से जैविक भिन्नता के कारण उग आई हैं। नक्सलवादी राजनीति को उन उत्तर कथाओं का एहसास बहुत देर से हुआ।

## कैथरकलाँ की औरतें-1

एक महिला कन्वेंशन की पूर्व संध्या पर 1986 में महेश्वर ने एक कविता लिखी थी जिसकी अंतिम पंक्तियाँ थीं—

> लो, आ गईं तुम्हारी चौखट पर
> कैथरकलाँ की बेटियाँ!

बिहार में अगर भोजपुर नक्सलवाद की पुनर्स्थापना करने वाला साबित हुआ तो भोजपुर का एक छोटा सा गाँव कैथरकलाँ इस आंदोलन में महिलाओं की भागीदारी का प्रतीक बन गया। इस गाँव पर जब जमींदारों और पुलिस ने मिलकर हमला किया तो वहाँ की महिलाओं ने मुँहतोड़ जवाब दिया और जीत हासिल की। इस गाथा का इतिहास कविताओं और अन्य छिटपुट वर्णनों में दर्ज है। इसकी विशेषता यह है कि तेलंगाना के इतिहास की तरह यहाँ महिला योद्धा पुरुषों की बगल में या पीछे नहीं खड़ी थीं, बल्कि उन्होंने आगे बढ़कर पहलकदमी अपने हाथ में ले ली थी और पूरी लड़ाई पर छा गई थीं। निश्चित रूप से यह तेलंगाना का स्वतःस्फूर्त विकास था लेकिन क्या इस स्वतःस्फूर्त को भाकपा (माले) और उसकी किसान सभा ने सायास और सुचिंतित सैद्धांतिक व व्यावहारिक धरातल पर उतारने की कोशिश की? महिलाओं को सशस्त्र कार्रवाइयों अथवा जुझारू जनवादी आंदोलन के उतार चढ़ाव में प्रत्यक्ष रूप से फेंकने के बारे में इन संगठनों का क्या रवैया रहा है?

'किसान आंदोलन के भीतर से उभरते महिला संगठन के सवाल' नामक विश्लेषण में सरोज चौबे हमें बताती हैं कि नक्सलवादियों के जमीन दखल व फसल दखल आँदोलन में किसान महिलाएँ उत्साह से भाग लेती हैं। उनकी संख्या 30 से 35 प्रतिशत तक रहती है, लेकिन 'ऐसे कार्यक्रमों में जब पुलिस और जमींदारों के गुंडा गिरोह व लाल सेना की आमने-सामने लड़ाई लगती है तो महिलाएँ कम रहती हैं और कहीं-कहीं तो संगठन सुरक्षा के दृष्टिकोण से

उनकी भागीदारी जानबूझकर नहीं करवाता है...फसल दखल बनिस्पत रोकनी, आदि में महिलाओं की अधिक भागीदारी होती है।' सरोज चौबे का यह प्रेक्षण हमें एकदम तेलंगाना की वीरांगनाओं के फ्लैशबैक में ले जाता है। बिना किसी अपवाद के उन सबने कम्युनिस्ट नेतृत्व की इस मुद्दे पर आलोचना की थी कि उन्हें लड़ाई में सीधे-सीधे क्यों नहीं उतारा गया? राजेश्वर राव के पास भी महिलाओं की सुरक्षा का तर्क था और माकपा (मा-ले) के पास भी महिलाओं की सुरक्षा का तर्क है।

बिहार के नक्सली आंदोलन में 'औरत की इज्जत' का सवाल बड़ा महत्त्वपूर्ण रहा है। पिपरा जनसंहार के केंद्र में भी एक दलित महिला का शील भंग ही था। एक तरह से देखा जाए तो कहा जा सकता है कि लंपट जमींदारों से भूमिहीन मजदूर परिवारों की महिलाओं को बचाने में नक्सलवादियों की जबरदस्त भूमिका रही है। नक्सलवाद के दलितों में लोकप्रिय होने के पीछे यह भी बड़ा कारण है। यह सही है कि नक्सली नेतृत्व महिलाओं को राजनीति में उतार लाने के सिलसिले में बिहार की धरती पर दूसरा तेलंगाना रचने में कामयाब हो गया है। ठीक तेलंगाना की भाँति बिहार की महिलाएँ अपने पतियों को पुलिस की कैद से छुड़ाने के लिए घेराव आदि के हथियार इस्तेमाल करती हैं। लेकिन कैथरकलाँ जैसे उदाहरण अभी भी यहाँ अपवाद ही हैं। पार्टी से जुड़ी किसान महिलाओं की चेतना का वर्णन करते हुए सरोज चौबे कहती हैं, "वर्ग चेतना से लैस इन महिलाओं के भीतर पुरुष सत्तात्मक चिंतन से लड़ने की भावना भी शैशवावस्था में ही है। यही कारण है कि जुलूसों और किसान सभा की सदस्यता में 30-40 फीसदी रहने के बावजूद कमेटियों के चुनाव लड़ने के मामले में उनके अंदर एक निष्क्रियता या चुनी गई सदस्यों को अपनी भूमिका में खड़े होने में दिक्कत आ रही है। अभी उन्हें यह विचार आत्मसात् करने में कठिनाई है कि इन कमेटियों के माध्यम से ही हम सत्ता की भागीदारी की दावेदार होंगी। पुरुष-प्रधान समाज में पुरुषों के पास में बन रही नीतियों को चुनौती देने की बुनियाद भी इन्हीं स्थानीय निकायों में हमारे सक्रिय हस्तक्षेप से पड़ेगी।" सरोज चौबे स्वीकार करती हैं कि जाति-पाँति या धार्मिक रीति-रिवाज के जंजाल से महिलाओं को निकालने के लिए किसान सभा के पास कोई कार्यक्रम नहीं है। ब्राह्मणवाद विरोधी अर्जक संघ के आंदोलन में महिलाओं की भूमिका सिर्फ दहेज और कर्मकांड रहित शादियों में कुछ गीत गाने तक ही सीमित रही। गायत्री यज्ञ के जुलूसों तक में नक्सली जनाधार की महिलाएँ शामिल हो जाती हैं।

भाकपा (माले) ने एक शक्तिशाली स्त्री आंदोलन को जन्म देने के लिए राष्ट्रव्यापी मुहिम चला रखी है। इस मामले में वह तेलंगाना के जमाने की पार्टी से कहीं आगे और सचेत है। लेकिन खुद उसकी कतारें इस रेडीकल चेतना को ग्रहण करने में कितनी पीछे हैं इसका अंदाजा इस संगठन के महासचिव विनोद मिश्र के इस कथन से हो जाता है, "मैंने बिहार में जनवादी शादियों के बारे में सुना है जिनमें पुरोहितों और आडंबरों की जगह सीधे-सादे तरीके से शादी की जाती है। यह जरूर अच्छी बात है। लेकिन जनवादी शादी का मतलब होता है,

नारी को अपना साथी खुद चुनने की स्वतंत्रता और शादी के बाद पारिवारिक जिम्मेदारियों में सहभागिता। लेकिन इन जनवादी शादियों में क्या, पार्टी के अंदर तथाकथित क्रांतिकारी शादियों में भी अधिकांश में ये नीतियाँ शायद ही लागू हो पाती हैं...हमारी पार्टी में भी महिला कार्यकर्ताओं की मर्यादा हानि की घटनाएँ घटित होती हैं। कुछ-कुछ पुरुष कार्यकर्ताओं द्वारा आम महिलाओं के प्रति बहुत ही गलत आचरणों की रपटें आती हैं।''

भाकपा (माले) की महिला नेता कुमुदनीपति मानती हैं कि आमतौर पर कम्युनिस्ट पार्टियाँ स्वतंत्र महिला आंदोलन की जरूरतों को नकारती रही हैं। उन्होंने नारीवादी आंदोलन द्वारा उठाए गए उन महत्त्वपूर्ण मुद्दों को भी नहीं स्वीकारा जिन्हें सकारात्मक माना जा सकता था। संभवतः इसी जरूरत को ध्यान में रखकर कुमुदनीपति और उनके संगठन ने नारी आंदोलन की गैर कम्युनिस्ट धाराओं के साथ अन्यान्नक्रिया शुरू की है। एक तरह से यह पहलकदमी कम्युनिस्ट पार्टी को 'परिवार' से उस 'सिंड्राम' से निकालने में मदद कर सकती है जिसमें कम्युनिस्ट पार्टी तेलंगाना के जमाने से फँसी रही है। हालाँकि, यह बहुत मुश्किल प्रतीत होता है क्योंकि पार्टी के अंदर ही नारीवाद को 'मार्क्सवाद के लिए एक चुनौती' के रूप में देखने की प्रवृत्ति मौजूद है। यह दृष्टि स्त्री आंदोलन से सीखने और मार्क्सवाद को समृद्ध करने के बजाय उससे टकराव की तरफ ज्यादा ले जाती है। पार्टी के सिद्धांतकार स्त्री आंदोलन की व्याख्या करते समय उसकी शल्यक्रिया करने में ज्यादा व्यस्त नजर आते हैं। उनके अंदर आत्मालोचना का भाव न के बराबर है। हाल ही में पार्टी के केंद्रीय स्कूल में पेश किए गए एक पर्चे से यह समस्या उभरकर सामने आ गई है। 'द फेमिनिस्ट मूवमेंट इन इंडिया' नामक इस प्रपत्र में दो पंक्तियों में आत्मालोचन का काम यह कहकर निपटा दिया गया है कि हम इन क्षेत्रों (लैंगिक मुद्दों जैसे बलात्कार, दहेज, दहेज-हत्या, घरेलू-हिंसा, घर में श्रम का असमान विभाजन, प्रजनन का नियम, महिला का अपने शरीर पर नियंत्रण, महिलाओं का यौन दमन और उनका यौन व्यापारीकरण अर्थात् स्त्रीवादियों द्वारा उठाए गए सभी मुद्दे) में बहुत पीछे हैं और हमने उन पर बहुत देर से शुरुआत की है। बस इस नाममात्र की और बेहद उथली आत्मालोचना के बाद प्रपत्र के लेखक तलवार भाँजते हुए स्त्रीवादियों पर टूट पड़ते हैं। नारीवाद कोई फर्जी और हवाई आंदोलन नहीं है और वह एक वस्तुगत यथार्थ की उपज है—यह मानते हुए भी सिद्धांतकार महोदय अपने आप से सवाल नहीं पूछ पाए कि आखिर हम (अर्थात् कम्युनिस्ट और उनकी पार्टी) इन मसलों पर इतनी देर से शुरुआत क्यों कर पाए? वैज्ञानिक विचारधारा के वाहक पचास के दशक से ही नारीवादियों और गैर-नारीवादियों द्वारा प्रस्तुत स्त्री के प्रश्न पर मार्क्सवाद की सीमाओं की आलोचना को जज्ब करने से इंकार क्यों करते रहे? अगर वे आलोचनाएँ गलत थीं और वर्ग के दायरे में सभी समस्याएँ फिर की जा सकती थीं तो फिर आज उन्हें 'वर्गीय परिप्रेक्ष्य' और 'लैंगिक परिप्रेक्ष्य' के सृजनात्मक समन्वय की जरूरत क्यों पड़ रही है?

## कैथरकलाँ की औरतें-2

कम्युनिस्ट बुद्धिजीवी औरत के मसले को कैसे देखते हैं और उनके अवचेतन में क्या छिपा रहता है इसकी एक बानगी के लिए क्रांतिकारी कवि गोरख पांडे की कविता दृष्टव्य है। यह भी कैथरकलाँ की औरतों के बारे में है—

क्या से क्या हो गईं
कैथरकलाँ की औरतें?
यह तो बगावत है
राम-राम घोर कलियुग आ गया
औरत और लड़ाई?
उसी देश में जहाँ भरी सभा में
द्रौपदी का चीर खींच लिया गया
सारे महारथी चुप रहे
उसी देश में

मर्द की शान के खिलाफ यह जुर्रत? गोरख सामान्य कम्युनिस्ट कार्यकर्ता नहीं थे। वे दर्शनशास्त्र में विधिपूर्वक दीक्षित और अत्यंत चिंतनशील संस्कृतिकर्मी थे। उन्होंने कैथरकलाँ की औरतों के शौर्य के मुकाबले द्रौपदी के महाकाव्यात्मक चरित्र की बेबसी रखकर कविता की रचना की। मैं समझता हूँ कि उन्होंने द्रौपदी के उदाहरण को अनजाने में सृजनात्मकता के प्रवाह में उठा लिया होगा, या हो सकता है कि उन्होंने जानबूझकर यह मिसाल ली हो। दोनों ही स्थिति में वे द्रौपदी को पुरुष अत्याचार के शिकार के रूप में पेश करते नजर आते हैं, जबकि द्रौपदी अपने चीरहरण के पहले धिक्कार और ललकार की भाषा भी बोलती है, दुःशासन के रक्त से अपने बालों का शृंगार करती है, अश्लील इशारे करने वाले दुर्योधन की जाँघ तुड़वाती है और सास कुंती द्वारा पाँच पति थोप दिए जाने पर भी प्रेम सिर्फ अर्जुन से करती है। यह भीरु और अबला नारी का चरित्र नहीं हो सकता। ऐतिहासिक भौतिकतावादी दृष्टि से यह विद्रोहिणी नारी का चरित्र ही हो सकता है।

नारी को पूँजीवाद सचेत रूप से 'अबला' के रूप में चित्रित करता है और कम्युनिस्ट यही काम अवचेतन रूप से करते हैं। उत्तराखंड आंदोलन के दौरान मुजफ्फरनगर में महिलाओं के साथ हुए पुलिसिया सुलूक के सिलसिले में माकपा (मा-ले) के कार्यकर्ताओं का रवैया इस समस्या को एक बार फिर उजागर कर गया है। राजनीति के आग्रहों के तहत ये लोग भी 'बलात्कार हुआ या नहीं' की बहस में फँसे हुए हैं। मैंने इनमें से कई के साथ लंबी-लंबी बातचीत की, लेकिन किसी ने एक भी बार नहीं कहा कि औरतों ने पुलिस की फायरिंग, लाठी, आँसू गैस और गाली-गलौज के बीच अद्‌भुत साहस और शौर्य का परिचय दिया। वस्तुस्थिति यही है कि मुजफ्फरनगर के चौराहे पर उस रात जो हुआ उसमें बलात्कार या सामूहिक बलात्कार अभी भी विवाद का विषय बना हुआ है, लेकिन महिलाओं का शौर्य और

राजनीति में भागीदारी की इच्छा निर्विवाद है। बलात्कार का मुद्दा राजनीतिक दाँव-पेच का मोहरा बना हुआ है, लेकिन कम्युनिस्ट महिला कार्यकर्ताओं को चाहिए था कि उत्तराखंडी महिलाओं के वीरांगना चरित्र को उभारें न कि उनके शाश्वत रूप से 'उत्पीड़ित' या 'शिकार' के चरित्र को। संभवतः राजनीतिक तात्कालिकता के घटाटोप में यह बारीकी समझना मुश्किल हो गया होगा। लेकिन यह कमी कम्युनिस्टों में स्त्री के प्रति किसी विशिष्ट परिप्रेक्ष्य की अपर्याप्तता की द्योतक तो है ही। इसके विचारधारात्मक आधारों की खोज करना हर समाज चेतना का कर्तव्य है।

## हाशिए से चौखट तक

तेलंगाना में महिलाएँ पार्टी के हाशिए पर खड़ी थीं। वे दस्तक देती रहीं, लेकिन पार्टी उन्हें अपनी बाँहों में समेटने से हिचकती रही। नक्सलवाद ने इस परिस्थिति को बदला और वहाँ महिलाओं को क्रांति की चौखट तक खींच लाया गया। लेकिन अभी भी उनके कदम दरवाजे के अंदर नहीं पड़े हैं। वे वीरांगना के रूप में अपने पुनर्जन्म और अबला के रूप में अपने पूर्वजन्म के बीच झूल रही हैं। यह द्वैत तब तक समाप्त नहीं हो सकता जब तक कम्युनिस्ट पार्टी या उनके सिद्धांतकार अपनी विचारधारा, जिसे वे 'सार्वभौमिक सत्य' कहते हैं, के सामने 'क्यों' का प्रश्नचिन्ह नहीं लगाएँगे। अब समय आ गया है जब स्त्री आंदोलन के लिए जिम्मेदार महिला कामरेडों को पूछना शुरू कर देना चाहिए कि कम्युनिस्ट पार्टी की कतारों में महिलाओं की उपेक्षा आखिर किस दबाव के तहत की जाती रही? क्या यह विचारधारात्मक प्रश्न नहीं है? क्या इसे केवल रणनीतिक अथवा कार्यनीतिक प्रश्न मानना गलत नहीं होगा? ये सवाल बिना अराजक या अनुशासनहीनता की मुद्रा अपनाए रचनात्मक ढंग से उठाए जा सकते हैं। मसलन—

एंगेल्स की महिला संबंधी धारणाओं पर पुनर्चिंतन क्यों आवश्यक नहीं है? क्या अमेरिकी नृतत्त्वशास्त्री मोर्गन की खोजों के आधार पर किया गया उनका विश्लेषण आज पुराना नहीं पड़ गया है? क्या मोर्गन की कई बातें नृतत्त्वशास्त्र के आधुनिक विकास के साथ गलत साबित नहीं हो गई हैं? क्या इस नई गवेषणा से परिवार, वर्ग और नारी के अंतर्संबंधों के बारे में एकदम नई अवधारणाएँ निकल आने की संभावना नहीं है?

क्या यौनिकता (सेक्सुअलिटी) के प्रश्न पर कम्युनिस्ट पार्टियों का रवैया आमतौर पर शुद्धतावादी रवैए से मेल खाता नहीं लगता? क्या पार्टी के अंदर महिला और पुरुष कार्यकर्ता बहन-भाई के रिश्ते से शुरुआत करके एक-दूसरे को प्रेमी-प्रेमिका समझने तक नहीं पहुँच जाते हैं? क्या ऐसा पार्टी की कतारों में अनगिनत बार नहीं हो चुका है? तेलंगाना के जमाने में भी ऐसा होता था और उत्तर-नक्सलबाड़ी युग में भी ऐसा हो रहा है। महिला कार्यकर्ताओं को सवाल पूछना चाहिए कि आखिर पार्टी के अंदर यौन-शुचिता और नैतिकता के मसले साफ क्यों नहीं किए जाते? आखिर समाज के तत्संबंधित चालू रवैए और पार्टी के भीतर के माहौल में फर्क कायम रखने के लिए पार्टी के पास कोई स्पष्ट और ठोस कार्यक्रम क्यों नहीं है?

वह कौन सी विचारधारात्मक समस्या है जो कम्युनिस्ट पार्टी को लैंगिग मसले पर सूत्रीकरण करने से रोकती है? क्या यह विचारधारा की बुनियादी सीमा नहीं है? अगर नहीं है तो बताया क्यों नहीं जाता कि मार्क्सवाद-लेनिनवाद में इस मसले पर अमुक-अमुक निर्देश मौजूद हैं? अगर ऐसे निर्देश नहीं हैं तो इसे साफ तौर पर स्वीकारा क्यों नहीं जाता?

आधुनिक नृतत्त्वशास्त्र एक भी ऐसा पुख्ता प्रमाण पेश नहीं कर पाया है जो यह साबित कर सके कि कभी महिलाओं के वर्चस्व वाला कोई समाज भी रहा होगा। यह जरूर है कि विभिन्न समाजों में पुरुषों और महिलाओं के वर्चस्व अलग-अलग जरूर रहे हैं। इस दृष्टि से कई विद्वानों ने निष्कर्ष निकाला है कि किसी संपत्ति और पुरुष के वर्चस्व के बीच एंगेल्स द्वारा स्थापित संबंध संदिग्ध हो जाता है। इसलिए निजी संपत्ति के खात्मे से औरत की मुक्ति का प्रश्न स्वाभाविक रूप से अलग हो गया है। इसी जगह नारीवाद मार्क्सवाद में अगला और स्पष्ट योगदान करने का दावा लेकर उभरता है।

व्यावहारिक अनुभव भी हमें बताता है कि न तो 'यंत्र-सभ्यता' (मैकेनिकल एज) अर्थात् पूँजीवाद ने औरत की मुक्ति के रास्ते खोले और न ही समाजवादी राज्य द्वारा उसे दी गई कानूनी बराबरी उसे पितृसत्ता के शिकंजे से निकाल पाई। अनुभव हमें यह भी बताता है कि कोरा नारीवाद भी औरत को मुक्त कर पाने के लिए अपर्याप्त साबित होता आया है। मार्क्सवाद के लिए जो महत्त्व श्रम का है, वही महत्त्व नारीवाद के लिए यौन-चेतना का है। मार्क्सवाद यौन-चेतना का महत्त्व समझने की तरफ बढ़ रहा है और नारीवाद की भी समझ में आने लगा है समाजवादी राज्यों के पतन से उसका आंदोलन भी कमजोर हुआ है। यह संश्लेषण का बिंदु है। यह एक ऐतिहासिक मौका है जिसका लाभ कम्युनिस्ट पार्टी को साहस के साथ उठाना चाहिए। लेकिन कम्युनिस्ट तब तक इस परिस्थिति से लाभान्वित नहीं हो सकते जब तक वे अपने वर्ग विश्लेषण में 'ही' की जगह 'शी' की श्रेणी को सम्मिलित नहीं कर लेते वरना तेलंगाना की प्रियंवदा को यह वाक्य क्रांतिकारी आंदोलन को प्रेत ध्वनि की तरह सताता रहेगा, ''मेरी उम्मीदें हथेली में टूट गए अंडे की तरह रह गईं।''

(यह लेख स्त्री शक्ति संगठन द्वारा रचित पुस्तक 'वी वर मेकिंग हिस्ट्री', प्रगतिशील महिला मंच की पत्रिका 'आधी जमीन' के कई अंकों और कंचन कुमार द्वारा संपादित 'आमुख' के नारी स्वातंत्र्य विशेषांक की सामग्री के आधार पर लिखा गया।)

# साँगते एका यानी कहती हूँ सुनो

## *मराठी साहित्य में स्त्री का आत्मकथ्य*

### (एक) पुष्पा भावे

मराठी साहित्य के विविध कालखंडों में महिलाओं का आत्मान्वेषण व्यक्त होता रहा है। पुराने समाज में जब नारी के लिए ज्ञान अर्जित करना असंभव था, सार्वजनिक फलक पर वह अनुपस्थित थी, घर के बाहर बरामदे में आना या उसकी आवाज़ का बाहर के कमरे तक सुनाई देना अनुचित समझा जाता था, उस समय की उसकी भावनाएँ, काम करते समय गीतों की गुनगुनाहट में या त्योहारों और समारोहों में व्यक्त होती थीं। मौखिक परंपरा से चलते आए इन गीतों में केवल नारी के आत्माविष्कार के अवशेष ही नहीं, वरन् उसकी इतिहास को देखने या मिथकों का अर्थ स्पष्ट करने की एक विशेष महिलापरक दृष्टि भी दिखाई पड़ती है। मिसाल के तौर पर 'स्त्री-रामायण' का उल्लेख किया जा सकता है जिसमें 'राम हलक्या कानाचा, हलक्या मनाचा' यानी 'राम कच्चे कान का और कच्चे मन का' में राम के सीता-त्याग को लेकर नाराज़गी व्यक्त होती है। सीता का जुड़वाँ पुत्रों को जन्म देना—इस विषय पर अलग से कथा रचकर सीता के संदर्भ में व्यभिचार की आशंका करने वाले लोगों के सामने उन्हें शुद्ध प्रमाणित किया गया है।

नारी गृहस्थी की चौखट लाँघकर जब बाहरी जगत में दाखिल हुई तब उसे अहमियत मिली और यह काल था—बौद्ध धर्म संघटना और महानुभाव पंथ के प्रभाव का। इसीलिए मराठी की आद्य कवयित्री होने का सम्मान इस पंथ की महदंबा या महदाइसाँ को मिला। आश्चर्य की बात है कि गद्य ग्रंथ, चरित्र ग्रंथ या स्मृतियों के रूप में संकलन करने वाली महानुभाव संप्रदाय की महदंबा ने आत्मकथात्मक कुछ भी नहीं लिखा, परंतु पंथीय वाङ्मय में महदंबा का व्यक्तित्व विशेष रूप से प्रतिबिंबित मिलता है।

बारकरी संप्रदाय के पारमार्थिक-लोकतंत्र के वातावरण में जिस प्रकार गोरा कुम्हार, सेना नाई, चोखा महार की वाणी मुखर हुई उसी प्रकार जनाबाई, कुम्हार की सोयरा, उसकी ननद निर्मला की आवाज़ भी खुलकर बाहर आई। उनके अभंगों में केवल आत्मकथन ही नहीं है, बल्कि उनमें समाज द्वारा निर्मित घर की चहारदीवारी में कैद स्त्री की पतिव्रता-प्रतिमा से भी प्रश्न किए गए। 'डोईचा पढर, आला खाँद्यावरी' यानी 'सिर से पल्लू ढलकर काँधे पर आया' कहने वाली

जनाबाई ने महिलाओं के गृहस्थी की चौखट के बाहर के अस्तित्व के बारे में चर्चा की। परंतु इस कालखंड में आध्यात्मिक तत्त्वों के प्रभाव के कारण नारी के व्यक्तित्व का सामाजिक विश्लेषण अधिक संभव न हो सका। अतः अंग्रेजों के कालखंड से ही मराठी साहित्य की महिलाओं की आत्मकथाओं पर विचार करना उचित होगा।

अंग्रेजी शिक्षा प्राप्त विद्वानों की उदारतावादी दृष्टि और अपनी परंपराओं को जाँचकर देखने की जरूरत के अहसास से रूढ़िग्रस्त समाज के कुटुंब में स्त्री की कुंठा को केंद्र में रखकर अनेक निबंध, उपन्यास आदि लिखे गए। उदाहरणार्थ हरिभाऊ आप्टे की 'प्रणलक्षात कोण होतो' (पर ध्यान में कौन रखता है) की भूमिका, मामा वरेरकर की 'विधवा कुमारी' आदि में नारियों के आत्मकथन प्रस्तुत किए गए। दूसरी ओर स्त्री स्वातंत्र्य विषयक चर्चा महात्मा ज्योति राव फुले (1827-1890), गोपालराव आगरकर आदि ने की। फुले के विचारों से प्रेरित होकर बुलढाणा जैसे पिछड़े हुए जिले में रहने वाली ताराबाई शिंदे ने अपने अनुभव के आधार पर 'स्त्री पुरुष तुलना' जैसी पुस्तिका लिखी, जिसमें स्त्रीवाद की दृष्टि से मिथक और इतिहास आदि पर अनजाने ही विचार किया गया।

अंग्रेजों के काल के दूसरे पर्व (1925-1950) में अनेक सुशिक्षित और समाज के मान्य पुरुषों की सहगामिनी स्त्रियों ने भी मराठी में आत्मचरित लिखे। जिनमें रमाबाई आप्टे का 'आमुच्या आयुष्या तलि काही आठवणी' (हमारे जीवन की कुछ यादें), पार्वती बाई आठवले का 'माझी कहानी' मेरी कहानी (1928), लक्ष्मीबाई तिलक का 'स्मृति चित्रै' (1934-36), बाया कर्वे का आत्मवृत्त (1944), कमला बाई देशपांडे का 'स्मरणसाँखली' (स्मरण साँकल) (1943), प्रसिद्ध कवि माधव ज्यूलियन की पत्नी ललिताबाई पटवर्धन का 'आमची अकरा वर्ष' (हमारे ग्यारह साल) (1945), वाय सदाशिव नाम से प्रसिद्ध मध्यभारत के कलाकार के साथ सहजीवन व्यतीत करने वाली 'या सदाशिव' इंदिरा सदाशिव के आत्मचरित (1948) सामने आए। इनमें लक्ष्मीबाई तिलक का 'स्मृतिचित्र' सर्वाधिक मान्यता प्राप्त है। इस 'स्मृति चित्र' की विशेषता यह है कि इसमें पतिपरायणा होकर भी लक्ष्मीबाई एक ऐसे स्वतंत्र व्यक्तित्व से संपन्न दिखाई पड़ती हैं जिनमें अपने दुखों पर हँस सकने और अपना तथा अपने पति का मज़ाक उड़ा सकने की क्षमता है, पारंपरिक धारणा वाले संस्कारों में पल-बढ़कर भी वे किसी के भी हाथों से जल ग्रहण कर सकती हैं तथा उनमें किसी भी लड़की को पाल-पोंसकर बड़ा करने की शक्ति है। ब्राह्मण परंपरा का सांस्कृतिक अवकाश किस प्रकार इनमें विस्तृत हुआ है, इस दृष्टि से यह आत्मचरित महत्त्वपूर्ण बन गया है।

लक्ष्मीबाई से पूर्ववर्ती पीढ़ी में आत्मचरित लिखने वाली रमाबाई की 'आमच्या आयुष्यातलि काही आठवणी' (हमारे जीवन की कुछ यादें) में 'आमच्या' (हमारे) शब्द से सहजीवन विषयक आधुनिक अपेक्षाएँ व्यक्त होती हैं। इन यादों में अंग्रेजी शिक्षा के संस्कार में द्विधाचित्त हुए सुशिक्षितों की गृहस्थी का चित्र सामने आता है। किस प्रकार उदारमतवादी सुधारक रानाडे अपनी पत्नी को अंग्रेजी तो सिखाते हैं, किंतु उसे संयुक्त कुटुंब की पीड़ाओं से मुक्ति नहीं दे पाते जिससे आधुनिक भारतीय स्त्री के विघटित जीवन का चित्र उभरता है।

मराठी स्त्रियों के आत्मचरितों में 'हिंगणे शिक्षण संस्था' की स्त्रियों का लेखन एक विशेष स्थान रखता है। इनमें महर्षि कर्वे की पत्नी बाया कर्वे अपने आत्मचरित में घर और संस्था की जिम्मेदारी बखूबी निभाती दिखती हैं। पार्वती बाई, कमला बाई के आत्मचरित में विधवा परित्यक्ता स्त्री का आधुनिक रूप सामने आता है। परंपरागत कुटुंब की माँग और शिक्षाक्षेत्र में फैले व्यवसाय के बीच तनाव को भी इसमें व्यक्त किया गया है।

'हिंगणे शिक्षण संस्था' की स्त्रियों के लेखन में अपने जैविक (Biological) स्त्रीत्व से संघर्ष भी दिखाई पड़ता है। विक्टोरियन नैतिक विचार एवं अशरीरी प्रेम की कल्पनाएँ भी इनमें व्यक्त होती हैं। विवाह से पूर्व ही, पति से विवाह के पश्चात् शरीर संबंध की अपेक्षा न रखने का वचन लेने वाली प्रियतमा (श्रीमती संत) इसी समय की है।

स्वातंत्र्य पूर्व काल में लिखे गए लीलाबाई पटवर्धन के 'आमची अकरा वर्षे' (हमारे ग्यारह साल) में पति से स्वतंत्र विचार करने की शक्ति दिखाई पड़ती है। संप्रति प्रकाशित बालकवि की पत्नी पार्वती बाई ढोबरे का छोटा आत्मचरित मन को आंदोलित करने वाला है क्योंकि इसमें 'फुलामुलाँचे कवी' (फूल तथा बच्चों के कवि) की पति के रूप में जो प्रतिमा सामने रखी गई है, वह कवि के कोमल हृदय वाले रूप पर प्रश्नचिन्ह लगाती प्रतीत होती है।

स्वातंत्र्योत्तर काल में स्त्री के प्रति सहानुभूतिपूर्ण ढंग से देखा गया, अतः स्त्री पर होने वाले अत्याचारों की कैफियत को ध्यान में रखकर आत्मचरित लिखे गए। इनमें स्त्री-पुरुष संबंधों का चित्रण ढिठाई से किया गया। विवाह बाद संबंधों की भी चर्चा की गई। इस दृष्टि से आनंदी बाई विजापुरे, सुशीला पटेल के आत्मचरित प्रमुख थे, पर ये आत्मचरित आत्मकेंद्रित अधिक थे।

इन आत्मचरितों में हंसा वाडेकर का आत्म चरित 'साँगते एका' (कहती हूँ सुनो) सर्वाधिक उभरकर सामने आया, जिसे अरुण साधू ने शब्दबद्ध किया था। इसके पश्चात् लीला चिटनीस, दुर्गा खोटे, उषा किरण, जयश्री गडकर आदि अनेक नाट्य चित्रपट अभिनेत्रियों ने भी आत्मचरित लिखे जिनमें कलाकार स्त्री के व्यवसाय तथा गृहस्थी के बीच दोहरे शोषण का चित्र तो है, परंतु परदे पर प्रक्षेपित की गई स्त्री-प्रतिमा की राजनीति को स्पष्ट नहीं किया गया है।

सुनीता बाई देशपाँडे का आत्मचरित 'आहे मनोहर तरी' भी उल्लेखनीय है। सुनीता बाई पु.ल. देशपांडे की पत्नी हैं। आत्मचरितकार के नाते वे एक मनस्वी नारी हैं और स्त्रीत्व के थोड़े अलग अर्थ की अपेक्षा करती हैं। अपने लिए गए निर्णयों को वे योग्य मानती हैं और उस पर निश्चयपूर्वक बोलती हैं। सुव्यवस्थिता, स्वच्छता और मितव्ययता आदि गुणों के प्रति वे सजग हैं, पर इन गुणों को भी कर्मकांड युक्त धर्म के समान आडंबर करने से मनुष्य मनुष्य के बीच दीवारें बन जाती हैं, इसका उन्हें ध्यान नहीं है। इसी कारण आत्मचरित में उन्होंने पूरे देशपांडे परिवार को आलसी (तुक्कड़खोर) साबित कर दिया है, अपने मार्ग के अलावा अन्य मार्गों का अवलंब लेने वाले व्यक्तियों के प्रति तुच्छता व्यक्त की है। यह

आत्मचरित पढ़ने पर यह प्रश्न भी जागता है कि लेखिका अपनी कार्यक्षमता की गवाही बार-बार क्यों देती है—चाहे वह कार्यक्षेत्र रसोईघर अथवा किताब का हो—क्या उनमें आत्मविश्वास की कमी है या उनमें संभ्रम है कि उनका जीवन पर्याप्त उपयुक्तता से व्यतीत नहीं हुआ? एक विलक्षण असामान्य खुशहाल व्यक्तित्व वाले पु.ल. जी के साथ सहजीवन व्यतीत करने वाली सुनीता जी के लेखन में कहीं भी प्रसन्नता तथा उल्लास के चिन्ह नहीं दिखाई पड़ते। दूसरी तरफ उन्होंने पु.ल. जी के संदर्भ में कई बार 'निष्पाप-बच्चा' शब्द का प्रयोग किया है जो दूधिया काँच के समान है जिसके आर-पार कुछ दिखाई नहीं देता है।

किसी एक समय 'डाउन विद द किचन' कहने वाली लेखिका रसोईघर को ही अपना प्रिय कार्यक्षेत्र चुनती दिखाई पड़ती है। यह मान्य है कि स्त्री मुक्ति पाने के लिए रसोईघर से पीठ फेरना अनिवार्य नहीं, फिर भी नौकरीपेशा नारी को आठ-दस घंटे घर से बाहर रहना ही पड़ता है, अतः उसके प्रति तुच्छता क्यों? लेखिका के विचार स्वयं के वर्तुल में बंद दिखाई पड़ता है। लेखन में सहजता से सामाजिक और सांस्कृतिक स्तर के संकेत नहीं मिलते। अमूर्त वैचारिक स्तर पर चिंतन करने की सामर्थ्य भी इस लेखन में दिखाई नहीं पड़ती। इस पुस्तक को पढ़ते समय प्रतीत होता है कि स्त्री-पुरुष शरीर संबंध (आविष्कार) के प्रति उनमें कहीं दबाव था, घुटन थी। मातृत्व का बार-बार उल्लेख, गर्भपात के निर्णय में कुटुंब को दोषी ठहराना आदि संदर्भ एकत्रित किए जाएँ और उनके शब्दों में छिपे हुए अर्थ ढूँढ़े जाएँ तो यह पुस्तक कुछ अलग ही भाव व्यक्त करती है।

आज सुनीता जी की पीढ़ी की नारी जिन अदृश्य बेड़ियों की बात करती है, मातृत्व की जिम्मेदारी पर बारीकी से विचार करती है, स्वेच्छा से रसोईघर के कार्यक्षेत्र का चुनाव करती है और विवाह-विच्छेद की कल्पना के प्रति ललक व्यक्त करती है, सुनीता जी के आत्मचरित को देखकर प्रश्न उठता है कि क्या लेखिका स्वयं की अपेक्षाओं का अंदाज़ा नहीं लगा सकी या इस व्यवस्था में उसके लिए खुले विचार करना उनके लिए मुश्किल हो गया है।

कमल पाध्ये का आत्मचरित 'बंध-अनुबंध' भी मराठी स्त्रियों के आत्मचरितों में विशेष स्थान रखता है। पिता या पति के नाम के द्वारा अपनी पहचान न कराकर लेखिका ने स्वयं की एक अलग पहचान बनाई है। लेखिका मुंबई के राममंदिर के पुरोहित विनायक भट जी की कन्या है, वह प्रभाकर पाध्ये जी के साथ सात फेरे लेने पर उन सात कदमों में उसे असंख्य फेरे लेने पड़े। उत्कटता से ओत-प्रोत, मानहानि से पराभूत करने वाले अनेक अनुभव इस आत्मचरित में हैं जो नारी के सामर्थ्य या असहायता का प्रत्यय कराते हैं और सोचने पर मजबूर करते हैं।

आत्मचरित में विनायक भट जी की कमली जब मंदिर के सभामंडप में पहुँचती है तब उसे बहन का जला हुआ हाथ याद आता है। इस याद का एक अर्थपूर्ण दायरा बन जाता है। शादी तय होने के बाद उसका पैर गर्म पानी से जल गया था और पैर पर कोढ़ जैसे सफेद दाग रह गए थे। शादी होने के बाद पाध्ये जी उससे कहते हैं कि ये दाग पहले देखे होते तो

मैं शादी से इंकार कर देता। लेखिका आगे लिखती हैं कि इसी प्रकार की मसखरी से उसका दाह होता रहा।

यह आत्मचरित केवल स्त्री-प्रश्नों तक ही सीमित नहीं है। अनेक रिश्तों से प्राप्त हुए स्नेह के स्पर्शचिन्ह लेखिका को आशाप्रद लगते हैं। आत्मकथन लिखते समय पाध्ये जी की मृत्यु हो गई थी, लेकिन एक प्रश्न लेखिका के मन को बराबर मथता रहा कि जो बातें पाध्ये जी जैसे भावनाशील तथा बुद्धिमान व्यक्ति के लिए आसान थीं वे भी उन्होंने क्यों नहीं कीं? ललित साहित्य में वास्तव में 'सहेली' की प्रतिमा की खोज करने वाले पाध्ये जी घर की सहेली को क्यों न पहचान पाए?

इस दंपत्ति का संपर्क डा. लोहिया, जयप्रकाश नारायण, दादा धर्माधिकारी, एस.एम. जोशी, प्रभावती जी आदि अनेक तत्त्वज्ञ कलाकारों और राजनीतिज्ञों से रहा। उन्होंने अनेक सामाजिक कार्यों की जिम्मेदारियाँ निभाईं, जैसे कि विद्यार्थी सहायक संघ, तिब्बती निर्वासितों की सहायता, समाजवादी महिला सभा तथा आदिवासी शिक्षण प्रकल्प आदि ऐसा महत्त्वपूर्ण जीवन जीते हुए भी लेखिका ने दो विशिष्ट अनुभवों के गहरे अर्थों को व्यंजित किया है। एक है, आधुनिक परिवार में पुत्र के माता-पिता से बदलते रिश्ते और दूसरा है, उनका दूसरे पुरुष से हुआ स्नेह जो उलझाने वाला और तकलीफदेह है। अंत में लेखिका का यही कहना है कि अगर आत्मा को परमात्मा बनना है तो उसे प्रथम स्नेह रूप बनना चाहिए, यही सत्य मैंने जाना है और यही सत्य मुझे भाया है।

# साँगते एका यानी कहती हूँ सुनो

## (दो) प्रज्ञा लोखंडे

स्वतंत्रता प्राप्ति के बाद भारत में जो महत्त्वपूर्ण सांस्कृतिक परिवर्तन आए उनमें प्रमुख हैं 'दलित साहित्य का उत्थान'। दलित-समाज सदियों से पढ़ने-लिखने से वंचित रहा था। नए परिवर्तनों की बदौलत वह साहित्याभिमुख बना। युगों से दलितों पर हो रहे अत्याचारों को दलित-साहित्य में अभिव्यक्ति मिली। एक तरह से इस प्रक्रिया ने साहित्य को लोकतांत्रिक बनाने की नींव रखी। इस प्रक्रिया को जीवंत और गतिशील बनाने में दलितों-स्त्रियों ने काफी महत्त्वपूर्ण योगदान दिया। खासकर दलित महिलाओं की आत्मकथाओं के कारण दलित साहित्य को ही नहीं, वरन पूरे मराठी साहित्य को ही एक नया संदर्भ प्राप्त हुआ। आत्मकथन की या कहिए आत्मजागृति की इस दहलीज पर दलित स्त्री कब आ पहुँची? अपने को एक इनसान के रूप में देखने की इच्छा उसमें कब पनपने लगी? दलित महिलाओं की आत्मकथाओं की पृष्ठभूमि समझने के लिए इन सवालों पर विचार करना जरूरी है।

दलित-साहित्य की शुरुआत महाराष्ट्र में हुई। आज यह आंदोलन धीरे-धीरे भारत-भर में फैल रहा है, मगर शुरुआत महाराष्ट्र के सांस्कृतिक जीवन में ही क्यों हुई यह जानना जरूरी है। 1920 में डॉ. बाबा साहब आंबेडकर ने महाराष्ट्र में दलित वर्ग को इनसान के रूप में पहचान देने के लिए जिस विद्रोह और वैचारिक आंदोलन का बीज बोया उसी से दलित साहित्य का जन्म हुआ। 1956 में डॉ. बाबा साहब आंबेडकर ने दलित समाज के लाखों अनुयायियों के साथ हिंदू धर्म का त्यागकर बौद्ध धर्म की दीक्षा ली। हिंदू धर्म और संस्कृति की वर्ण-व्यवस्था के मुताबिक भारत में दलितों को शिक्षा, सत्ता, संपत्ति और उत्पादन के साधनों से वंचित रखा गया था। परिणामस्वरूप दलितों की कई पीढ़ियाँ गुलामी की भीषणता सहते हुए दीन-हीन जीवन बिताती रहीं। लेकिन 1935 के करीब पैदा हुई नई पीढ़ी को डॉ. आंबेडकर के आंदोलन और शिक्षा से प्राप्त नई चेतना ने प्रभावित किया। शोषण को वे परत-दर-परत समझने लगे। अन्याय के खिलाफ आवाज उठने लगी। दलित समाज जाग उठा। इस पूरी प्रक्रिया से दलितों की सृजनशीलता से नए अंकुर प्रस्फुटित होने लगे।

दलित-समूह को इससे एक पहचान मिली और उस पहचान ने दासता की भावना को नए समाज के निर्माण की प्रेरणा में बदल दिया। आत्मनिर्भर इनसान बनाने की इस कोशिश के

कारण समाज में कई बदलाव आने लगे। पूर्व-स्थापित व्यवस्था में अपने लिए निश्चित किए गए स्थान को लेकर वे तरह-तरह के वे सवाल उठाने लगे। इन्हीं सवालिया सोचों की बदौलत उनके अनुभव अब शब्दों के रूप में ढलने लगे। दलित साहित्य का बहुत बड़ा हिस्सा आत्मकथनात्मक साहित्य के रूप में सामने आया है। 1960-70 से लेकर आज तक कुल 25 से 30 दलित आत्मकथाएँ प्रकाशित हुई हैं। इनके बीच दलित महिलाओं के लिखे आत्मकथन अपनी विशिष्टता और मूल्य चेतना के कारण कई संदर्भों में महत्त्वपूर्ण हैं। दुनिया-भर का इतिहास बताता है कि स्त्री के हिस्से हमेशा दूसरा दर्जा ही आया है। यह बात सही है कि हर वर्ग में स्त्री को दलित का स्थान ही प्राप्त है, पर दलित स्त्री की स्थिति अधिक भीषण है। हिंदू वर्ण-व्यवस्था ने परिश्रम का ही नहीं, श्रमिकों का भी विभाजन किया। इस व्यवस्था के कारण दलित स्त्री एक तरफ पुरुष-सत्ता की, तो दूसरी तरफ जाति व्यवस्था की शिकार बनी। उस पर लिंगभेद और जाति भेद दोनों की वजह से अत्याचार हुए। इनके कारण दलित स्त्री ने जो कुछ सहा उसकी सृजनात्मक अभिव्यक्ति अभी-अभी प्रकाश में आनी शुरू हुई है। लेकिन इससे पहले भी प्रेमिका, पत्नी, माँ, नानी, बहन आदि की भूमिका में स्त्री के हिस्से आने वाले तनावों को उसने लोकगीतों आदि में व्यक्त किया है। रूढ़ियों या परंपरा की वेदी पर बलि चढ़ी देवदासी, मुरलया, वेश्या आदि के दुखों को भी लावणी या वाध्या-मुरली के गीतों में मुखर किया जाता रहा है।

गाँव के बाहर बनी दलित बस्ती में यह स्त्री उपेक्षित जीवन बिताती थी। गाँव के काम करते हुए जैसे-तैसे उसकी जिंदगी चलती। जातिवाद का दुख उसे झेलना पड़ता। उसके पास न शिक्षा थी, न संपत्ति और न ही प्रतिष्ठा, इज्जत। सो वह उपेक्षित और नाकारा जिंदगी जीने के लिए मजबूर थी। इस क्रूर चक्र से उसे छुटकारा नहीं था। स्त्री के चलते उस पर तरह-तरह के अत्याचार होते थे। अत्याचारों के पीछे समूह द्वारा उपेक्षितों को दबाने की इच्छा काम करती थी। ऐसी स्थिति में दलित पुरुषों की हालत भी दयनीय थी। दलित महिलाओं को प्रस्थापित समाज निजी संपत्ति मानता था। दया पवार के 'बलुतं', लक्ष्मण माने के 'उपरा', शरण कुमार लिंबाले के 'अक्करमाशी', लक्ष्मण गायकवाड़ के 'उचल्या' जैसे आत्मकथनों में इसका विश्लेषण किया गया है। दलित पुरुषों के आत्मकथनों में दलित स्त्री का वर्णन भी उनके जीवन का हिस्सा है, मगर वहाँ उसकी तस्वीर बहुत स्पष्ट नहीं है। दलित साहित्यकार एक तरफ मुक्ति की माँग करते हैं तो दूसरी तरफ उनके लेखन में दलित स्त्री की तस्वीर कुछ धूमिल और संदिग्ध-सी लगती है। यही कारण है कि पुरुष दलित साहित्यकारों के आत्मकथनों पर यह आरोप लगाया जाता रहा है कि वे स्त्री को एक स्वतंत्र व्यक्ति की हैसियत बहाल नहीं करते। उनके आत्मकथनों में स्त्री को मानव का स्थान दिलाने वाले मूल्यों का अभाव क्यों है?

सिद्धार्थ, गौतम बुद्ध, चार्वाक, कबीर और ज्योतिबा फुले आदि के सम्यक् विचारों से प्रेरित डॉ. बाबा साहब आंबेडकर ने 1927 में महाड के सत्याग्रह के साथ दलित आंदोलन

की शुरुआत की थी। यह आंदोलन मानव मुक्ति के साथ स्त्री-स्वतंत्रता के लिए भी था। असल में मानव मुक्ति और स्त्री स्वतंत्रता एक ही सिक्के के दो पहलू हैं। इसीलिए डॉ. आंबेडकर ने महिलाओं को चूल्हा-चौका, बच्चे आदि उनके पारंपरिक कार्यक्षेत्र से बाहर निकलकर सामाजिक सांस्कृतिक आंदोलन में हिस्सा लेने के लिए प्रेरित किया। दलित स्त्री कभी भी उच्च वर्णीय महिलाओं की तरह दहलीज के अंदर कैद नहीं रही। उनकी जाति के लिए तय शुदा काम के साथ-साथ मजदूरी और खेतों में दिहाड़ी के लिए उसे घर से बाहर भी निकलना पड़ता था। पर बाद में डॉ. आंबेडकर से प्रेरणा पाकर खुद का और अपने समाज का अस्तित्व प्रमाणित करने के लिए वह क्रांति में शरीक हुई। डॉ. आंबेडकर के विद्रोह की आधुनिकता उसके व्यक्तित्व से मुखर होने लगी।

इस सबके बावजूद उसको पारंपरिक चौखटे में बिठाकर ही आँका गया। आंदोलन में शामिल दलित पुरुष स्वयं समाज की पुरुष प्रधान मानसिकता का शिकार था। यही वजह थी कि उनके साहित्य में चित्रित स्त्री की छवि पारंपरिक आदर्श भारतीय स्त्री की ही तरह रही। इसके कई उदाहरण इन आत्मकथनों से दिए जा सकते हैं।

कुछ नमूने देखिएः 1. अपनी माँ द्वारा उठाए गए कष्ट और उसके त्याग के बारे में सभी पुरुषों के आत्मकथन में गर्व की भावना दिखाई देती है। (बलुतं)

2. पत्नी होने के नाते उसे चुपचाप दुख झेलने और पातिव्रत्य की रक्षा करने पर ही समाज में मान्यता मिली है।

3. उच्च-वर्ण की प्रेमिका को पाने की सुप्त इच्छा कई आत्मकथनों में दिखाई देती है। (बलुतं)

4. देवदासी, मुरलया तथा वेश्या स्त्री के प्रति वही रूढ़िवादी परंपरागत दृष्टि बरकरार है।

5. दूसरी शादी को सामाजिक मान्यता प्राप्त होने के बावजूद दूसरी शादी न कर अपने को मिटा देने वाली स्त्री को ही इज्जत दी जाती है। (बलुतं)

6. स्त्री को भोगदासी माना गया है। उसे बेचने या गिरवी रखने की चीज समझा गया है। (उपरा, उचल्या, अक्करमाशी)

इस पृष्ठभूमि पर कई संदर्भों में दलित स्त्रियों द्वारा लिखे गए आत्मकथन विशेष रूप से ध्यान देने लायक हैं। कुमुद पावड़े कृत, 'जिणँ आमुचं', शांता बाई कांबले कृत, 'माज्या जलमाची चित्तर कथा', मलिका अमरशेख कृत 'मला उध्वस्त व्हायचंय' इन चार दलित महिलाओं के आत्मकथनों में मुक्ता-सर्वगोड के आत्मकथन को भी शामिल करना पड़ेगा।

प्रो. कुमुद पावडे कृत 'अंतःस्फोट' रूढ़ अर्थों में आत्मकथन नहीं है। विभिन्न अवसरों पर उनके द्वारा लिखे गए लेखों का संकलन है। उसका स्वरूप ललित लेखों जैसा होने के बावजूद उसमें एक हद तक आत्मकथन ही है। बंधन-मुक्त दलित स्त्री के जीवन के बारे में इसमें विभिन्न धारणाएँ व्यक्त हुई हैं। रूढ़ अर्थों में आत्मकथन की परिभाषा के मुताबिक

'अंतःस्फोट' की रचना नहीं है, लेकिन समय निर्धारण के अनुसार अंतःस्फोट को दलित स्त्री के मन का पहला सृजनात्मक आविष्कार कहा जा सकता है। कुमुद पावडे महाराष्ट्र के नागपुर जिले के आसपास की हैं। वहाँ का दलित जीवन पश्चिम महाराष्ट्र या मराठवाड़ा के दलित जीवन से सभी अर्थों में अलग है। आर्थिक स्थिरता के कारण यहाँ की दलित स्त्रियों को तरह-तरह की असहनीय नरक-यातनाओं से नहीं गुजरना पड़ा। डॉ. बाबा साहब आंबेडकर के वैचारिक आंदोलन की शुरुआत भी यहीं से हुई। नागपुर, विदर्भ इलाका सामाजिक-सांस्कृतिक आंदोलनों का केंद्र रह चुका है सो वहाँ के आम दलित लोगों पर इस बदलाव का तुरंत असर हुआ।

बदली हुई मानसिकता और आमूल चूल परिवर्तन की राह पर निकली शिक्षित दलित महिला का स्वगत कथन है 'अंतःस्फोट'। एक व्यक्ति और दलित स्त्री के रूप में समाज में जीते हुए समाज-व्यवस्था के परस्पर विरोधी पहलुओं के कारण बार-बार तनाव-भरी स्थितियाँ पैदा होती हैं। समाज की जटिलता का एक पढ़ी-लिखी दलित स्त्री कैसे सामना करती है और इस दौरान उसे किन अनुभवों से गुजरना पड़ता है इसका कुमुद पावडे ने अंतःस्फोट में सही चित्रण किया है।

उच्चवर्णियों की बपौती मानी जाने वाली संस्कृत भाषा पढ़ने और पढ़ाने की इच्छा कुमुद पावडे के मन में कैसे पैदा हुई, अथक परिश्रम और जिद के साथ वे संस्कृत की प्रोफेसर कैसे बनीं इसका विस्तृत वर्णन 'माइया संस्कृतची कथा' लेख में उन्होंने किया है। इस लेख में उन्होंने यह भी बताया है कि समाज उच्चशिक्षित दलित महिला की तरफ किन निगाहों से देखता है। उन्होंने कई उदाहरण भी दिए हैं। स्त्री की दासता प्रकट करने वाले हिंदू धर्म प्रणीत सुहाग संकेत चिन्हों, खासकर 'अहेव मरण' के बारे में उन्होंने 'मला अहेव मरण नकोच' लेख में अपना विरोध व्यक्त किया है। अंतःस्फोट में एक और मुद्दे का विश्लेषण है कि अशिक्षित दलित स्त्रियों में क्यों भगिनी भाव नहीं पनपता? इसके अलावा 'अंतःस्फोट' में इस बात पर विचार विमर्श है कि दलित समाज में ऊपर उठने की लालसा किस तरह पैदा हुई और कैसे धीरे-धीरे बलवती होती गई। इसके परिणामस्वरूप क्यों वे डी-क्लास होते गए? क्या उन्होंने परंपरा को पूरी तरह नकार दिया? स्त्री-पुरुषों के विचार की दिशा बदलने और आंबेडकर द्वारा देखे गए सामाजिक यथार्थ को साकार करने में क्या यह आंदोलन सफल हुआ? आदि।

अंतःस्फोट को एक कलाकृति की तरह पेश किया गया है। अर्थ और अभिव्यक्ति में अभिन्न एकात्मता संग्रह के 'आउट साइडर' 'मी' 'मा निषाद' 'बंधनों से परे', जैसे लेखों में दिखाई देती है। अंतःस्फोट में व्यक्ति और समाज के आपसी संबंधों के अर्थ व्यक्त हुए हैं। किसी भी 'वाद' से परे मानवीयता को ही अंतिम सत्य के रूप में स्वीकार करने के चलते कुमुद पावडे के अंतःस्फोट के लेखों को एक अलग ही आयाम प्राप्त हुआ है। विषय और अर्थ की मर्यादित सीमा में की गई अभिव्यक्ति के बावजूद अंतःस्फोट दलित आत्मकथनों का

एक महत्त्वपूर्ण स्तंभ माना जाता है। इसका एक विशिष्ट कारण यह भी है कि 'अंतःस्फोट' एक तरफ दलित साहित्य की संकल्पना के साथ नाता बनाए रखता है तो दूसरी तरफ अंतःस्फोट में आने वाली स्त्री की छवि रूढ़-मराठी साहित्य की स्त्री छवि से अलग है।

पश्चिम महाराष्ट्र के दलितों के जीवन का चित्रण बेबी कांबले के 'जिणँ आमुचं' और शांताबाई कांबले के 'माज्या जल्माची चित्तरकथा' में दिखाई देता है। 1956 में लाखों दलितों ने डॉ. आंबेडकर के साथ हिंदू धर्म का त्यागकर बौद्ध धर्म को अपनाया। 'जिणँ आमुचं' और 'माज्या जल्माची चित्तरकथा' में 1956 से पूर्व के गाँवों से बाहर बनी बस्ती में जीने वाले महार समाज और धर्मांतरण के बाद सभी रूपों और संदर्भों में बदली हुई उनके जीवन की दिशाओं को व्यक्त किया गया है।

बेबी कांबले कृत 'जिणँ आमुचं' आत्मकथन को मराठी के पहले दलित स्त्री के आत्मकथन के रूप में देखा जाना चाहिए। इस किताब का ऐतिहासिक महत्त्व तो है ही, लेकिन इसका सबसे महत्त्वपूर्ण पहलू है पचास साल पूर्व के तत्कालीन महार स्त्री के जीवन का चित्रण। पाँच-छह साल की बच्ची का ब्याह, ससुराल में सताया जाना, जवान बेटे और बहू के बीच दीवार खड़ी करने के लिए सास द्वारा किए गए क्रूर उपाय, असहनीय अत्याचारों से तंग आकर भाग खड़ी हुई बहू को पकड़कर वापिस लाने के बाद उसके पैर में 'खोडा' (लकड़ी का तना) बाँध देना या उसकी नाक काट देने जैसी क्रूर प्रथाओं और अनिष्ट रीति-रिवाजों का बेबी कांबले द्वारा दिया गया सिलसिलेवार ब्यौरा भारतीय दलित स्त्री के जीवन और भारतीय समाज के मन का सही-सही चित्रण करता है।

यह बात सही है कि 'बलुतं', 'उपरा', 'आठवणींचे पक्षी', 'अक्करमाशी' आदि पुरुषों के आत्मकथन के स्तर पर 'जिणँ आमुचं', या 'माज्या जल्माची चित्तर कथाएँ' पहुँच नहीं पाई हैं, लेकिन दलित स्त्री के आत्मकथन के रूप में उनका महत्त्व कम नहीं है। दलित स्त्री के जीवन का दुख खुद उनकी लेखनी से पहली बार मराठी साहित्य में लिखा गया है। बेबी कांबले लेखिका नहीं समाजशास्त्री हैं। सामाजिक जीवन पर गौर करते हुए महार समाज की परंपरागत जीवनपद्धति पर उन्होंने एक ऐतिहासिक दस्तावेज 'जीणँ आमुचं' के रूप में प्रस्तुत किया है। आषाढ़ मास का 'देव-देव', घर-घर में किसी व्यक्ति के शरीर में भगवान का प्रवेश 'प्रवेश', पोतराज छोड़ने की प्रथा, भैंसों का मेला आदि कर्मकांडों का बोझ पीढ़ी-दर-पीढ़ी दलित समाज कैसे ढो रहा था इन्हीं प्रसंगों में पेश की गई वास्तविकता पढ़कर रोंगटे खड़े हो जाते हैं।

दलितों के भीषण जीवन को शब्दों में ढालते हुए, एक बार फिर अतीत में झाँकने में कहीं भी बेबी कांबले भावुक नहीं होतीं। आत्मीयता और तटस्थता से वे अतीत में झाँकती हैं। उनके लेखन में बीच-बीच में मजाकिया शैली के दर्शन भी होते हैं जो अंततः उस प्रसंग की भीषण नाटकीयता को बेहद संयत ढंग से पेश करती है। घिनौनी बातों में भी कभी-कभी उन्हें चुहल दिखाई देती है। लेकिन मजाकिया वाक्यों के पीछे छिपी अपार करुणा हर बार पाठकों

को हिलाकर रख देती है। जैसे—रेंट का नल बहाते बच्चे, आषाढ़ मास का पीड़ादायक नहाना, माँ की जुँओं से भरी साड़ी धोना, गाँव की गंद सिर पर ढोते समय का घिनौना दृश्य आदि कई घटनाओं से समाज व्यवस्था में किस तरह इनसान का अवमूल्यन किया जा रहा है इसका वर्णन ब्लैक कामेडी की शैली में बेबी कांबले ने किया है।

बेबी कांबले की सीधी सादी, मन को छूने वाली, अनलंकृत भाषा एक मोड़ पर आकर बदल जाती है। दलितों के और बेबी कांबले के निजी जीवन में भी डॉ. आंबेडकर का महत्त्वपूर्ण स्थान है। उनके बारे में लिखते हुए बेबी कांबले की भाषा की सहजता खत्म हो जाती है और उसमें से एक तरह का उपदेशात्मक स्वर निकलने लगता है। हो सकता है, कला के हिसाब से यह कोई त्रुटि हो, लेकिन इस बात को नजरअंदाज नहीं किया जा सकता कि डॉ. आंबेडकर के जरिए ही जीवन को बदलने वाले विचार बेबी कांबले तक पहुँचे हैं। इसीलिए सिर्फ साहित्य की कसौटी पर कसकर बेबी कांबले या अन्य दलितों के आत्मकथनों का मूल्यांकन करना गलत होगा। अशिक्षा, असुरक्षा, जीवन बिताने की स्थायी स्थितियाँ आदि से दलितों की सामूहिक मानसिकता के बनने से लेकर चोला बदले नाग जैसी चैतन्यपूर्ण और तेजस्वी जीवनपद्धति तक पहुँचने की यात्रा का सामाजिक दृष्टिकोण से किया गया लेखा-जोखा है 'हे जिणँ आमुचं'। सो इसे एक सफल आत्मकथन कहा जा सकता है।

उपेक्षा और दरिद्रता की पीड़ा सहने को मजबूर दलित जीवन के आत्मकथनों की अभिव्यक्ति का एकरसता का आरोप लगाया जाता है। टालस्टाय ने कहा है कि दुख के कारण भले एक हों, पर दुख के प्रकार अलग होते हैं। सभी दलित आत्मकथनों में उसके परिसर, माहौल की व्यवस्था का अर्थ ढूँढ़ने की कोशिश की गई है। इसके बावजूद हर आत्मकथाकार को इस व्यवस्था की अपरिहार्यता अलग से छू सकती है। दलित-स्त्री जब उसे निगलने वाली इस व्यवस्था अर्थात् स्त्री की दासता का अपनी लेखनी के सहारे तीव्र विरोध करती है तो दलित स्त्री के रूप में उसके हिस्से आने वाले दुखों की अपरिहार्यता से भी पर्दा उठाती है। जिंदा निगलने और हैवान बनाने वाली व्यवस्था के बीच भी इनसान खड़ा हो जाता है और सपनों से आँखें लड़ाता है। सभी दलित आत्मकथनों में इस जिजीविषा के दर्शन होते हैं।

'माज्या जल्माची चित्तरकथा' भी एक परिवार की जीवनगाथा है। शांताबाई कृष्णाजी कांबले का परिवार 'महार' के जिम्मे आने वाले काम करते हुए, फसल के दिनों में बैलों के गोबर से बीनी गई ज्वार धो-धोकर, साफ करते और उसे खाते हुए जीवन बिताता है। छोटे से गाँव में बड़ी जिद से सातवीं तक की पढ़ाई पूरी करती हैं शांताबाई, आगे चलकर उनके जीवन में एक अनसोचा मोड़ आता है। स्त्री होने के नाते सहना पड़ता है अपमान, लेकिन इस अपमान से ही उपजा आगे का सारा जीवन जीने का बल संबल जुटाती हैं। पति जब दूसरी स्त्री को पत्नी बनाकर ले आता है तब अपने व्यक्तित्व की खोज में शांताबाई निकल पड़ती हैं घर से बाहर। और शिक्षा में अध्यापक से शुरुआत करके शिक्षा अधिकारी के पद पर से अवकाश प्राप्त करती हैं। इसे स्त्रीमुक्ति का एक उदाहरण ही कहा जा सकता है। शांताबाई

कांबले की चित्तरकथा एक तरह से प्रातिनिधिक स्त्री जीवन की कथा भी है। यह दलित 'नोरा' सिर्फ 'स्व' के बारे में सोचने वाली नहीं है। अध्यापक बनने के कारण उसकी जीवन और पद्धति और दृष्टि में ही आमूल चूल परिवर्तन आया है। इसीलिए अध्यापन को सिर्फ एक नौकरी के रूप में न लेकर वह गाँव के स्कूलों में पढ़ने वाले बच्चों का भावी जीवन शिक्षा से समृद्ध बनाने के लिए भी प्रयत्नशील होती है। सारे दुख सहते हुए शिक्षा के बलबूते अपने परिवार को विनाश के गर्त से निकालने जैसे कुछ मन को छूने वाले प्रसंग भी इस चित्तरकथा में हैं। अशिक्षा के कारण झेलने को मजबूर अत्याचारों से बचाने के लिए वे बंजारों और आदिवासी बच्चों के मन में भी ज्ञान की चेतना जगाती हैं। इस तरह ज्योतिबा फुले और डॉ. आंबेडकर के सामाजिक आंदोलन की विरासत को सही अंजाम देती हैं। कुल मिलाकर कहा जा सकता है कि दलित समाज आत्मसाक्षात्कार का चित्रण चित्तरकथा में बड़े प्रभावी ढंग से किया गया है।

1984 में प्रकाशित मलिका अमरशेख के आत्मकथन ने मराठी साहित्य की दुनिया को हिलाकर रख दिया। लोक जागृति के लिए प्रयत्नशील वामपंथी आंदोलन से संबंधित शायर अमरशेख की पुत्री है मलिका अमरशेख। घर के वातावरण का उस पर असर होता है। एक स्वतंत्र स्त्री के रूप में उसका व्यक्तित्व बनने लगता है। आगे चलकर दलित पेंथर आंदोलन के अगुआ और प्रसिद्ध कवि नामदेव ढसाल के साथ वह शादी करती है। बाद में उसकी जीवन-कथा 'मला उध्वस्त व्हायंचय' का कथानक बनती है। एक दलित स्त्री के हिस्से आने वाली यातनाएँ मलिका अमरशेख के हिस्से नहीं आईं। उनके मुताबिक नामदेव ढसाल की पत्नी बनने के कारण उनकी जाति मेरी 'अपनी जाति' नहीं बन सकी और न ही उनका धर्म मेरा धर्म बना। पुरुष की पहचान से मेरी पहचान नहीं बनती। इसलिए मैं दलित नहीं हूँ। जाहिर है, इस आत्मकथन में किसी भी तरह का दलित भाव दिखाई नहीं देता।

नामदेव ढसाल के व्यक्तित्व पर कालिख पोतना ही शायद इस आत्मकथा का पूर्वनिर्धारित उद्देश्य है। आत्मकथन करने वाली मलिका यहाँ एक न्यायाधीश के रूप में दिखाई देती है लेकिन जिस स्वतंत्र, स्वयंपूर्ण स्त्री अस्तित्व का यहाँ वे बार-बार जिक्र करती हैं वह उनके आत्मकथन में कहीं दिखाई नहीं देता। दलितों को सत्ता में सहभाग दिलाने की न्यायोचित भूमिका लेकर दलित पेंथर संगठन का कार्य नामदेव ढसाल सँभालते हैं। राजनीति में चलने वाले भ्रष्टाचार का दलित पेंथर में भी प्रवेश होता है। परिणामतः दलित पेंथर आंदोलन का यानी प्रकारांतर से नामदेव ढसाल का भी पतन होता है। दलित आंदोलन के इस विघटन का मलिका अमरशेख ने बेहद तटस्थता से यथातथ्य वर्णन किया है। मगर यहाँ सवाल पैदा होता है कि एक व्यक्ति के रूप में, एक पति के रूप में अगर उनका व्यवहार मलिका अमरशेख को असहनीय था तो क्यों वह उनके खिलाफ नहीं गईं? नामदेव ढसाल और मलिका अमरशेख के शादीशुदा जीवन के बारे में एक ऐतिहासिक (पौराणिक) कहानी याद आती है। वाल्या कोली (जिसने आगे चलकर वाल्मीकि बनकर रामायण लिखी) द्वारा गलत ढंग से कमाई गई

संपन्नता को उसके परिवार के सारे लोग भोगते तो हैं, मगर उसके पाप में कोई भी शरीक नहीं होता। यही तथ्य प्रतीक रूप से इस आत्मकथन के बारे में महसूस होता रहता है। इस आत्मकथन से एक बात प्रकट होती है कि नामदेव ढसाल ने अपने उसूलों को त्यागा और इसी कारण मलिका अमरशेख उध्वस्त हुई। यह दूसरी बात है कि सारा दुख बेकार और बोझ महसूस होता रहता है।

छद्म रोमांटिसिज्म के प्रभाव से ग्रस्त संवेदनशील स्त्री का मन 'मला उध्वस्त व्हायचंय', के जरिए पाठकों के सामने कई सवाल खड़े करता है। इस आत्मकथन में व्यक्त होने वाली स्त्री प्रतिमा नकारात्मक-सी लगती है। वह स्त्रीत्व, स्त्री की सृजनात्मकता को भी नकारती है। मलिका अमरशेख की दुनिया एक मध्यवर्गीय, सुरक्षित जीवन जीना चाहती, सपनों में खोई स्त्री की दुनिया है। दूसरी तरफ नामदेव ढसाल का पूरा जीवन तथाकथित वर्गीय मूल्यों को न मानने वाले, फक्कड़ जंगली और कुछ हद तक आदिम व्यक्ति का जीवन है। इन दोनों के बीच पैदा होने वाली खाई इतनी चौड़ी है जिसे पाटा नहीं जा सकता। पुरुष-प्रधान समाज व्यवस्था, वर्ग संघर्ष, वर्ण संघर्ष और दलित-दलितेतर जीवनस्तरों के बीच की दूरी आदि सारे कारकों का समन्वित का प्रभाव मलिका अमरशेख के 'मला उध्वस्त व्हायचंय' आत्मकथन पर पड़ता रहा है। इसी तरह की कई वास्तविकताओं से मराठी साहित्याकाश में दलित-स्त्री के आत्मकथन अपनी-अपनी अलग पहचान दर्ज करते हैं।

(अनुवाद : संध्या पेडणेकर)

● ● ●